北京市社会科学基金项目
北京市教育委员会专项资助

2014

北京市哲学社会科学研究基地成果选编（下）

beijingshizhexueshehuikexue
yanjiujidichengguoxuanbian

哲學

北京市哲学社会科学规划办公室
北京市教育委员会
北京市哲学社会科学研究基地　编

首都师范大学出版社
CAPITAL NORMAL UNIVERSITY PRESS

北京人口与社会发展研究中心

（中共北京市委党校）

基地名称：北京人口与社会发展研究中心
依托单位：中共北京市委党校
项目类别：北京市社会科学基金项目

现代化视野下的流动人口生育意愿研究[①]

内容提要：本研究利用北京人口与社会发展研究中心于2011年和2013年进行的两次流动人口生育意愿调查数据和访谈资料，在对国内外相关研究进行文献综述的基础上，对北京市流动人口生育意愿从理想子女数、二孩生育意愿、生育性别偏好、生育时间几个维度进行分析，对北京市流动人口生育意愿的影响因素进行了描述。研究发现，北京流动人口生育观念正处于从传统向现代的转型阶段，低生育意愿、无性别偏好、晚婚晚育、间隔生育是其主流观念。

关键词：北京市；流动人口；生育意愿

一、问题的提出

（一）研究意义

北京是全国最重要的流动人口流入地之一。2012年，北京市2069万常住人口中，半年以上流动人口约774万人，占常住人口的37.4%。流动育龄妇女在京生育数也逐年递增，占全部出生人口相当比例。2012年，北京市常住人口出生人数为18.5万人，其中流动育龄妇女生育的活产婴儿占24%。而北京市的流动人口平均在京居住时间长达4.8年，在京时间超过5年者达38.8%，在相当程度上已是没有北京户籍的北京人，具有和流出地差异明显的生育观念。研究这一群体的生育观念和生育行为，分析其生育特点和发展趋势，为政府决策提供参考，是北京人口研究不可忽视的领域。

本文从生育意愿的角度对流动人口的生育观念进行研究。从农村和国内其他城镇流入北京的流动人口，在理想子女数、生育性别偏好及生育时间上有何倾向？生育动机有无变化？哪些因素会影响其生育意愿？这既是人口学、社会学需要研究的学术问题，也是政府更有针对性、更有效地开展流动人口计划生育管理必须关注的现实问题。因此，本课题研究有重要

① 本文是“北京市流动人口生育意愿研究”项目成果，项目编号：09AbSH059。

的理论意义和实践意义。

(二)相关理论

1. 现代化理论

现代化理论以现代社会发展问题为研究对象，以发展社会学和发展经济学为其核心研究内容，是一种探讨传统社会向现代社会转变，特别是发展中国家如何实现现代化的理论。顾宝昌认为，生育现代化应作为社会现代化与人口现代化的一部分，生育现代化的根本目的是从传统形态向现代形态转变，实现生育良性循环，即达到生育率接近于更替水平、晚婚晚育蔚然成风、生男生女没有偏好的局面。[①] 穆光宗指出“生育现代化表明的是一种态势，一个过程，而不是结果”，并把生育现代化界定为“生育特质、状况或形态从传统型向现代型的转变、过渡或发展”。[②] 廖静如对近年来国内关于城市流动人口生育意愿与行为的相关研究进行了归纳与总结，认为城市流动人口的生育意愿仍处于从传统向现代生育观念的转向中。[③]

2. 第二次人口转变理论

20 世纪四五十年代汤姆森、诺特斯坦等人口学家就欧洲人口自然增长率下降的原因做出合理解释，创立了人口转变理论，随着人口转变的完成，在许多国家出现的新的人口现象是传统的人口转变理论所没有涵盖的，于是凡德卡提出第二次人口转变理论，他把发生在 19 世纪到第二次世界大战以前的欧洲人口转变称为第一次人口转变，肇始于死亡率的下降。第二次人口转变现象出现在 20 世纪 60 年代，主要特征是协议同居家庭数量上升，非婚出生子女大量增加，初婚初育年龄提高等。第二次人口转变几乎涉及所有人群，伴随生育率下降而来的是一系列婚姻和生育制度的变迁。一些国家在 20 世纪 90 年代出现了超低生育水平、人口严重老龄化、劳动力短缺等一系列新的人口与社会问题。

(三)研究综述

国外研究表明，城市化会冲击传统婚育观念，人们脱离乡村迁移到城市生活比较容易接受生育控制。国外学者在菲律宾、墨西哥、喀麦隆等国的研究发现，迁移行为对移民生育率下降的影响是明显的，但移民或乡—城流动人口的生育率还是明显高于流入国或流入城市。国内学者在流动人口生育意愿方面开展了丰富的研究，从流动人口理想子女数、生育性别偏好、生育时间、生育动机，流入地人口、流出地人口、流出前后情况的比

---

① 顾宝昌：《论生育和生育转变：数量、时间和性别》，《人口研究》，1992 年第 6 期。

② 穆光宗：《生育现代化的几个问题——顾宝昌先生文章的补遗》，《人口研究》，1993 年第 2 期。

③ 廖静如：《城市流动人口生育意愿研究综述》，《社会科学战线》，2013 年第 3 期。

较，生育意愿的影响因素等几方面进行了研究，流动人口生育意愿的实证研究发现，流动后的农村流动人口的期望子女数减少，以质量替代数量的趋势已初步形成；理想子女性别偏好观念有所弱化，但仍强于城镇户籍人口；农村流动人口初育年龄推迟，一胎与二胎生育间隔延长，传统的生育观在相当程度上被现代生育观所取代。

以往研究为本课题提供了研究思路和基础，具有重要的借鉴意义。但以往的研究存在以下局限性：(1)对北京的流动人口生育意愿研究还是个空白；(2)对流动人口生育意愿的对象局限在乡—城流动人口，缺乏城际间流动人口的样本；(3)以往的研究基本上是针对流动人口群体本身，缺乏与同背景户籍人口的比较研究。

(四)研究重点

本研究在对国内外相关研究进行文献综述的基础上，采用问卷调查和深度访谈等研究方法，对北京市流动人口的生育意愿从理想子女数、二孩生育意愿、生育性别偏好、生育时间几个维度进行描述，对流动人口生育意愿的影响因素进行分析，并对流动人口与户籍人口、乡—城流动人口与城—城流动人口的生育意愿进行比较研究，同时对流动人口接受生育服务的现状进行调查，为有针对性地开展流动人口计划生育工作提供决策参考。

二、研究方法

本研究主要采用问卷调查法、比较研究法、深度访谈法和文献研究法。

(一)问卷调查法

本文数据主要来源于北京人口发展研究中心 2011 年 7 月在北京市老东城区①和通州区进行的北京市居民生育意愿调查(以下简称“2011 年调查”)和 2013 年在新东城区②进行的流动人口生育意愿调查。

2011 年调查的研究对象是在北京市老东城区和通州区辖区居住的 1971—1990 年出生的 20—39 岁流动人口。东城区共回收有效问卷 506 份，通州区共回收有效问卷 498 份，共计有效问卷 1004 份。与第六次人口普查的数据进行比较，从样本结构上看，被调查者基本能够代表研究对象的总体情况。

近两年，生育政策是否调整成为人们关注的热点之一，为进一步了解流动人口生育意愿在新形势下是否发生变化，2013 年，课题组在新东城区进行了流动人口生育意愿调查。本次问卷调查对象为 2013 年居住在新东城

① 2010 年 7 月，北京市进行了行政区划调整，原东城区和崇文区合并为新东城区，本报告的老东城区指未合并前的东城区区域。

② 新东城区指合并后的东城区，包含原东城区和崇文区。

区年龄为 20—44 岁的流动人口。共获得有效调查问卷 500 份。经与流动人口总体结构进行比较，发现流动人口的样本除性别比例女性偏多外，其他结构符合总体情况。

(二)比较研究法

2011 年在进行流动人口生育意愿调查的同时，为了进行比较研究，我们也进行了户籍人口生育意愿调查。将其与流动人口进行比较，能反映出流动人口的特征。户籍人口与流动人口的抽样框相同，回收的户籍人口问卷 974 份，经与总体结构对比，能够代表研究的总体情况。

(三)深度访谈法

在问卷调查基础上，为进一步了解被访者生育意愿形成的深层次原因，2013 年 8 月，本课题研究人员对部分接受问卷调查的被访者进行了深度访谈。我们按流动人口的年龄、婚姻情况、生育情况、职业和流动经历，选取了 10 位流动人口(由于流动人口的流动原因，成功访谈 9 位)，力求使访谈对象具有代表性，由北京人口与社会发展研究中心专业人员进行了不少于 1 小时的面对面访谈。访谈的主要内容是了解其生育意愿的形成背景，其流动经历和北京生活背景对其生育观念的影响。另外，我们还与东城区部分社区、街道和区级层面的计生工作人员进行了座谈，了解计生工作人员对群众生育意愿以及生育政策调整的看法和建议。

(四)文献研究法

本研究全面收集和分析国内外生育意愿特别是流动人口生育意愿的相关文献，以构建本课题的研究基础。

三、主要调查结果

通过采用上述四种研究方法，得出如下结果：

(1)流动人口群体呈现普遍的低生育意愿。2011 年和 2013 年流动人口平均理想子女数分别为 1.49 个和 1.76 个，明显低于 2.1 的更替水平，属低生育意愿。二孩生育意愿调查显示出同样的趋势，2011 年和 2013 年流动人口明确要二孩的比例只有 48%和 54%。虽明显高于户籍人口，但属于低生育意愿水平。

(2)二孩生育模糊群体占相当比例。占 20%左右的流动人口二孩生育意愿不明晰，这一模糊群体的生育意愿需要长期观察和追踪。

(3)没有明显的男孩生育偏好，但希望儿女双全者比例较高。与国内其他研究不同，受特大城市现代化生育观念影响，流动人口无论是城—城流动人口还是乡—城流动人口，都没有显示出明显的男孩生育偏好，但希望儿女双全者占相当比例；在要二孩的原因中，儿女双全排在第二位，显著高于户籍人口的第五位。

(4)流动人口与户籍人口生育意愿存在一定差异。表现在流动人口的理想子女数高于户籍人口，分别为1.49个和1.3个；二孩生育意愿也呈现相同结果，愿意生育二孩的流动人口和户籍人口分别为48%和31.4%；在孩子性别上，选择“儿女双全”者也明显高于户籍人口，分别为12.5%和4.3%。

(5)流动人口生育意愿呈现明显的分层差异。占流动人口30%的城市户籍流动人口(城—城流动人口)在理想子女数和二孩生育意愿上明显低于农村户籍流动人口(乡—城流动人口)。2011年调查显示，在平均理想子女数上，呈现乡—城流动人口、城—城流动人口和户籍人口的递减效应，分别为1.54个、1.40个和1.30个。

(6)收入是影响生育行为的最主要因素。孩子照料、住房和政策因素则排在第二至第四位，2013年调查显示政策对生育行为有较大影响，且这种影响在近两年有所上升。乡—城流动人口与城—城流动人口在影响因素调查中结果十分接近，显示了流动人口在北京市经济生活中的弱势地位对其生育行为的影响。

(7)舆论对人们的生育意愿有一定作用。深度访谈研究发现，近两年生育政策的讨论在影响流动人口的二孩生育意愿等方面已有一定反映，舆论一定程度上影响了流动人口的生育意愿。

(8)流动人口对北京政府提供的流动人口计划生育服务的知晓率和满意度较高，但仍需进一步改进。比较而言，对于“婚育证明”政策的知晓率和满意度均低于60%，需要加大宣传力度，改进服务机制。

四、讨论与政策建议

(一)思考与讨论

1. 现代化生育观念已普遍为大城市流动人口接受是流动人口低生育意愿的主要原因

流动人口的生育意愿较农村居民确实发生了很大的改变，这体现在生育数量的下降、生育时间的推后和生育动机的现代化转变等方面。在北京，生育意愿中的生育性别偏好状况也有了明显的改变。城市化意味着工作、生活和居住方式的改变和次级社会关系的发育，这将明显淡化初级社会关系对于农民行为乃至观念的影响，从而导致农民在进入城市后传统生育意愿弱化。

2. 城市化是生育观念转型的决定因素，户籍制度阻碍着这种转型

调查中显示的乡—城流动人口与城—城流动人口之间的差异显著高于城—城流动人口与北京户籍人口之间的差异，户籍类型造成的生育观念差异显著于城市之间的差异。尽管流动人口的城市生活经历使流入大城市的

乡村人口在生育意愿和行为上越来越趋同于城市人口，但这并不意味着其生育意愿已经完成向现代化生育观的转型。和农村生活千丝万缕的联系，尤其是户籍制度的束缚，城市居住的不稳定性、无着落感使其生育观念和意愿还未完全摆脱农村传统文化的影响和束缚，仍然处于从传统型向现代型生育观念的转型过程之中。

3. 第二次人口转变现象在流动人口尤其是城—城流动人口中的影响已初露端倪

北京地区大多数城—城流动人口能接受同居家庭、未婚先育、丁克家庭和同性婚姻等社会现象，显示了 20 世纪 60 年代出现的西方思潮的影响力，但这种思潮尚未成为主流，人们更多的是认同而不是效仿，说明中华民族传统的家庭价值观和生活方式在当代婚育人群中仍占主导地位，但第二次人口转变现象在流动人口尤其是城—城流动人口中的影响已初露端倪。

(二)政策建议

1. 建议推行城乡一体化生育政策

我国 1984 年后对“一孩”政策逐步调整，在 20 世纪 90 年代形成多样化的生育政策格局，其主要特点是城乡二元性。这一政策在当时缓和了社会矛盾，符合大多数人尤其是农民的意愿，是对一孩政策的改良。但随着改革开放的深入，以农民工为主体的流动人口大量进入城市，给计划生育管理带来沉重压力。在计划生育管理实践中，产生矛盾纠纷最主要的原因就是跨地域省、市、区县之间政策不配套、政策不平衡，政出多门让老百姓觉得所受待遇不公平，由此引发的问题也导致矛盾丛生。同时，户籍制度改革步伐加快，社会政策城乡一体化的时期已经到来，医疗、养老、低保的城乡居民全覆盖的模式已然形成。如果生育政策调整时依旧强化城乡的二元性，势必和社会管理以及社会政策发展变革的趋势不相吻合。因此，建议采取全国一盘棋、城乡一体化、地区无差异的生育政策。

2. 理顺公共服务运行机制，强化流动人口计生服务

对流动人口的生育服务品质是影响他们生育意愿的重要因素，接受现代化的生育服务和管理会有效地促进其生育观念的现代化。调查显示，流动人口对计划生育服务不了解、不知晓的问题还比较明显，须加大这方面的宣传力度。同时，在生育政策调整的背景下，如何针对流动人口的特点，建立科学、合理、动态的社会管理与公共服务运行机制，加强婚姻、生育、户籍等信息的共享机制，形成资源共享，促进良性互动，有效地为流动人口提供所需要的生育服务，是当前面临的重要任务。

3. 把流动人口生育意愿监测纳入部门常规工作

建议把流动人口生育意愿调查监测工作纳入部门常规工作，定期进行生育意愿和生育行为的调查和追踪。其一，“模糊群体”需要持续关注。调查

发现，被访者中有比例较高的生育意愿不明晰的群体，他们最终的决定和生育行为对未来生育水平有着重要的影响，结婚时间、婚姻状况、育龄时间、年龄增长以及社会经济因素的改变都可能使其意愿发生改变，因此，这一"模糊群体"的未来生育意愿和行为状况值得持续监测。其二，生育意愿和生育行为的"一致度"需要长期监测，以把握生育水平变动趋势。单独二孩政策的放开，政策适用群体的生育意愿和生育行为的追踪调查是应高度关注的问题，以便为后续政策提供决策参考。

参考文献

[1]Bongaarts，J.，The End of the Fertility Transition in the Developed World，Population and Development Review 28，2002.

[2]Bongaarts，J.，Fertility and Reproductive Preferences in Post-transitional Societies，Population and Development Review 27，2001.

[3]Easterlin，R. E. M. C.，The Fertility Revolution：A Supply-Demand Analysis，The University of Chicago Press，1985.

[4]北京市统计局、国家统计局北京调查总队：《北京统计年鉴(2013)》，中国统计出版社，2013 年。

[5]傅崇辉、向炜：《深圳流动育龄妇女生育子女数的影响因素分析》，《南方人口》，2005 年第 3 期。

[6]顾宝昌：《论生育和生育转变：数量、时间和性别》，《人口研究》，1992 年第 6 期。

[7]蒋耒文：《"欧洲第二次人口转变"理论及其思考》，《人口研究》，2002 年第 3 期。

[8]刘爱玉：《流动人口生育意愿的变迁及其影响》，《江苏行政学院学报》，2008 年第 5 期。

[9]廖静如：《城市流动人口生育意愿研究综述》，《社会科学战线》，2013 年第 3 期。

[10]刘爽、卫银霞、任慧：《从一次人口转变到二次人口转变——现代人口转变及其启示》，《人口研究》，2012 年第 1 期。

[11]穆光宗：《生育现代化的几个问题——顾宝昌先生文章的补遗》，《人口研究》，1993 年第 2 期。

[12]沈毅：《苏南流动人口生育意愿研究——以吴江流动人口为例》，《市场与人口分析》，2005 年第 5 期。

[13]伍海霞、李树茁、悦中山：《城镇外来农村流动人口的生育观念与行为分析——来自深圳调查的发现》，《人口研究》，2006 年第 1 期。

[14]谢永飞、刘衍军：《流动人口的生育意愿及其变迁》，《人口与经济》，2007 年第 1 期。

[15]徐丽娟：《社区外来流动人口的代际生育意愿探析》，华中师范大学出版社，2007 年。

[16]尤丹珍、郑真真：《农村外出妇女的生育意愿分析——安徽、四川的实证研究》，《社会学研究》，2002 年第 6 期。

[17]翟振武、段成荣、毕秋灵：《北京市流动人口的最新状况与分析》，《人口研究》，2007 年第 2 期。

[18]庄渝霞：《不同代别农民工生育意愿及其影响因素——基于厦门市 912 位农村流动人口的实证研究》，《社会》，2008 年第 1 期。

（作者：马小红　北京人口与社会发展研究基地研究人员　副教授
闫　萍　北京人口与社会发展研究基地研究人员　讲师
张小玉　北京人口与社会发展研究基地　硕士研究生）

基地名称：北京人口与社会发展研究中心
依托单位：中共北京市委党校
项目类别：北京市社会科学基金项目

北京市流动人口随迁子女义务教育面临的挑战与政策建议[①]

内容提要：随着以流入地管理为主，以公办学校为主的“两为主”原则的贯彻执行，北京市已经很大程度上解决了流动人口随迁子女的义务教育问题。但是，由于教育经费、教育管理制度及社会体制等原因，使流动儿童的义务教育仍然存在一些问题。为此，要完善流动人口子女的教育经费政策及配套措施，均衡义务教育资源，在掌握底数的基础上提高教育规划应对能力，重视研究制定流动人口随迁子女后义务教育阶段政策。

关键词：流动人口随迁子女；义务教育；问题；对策

一、背　景

国家层面流动人口子女教育政策的演变清晰地反映了国家宏观教育政策价值理念的变迁：从 20 世纪 80 年代中后期的“限制”，到 90 年代的“差别对待”，再到新世纪以来的“以人为本，追求公平”。作为一个人口流入集中的地区，北京市对流动人口子女教育政策也经历了从被动适应到扩大和改善服务，再到制度创新的过程。经过多年努力，公办中小学校成为解决在京流动人口子女教育问题的主要渠道。截至 2012 年，在京接受教育的流动儿童为 58.9 万人，其中义务教育阶段就读公立学校的学生达到 41.7 万人。在扩大公办学校接收能力的同时，北京市进一步加强对流动人员自办校的服务与管理。总体看来，经过十几年的努力，北京市已经较好地按照中央要求解决了流动人口随迁子女义务教育问题。北京市各教育阶段外省市学生就读情况见表 1。

① 本文是“北京市流动人口随迁子女学校适应研究”的阶段性成果，项目编号：11SHB007。

表 1　2012 年北京市各教育阶段外省市学生就读情况

项目	全市学生人数	外省市学生			
		就读生人数（含公办教育与民办教育）	占在校生人数比例(%)	民办教育	
				就读生人数	占在校生人数比例(%)
幼儿园	331524	84202	25.40	39504	11.92
小学	718655	324183	45.11	43988	6.12
特殊教育	8118	790	9.73	35	0.43
初中	305510	93073	30.46	13957	4.57
高中	193505	19416	10.03	6071	3.14
中等职业学校	233209	66869	28.67	6431	2.76
合计	1790521	588533	32.87	109986	6.14

数据来源：北京市统计局、国家统计局北京调查总队：《北京统计年鉴 2013》，中国统计出版社，第 426、413 页

“两为主”政策扫除了流动儿童义务教育的入学障碍，但从教育公平所蕴含的价值理念的角度来看，流动人口随迁子女入学机会的获得还仅仅是实现教育公平的第一步，能否获得高质量的教育，能否得到学业、心理、行为习惯等方面的帮助，能否良好地适应学校生活、融入城市都是摆在我们面前的重要问题。

二、当前流动人口随迁子女义务教育面临的挑战

尽管北京市采取了多种措施，基本解决了流动人口随迁子女义务教育问题，但由于教育经费、教育资源与布局、社会观念等影响，流动人口随迁子女义务教育仍然面临一些挑战。

(一)义务教育经费政策滞后

2006 年《义务教育法》修订后，我国义务教育经费投入实行国务院和地方各级人民政府根据职责共同负担，省、自治区、直辖市人民政府负责统筹落实的体制。但义务教育经费仍然没有摆脱两个特点，一是以地方为主，二是以户籍为准划拨义务教育经费。其实早在 1998 年国家教委和公安部联合颁布的《流动儿童就学暂行办法》就已经指出“流入地政府和流出地政府要互相配合，加强联系，共同做好流动儿童少年接受义务教育工作”，但并没有对流出地和流入地政府如何配合，如何加强联系做出明确规定。此外，国家教育经费转移体制还不健全，每年仍以户籍为准给流出地划拨义务教育经费。

“以地方为主”和“以户籍为准”的义务教育经费体制一方面影响了流入地政府解决流动儿童义务教育的积极性，另一方面也影响了流动儿童就读的公立学校的办学条件。由于北京市的流动人口在地域分布上并不均衡，主要集中在城市功能拓展区和城市发展新区，在各区县中，朝阳、丰台、海淀、昌平、大兴、通州等区县外来学龄儿童较多，一些流动人口聚居区域接收流动儿童入学的压力比较大，需要重点加大这些区县的政策扶持和经费投入。

(二)局部地区公办教育资源压力剧增

流动儿童就学的空间区域与外来人口聚集的空间区域是大致重合的。近年来，尽管与流动人口的分布变化相一致，流动人口子女就学也呈现出由城市中心区往外“走”的态势。但城市功能拓展区一直是非户籍小学生最集中的区域，其次是城市发展新区。从第六次全国人口普查的数据来看，北京市外来学龄儿童居住在城市功能拓展区的有 12.8 万人，占 51.3%，占到一半以上；城市发展新区有 8.8 万人，占 35.3%，占三分之一以上；首都功能核心区有 1.8 万人，占 7.3%；生态涵养发展区有 1.5 万人，占 6.1%。2012 年北京市小学阶段流动儿童就学区域分布与上述数据基本一致，城市功能拓展区有 16.1 万人，占 49.7%；城市发展新区有 11.6 万人，占 35.6%；首都功能核心区有 2.9 万人，占 9.0%；生态涵养区有 1.8 万人，占 5.7%。① 在各区县中，朝阳、丰台、海淀、昌平、大兴、通州等区县流动人口学龄儿童较多，而朝阳、昌平、丰台、大兴等区县小学教育资源短缺，东城、西城、海淀小学教育资源比较充足，但从实际的情况分析，因人户分离和择校等原因，东城、西城和海淀三个区域就学压力也较大。

近年来，为了落实“以公立学校为主”的政策，一些流动人口集中区域加大了撤并打工子弟学校，增加公立学校接收流动人口子女就学能力的力度，加之城市改建扩建的提速，一些流动人口相对集中的城乡结合部的公立学校出现就读学生激增的情况。从我们的调研来看，有些学校的学生规模已经远远超出了应有的办学规模，不得不改造库房、休息室等增加教室数量，由于教室少、人数多，一些媒体设备无法安装，同时为了应对激增的学生和班级，学校不得不增加临时聘用教师人数，教学环境和教学质量都很难得到保证，急需加大经费投入，改善办学条件，合理配置流动人口聚居区的教育资源。

(三)事实上的依户籍分校

调查显示，“两为主”的原则使大多数流动人口子女得以进入公立学校

---

① 根据线联平：《2012—2013 学年度北京市教育事业统计资料》，北京市教育委员会发展规划处，2013 年，第 131、132 页数据计算。

读书，而且公立学校也实行的是混校就读。但是由于社会上普遍存在的对流动人口的排斥和歧视，事实上却形成了接受户籍儿童的公立学校与接受流动儿童的公立学校之间的隔离。流动人口及其子女在城市面临的文化歧视最集中地体现在心理层面，其根源在于长期的城乡二元结构造成了巨大的城乡差别。此外，整体来看，在城市生活的流动人口经济条件、生活环境都与城市人群有一定差距，这也造成城市人群对流动人口的心理歧视。现实中接受流动人口子女的公立学校成为名副其实的“公立打工子弟学校”，与京籍儿童形成事实上的分校。这一方面是由于接受流动人口子女的公立学校是相对薄弱的学校，有能力的京籍家长选择了更优质的学校，另一方面也反映了京籍家长对流动人口及其子女心理上的排斥。吴新慧指出，文化的排斥导致了流动儿童边缘化的归属感，从而产生出更多被剥夺感、被歧视感以及对城市敌对的态度。① 这种事实上的隔离的存在，阻碍了流动儿童对自己生活的这个城市的了解，固化了流动儿童与城市的距离感，不利于流动儿童对其城市公立学校的适应。

（四）流动人口随迁子女教育家庭支持不足

2010 年“六普”数据显示，北京市 72.8％的流动人口从事商业、服务业和运输设备操作等劳动强度大、工作条件差、经济效益低的行业。加之流动人口平均受教育程度较低，处于城市的底层，是社会典型的弱势群体之一。儿童的社会化离不开家庭、学校和社会的共同支持，然而由于处于宏观的城乡二元结构之中，生活在城市社会底层的流动人口在经济条件、社会心理、文化习惯等方面的弱势地位不仅不利于其子女适应学校和融入城市，还会以代际传承的方式传递给流动人口子女，在流动人口子女的环境适应和城市融入方面就表现为家庭社会化功能的不足。调查显示，多数流动人口家庭流动频繁，流动儿童转学次数较多，学校巩固率不高；流动人口家长忙于生计，对子女关注和支持不足，与子女沟通、交流有限；流动人口家庭和社区环境简陋，缺乏良好的学习环境和条件；流动人口家长受教育程度较低，教育方法不当，这些对流动儿童的学校适应性以及其他方面都有很大影响。

（五）后义务教育阶段政策的负面影响

现行针对流动人口子女的后义务教育政策也一定程度上影响了流动儿童义务教育阶段的学校适应性。由于户籍限制，流动儿童在北京上高中的机会很少，因此初中阶段就读公立学校的流动儿童就要考虑未来的选择了。尽管按照中央的要求，目前各地都在研究制定本地关于流动人口随迁子女

---

① 吴新慧：《关注流动人口子女的社会融入状况——“社会排斥”的视角》，《社会》，2004 年第 9 期。

后义务教育阶段升学考试制度，但总体来看，各地对流动人口随迁子女后义务教育阶段的政策仍然是以控制和限制为主。这种教育制度化障碍是影响流动人口随迁子女学校适应性的重要因素。根据我们调查的中学学生的毕业流向显示，中学阶段流动人口子女有很强的流动性，具体表现为：初一升初二时约有20％的学生转学离开北京；初二升初三时约有15％的学生转学离开北京。离开的学生大部分回原籍重新读初二，个别优秀的直接读初三，也有个别学生选择在北京周边，比如河北寄宿制学校学习。经过两次集中流动，初三开学时就读的流动人口子女人数一般就只剩下入学时的62％左右了。这剩下的62％的学生基本上是学习成绩处于中下游的同学，所以这些学生毕业后的选择基本为职业高中，其中较优秀的也能进入北京的普通高中学习。其比例为：升入职业高中的占毕业生总数的35％，升入普通高中的约占毕业生总数的5％，约占到毕业生总数60％的学生直接步入社会，当然其中有一小部分学生无法跟踪到去向。

三、促进流动人口随迁子女义务教育的政策建议

流动人口子女的平等教育权利的实现除了受限于流动人口家庭的支持、学生自身的学习、适应能力外，更重要的还依赖于政府的宏观政策和制度保障以及学校微观的干预。因为教育不平等既包括来自个体能力、社会地位、文化资本等方面的差异，也来自教育资源提供和配置、学校制度、选拔制度等社会制度性因素的影响。因此，在实现流动儿童教育权利平等的过程中，也要体现对弱势群体倾斜的补偿原则。弥补流动儿童由于自然的、经济的、社会的或文化方面的弱势状况，使之尽可能从教育制度本身得到补偿。

（一）加强顶层设计，健全义务教育经费保障制度

流动人口子女教育问题的解决必须依靠流入地政府的大力支持，因此首先要消除流入地的后顾之忧。中央政府作为资源配置的主体，应该对全国范围内的义务教育资源进行统筹规划、合理配置，比如改革义务教育财政拨款制度。一方面应当提高中央政府在义务教育投资中的比重，另一方面必须打破户籍制度的限制，以实际在校学生数为基数划拨义务教育经费，保证义务教育经费随学生流动，缓解流入地政府解决流动人口子女教育问题的经费压力，真正实现教育环境的“同城同待遇”，为流动人口子女更好地适应学校提供环境保证。

（二）均衡义务教育资源，打破事实上的分校

关于将流动人口子女安置在与流入地户籍儿童混合的公立学校，还是将流动儿童单独安置在规范化、合法化的打工子弟学校或其他公立学校，学者们也有不同的看法。有研究者认为为了流动儿童免受公立学校教师和

本地户籍儿童的歧视，可以实行户籍儿童和流动儿童的分校。[①] 也有研究者认为，从教育公平的角度出发，流动儿童和本地户籍儿童应该享有同样的教育环境，应该实行合校。事实上更多的研究表明，公立学校就读的流动儿童学校适应状况好于打工子弟学校。这种适应结果与公立学校的教学设施、师资配备好于打工子弟学校有很大关系，可以给流动儿童提供与城市儿童共同学习交流的机会，促进其更好地适应学校[②]。

近年来，北京市依照“区域内—城乡间—区际—校际”逐步来实现义务教育均等化政策，取得了一些积极成效，但是在区域之间、城乡之间、校际之间，办学条件和教育质量上仍然存在不少差距。在坚持义务教育阶段学校规范化、标准化要求，保证地区之间和学校之间办学条件、教育质量均衡发展的同时，还要严格执行“划片招生，就近入学”的政策，打破优势学校集中本地户籍孩子，薄弱学校集中流动儿童，流动儿童与本地户籍儿童事实上的分校局面，促进流动儿童更快、更好地适应学校和融入城市。

（三）积极探索，稳步推进流动人口子女后义务教育阶段教育政策的研究制定

当前，关于流动人口子女义务教育的政策思路已经很明确，流动人口子女义务教育入学问题基本上得到了解决。对于流动人口子女后义务教育阶段的问题还处在探索阶段，目前流动人口较多的大城市对流动人口随迁子女开放高中阶段教育做了一些有益的探索，对于“异地高考”，各地按照国务院要求也先后出台了随迁子女升学考试方案。

面对现行高考制度、流入地教育发展水平、城市人口规模调控等相关因素的制约，诸如北京等流动人口规模比较大的城市对开放流动人口子女后义务阶段教育都保持审慎的态度。这种情况反映了流动人口随迁子女教育的复杂性，也具有一定的现实性。但从理论上讲，教育作为一种公共服务，每个公民都有平等受教育的权利；从法理上讲，公民也都有在国境内迁移和受教育的权利。[③] 因此在考虑其现实制约性的同时也要看到看到其合理性。从根本上来说，户籍制度改革是解决流动人口随迁子女后义务教育阶段教育问题的关键，破除城乡二元结构，建立以常住人口为基数的公共教育服务体制，循序渐进、稳步推进解决流动人口后义务教育阶段教育问题，是保障和改善民生、促进教育公平的客观要求，也对促进流动儿童适

---

① 李晓巍、邹泓、张俊等：《流动儿童歧视知觉产生机制的质性研究：社会比较的视角》，《心理研究》，2008 年第 2 期。

② 项继权：《农民工子女教育：政策选择与制度保障——关于农民工子女教育问题的调查分析及政策建议》，《华中师范大学学报（人文社会科学版）》，2005 年第 3 期。

③ 桑锦龙、雷虹、郭志成：《我国城市流动人口随迁子女高中阶段入学问题初探》，《教育研究》，2009 年第 7 期。

应学校、融入城市，维护社会和谐具有重要意义。

（四）实行流动人口义务教育适龄儿童登记制度，提高教育规划应对能力

北京市常住人口中非京籍人口达到700多万人，社会管理体制逐步从户籍人口为主向覆盖常住人口转变，与之相配套的公共服务体系也在逐步完善。要统筹兼顾户籍人口和非户籍人口的权益，根据常住儿童的规模合理做好教育规划，当务之急是要进一步摸清流动人口随迁子女底数，掌握流动人口变动和义务教育阶段随迁子女就学情况，据此及时预测北京市，特别是流动人口相对集中区域义务教育的需求状况，提高教育规划和布局的应对能力，改变局部教育资源的紧张对流动儿童就学的公立学校办学条件的影响，为促进流动儿童更好地适应学校提供良好的外部环境。

（作者：胡玉萍　北京人口与社会发展研究基地研究员　副教授）

北京马克思主义理论研究与传播基地

（北京市社会科学院）

基地名称：北京马克思主义理论研究与传播基地
依托单位：北京市社会科学院
项目类别：研究基地自设项目

夯实共产党人的共同理想基础

——关于自觉践行实事求是思想路线的思考

内容提要：历经 90 余年的发展和检验，实事求是思想路线证明了它是中国共产党的基本思想方法、工作方法和领导方法，是党带领人民推动中国革命、建设、改革事业不断取得胜利的重要法宝。科学认识实事求是思想路线的唯物主义基础，理解其科学意蕴，明确其时代要求，是当前社会主义建设实践面临的重要理论问题。

关键词：马克思主义；实事求是；思想路线；群众路线

所谓共同理想，是指共同的价值目标、价值取向、价值标准和价值认同，并为全体社会成员所共同意识、共同接受、共同维护和自觉践行的理想。把我国建设成为富强、民主、文明、和谐的社会主义现代化国家，是我们党在现阶段的奋斗目标和行动纲领，也是各族人民在社会主义初级阶段的共同理想。这个共同理想的实现，整体而言是举什么旗、走什么路的问题，同时也可以从两个方面来概括：一方面需要坚持中国特色社会主义理论、道路和制度的统一与自信；另一方面，也是最为重要的，就是要坚持中国共产党作为马克思主义执政党的领导核心地位不动摇。因此，作为一个长期执政的世界第一大马克思主义政党，切实把握党的实事求是思想路线的科学意蕴与时代要求，对于坚定共产党人的理想信念，巩固马克思主义在意识形态领域的指导地位，巩固全党全国人民团结奋斗的共同理想基础，具有重要的理论与现实意义。

一、学习领会党的思想路线的马克思主义中国化理论基础

正如马克思和恩格斯多次重申的，以往的哲学家只是用不同的方式解释世界，而我们的使命在于改变世界。纵观马克思主义辩证唯物主义和历史唯物主义理论，其蕴含的实事求是思想集中在一点，那就是实践——马克思主义理论的基石。也正因为如此，我们也经常称马克思主义为实践唯物主义。其主要理论特征表现在四个方面：第一，生产实践是人类的第一

历史活动。“全部社会生活在本质上是实践的”①，人“为了生活，首先就需要衣、食、住以及其他东西。因此第一个历史活动就是生产满足这些需要的资料，即生产物质活动本身”。② 第二，人的实践是有意识、有目的的创造性活动。“有意识的生命活动把人同动物的生命活动直接区别开来，”③人的实践从本质上说是人的自由自觉的活动，是自觉改造对象世界的社会劳动。人通过有目的的实践，在改造对象世界的同时，也把自己的活动和他人的活动构成的社会变成了创造对象。第三，实践是检验思维的真理性的客观标准。马克思和恩格斯认为，用理论或思维去检验人的思维是否具有客观的真理性是不可想象的，人的思维的真理性唯有在无止境的实践过程中才能得到检验，亦即实现思维的现实性和此岸性。因此，就人的认识而言，“不存在任何最终的东西、绝对的东西、神圣的东西；它指出所有一切事物的暂时性；在它面前，除了生成和灭亡的不断过程、无止境地由低级上升到高级的不断过程，什么都不存在”④。第四，实践的主体是从事认识世界、改造世界的活动的“现实的历史的人”⑤。革命的、批判的实践特质决定了以人民为主体的社会实践的使命就是改造旧世界并使现存世界革命化。“批判的武器当然不能代替武器的批判，物质的力量只能用物质的力量来摧毁；但是理论一经掌握群众，也会变成物质力量。理论只要说服人，就能掌握群众；而理论只要彻底，就能说服人。”⑥由此，马克思和恩格斯确定了其理论旨在指导和服务于革命实践，消灭私有制，实现人的自由发展。

19 世纪末 20 世纪初，捍卫和发展马克思主义实践理论的最杰出代表当属列宁。列宁的实践理论是在反对第二国际修正主义、批判马赫主义的斗争中，在领导俄国无产阶级革命和社会主义建设的实践中形成的，因此具有论战性和运用性的特征。其理论贡献主要有三个方面：一是根据马克思《关于费尔巴哈的提纲》第二条提出一个重要论断：“生活、实践的观点，应该是认识论的首要的和基本的观点。”⑦列宁认为实践高于理论的认识，因为它不但有普遍性的品格，并且还有直接现实性的品格。他将实践明确规定为对外部世界的改造，实践是物的活动，具有客观实在的意义。二是肯定了费尔巴哈把人类实践的总和当作认识论的基础的正确性，即检验真理的实践标准是指人类实践的总和，而不是某个人的某一次实践活动。三是列

① 《马克思恩格斯文集》第 1 卷，人民出版社，2009 年，第 501 页。
② 《马克思恩格斯全集》第 3 卷，人民出版社，1960 年，第 31 页。
③ 《马克思恩格斯选集》第 1 卷，人民出版社，1995 年，第 47 页。
④ 《马克思恩格斯选集》第 4 卷，人民出版社，1995 年，第 217 页。
⑤ 《马克思恩格斯选集》第 1 卷，人民出版社，1995 年，第 75 页。
⑥ 《马克思恩格斯选集》第 1 卷，人民出版社，1995 年，第 9 页。
⑦ 《列宁选集》第二卷，人民出版社，1995 年，第 103 页。

宁创造性地提出："实践标准实质上决不能完全地证实或驳倒人类的任何表象。这个标准也是这样的'不确定'，以便不让人的知识变成'绝对'，同时它又是这样的确定，以便同唯心主义和不可知论的一切变种进行无情的斗争。如果我们的实践所证实的是唯一的、最终的、客观的真理，那么，因此就得承认：坚持唯物主义观点的科学的道路是走向这种真理的唯一的道路。"[①]实践是检验真理的唯一标准，然而实践与认识本身是相互作用、相互统一的，人的认识的至上性和实践的无止境决定了实践检验真理必须是一个不断发展的反复曲折的辩证过程。因此，坚持实践标准的确定性和不确定性相统一就是坚持了马克思唯物主义认识法与方法论的统一。

邓小平曾指出："马克思、恩格斯创立了辩证唯物主义和历史唯物主义的思想路线，毛泽东同志用中国语言概括为'实事求是'四个大字。"[②]作为中国共产党思想路线的创始人，毛泽东在中国革命的实践中继承并发展了马克思主义实践理论，实现了马克思主义实践理论与中国革命具体实践的有机融合。在毛泽东的哲学理论名篇《实践论》中，他在肯定"马克思主义者认为人类的生产活动是最基本的实践活动，是决定其他一切活动的东西"[③]的同时，系统论述了实践对认识的决定作用。正是在实践起源、实践动力、实践标准、实践目的和实践形式观点的基础上，毛泽东立足当时中国革命的形势和社会结构实际，深入开展社会调查研究，寻求适合中国实际的革命道路。在1927年3月到1930年5月间，他先后撰写并向中央提交了《湖南农民运动考察报告》《中国的红色政权为什么能够存在?》《井冈山的斗争》《星星之火，可以燎原》《反对本本主义》(原题目为《调查工作》)等研究报告，系统论述了红色政权能够存在和发展的原因及其条件；总结了实行"工农武装割据"的经验；指出了中国革命应当先占乡村、后取城市，走不同于俄国十月革命的道路，初步形成了具有中国特色的革命道路理论；明确地把马克思列宁主义同中国的实际情况相结合形成的指导思想称之为同本本主义(后来的教条主义)相对立的共产党人从斗争中创造新局面的思想路线。1941年5月19日，在延安整风运动中，毛泽东在延安干部会上所做的《改造我们的学习》报告，系统地分析、批判了党内存在的主观主义特别是教条主义，全面地阐述了实事求是的观点，强调从实际出发，理论联系实际，"向社会作调查"[④]，首次提出了思想路线的科学概念。他根据辩证唯物主义和历史唯物主义的基本原理，借用中国的一句古语，把党的思想路线高度

---

① 《列宁选集》第二卷，人民出版社，1995年，第103页。

② 《邓小平文选》第二卷，人民出版社，1994年，第278页。

③ 《毛泽东选集》第一卷，人民出版社，1991年，第282页。

④ 《毛泽东选集》第三卷，人民出版社，1991年，第789页。

精辟地概括为“实事求是”，并从哲学的高度对党的思想路线做出了阐释，指出：“‘实事’就是客观存在着的一切事物，‘是’就是客观事物的内部联系，即规律性，‘求’就是我们去研究。”[①]实事求是的思想路线充分体现了唯物论、辩证法和反映论的有机统一。实事求是思想路线的确立，在党的思想路线发展史上具有开创性意义，在实事求是思想路线的指引下，中国共产党人创造性地开辟了一条不同于俄国十月革命的农村包围城市、武装夺取政权的道路，取得了中国革命的伟大胜利。

二、科学把握党的思想路线的重要历史地位及其丰富意蕴

习近平指出：“实践反复证明，坚持实事求是，就能兴党兴国；违背实事求是，就会误党误国。”[②]中国共产党建立 90 多年来，之所以能够从小到大，从弱到强，成长为今天一个社会主义大国的执政党，从根本上说，就是因为我们党始终坚持了实事求是的思想路线。十一届三中全会以前，针对长期形成的“左”的指导思想未从根本上得到纠正，“两个凡是”成为禁锢人们思想的新的枷锁的实际，邓小平明确指出，必须首先解决思想路线问题。因为，不解决思想路线问题，不解放思想，正确的政治路线就制定不出来，制定了也贯彻不下去。邓小平首次提出：“解放思想，开动脑筋，实事求是，团结一致向前看，首先是解放思想。”[③]解放思想是“在马克思主义指导下打破习惯势力和主观偏见的束缚，研究新情况，解决新问题”[④]。解放思想的实质就是坚持实践是检验真理的唯一标准，“是否有利于发展社会主义社会的生产力，是否有利于增强社会主义国家的综合国力，是否有利于提高人民的生活水平”[⑤]，是检验社会主义建设一切工作成败的标准，生产力标准的提出从马克思主义社会发展动力理论的视角，推进了实践标准与生产力标准的辩证统一。邓小平强调，我们必须毫不动摇地坚持马克思主义，但这种坚持又不是拘泥于它的一切现成结论，而是坚持其灵魂和精髓，即用实事求是的根本观点和根本方法来观察问题、解决问题。有基于此，邓小平立足于我国的国情和国际形势的实际，反对只唯书、不唯实的教条主义和照搬照抄别国经验、别国模式的经验主义，正面回应了“什么是社会主义？怎样建设社会主义？”的时代课题，率领全国各族人民自觉选择了改革开放、走有中国特色的社会主义的道路。

---

① 《毛泽东选集》第三卷，人民出版社，1991 年，第 801 页。

② 习近平：《2012 年 5 月 16 日在中央党校春季学期第二批入学学员开学典礼上的讲话》，《学习时报》，2012 年 5 月 28 日。

③ 《邓小平文选》第二卷，人民出版社，1994 年，第 141 页。

④ 《邓小平文选》第二卷，人民出版社，1994 年，第 279 页。

⑤ 《邓小平文选》第二卷，人民出版社，1994 年，第 372 页。

20世纪90年代，国际局势和国内形势的变化呈现出许多前所未有的特点，经济全球化的迅猛发展和综合国力竞争的日益加剧，与我国经济与社会发展正处在转型调整期，政治建设、文化建设和党的建设面临着前所未有的挑战，发展的“双重压力”共时共存。形势逼人，不进则退。以江泽民同志为总书记的党中央及时总结历史，立足现实，面向未来，提出了弘扬“与时俱进”精神的时代课题。他明确指出：“与时俱进，开拓创新，是马克思主义活的灵魂，也是我们适应新形势、认识新事物、完成新任务的根本思想武器。”①与时俱进不仅是党的实事求是思想路线的创新，更成为“三个代表”重要思想的核心。与时俱进“这个活的灵魂，在‘三个代表’重要思想的全部理论中得到了充分体现”②。2002年5月31日，在中央党校省部级干部进修班毕业典礼上的重要讲话中，江泽民强调，贯彻“三个代表”重要思想关键在坚持与时俱进。一是发展先进生产力，就是要发展科学技术，就是要改变现有落后生产力状况，改变仍然存在的不适应先进生产力发展的一些落后的生产方式。二是切实加强思想道德建设，“深入进行党的基本理论、基本路线、基本纲领和‘三个代表’重要思想的宣传教育，引导人们树立中国特色社会主义共同理想，树立正确的世界观、人生观和价值观”③。三是实现最广大人民的根本利益，这是处理社会关系实践的立足点和出发点。在全面建设小康社会的过程中，要“正确反映和兼顾不同方面群众的利益，使全体人民朝着共同富裕的方向稳步前进”④。

2004年，胡锦涛在中共中央纪律检查委员会第三次全体会议上指出：“求真务实，是辩证唯物主义和历史唯物主义一以贯之的科学精神，是我们党的思想路线的核心内容，也是党的优良传统和共产党人应该具备的政治品格。”⑤这是以胡锦涛为总书记的第四代中央领导集体，针对新世纪、新阶段、新形势和新任务，站在战略的高度，给全党提出的又一个重大现实课题。求真务实所说的“求真”，包括两方面内容：一是求客观实际之真，即真切地了解实际情况；二是求事物发展规律之真，即深刻地认识客观规律。求真的内涵，正是这两方面内容的有机统一。应该说，在新情况下，我们对世界发展的规律，对中国特色社会主义建设的规律，对党自身建设的规律，还不能说已经真切地把握了。正因为党中央对此有清醒的认识，所以才强调求真，强调求对客观实际认识之真，求对事物发展规律把握之真，强调把这两方面的求真有机地统一起来。“求真务实”的提出，标志着党的

① 《十五大以来重要文献选编》下，人民出版社，2003年，第2392页。

② 胡锦涛：《在学习〈江泽民文选〉报告会上的讲话》，人民出版社，2006年，第11页。

③ 《江泽民文选》第三卷，人民出版社，2006年，第560页。

④ 《江泽民文选》第三卷，人民出版社，2006年，第540页。

⑤ 《十六大以来重要文献选编》上，中央文献出版社，2005年，第724页。

建设指导思想的实践创新。做到求真务实，“关键是要不断求我国社会主义初级阶段基本国情之真，务坚持长期艰苦奋斗之实；求社会主义建设规律和人类社会发展规律之真，务抓好发展这个党执政兴国的第一要务之实；求人民群众的历史地位和作用之真，务发展最广大人民根本利益之实；求共产党执政规律之真，务全面加强和改进党的建设之实”①。

社会主义革命和建设的实践证明：中国共产党思想路线的建立、丰富和发展的过程是一个解放思想、实事求是、与时俱进、求真务实的过程，是一个积累经验、探索规律、追求真理的过程，是实现建设中国特色社会主义指导思想创新的过程。解放思想、实事求是、与时俱进、求真务实，四者相互联系、共同作用，形成了完整的思想路线体系。其中，解放思想是确立思想路线的认识论前提；实事求是是党的思想路线的唯物主义灵魂；与时俱进是党的思想路线不断发展的辩证方法；求真务实是党的思想路线与社会主义实践相结合的根本价值取向。

三、自觉践行党的思想路线的时代要求

十八届三中全会《决定》指出：“改革开放的成功实践为全面深化改革提供了重要的经验，必须长期坚持……坚持解放思想、实事求是、与时俱进、求真务实，一切从实际出发，总结国内成功做法，借鉴国外有益经验，勇于推进理论和实践创新。”新的历史时期，新情况新问题不断涌现，机遇与挑战并存，机遇大于挑战，如何把握机遇，战胜挑战，推进社会主义现代化发展，成为摆在全党面前的首要问题。

(一)坚定理想信念，巩固马克思主义在意识形态中的指导地位

马克思主义不同于以往任何一种学说的地方在于，它是有史以来唯一自觉地以改造世界为己任的学说。中国共产党在长期革命和建设实践中，形成了一整套坚持和发展马克思主义实践观的思维方式和优良传统，并分清了马克思主义同唯心主义、形而上学的界限。这种思维方式和优良传统的集中体现，就是党的“一切从实际出发，理论联系实际，实事求是，在实践中检验真理和发展真理”的思想路线。这条思想路线，从实现共产主义理想的高度，从指导广大人民群众从事社会主义实践的使命，从提高党的执政能力建设的角度出发，实现了对马克思主义唯物史观的时代创新。中国社会主义现代化的实践仍需要不断推进与深入，必然要求指导思想和理论不断突破与创新。20 世纪 80 年代末以来，复杂多变的国际环境使世界上很多大党、老党迷失了方向，纷纷失去执政地位。这给我们党提出了一个严峻的警示：一个政党过去先进不等于现在先进，现在先进不等于永远先进。

① 《十六大以来重要文献选编》中，中央文献出版社，2006 年，第 251 页。

今天，我们党之所以将“什么是马克思主义、怎样对待马克思主义”作为中国特色社会主义理论的基本问题之一，其意就在于不断坚定马克思主义和共产主义的信仰，坚定中国特色社会主义的理想信念，在于强调必须科学理解马克思主义，增强其感召力与凝聚力，在于将马克思主义的基本原理、基本价值观与基本方法同中国具体实际、时代发展相结合，推进马克思主义的发展与创新，让中国化的马克思主义满足社会主义现代化实践的需要。

伴随改革开放和市场经济的发展，中国社会转型明显加快，各种思想意识形态开始大量涌入，人们的思想观念特别是价值观念发生了深刻变革，社会上出现了价值观的多元化倾向。虽然，马克思主义在意识形态领域的主导地位不断得到巩固，但在各种复杂因素的影响下，非马克思主义甚至反马克思主义的价值观念也有所滋长。在错综复杂的意识形态较量和思想斗争面前，我们的一些党员领导干部和群众放松了思想警惕，一些人逐渐沦落成了错误思潮的俘虏。这不能不引起以马克思主义为指导思想和行动指南的中国共产党人的高度重视和密切关注。习近平指出：“坚定理想信念，坚守共产党人精神追求，始终是共产党人安身立命的根本。对马克思主义的信仰，对社会主义和共产主义的信念，是共产党人的政治灵魂，是共产党人经受住任何考验的精神支柱。”[①]对我们这样一个拥有8500余万党员、在一个13亿人口大国长期执政的党，其先进性和纯洁性要靠千千万万党员的先进性和纯洁性来体现，党的执政使命要靠千千万万党员卓有成效的工作来完成。一个行动胜过一打纲领。在改革开放的“大考”中适应新要求、学习新知识、锻炼新本领，需要我们每一位共产党员都必须积极投身建设和发展中国特色社会主义的伟大实践，忠实代表人民利益，自觉从人民群众的伟大实践中汲取智慧和力量；自觉学习马克思主义理论、学习党的历史，讲党性、重品行、作表率，提高处理复杂矛盾和问题的本领；敢于开拓、勇于担当，多做顺民意、解民忧、惠民生的好事实事；时刻注意清扫思想灰尘，保持清正廉洁，恪守为政底线，勇于同一切消极腐败现象做斗争；在忠诚服务人民的实践中保持政治本色，解决好精神力量的指南和凝聚人心的大问题。

(二)坚持一切从实际出发，清醒把握社会主义初级阶段的基本国情

中国特色社会主义道路来之不易，它是在改革开放30多年的伟大实践中走出来的，是在中华人民共和国成立60多年的持续探索中走出来的，是在对近代以来170多年中华民族发展历程的深刻总结中走出来的，是在对中华民族5000多年悠久文明的传承中走出来的，具有深厚的历史渊源和广泛

① 习近平：《紧紧围绕坚持和发展中国特色社会主义 学习宣传贯彻党的十八大精神》，《人民日报》，2012年11月19日。

的现实基础，是中华历史和中国人民的选择。邓小平同志曾指出："我们总结了几十年搞社会主义的经验。社会主义是什么，马克思主义是什么，过去我们并没有完全搞清楚。"①过去我们对科学社会主义存在严重的误解是造成我国社会主义出现严重挫折的根本原因，同时也深刻地揭示出必须从中国实际出发对社会主义进行再认识的极端重要性。"我们建立的社会主义制度是个好制度，必须坚持……但问题是什么是社会主义，如何建设社会主义。我们的经验教训有许多条，最重要的一条，就是要搞清楚这个问题。"②中国特色社会主义是社会主义而不是其他什么主义，科学社会主义基本原则不能丢，丢了就不是社会主义。我们党经过长期的探索和深刻的反思，终于寻找到"把马克思主义的普遍真理同我国的具体实际结合起来，走自己的道路，建设有中国特色的社会主义，这就是我们总结长期历史经验得出的基本结论"③。事实胜于雄辩，党的十一届三中全会以来 30 多年改革开放和社会主义现代化建设所取得的辉煌成就，是中国历史上任何一个时期都无法相比的，也是世界上任何一个国家的发展进程中未曾有过的。尽管中国当前还处在社会主义初级阶段，仍然是一个发展中的社会主义国家，与资本主义发达国家仍然存在着很大的发展差距。但我们可以预言，只要坚定不移地沿着中国特色社会主义道路走下去，既不走封闭僵化的老路，更不走改旗易帜的邪路，逐步实现全体人民共同富裕，建设富强民主文明和谐的社会主义现代化国家，缩小并最终超越资本主义发达国家只是一个时间问题。

习近平指出："坚持实事求是，最基础的工作在于搞清楚'实事'，就是了解实际、掌握实情。这就要求我们必须不断对实际情况作深入系统而不是粗枝大叶的调查研究，使思想、行动、决策符合客观实际。""没有调查就没有发言权，没有调查也没有决策权。"④坚持一切从实际出发，需要我们清醒认识和准确把握中国特色社会主义初级阶段的基本国情，从中国面临的问题出发，充分看到中国发展中的困难、问题和不利因素。比如：发展中不平衡、不协调、不可持续问题依然突出，科技创新能力不强，产业结构不合理，发展方式依然粗放，城乡区域发展差距和居民收入分配差距依然较大，社会矛盾明显增多，教育、就业、社会保障、医疗、住房、生态环境、食品药品安全、安全生产、社会治安、执法司法等关系群众切身利益的问题较多，部分群众生活困难，形式主义、官僚主义、享乐主义和奢靡之风问题突出，一些领域消极腐败现象易发多发，反腐败斗争形势依然严

① 《邓小平文选》第三卷，人民出版社，1993 年，第 137 页。

② 《邓小平文选》第三卷，人民出版社，1993 年，第 116 页。

③ 《邓小平文选》第三卷，人民出版社，1993 年，第 3 页。

④ 习近平：《2012 年 5 月 16 日在中央党校春季学期第二批入学学员开学典礼上的讲话》，《学习时报》，2012 年 5 月 28 日。

峻，等等。这些现实存在的问题，时刻提醒我们要保持头脑冷静，既不要犯脱离实际、超越阶段、急于求成的错误，也不要犯意志消沉、随波逐流、无所作为的错误，切实做到既改革开放又和谐稳定，既尽力而为又量力而行，既破除阻碍发展的利益藩篱又推进改革全面有序进行。这是社会主义初级阶段发展面临的重大问题。如何正确认识新时期世情、国情、党情发生的巨大变化，积极顺应中国和世界和平、发展、合作、共赢的发展大势，把握富强、民主、文明、和谐的国内大势，正确认识和妥善处理党和国家面临的大事，是中国把握主动权，跟上时代前进步伐，推动社会主义事业顺利发展的前提和基础。

(三)坚持理论联系实际，在改革开放实践中检验发展中国特色社会主义

邓小平指出："实事求是，是无产阶级世界观的基础，是马克思主义的思想基础。过去我们搞革命所取得的一切胜利，是靠实事求是；现在我们要实现四个现代化，同样要靠实事求是。"[①]回顾我们党90多年的历史可以清楚地看到，什么时候坚持实事求是，党就能够形成符合客观实际、体现发展规律、顺应人民意愿的正确路线方针政策，党和人民事业就能够不断取得胜利；反之，离开了实事求是，党和人民的事业就会受到损失甚至遭遇严重挫折。习近平强调，改革开放是我们党和人民大踏步赶上时代前进步伐的重要法宝，是坚持和发展中国特色社会主义的必由之路，也是决定当代中国命运、实现"两个100年"奋斗目标、实现中华民族伟大复兴的关键一招。梦在前方、路在脚下。改革开放只有进行时、没有完成时。深化改革，摸着石头过河和加强顶层设计是辩证统一的，推进局部的阶段性改革开放要在加强顶层设计的前提下进行，加强顶层设计要在推进局部的阶段性改革开放的基础上来谋划。

坚持理论联系实际，要善于从问题出发，以我国改革开放和现代化建设的实际问题、以我们正在做的事情为中心，着眼于对实际问题的理论思考，着眼于新的实践和新的发展，树立大局意识、机遇意识和责任意识。当前的改革是由问题倒逼出来的，解决新问题需要新的思想、新的思维方式。十八届三中全会《决定》提出的16大方面60项攻坚克难的任务，对我们如何坚持唯物辩证法，贯彻实事求是思想路线，构建科学思维体系提出了新的要求。一要树立战略思维。要客观认识当代中国和外部世界，胸怀大局，把握大势，着眼大事。探索新方法，占领制高点，不断增强工作的科学性、预见性、主动性。二要丰富辩证思维。坚持"两点论"，既看到有利条件和积极因素，也看到各种困难和严峻挑战，始终保持清醒头脑，积极应对，趋利避害，及时防范和化解各种风险。三要健全系统思维。牢牢抓

① 《邓小平文选》第二卷，人民出版社，1994年，第143页。

好党执政兴国的第一要务，始终代表中国先进生产力发展的要求，坚持以经济建设为中心，在经济不断发展的基础上，协调推进政治建设、文化建设、社会建设、生态文明建设以及其他各方面建设。四要强化创新思维。要抓好理念创新、手段创新、基层工作创新。只有永远保持创新的精神，才能适应新形势，应对新挑战，开创新局面。五要构建底线思维。善于运用底线思维的方法，从坏处准备，争取最好的结果，从而守住底线，防患于未然。有备无患，牢牢把握主动权，才能永远立于不败之地。六要践行科学思维方式，需要我们立足中国发展的阶段性特征，把握社会主义初级阶段基本国情在新世纪新阶段的具体表现。要求我们在坚持“三个自信”的同时，自觉从我国现在处于并将长期处于社会主义初级阶段这一中国最基本的国情出发，从人民群众新的需要出发，而不能从主观愿望出发，不能从这样那样的外国模式出发，不能从对马克思主义著作中个别论断的教条式理解和附加到马克思主义名义下的某些错误观点出发。

（四）坚持党的群众路线与实事求是思想路线的统一

从马克思主义认识论和方法论的视角来看，党的群众路线与坚持实事求是思想路线是相互作用、内在统一的。一方面群众路线是实事求是思想路线的认识和实践基础。即实事求是是在实践基础上认识世界和改造世界的过程，这一过程要通过“从群众中来”和“到群众中去”才能实现；另一方面实事求是又是践行群众路线的思想指南。践行群众路线是党员领导干部在实事求是思想指导下，全心全意为人民服务的过程，这一过程要通过“一切为了群众”和“一切依靠群众”的理念指导才能实现。坚持实事求是，必须始终坚持一切为了群众、一切依靠群众，从群众中来、到群众中去的群众路线。30多年改革开放的经验表明，我们党正确的路线方针政策和每一项重大改革决策措施都不是凭空而来的，而是从人民群众的实践经验中总结出来的。也正是因为尊重人民的主体地位，尊重人民的首创精神，自觉从人民群众中吸取智慧、凝聚力量，广泛依靠群众、服务群众和发动群众，才使党得到人民的充分信赖和拥护，始终发挥领导核心作用。

习近平指出：“检验我们一切工作的成效，最终都要看人民是否真正得到了实惠，人民生活是否真正得到了改善，这是坚持立党为公、执政为民的本质要求，是党和人民事业不断发展的重要保证。”[①]未来的几年是我国小康社会建设全面建成的倒计时，十八大报告在提出全面建成小康社会的目标的同时，进一步提出了“两个同步”的目标。这不仅意味着中国吹响了全面建成小康社会的号角，同时也确定了国民收入倍增的奋斗目标，它充分

① 习近平：《全面贯彻落实党的十八大精神要突出抓好六个方面工作》（2012年11月15日），《求是》，2013年第1期。

体现了实现发展成果由人民共享的科学社会主义本质和思路。坚持实事求是思想路线与群众路线在中国特色社会主义实践过程的统一，一要坚持人民主体地位，做到问需、问计、问效的“三问于民”。要时刻把群众冷暖放在心上，及时准确了解群众所思、所盼、所忧、所急；在决策的各个环节都要倾听民声、反映民意、集中民智，推进协商民主；切实把群众工作做实、做深、做细、做透。二要加快社会事业改革，深化教育领域综合改革、医药卫生体制改革，健全就业创业体制机制，形成合理有序的收入分配格局，建立更加公平可持续的社会保障制度，满足人民需求。三要坚持依法治国基本方略，建设法制中国，加快建设公正高效权威的社会主义司法制度，维护社会主义法治的统一、尊严、权威，让人民群众在每一个司法案件中都感受到公平正义。四要坚持党要管党、从严治党方针。坚决反对官僚主义、形式主义、享乐主义和奢靡之风，厉行节约、反对浪费，要以踏石留印、抓铁有痕的劲头抓好反腐倡廉建设，让权力在阳光下运行，把权力关进制度的笼子里，铲除腐败现象滋生蔓延的土壤，以实际成效取信于民。

责任重于泰山，事业任重道远。党的基本思想方法、工作方法和领导方法，是党带领人民推动中国革命、建设、改革事业不断取得胜利的重要法宝。当前，建设中国特色社会主义最大的“真”和“实”就是深化改革。唯有继续解放思想、实事求是，在改革创新中让人民充分享有改革的“红利”，才能将13亿人的智慧和力量汇集为不可战胜的力量。因为，没有任何一种根基，比扎根于人民更坚实；没有任何一种力量，比从群众中汲取更强大；没有任何一种执政资源，比赢得广泛民意更珍贵持久。

参考文献

[1]《马克思恩格斯文集》第1卷，人民出版社，2009年。
[2]《马克思恩格斯全集》第3卷，人民出版社，1960年。
[3]《马克思恩格斯选集》第1卷，人民出版社，1995年。
[4]《马克思恩格斯选集》第4卷，人民出版社，1995年。
[5]《列宁选集》第二卷，人民出版社，1995年。
[6]《毛泽东选集》第一卷，人民出版社，1991年。
[7]《毛泽东选集》第三卷，人民出版社，1991年。
[8]《邓小平文选》第二卷，人民出版社，1994年。
[9]《邓小平文选》第三卷，人民出版社，1993年。
[10]《江泽民文选》第三卷，人民出版社，2006年。
[11]《十五大以来重要文献选编》下，人民出版社，2003年。
[12]《十六大以来重要文献选编》上，中央文献出版社，2005年。
[13]《十六大以来重要文献选编》中，中央文献出版社，2006年。

（作者：杨　奎　北京马克思主义理论研究与传播基地副秘书长　研究员）

基地名称：北京马克思主义理论研究与传播基地
依托单位：北京市社会科学院
项目类别：研究基地自设项目

按“三严三实”锤炼为官之德[①]

内容提要：“三严三实”的要求，蕴含着丰富的文化底蕴，与中华民族治国理政的传统理念和道德思想有着一脉相承的关系，是对“修身、齐家、治国、平天下”的儒家治国方略的继承、改造和弘扬。“三严三实”既与中华民族的传统美德和文明精神一脉相承，又站在时代高度，对领导干部的自身修养乃至治国方略提出了新的要求，不仅具有直接的针对性，而且具有鲜明的时代性，是新的时代精神在党的作风建设和干部队伍建设中的体现。同时，“三严三实”又是对党员领导干部牢记宗旨、永不忘本的明确要求，是新形势下党员领导干部的为官之道和行为准则，是加强党员领导干部人品和官德建设的重要内容。

关键词：“三严三实”；修齐治平；用权为民；牢记宗旨

习近平总书记关于“三严三实”的重要论述，是广大党员特别是领导干部的为政之道、成事之要和做人准则，对于加强党的建设具有重要意义。面对新形势下的各种任务、挑战、诱惑和考验，每个党员特别是领导干部都应该积极主动地按照“三严三实”要求锤炼符合人民和时代要求的为官之德。

一、继承传统，严以修齐治平

习近平总书记 2014 年 3 月 9 日在十二届全国人大二次会议安徽代表团参加审议时指出：“作风建设永远在路上。各级领导干部都要既严以修身、严以用权、严以律己，又谋事要实、创业要实、做人要实。”[②]这“三严三实”的要求，蕴含着丰富的文化底蕴，与中华民族治国理政的传统理念和道德思想有着一脉相承的关系，是对“修身、齐家、治国、平天下”的儒家治国

① 本文发表于《前线》2014 年第 5 期。

② 《习近平李克强张德江刘云山王岐山张高丽分别参加全国人大会议一些代表团审议》，《人民日报》，2014 年 3 月 10 日。

方略的继承、改造和弘扬。

长期以来，在中国传统社会里，无论是治国方略，还是为官之道，历来都强调修身齐家治国平天下。儒家核心经典之一的《礼记·大学》中写道："古之欲明明德于天下者，先治其国；欲治其国者，先齐其家；欲齐其家者，先修其身；欲修其身者，先正其心；欲正其心者，先诚其意；欲诚其意者，先致其知；致知在格物，物格而后知至，知至而后意诚，意诚而后心正，心正而后身修，身修而后家齐，家齐而后国治，国治而后天下平。"这里讲的"格物、致知、诚意、正心、修身、齐家、治国、平天下"，就是儒家所谓的"八条目"。它们是一个渐次递进的过程，既是儒家治国培养人才的途径，也是其治理国家的基本方略。由于格物、致知、诚意、正心都属于修身的内容，所以后来进一步归结为"修身、齐家、治国、平天下"，简称"修齐治平"。

"修齐治平"要求提高自身修为，管理好家庭，治理好国家，安抚天下百姓。它强调平天下必先治国，治国必先齐家，齐家必先修身。"修齐治平"把社会的改造、天下的治理最后归结为诚意、正心的道德修养，把个人的道德完善看成万事之本。它认为，只有通过修心养性，培养出合乎道德要求的人，家庭才能长幼有序，国家政权才能巩固，进而达到平定天下的目的。所以，"自天子以至于庶人，壹是皆以修身为本"。即上自国家元首，下至平头百姓，人人都要以修养品性为根本。若这个根本被扰乱了，家庭、家族、国家乃至天下就不可能治理好。

"修齐治平"是一种宏大的政治抱负，更是一种伦理哲学和治国理念，是中国封建社会长期以来的基本治国主张。它体现了中国传统的伦理思想与政治思想的结合。这种主张带有浓厚的封建主义的色彩，今天当然不能简单照搬。但它强调个人修养与治国平天下的关系，强调自身修养的重要性，却是中国文化的基本内容，对于任何时代治国理政都是极为重要的。通过外部管理教育和内部自省修养，锤炼新型的官德，是建设一支高素质干部队伍的需要，是提升党和政府形象、引领社会风尚的需要，是从源头上预防腐败、增强自身免疫力的需要。

谋事、创业、做人，都离不开一个"实"字。实是自古以来中华民族对做人做事的基本要求。实在做人，踏实干事，诚实创业。实是基础，实是信义，实是保障。只有立足于实，才能达到修身律己的功效，真正把人做好，把事干好，把业创好。习近平总书记的"三严三实"，站在当代中国发展的高度，对传统文化进行了深刻的改造，继承和汲取传统文化、治国方略中的积极因素，向广大党员干部提出修身、律己的要求，以新的形式弘扬了中华文明。社会再变迁，条件再变化，为官者都必须坚持修身律己，始终用法律和道德约束自己，规范自己的各种行为，不可违背法律和道德的要求，更不可逾越法律和道德的底线。习近平总书记提出的“三严三实”，贯穿着中华民族传统美德的精神，体现了中华文明的巨大魅力，丰富了新形势下党的建设、作风建设、干部队伍建设的思想和伦理内涵。

二、立足现实，弘扬时代精神

习近平总书记提出的“三严三实”，既与中华民族的传统美德和文明精神一脉相承，又站在时代高度，对领导干部的自身修养乃至治国方略提出了新的要求，不仅具有直接的针对性，而且具有鲜明的时代性，是新的时代精神在党的作风建设和干部队伍建设中的体现。

“三严三实”的每一个要求，都具有明确和丰富的内涵，与时代的脉搏紧紧联系在一起，与党员干部面临的现实考验联系在一起，与保持党的先进性、纯洁性联系在一起。

习近平总书记提出：“严以修身，就是要加强党性修养，坚定理想信念，提升道德境界，追求高尚情操，自觉远离低级趣味，自觉抵制歪风邪气。严以用权，就是要坚持用权为民，按规则、按制度行使权力，把权力关进制度的笼子里，任何时候都不搞特权、不以权谋私。严以律己，就是要心存敬畏、手握戒尺，慎独慎微、勤于自省，遵守党纪国法，做到为政清廉。谋事要实，就是要从实际出发谋划事业和工作，使点子、政策、方案符合实际情况、符合客观规律、符合科学精神，不好高骛远，不脱离实际。创业要实，就是要脚踏实地、真抓实干，敢于担当责任，勇于直面矛盾，善于解决问题，努力创造经得起实践、人民、历史检验的实绩。做人要实，就是要对党、对组织、对人民、对同志忠诚老实，做老实人、说老实话、干老实事，襟怀坦白，公道正派。”①

在新的时代条件下，治国理政首先要解决的一个重要问题，是怎样认识和对待权力、怎样真正为人民掌权、用权的问题。在封建社会，权力掌握在帝王、朝廷手中。那时，他们也并非绝对不讲为民、爱民，但其“为”和“爱”的主体是帝王、朝廷。它们完全是以一种“君临天下”的姿态，在有限的范围内表达对于自己臣民的所谓“关爱”。而在新的时代条件下，国家的一切权力都属于人民，我们的一切工作都是为了人民。为人民掌权，就必须正确认识、对待和使用权力。而这，正是新的时代条件下修身律己的关键问题。习近平总书记的“三严三实”，把严以用权放在关键位置，要求把权力关进制度的笼子里，要求每个党员、干部都坚持用权为民，按法律、按规则、按制度行使权力，任何时候都不搞特权、不以权谋私。抓住权力

---

① 《习近平李克强张德江刘云山王岐山张高丽分别参加全国人大会议一些代表团审议》，《人民日报》，2014 年 3 月 10 日。

这个要害问题，也就抓住了新的时代条件下“修齐治平”的关键，抓住了为官者修身律己的关键。

解放思想、实事求是、与时俱进、求真务实，是我们党的思想路线的根本要求。一个政党、一个国家，要始终走在时代潮流的前列，就要不断地坚持解放思想、实事求是、与时俱进、求真务实。习近平总书记紧紧抓住党的思想路线的根本要求，在“三严三实”中要求领导干部从实际出发，科学地谋划事业和工作，使所有的政策、方案、思路都符合实际情况、符合客观规律、符合科学精神。这种要求，是十八大以来习近平总书记有关论述的进一步展开，充分体现了习近平总书记治国理政的基本风格。

改革开放三十多年以来，中国特色社会主义伟大事业取得了巨大的成就。但是我们必须正视在社会生活中出现的不少问题，正视干部队伍中出现的很多消极腐败现象。习近平总书记提出“三严三实”，具有直接的针对性。强调“三严三实”，就是要切实解决这些问题。无论是自觉远离低级趣味，自觉抵制歪风邪气，还是遵守党纪国法，做到为政清廉；无论是符合客观规律、符合科学精神，还是敢于担当责任，勇于直面矛盾；无论是脚踏实地、真抓实干，还是襟怀坦白，公道正派，都是保持和发扬党的优良作风的需要，更是确保党的先进性和纯洁性的需要。只有如此为官，如此理政，如此“修齐治平”，才能使我们党与时俱进，经得起任何风险和困难的考验。

三、为人为官，牢记基本准则

“三严三实”，是对党员领导干部牢记宗旨、永不忘本的明确要求，是新形势下党员领导干部的为官之道和行为准则，是加强党员领导干部人品和官德建设的重要内容。为人为官，都要牢记“三严三实”，遵循基本准则。

领导干部肩负治国理政的重任，不仅要有较高的政治素养，而且要有良好的道德品质，即要有良好的人品和官德。人品、官德，属于道德的范畴，是对为官者的一种价值评价。它是一种软约束，但如同法制一样，是须臾不可缺少的东西。要使领导干部保持健康、勤勉、敬业、奋发的状态，真正效忠国家、服务人民，除了党纪国法外，还必须用一整套官德体系来引导、规范、约束和监督各级官员的从政行为。这种人品和官德，体现在个人身上，但它的影响和意义，却绝非限于个人，而是会影响到国家和社会的大局，影响到政权的形象和稳固。因此，领导干部的人品和官德修养，具有极其重要的意义。

领导干部的人品和官德，既要通过个人的自身修炼养成，又要靠制度、机制和环境的规范约束形成；既要继承中国传统文化中有价值的官德元素，又要依据当今中国和世界的现实与时俱进。

习近平总书记对领导干部"三严三实"的要求，从党性修养、道德情操、为政之要、为人准则等方面，对加强领导干部的人品和官德修养指出了明确的方向。各级领导干部从政为官，就一定要按照"三严三实"的要求，紧紧抓住"严"和"实"两个字，加强为人为官的修养，坚守为人为官的准则。

要认真学习、深刻领会"三严三实"的精神实质，充分认识"三严三实"对于加强党的建设和作风建设、道德建设的重要意义，以更加严格的标准、更加扎实的作风，推动党的作风建设取得更大成绩，为全面深化改革、推动经济社会持续健康发展提供坚强有力的政治和干部保证。

作为领导干部，要深刻领会总书记关于"三严三实"的重要思想，从思想深处、从为政之德、从履职行权、从日常生活等方面，对照检查，提升自己，涤荡歪风邪气，树立昂扬正气。特别是要按照"三严三实"的要求，加强修身和律己。牢记"国家兴亡，匹夫有责""民者，国之根也，诚以重其食，爱其命""政者，正也。子帅以正，孰敢不正""广进言之路，启进善之门""大道之行也，天下为公""公生明，廉生威""我善养吾浩然之气"等中华民族治国理政的格言。通过自我教育、自我改造、自我磨砺、自我修养，将党和人民以及社会长期形成的政治原则、道德律令转化为自己的内心信念、思维方式和行为规范。要以"慎独"的精神要求自己，尊重自己的人格；经常自觉地反省和检查自己的行为，一旦发现问题，就要立即"自讼"，加以纠正；不断警示和告诫自己，时时有一种如临深渊、如履薄冰的感觉；要激励自己奋发向上，提升自己的政治和道德境界。以己正立信，以无私树威，以务实兴业。

能不能做到"三严三实"至关紧要。领导干部一定要牢记自己的历史使命，加强党性修养，坚定理想信念，增强宗旨意识，严以修身、严以用权、严以律己；树立正确的政绩观，谋事要实、创业要实、做人要实，强化责任担当，努力创造经得起实践、人民、历史检验的实绩，为党和人民的事业建功立业。

参考文献

[1]《毛泽东选集》第三卷，人民出版社，1991 年。

[2]《坚定不移沿着中国特色社会主义道路前进　为全面建成小康社会而奋斗》，在中国共产党第十八次全国代表大会上的报告(2012 年 11 月 8 日)，《党的十八大文件汇编》，党建读物出版社，2012 年。

[3]《中国共产党章程》，《党的十八大文件汇编》，党建读物出版社，2012 年。

[4]何毅亭：《学习习近平总书记重要讲话》，人民出版社，2013 年。

[5]《光明日报》评论员：《为政莫忘"三严三实"》，《光明日报》，2014 年 3 月 10 日。

[6]尹哲：《践行群众路线干部要恪守"三严三实"》，中国共产党新闻网，2014 年 3 月 14 日。

[7]任仲文：《认真学习贯彻“三严三实”要求党员干部读本》，人民日报出版社，2014 年。
[8]《作风建设永远在路上》编写组：《作风建设永远在路上：“三严三实”党员干部学学读本》，新华出版社，2014 年。

（作者：左宪民　北京马克思主义理论研究与传播基地副秘书长　研究员）

北京市经济社会数据分析与监测评价研究基地

（北京市统计局、国家统计局北京调查总队）

基地名称：北京市经济社会数据分析与监测评价研究基地
依托单位：北京市统计局　国家统计局北京调查总队
项目类别：研究基地自设项目

从北京市住宅价格影响因素分析房地产市场调控的着力点

内容提要：本文分析指出，北京市住宅价格较高的主要原因有：(1)需求巨大，供给相对缓慢导致的供需失衡；(2)房价上涨预期导致的“羊群效应”；(3)社会资本大量流入，推高住宅土地价格。北京市在巨大的人口、资源、环境压力的背景下，房地产市场调控应由需求管理转为供需管理双管齐下：(1)摸清全市存量房底数，用好增量，盘活存量；(2)开展房产税政策研究，统筹考虑，适时实施；(3)中低端和高端住宅市场差别化管理。

关键词：住宅价格；房地产市场；调控

住宅作为一类特殊商品，既有一般商品的使用属性，又有资产类商品的投资属性。其与城市发展和市民生活息息相关，是连接经济与社会、虚拟经济与实体经济的重要纽带。作为住宅价值的货币表现形式——住宅价格，一直是社会和政府关注的焦点。本文通过回顾北京市过去15年住宅价格的走势，分析住宅价格上涨的原因，指出在市场化条件下，政府实施房地产宏观调控的着力点应该由需求管理转为供需管理双管齐下，以促进住宅市场的健康发展。

一、北京市房地产市场及住宅价格走势回顾

1998年，国务院下发《关于进一步深化城镇住房制度改革加快住房建设的通知》(国发〔1998〕23号)，终止了新中国成立以来实行的城镇居民住房实物分配制度，全面推进房地产市场化改革。以此为契机，以住宅为主体的北京市房地产市场迅速发展，同时住宅价格也大幅攀升。1998—2012年，北京住宅均价由4769元/平方米[①]升至20773元/平方米，上涨了3.4倍。考虑到2004年后，全市住宅开发的热点区域大规模向近郊区，甚至向密云、

① 数据来源：北京市统计局、国家统计局北京调查总队统计报告：《北京房地产市场十年发展与启示》，〔2009〕75号。

怀柔等远郊区县转移，以及新建住宅包含保障房部分，因此，同地段房价的实际涨幅要远高于销售均价反映出来的涨幅。2006—2012 年①，北京四环内住宅均价由 9581 元/平方米上涨至 34255 元/平方米，年均增长 23.7%；四环至五环住宅均价由 9008 元/平方米上涨至 20896 元/平方米，年均增长 15.1%；五环至六环住宅均价由 5824 元/平方米上涨至 16087 元/平方米，年均增长 18.5%，分别是同期全市城镇居民人均可支配收入年均增速的 2.2 倍、1.4 倍、1.7 倍(见图 1)。住宅价格涨幅较大，引起社会各界对其合理性的关注。

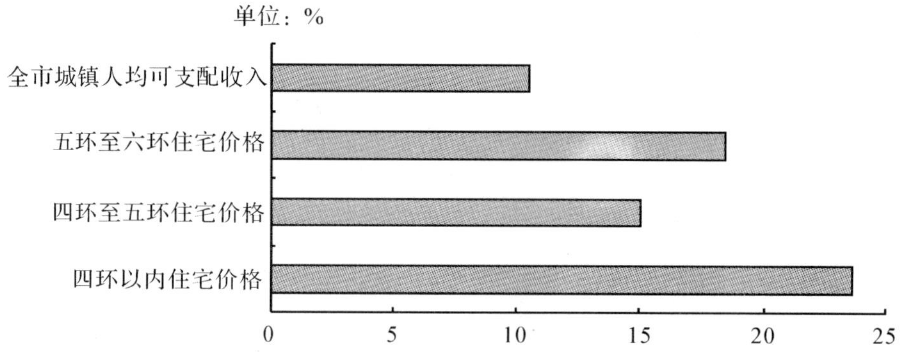

图 1　2006—2012 年北京分区域住宅价格和城镇居民收入年均涨幅

二、北京高房价原因分析

2013 年，北京市城镇居民人均可支配收入为 40321 元，按家庭规模 2.5 人/户②计算，城镇居民家庭平均可支配收入为 100803 元。同期，北京市新建商品住宅平均价格为 22597 元/平方米③，按户均住房 73 平方米④计算，平均每套住房价格为 165 万元，与家庭平均可支配收入比为 16.4∶1，已远远超过 10 倍的合理范围。同时，北京房屋的租售比为 1∶444.8⑤，也远超 1∶300 的上限。

以房价收入比、房屋租售比等指标来衡量，当前北京住宅价格都比较高。北京高房价的原因是什么？本文分析认为：市场需求巨大、供给增长相对缓慢、房价上涨预期、社会资本流入是高房价的四大推手。

(一)市场需求巨大

商品需求是指消费者在某一时期在每一价格水平上愿意并能购买的商

---

① 分环路住宅价格数据自 2006 年开始统计。

② 根据第六次人口普查数据，北京家庭规模为 2.5 人/户。

③ 数据来源于北京市住房和城乡建设委员会。

④ 按 2012 年北京市城镇居民人均住房建筑面积 29.26 平方米及户均 2.5 人计算得到。

⑤ 数据来源，伟业我爱我家市场研究院，《第一财经日报》。

品量。不同商品的需求量对价格变化的敏感程度也不相同，即商品需求存在价格弹性。有些商品价格弹性很低，需求量对价格变化反应比较微弱，这一类商品需求称为刚性需求。住房需求作为人们生存和生活的必需品，没有其他商品可以替代，对无住房市民来说是一种刚性需求。

在不同的市民群体中，新增常住人口是住房刚性需求的主体之一。2008—2012 年①，北京市共新增常住人口 393.3 万人，城镇人均住房建筑面积从 26.9 平方米增加到 29.26 平方米。如果新增人口住房达到当年城镇居民平均住房面积水平，2008—2012 年，北京市共新增住房需求面积 11118.2 万平方米，是同期新建住宅总销售面积的 1.7 倍(见图 2)，住宅总竣工面积的 1.5 倍。虽然新增常住人口并不一定全部购房，但客观上存在住房需求。新增人口住房需求面积远超新建住宅销售面积和住宅竣工面积，势必推高北京房价。

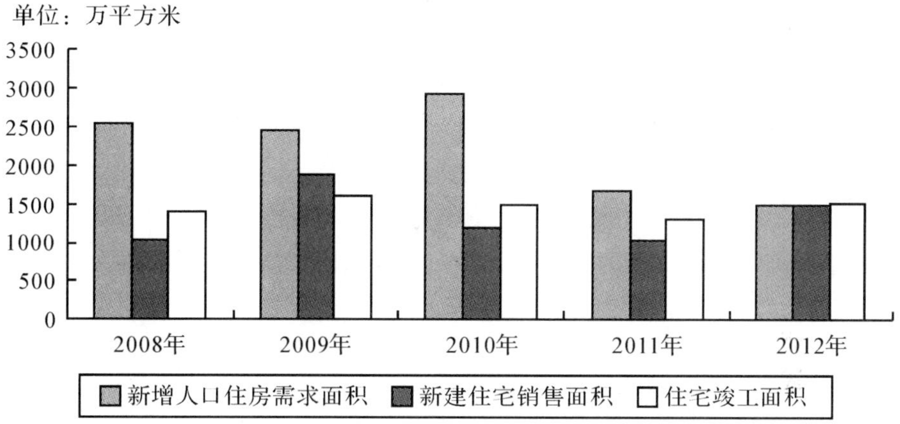

图 2　2008—2012 年北京市新增常住人口住房需求面积、新建住宅销售面积、住宅竣工面积

结婚群体也是北京市住房刚性需求的主体之一②，数据显示，北京市结婚人数与新建住宅销售面积存在较强的相关性(见图 3)。2008 年一季度至 2013 年二季度，北京市平均每季度结婚人数 40754 对。如果当季结婚人数全部购房，平均每季度新增住房需求 297.5 万平方米③，与同期平均新建住宅销售面积(328.7 万平方米)接近，即北京市销售的新建住宅在满足这部分刚性需求后所剩无几。2013 年一至三季度，北京市累计结婚人数为 122291 对，如果全部购房，新增住房需求 892.7 万平方米，仅比同期新建住宅销售

① 2008 年以来，北京市住房价格上涨较快，因此本文主要分析 2008 年以来的新增住房需求。

② 结婚群体与新增常住人口存在交叉。

③ 按每户 73 平方米计算，与上文同。

面积(959.1万平方米)低66.4万平方米。结婚新增住房需求作为刚性需求，与当期新建住宅的销售面积接近，不仅会推高当前房价，也会对未来住房形成潜在需求，加大后期房地产市场调控的难度。同时，考虑到部分有房居民还存在住房改善需求，北京市每年新增住房刚性需求更大，这也是北京房价居高不下的重要原因。

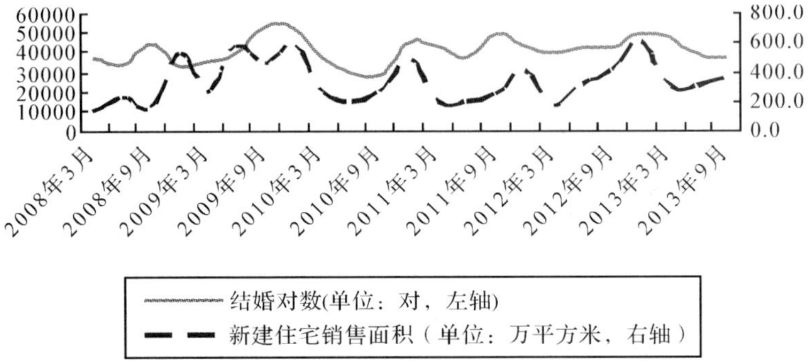

图3　2008年一季度—2013年三季度北京市当季结婚对数及新建住宅销售面积

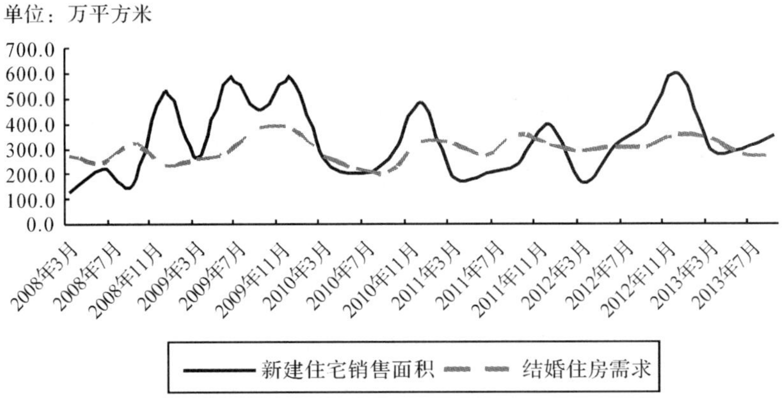

图4　2008年一季度—2013年二季度北京市结婚新增住房需求及新建住宅销售面积

北京市住宅刚性需求不仅增量大，存量也大。根据2010年人口普查数据和北京市城镇居民租赁住房情况调查[①]，北京市共有城市家庭594.3万户，其中具有本市户籍且租住私房的家庭占7%，共有41.6万户。这些家庭大多符合限购条件，如果全部购房，共需41.6万套，是2012年新建住宅和二手住宅交易量的1.8倍。再加上部分外地户籍已满足限购条件，北京市住宅的存量需求更大。

住宅作为商品，还有资产类商品的投资属性。2008年1月—2013年9月，北京市商品房均价由12012元/平方米上涨至22752元/平方米，上涨

① 2013年抽样调查数据。

1.9倍，收益率是同期人民币五年期最高存款利率的2倍，五年期最高贷款利率的1.5倍。如果考虑到近几年全市住宅开发的热点区域不断向市郊延伸，以及新建住宅均价包含保障房部分，相同地段纯商品住宅价格的涨幅要远高于房价平均涨幅，投资商品住宅收益率就更高。从理论上说，投资住房就存在套利机会，即风险小，收益高，这必然会吸引大量社会资本流入房地产市场，扩大住房投资需求，抬高房价。

(二)供给增长缓慢

影响住房价格的不仅有需求，还有供给。尽管北京市每年新增住宅刚性需求和投资需求巨大，但住宅竣工面积并没有明显增长趋势(见图5)。2008—2012年①，住宅累计竣工面积为7349.8万平方米，比同期全部新增常住人口住房需求(11118.2万平方米)少3768.4万平方米。城镇居民年末实有住宅建筑面积增长14.5%，比常住人口增速低2.3个百分点。2010—2012年，北京市保障性安居工程竣工面积分别为715.9万平方米、513.8万平方米和752.6万平方米，也没有明显的增长趋势，整个住宅市场处于供不应求状态。

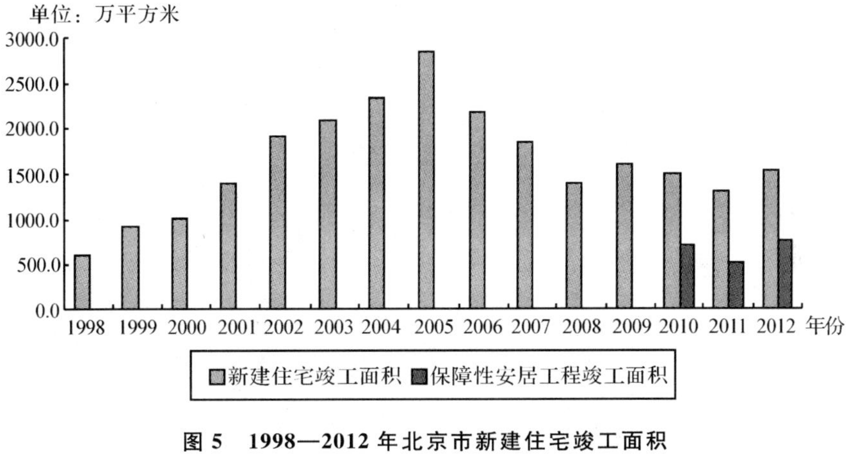

图5　1998—2012年北京市新建住宅竣工面积

2013年1—9月，北京市住宅累计施工面积同比下降1.7%，新开工面积增长12.2%。政策性住房施工面积下降1.6%，该年新开工面积下降23.1%。这表明不仅当前新建住宅供给没有明显增长趋势，未来有可能继续延续这一趋势。但北京住宅需求却不断增加，如2013年1—9月，结婚新增住房需求892.7万平方米②，与住宅销售面积(959.1万平方米)相差无几，住宅供给和需求供需矛盾依然突出并推高房价，房价上涨又刺激投资需求增加，加大供需矛盾并进一步推动房价上涨。

① 2008年以来，北京市住房价格上涨较快，因此本文主要分析2008年以来的新增住宅供给。

② 按结婚全部购房，每户73平方米计算。

(三)房价上涨预期

2008 年以来，北京的房价呈现很强的自相关性，前 14 个月的房价都对当月房价有明显的影响，而且时间间隔越短，影响越大[①]。即北京房价存在惯性，过去一段时间房价的上涨会助推未来房价维持继续上涨的趋势。这说明北京房地产市场存在“羊群效应”，消费者和投资者除了考虑自身的购房需求和购房能力外，还会对未来房价的走势做出预判。如果预期房价进一步上涨，消费者和投资者就会倾向于当前购买，住宅市场需求量会扩大；如果预期房价会下跌，消费者和投资者就会倾向于持币观望，住宅市场需求量会缩小。这种买涨不买跌的行为会带动其他人采取跟风策略，追涨杀跌，进而集成“羊群效应”，显著放大或缩小房地产市场需求，加大房价波动幅度。

2012 年 1 月以来，随着房地产市场对前期调控政策的消化，北京市房价同比降幅逐步缩小，2013 年 1 月开始由负转正，新建住宅同比涨幅达到 24.1%，存量住宅同比涨幅达到 56%。2013 年 1—9 月同比涨幅都在 10% 以上，房价呈较大幅度上升趋势。消费者和投资者形成房价上涨预期，踊跃购买住房。2013 年 1—9 月，北京市新建住宅销售面积 959.1 万平方米，同比增长 8.9%。需求扩大进一步推高房价，并坚定消费者和投资者上涨预期。房价上涨预期和住房需求循环推动，是当前北京房价快速上涨的重要原因之一。

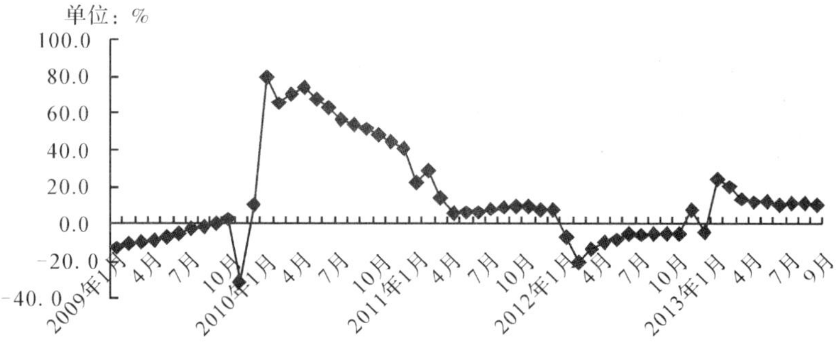

图 6　2009 年 1 月—2013 年 9 月北京市新建住宅累计同比涨幅

(四)资本大量流入

出于降低成本、提高利润、满足日益增长的市民生活需求、摆脱资源环境的约束等原因，北京制造业中的低附加值部分不断向外转移，留下的制造业无法吸收庞大的资本存量，在国民经济持续增长的情况下，资本开

---

① 2008 年 1 月—2013 年 6 月北京市月度累计房价自相关图显示前 14 个月房价都有很强的自相关性。

始向第三产业转移。2008—2012 年，北京市全社会固定资产投资中，第三产业投资占比始终在 86%以上，第三产业的增加值占 GDP 比重也由 75.4%增加到 76.5%，2013 年一至三季度，又上升至 78.2%，成为经济增长的绝对支柱。

在第三产业中，房地产业是重要的组成部分。如纽约、香港、东京房地产业增加值占 GDP 的比重①分别为 23.6%、15.4%、14.1%(见图 7)。2012 年，北京市房地产业占 GDP 比重为 7%，要达到上述城市的水平，还有很大的提升空间。加之近几年房价持续走高，越来越多的资金流入房地产业。2008—2013 年上半年，北京市房地产投资占全社会固定资产投资的比重始终在 50%左右，比香港②高出 13 个百分点左右(见图 8)。过多的资金涌入不断推高地价，刷新"地王"标价，造成了一定的投机行为。2013 年上半年，北京市住宅用地合同均价为 13546 元/平方米，同比上涨 21.7%，是 2008 年的 3.1 倍。土地价格是住宅成本的重要组成部分，土地价格上涨较快，必然推高房价，这是北京市住宅价格居高不下的另一个原因。

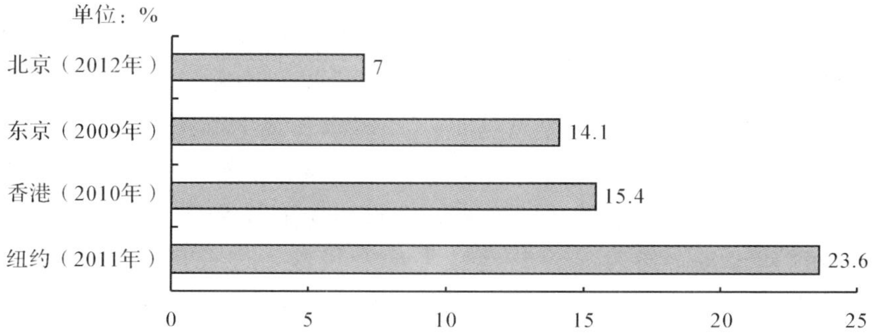

图 7　纽约、香港、东京、北京房地产业占 GDP 的比重

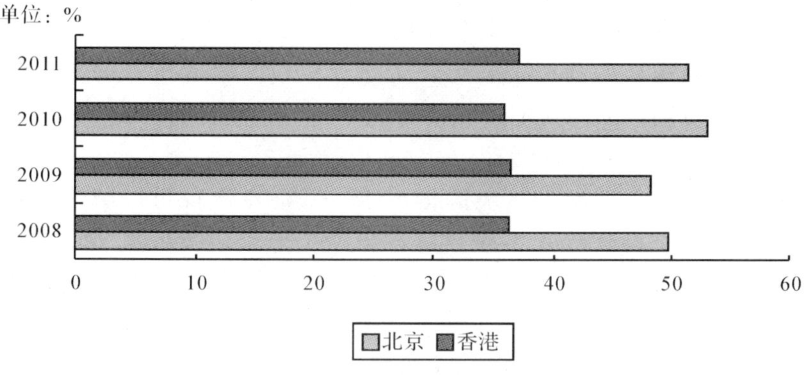

图 8　北京、香港房地产业投资占全社会固定资产投资的比重

① 各城市房地产业统计口径有所不同。

② 香港数据为 2008—2011 年数据。

三、北京市房地产市场调控政策建议

（一）启动房屋普查，摸清底数

进行供给管理，首要任务是摸清住宅供给的底数。只有摸清全部住宅供给的面积、套数、分布情况，才能全面分析房地市场供需平衡还是失衡，并制定调控政策。北京市上一次房屋普查是在 2007 年进行的。2008 年至今，房地产市场快速发展，多处地方进行拆迁改造，新建商品房不断上市。但是对商品房的统计主要集中在投资额、开竣工面积、销售面积、销售额等指标。由于房屋面积大小不一，只有房屋面积无法准确掌握住宅套数、自有率、空置率等数据，不能判断已有房屋是否和人口增量变化、区域存量结构相匹配，房地产市场是供不应求还是存在泡沫。因此，要尽快启动房屋普查并常态化，摸清房地产供给底数及空间分布，为实施房地产市场调控提供基础信息。

（二）用好增量，盘活存量

用好增量，一要加快保障房建设力度，根据每年全市保障房审核备案情况，合理确定保障房竣工套数，满足低收入群体的住房需求。二要加强对保障性住房的管理，完善“限房价，竞地价”的出让方式，防止低价房源被转手倒卖，确保这些住宅优先满足刚性需求。加大自有住房供给力度，发挥好自有住房对房价预期的引导作用。三要科学规划人口增长，在此基础上，合理确定新增住宅供给。四要结合城市空间布局要求，建立城乡统一的建设用地市场，通过完善新建住宅配套设施，进行产业转移等方式，引导居民由城市中心向外疏散，减少交通“潮汐现象”及中心城市人口压力。

盘活存量，一要在房屋普查的基础上，明确空置房概念，掌握空置房数量；二要出台空置房管理办法，加大空置房的持有成本，降低空置房的交易成本，让已有的空置房形成有效供给，稳定房价预期，预防泡沫生成；三是在符合土地用途的前提下，把各企事业单位、政府机关的自有土地纳入保障房建设范围，提高住宅土地使用效率。

（三）房产税——谋定而后动

在房地产市场规模越来越大的情况下，开征房产税可以减少房地产市场波动，增加政府财政收入，使政府在保障房等领域投入更多的资金，增加住房供给。同时，差级征收房产税，具有较强的二次分配功能，能起到缩小贫富差距的作用。因此，对房地产税要早谋划，早研究，做到谋定而后动。

谋定而后动，就是要及早开展房产税研究，把房产税和其他因素结合起来，借鉴已有经验，统筹考虑。首先，要结合北京经济发展的实际情况，探索房产税的功能定位；其次，要综合考虑收入因素、总体税负水平、住宅供给与需求、税制结构、征收模式及税收合法性等诸多因素，测算开征房产税对财政收入的影响，探讨缩小收入分配的途径；再次，要把房产税和货币政策、土地政策、保障房制度结合起来，加大中低收入家庭自住房税收激励，加大二套以上住房、空置房及闲置土地的持有成本，促进有效供给，保障房地产市场健康发展。

(四)差别化管理

房地产市场的调控不仅要考虑自身的市场供需关系，还要统筹考虑保障民生和城市资源、环境的承载力。因此，房地产市场调控不能一刀切，而要实施差别化管理。

实施差别化管理，就是建立“中低端有保障，高端交给市场”的制度化长效调控机制，做到“市场的归市场、政府的归政府”。具体而言，就是低收入者的住房问题由政府提供帮助，中低端住宅以满足中低收入者的基本居住为出发点，符合条件的每个家庭只能有一套。同时，政府对高端住宅市场的调控要以市场化为主要方式，辅以政府调节。政府加大土地供应，减少对高端住宅购买、销售和价格的限制，通过市场化手段，如房产税、印花税等方式进行调节，变“堵”为“疏”，引导高端住宅市场的健康发展。

参考文献

[1] 虞晓芬：《居民住房负担能力与房价合理性研究——以浙江为研究对象》，经济科学出版社，2011年。

[2] 武靖州：《资产价格波动的宏观经济效应——基于我国股价和房价的理论分析与实证研究》，经济科学出版社，2012年。

[3] [英]查尔斯·古德哈特、[英]鲍里斯·霍夫曼：《房价与宏观经济》，东北财经大学出版社，2010年。

[4] 李世美：《房地产价格的货币政策传导效应》，中国经济出版社，2012年。

[5] Quan D C, Titman S, Do Real Estate Price and Stock Prices Move Together? An International Analysis, *Real Estate Economic*, 1999, 27(2).

（作者：王文杰　北京市经济社会数据分析与监测评价研究基地负责人　高级会计师

李　纲　北京市经济社会数据分析与监测评价研究基地负责人　高级统计师

刘立功　北京市经济社会数据分析与监测评价研究基地研究员　中级统计师）

基地名称：北京市经济社会数据分析与监测评价研究基地
依托单位：北京市统计局、国家统计局北京调查总队
项目类别：北京市政府统计系统立项课题

北京市教育、科技、文化、卫生、体育等领域新兴服务业发展情况研究报告

内容提要：当前，首都经济社会进入新的发展阶段，首都的发展基础以及得天独厚的教、科、文、卫、体资源优势，将成为扩大居民消费、增加社会投资、培育首都经济增长点的重要支撑。从教育、科技、文化、卫生、体育等领域的发展情况看，这些领域在首都经济中发挥了重要作用，教育培训、科技服务等新兴领域发展较快，但整体上市场化程度不高，中高端服务需求未得到满足。

关键词：新兴；服务业

北京市经济社会数据分析与监测评价研究基地依托北京市统计局和国家统计局北京调查总队，对北京市教育、科技、文化、卫生、体育、养老等领域的发展情况进行了研究，现将研究结论及政策建议报告如下。

一、教育、科技、文化、卫生、体育等领域增加值比重全国领先

2012 年，北京市教育、科技、文化、卫生、体育等领域实现增加值 2840.7 亿元，占第三产业增加值的 20.8%，占全市地区生产总值(GDP)的 15.89%，比重较 2004 年提高 1.43 个百分点，年均增长 15.91%(按现价计算)，高于全市地区生产总值年均增速 1.36 个百分点(如图 1 所示)。

与同等发达城市上海相比，2011 年，北京教育、科技、文化、卫生、体育等领域的增加值约是上海的 1.7 倍，占地区生产总值的比重高于上海 7.6 个百分点，年均增速高于上海 4.7 个百分点。分领域看，除居民服务和其他服务业占地区生产总值的比重低于上海外，其他领域占地区生产总值的比重均高于上海(如表 1 所示)。

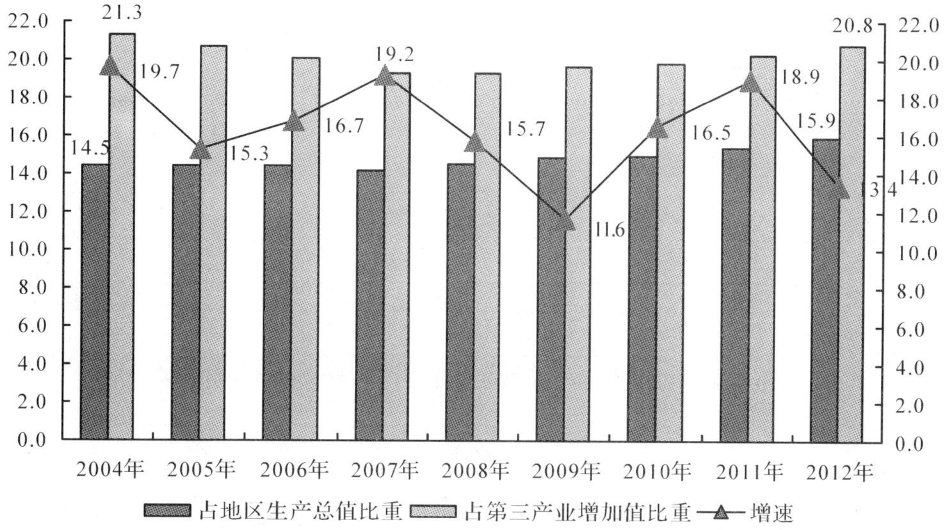

图 1　教育、科技、文化、卫生、体育等领域增加值比重及增速

表 1　2011 年北京与上海教育、科技、文化、卫生、体育等领域增加值比较

行　　业	北京教育、科技、文化、卫生、体育等领域占 GDP 比重(%)	北京比上海的增加值倍数(倍)	北京与上海的增加值占比差(%)
合计	15.4	1.7	7.6
科学研究、技术服务与地质勘查业	7.0	2.5	4.7
居民服务和其他服务业	0.7	0.5	−0.4
教育	3.7	1.4	1.5
卫生、社会保障和社会福利业	1.9	1.1	0.4
文化、体育与娱乐业	2.1	2.9	1.5

注：教育、科技、文化、卫生、体育等领域增加值数据为科学研究、技术服务与地质勘查业，居民服务和其他服务业，教育，卫生、社会保障和社会福利业，文化、体育与娱乐业 5 个行业门类的增加值数据之和，与后文中的财务数据的行业范围并非一一对应。

二、科技、文化、体育领域社会资本进入提速，教育、卫生领域社会资本进入程度较低

科技、文化、体育三个领域经历了多年的市场化进程，民营比重大幅提高。2012 年，科技、文化、体育领域民营经济资产占比分别为 51.4%、45.9%和 31.9%，分别比 2004 年提高 28.5 个、38.1 个和 18.3 个百分点。

教育、卫生两个领域始终以基本公共服务保障为主，国有经济占主体

地位，民营经济比重虽然较低，但近年来也有所发展。2012 年，我市教育和卫生领域的国有经济资产占比为 89.0%和 91.8%，均比 2004 年下降近 2 个百分点；民营经济资产分别占 10.1%和 7.8%，比 2004 年提高近 3 个百分点，如图 2 所示。

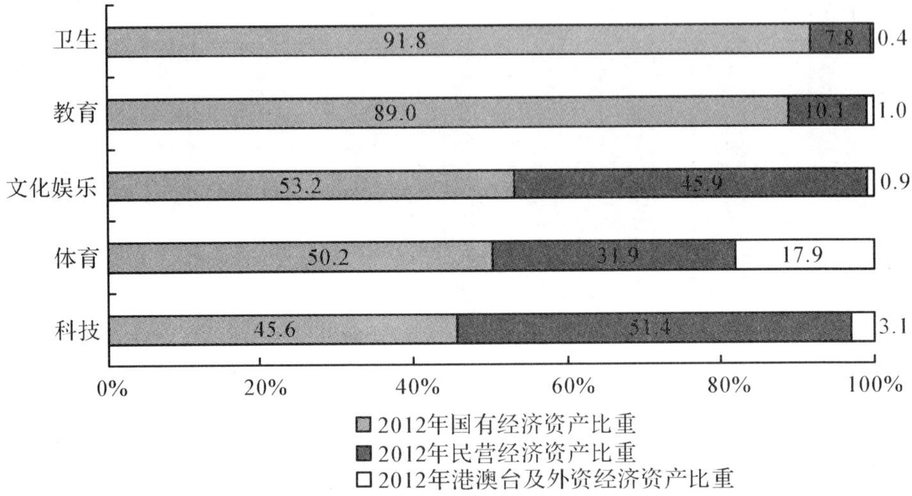

图 2　2012 年教育、科技、文化、卫生、体育等领域资产比重（按类型分组）

三、教育、科技、文化、卫生、体育等领域盈利能力有所提高

教育、科技、文化、卫生、体育等领域既包含基本公共服务又包含非基本公共服务。2012 年，北京市教育、科技、文化、卫生、体育等领域共有规模以上企业 4222 家。其中，科技领域企业最多，共有企业 2711 家，占 64.2%；文化领域有企业 825 家，占 19.5%；教育和卫生领域企业较少，分别只有 197 家和 122 家，占比分别为 4.7%和 2.9%。

从企业盈利能力分析，2012 年，教育、科技、文化、卫生、体育等领域企业资产利润率达到 5.1%，比 2004 年提高 0.5 个百分点，高于第三产业企业资产利润率 3.4 个百分点。其中，文化和教育领域企业资产利润率较高，分别为 7.3%和 7%；科技领域企业资产利润率最低，仅为 4.8%。从经济类型看，港澳台及外资企业盈利能力较强，资产利润率达到 7.9%，比 2004 年提高 1.3 个百分点；国有企业资产利润率为 6.2%，比 2004 年提高 1.7 个百分点；民营企业资产利润率最低，为 4.4%，比 2004 年下降 0.2 个百分点，盈利能力有待提高。

四、教育、科技、文化、卫生、体育等领域的新兴服务业发展特点及建议

从教育、科技、文化、卫生、体育等领域发展进程看，科技、文化和体育三个领域市场化改革力度较大，形成一定的产业规模；教育、医疗和养老两个领域国有经济成分仍占主导地位，面向中高端需求的市场化程度较低，可经营和产业化的空间较大。

(一)科技、文化和体育三个领域新兴服务业发展特点与政策建议

近年来，科技领域实施一系列先行先试改革试点，2012 年科技企业的资产、收入、税金占比均在 70%以上。文化领域企业单位各项指标占比在 50%左右，较 2004 年提高 10 个百分点以上。

1. 科技领域中的科学技术推广市场化程度不断提高，但企业产出利润较低

科技领域包括研究和试验发展、专业技术服务、科技推广和应用行业，专业技术服务业占比最大，其收入占科技领域的 50%。2012 年，专业技术服务业、科技推广和应用服务业收入分别比 2004 年增长 5 倍和 4.2 倍，二者收入合计占科技服务业的 74.3%。其中，非公经济占比分别为 66.9%和 71.7%。

但从科技企业盈利能力看，2012 年企业资产利润率只有 4.8%，不及教育、科技、文化、卫生、体育等领域 5.1%的平均水平，其中民营企业资产利润率只有 4.1%。科技领域中小微企业较多，近年来，受需求减弱影响，劳动力成本刚性增长，企业面临较大经营压力。

2. 文化领域中的广播影视发展加速，但集聚区内产业聚集效应有待提高

文化领域中，企业所占的比重较高，文化企业的资产、收入、税金、从业人员等主要指标占全部文化单位的比重均在 50%左右，较 2004 年提高 10 个百分点以上。广播、电视、电影和影视制作发展较快，移动电视、数字出版、网络视听等新兴业态不断涌现，形成多媒体播映、多产品开发、多领域融合的产业发展模式。2012 年收入比 2004 年增长 2.8 倍，占文化娱乐业的 48.4%，较 2004 年提高 12.4 个百分点。

但从产业集聚情况看，在全市 30 个文化产业集聚区中，影视特征相对明显的只有 8 个。全市文化创意产业集聚区收入仅占全市文化创意产业收入的 11.3%，利润总额占 8.3%，缺乏具有市场竞争力的“航母”企业，集聚区产业聚集效应不强。

3. 体育领域产业规模偏小，投资回报率偏低

2012 年，体育产业实现增加值 136.9 亿元，仅占全市地区生产总值的

0.77%，产业规模较小。2012 年规模以上企业亏损 0.7 亿元，产业投资回报率偏低。相对于不断增加的人口，体育设施条件和服务供给明显不足，2012 年我市人均体育场地面积仅为 1.6 平方米，较上年下降 3%。

4. 对以上三个领域发展的政策建议

在科技领域，加大对中小科技企业的政策支持力度，提高其创新和竞争能力；在文化领域，整合现有文化创意产业集聚区，重点打造和培育一批规模化、特色化、专业化、彰显首都文化内涵的功能区，吸引文化企业进入；在体育领域，盘活现有体育场馆，支持企业开展面向社区的连锁化、规模化、品牌化经营，引领首都产业升级和经济结构调整。

（二）教育、医疗和养老领域新兴服务业发展特点与政策建议

2004 年以来，企业、民办非教育机构数年均增长 12.6% 和 6.7%（2008 年以后民办非教育机构数有所下降），高于事业单位年均 2.1% 的增长。企业办医主体收入年均增长 20% 以上。非基本公共服务社会化和市场化态势初步显现。

1. 教育领域中的技能培训、教育辅助等新兴服务业占比不断提高，但非公企业盈利能力不强

2012 年，我市技能培训、教育辅助及其他教育行业规模以上单位实现收入 242.2 亿元，比 2004 年增长 3.3 倍，占教育行业总收入的 17.5%，较 2004 年提高 4.6 个百分点。其中，国有经济收入比重为 52.1%，民营经济收入比重为 41.3%。近 30% 的学前教育和 70% 的职业技能培训由非国有单位承担，出现了一批社会认可度较高的培训机构，如新东方、北大青鸟、环球雅思等。

从企业盈利能力看，国有企业资产利润率最高，达 10.4%；民营企业为 7.4%；港澳台及外资企业仅为 1.9%。非国有企业盈利能力有待提高。

2. 医疗领域中的社区医疗及非公医疗机构发展较快，但资本多元化办医格局尚未形成

2012 年，卫生行业收入比 2004 年增长 2.8 倍，从业人员增长 53%；其中，社区医疗与卫生院增长最快，其收入比 2004 年增长 7.3 倍，从业人员比 2004 年增长 2 倍，但收入比重仅占卫生行业的 4.7%。企业办医资产、收入年均增长在 20% 以上，市场化程度较高的中医养生、整形美容、体检等收入比 2004 年增长了 4.3 倍，但企业资产和收入比重均不足 1 成。非公医疗机构规模依然较小，收入比重仅占 4% 左右，资本多元化办医格局尚未形成。

3. 医疗领域中的养老服务规模较小，仅占教育、科技、文化、卫生、体育等领域收入的 0.5%

全市社会办养老机构由 2007 年的 116 所增加到 2012 年 187 所，床位由

1.9 万张增加到 4.6 万张，增长 142%。2012 年，养老服务领域实现收入 48.4 亿元，比 2004 年增长 5.9 倍，但仅占教育、科技、文化、卫生、体育等领域收入的 0.5%，难以跟上北京老龄化的脚步。

4. 对以上两个领域发展的政策建议

加快研究制定鼓励民间资本进入教育、医疗和养老领域的实施意见和优惠政策，调动民间资本进入以上领域的积极性。针对中高端需求在发展新区引导建设一批市场化、规模化的寄宿制教育、医疗和养老机构。既解决供需矛盾和资源不均衡问题，又能缓解中心城区交通、环境压力，带动新城商业、餐饮和物业等发展。将通州国际医疗服务区作为全市社会办医和发展高端医疗服务业的示范区。

（作者：陈泽星　北京市经济社会数据分析与监测评价研究基地研究人员
王　军　北京市经济社会数据分析与监测评价研究基地研究人员
徐　燕　北京市经济社会数据分析与监测评价研究基地研究人员）

马克思主义研究基地

（中国人民大学）

基地名称：马克思主义研究基地
依托单位：中国人民大学
项目类别：北京市教委共建项目

关于警惕和防范西方意识形态渗透的几点思考[①]

内容提要： 对我国进行意识形态恶意渗透，以达到西化和分化我国的目的，是西方敌对势力的一贯做法。特别是在以互联网为主要渠道的全媒体时代，由于虚拟空间本身的隐蔽性，这种恶意渗透和侵蚀变得更加无孔不入，争夺意识形态工作领导权、管理权、话语权的斗争比以往任何时候都要严峻和激烈，也使得研究全媒体时代如何加强意识形态工作的针对性和有效性，牢牢掌握意识形态工作领导权、管理权和话语权的问题比以往任何时候都更加迫切和重要。

关键词： 防范西方；意识形态；渗透；对策

历史和现实告诉我们，敌对势力要搞乱一个社会、颠覆一个政权，往往先从意识形态领域打开突破口。去年中央颁布的九号文件对意识形态领域值得注意的七个方面[②]进行了深刻分析，具有很强的现实针对性。笔者认为，这七个问题，归根结底，就是西方国家对我国意识形态渗透的新动向。因此，我们必须勇于面对意识形态工作面临的严峻国际国内形势，切实维护意识形态安全。

一、新中国成立以来西方对我国意识形态渗透的历程及其特点

自从世界上第一个社会主义国家建立以后，如何把社会主义国家从地球上抹去，就成为西方发达资本主义国家的痴心梦想。当武力达不到他们的目的后，他们就转变了策略，在不放弃武力颠覆手段的同时，更多地把希望寄予社会主义国家内部势力的和平演变，加强思想文化的渗透。从新中国诞生第一天起，以美国为首的西方国家就从未放松过对我国的意识形态渗透，并在各个历史时期呈现出不同的特点。

---

① 本文是“全媒体时代加强意识形态工作若干问题研究”项目的阶段成果。

② 七个方面：民主社会主义、新自由主义、宪政民主、普世价值、历史虚无主义、公民社会、否定改革开放前后三十年。

1953 年 1 月，美国国务卿杜勒斯强调了对中国等社会主义国家实行“和平演变”的战略，他攻击“中国共产主义是一致命的危险”，“是一种要消失的现象”，宣扬美国及其同盟国的责任就是要“尽一切可能使这种现象消失”，“用和平的方法使中国得到自由”。美国中央情报局还制定了关于对付中国的《十条戒令》，对中国进行政治、经济上的“遏制”和意识形态渗透。由于在新中国成立之初，毛泽东同志直接领导了意识形态领域的建设和对封建主义以及资产阶级思想的批判，宣传、普及马克思主义，肃清了人们头脑中的各种旧思想观念，提高了人们对社会主义的觉悟，确立了社会主义意识形态的统治地位。在社会主义革命和建设过程中，毛泽东敏锐地意识到西方资本主义国家和平演变的图谋，高度重视并领导意识形态领域的斗争，使得马克思主义的旗帜在我国高高飘扬。

党的十一届三中全会后，中国向世界打开了封闭已久的国门。同时，西方敌对势力乘机加紧了对我国的意识形态渗透的步伐，“和平演变”成了其对社会主义中国进攻的主要手段。1986 年，美国总统里根在对外政策咨文中表示：“美国应向中国正在成长的年轻一代灌输美国的基本价值观念，这是比传授科学知识本身更为重要的任务。”“对西方来说这是一笔明智的投资”，“不要忽视美国帮助训练一批数量可观的中国未来领导人的意义。”美国共和党参议员赫尔姆斯 1987 年在美国国会会议上更是赤裸裸地说：“现在是告诉中华人民共和国当局的时候了：这里没有免费的午餐(资助中国留学生)。慈善固然是一个因素，但绝不是首要因素。我们是怀有明确的外交政策目的的。我们的目标是让在美国的外国留学生接受作为美国立国之本的自由、民主原则的熏陶。”在整个 20 世纪 80 年代，西方以人权、民主、自由为价值观工具，利用广播、电视、报刊、书籍、电影、经济贸易和科技文化交流等手段进行攻击和渗透，在我国青年一代身上培育“自由的种子”。西单民主墙的出现、伤痕文学流行直至“六四”政治风波的爆发，其背后与西方对我国意识形态的渗透不无关系。

在苏联解体、东欧剧变后，中国成为西方反共势力推行“和平演变”战略的重点，中国被西方国家视为“最后一个眼中钉”。冷战结束以来，西方对我国意识形态渗透的重点，已经转为利用民族、宗教问题分裂中国。他们通过传播宗教教义、资助宗教团体、挑动教派对立，不断地在台湾、西藏、新疆等地制造地区分割、民族分裂活动，企图分化和肢解中国。20 世纪 90 年代中后期，美国公开违反中美三个联合公报，不断提升与台湾的军事关系及对台军售水平。美国还扬言要“协防台湾”。更为严重者，美国还企图将台湾纳入 TMD(战区导弹防御)计划。向台湾出售武器，支持和保护“台独分子”、妄图制造“一中一台”，使中国长期处于分裂状态。在西藏问题上，西方反华势力长期散布中国政府在西藏进行“宗教迫害”的谣言，并以此为由支持达赖集团的分裂活动，制造西藏问题“国际化”，图谋分裂中国。1997 年 10 月，美国国务院还专门设立了“西藏事务特别协调员”一职，公然干涉中国主权管辖内的西藏事务。他们以保护西藏“宗教自由”为借口，支持和利用“藏独”，对达赖的分裂活动进行公开支持，制造动乱，分裂中国。他们支持新疆境内的极少数分裂分子和宗教极端分子打着“泛突厥主义”、“泛伊斯兰主义”的旗帜，制造骚乱，妄图建立“东突厥斯坦伊斯兰共和国”。20 世纪 90 年代以来新疆发生一系列爆炸、暗杀、纵火、投毒、袭击等恐怖暴力事件，以及 2009 年 7 月 5 日晚新疆乌鲁木齐市发生的打砸抢烧严重暴力犯罪事件、2014 年 4 月 30 日新疆乌鲁木齐火车南站爆炸案、2014 年 5 月 22 日新疆乌鲁木齐北街公园暴力恐怖事件等，就是境外宗教渗透和分裂活动所导致的，严重危害了我国各族人民群众的生命财产安全，严重地威胁我国国家安全和社会稳定。美国还利用其主导的信息霸权，通过非法偷运、邮寄大量宗教经书及其他宗教宣传品入境，对中国开展多渠道、全方位的宗教渗透，妄图通过宗教思想的宣传渗透，来动摇我国人民的马克思主义宗教观和社会主义思想。

近年来，西方敌对势力以“普世价值”论为突破口，竭力渗透资产阶级的核心价值观。西方对我国意识形态渗透始终围绕着核心价值观这条主线来展开，意识形态斗争的焦点集中体现为社会主义价值体系同资本主义价值体系的较量。2005 年，流亡美国的胡平通过《简评中共民主白皮书》，以所谓“普世价值”为武器，攻击、否定我国的社会主义民主政治建设。2007 年秋天起，借助某些报刊和网站媒体的推动，“普世价值”论开始在国内扩散、传播，将改革开放以来党和国家所取得的成就归功为“不断学习和实践人类普世价值”。2008 年以后，境内外一部分媒体又借“藏独”暴力事件、汶川地震抗震救灾、北京举办奥运会和纪念改革开放 30 年等重大事件借题发挥，集中炒作，以“普世价值”曲解民族分裂问题、曲解抗震救灾精神、曲解奥运口号、曲解改革取向，误导了很多群众甚至党员干部。随着国际金融危机重创西方体制神话，“普世价值”的鼓噪有所降温，但仍伺机而起。

二、当前西方意识形态渗透方式的新动向及国内理论界几种错误思潮

2005 年，美国兰德公司的一个研究课题指出：现在我们对付中国比过去对付苏联难多了。我们搞垮苏联只用了“两化”，就是“西化”和“分化”，要搞垮中国至少还要再加“四化”，就是要让中国老百姓对政治“淡化”，让中国官员“腐化”，让中共领袖“丑化”，让马列主义在多元化意识形态冲击下“溶化”。在这种思想的指导下，近几年来，西方敌对势力对我国推行的意识形态渗透方式发生了新的变化，除了继续对我国实施西化和分化外，

还采取了一些新的手法：

一是在全球范围内借苏联解体与东欧剧变和冷战结束极力宣扬“淡化意识形态”，企图让我们淡化政治意识形态，淡化共产主义远大理想和中国特色社会主义共同理想，淡化马克思主义在意识形态领域的指导地位。二是利用我们执政党内少数党员和政府中少数公务员的工作失误、少数分子的腐败行为和我国经济社会发展中存在的问题，添枝加叶，对中国共产党的领导和中国的社会主义制度加以丑化，企图使大众对共产党失去信任，对社会主义失去信心。三是利用冷战后世界社会主义运动处于低潮这一事实，通过鼓吹“马克思主义过时了”、“马克思主义无用了”、“社会主义失败了”、“社会主义的历史终结了”等，企图搞乱人们的思想。四是强化西方意识形态的霸权地位。以美国为代表的西方国家企图利用西方的“精神和文化价值观”影响和动摇社会主义国家人民的信念，从而逐渐侵蚀社会主义的基础。五是散布所谓“中国崩溃论”、“中国威胁论”、“黄祸论”等论调“妖魔化”中国，攻击中国的爱国主义为“狭隘民族主义”，视中国的社会主义为“极权主义”，企图搞乱中国发展的外部环境，削弱中国在国际上的影响力。六是利用经济手段进行文化“植入”。西方国家通过与我国经济交往挟带意识形态“私货”，把“人权”、“人道主义”同经济活动挂钩，利用一切手段大力宣扬西方资产阶级的一套世界观、人生观、价值观，以近似强制的方式加强文化渗透和文化输出，以达到“以接触促演变”的目的。七是通过广播、电视、电影、报纸、杂志、信息网络等媒体输出文化产品，公开或隐蔽地推销其社会政治理论、价值观念、意识形态和生活方式。

西方敌对势力对我国进行意识形态渗透的新策略，要害是要动摇人们对马克思主义的信仰和共产主义的信念，破坏我们的共同理想和精神支柱，以达到人们对共产党信任的丧失和对社会主义信心的丧失。受其渗透的影响，我国理想理论界也出现了种种错误思潮。主要体现在：

(1)新自由主义。新自由主义是现代资产阶级右翼的意识形态，主张私有化、完全市场化，反对国家的宏观调控。20 世纪 80 年代以来，新自由主义一方面是西方国家诱导社会主义国家和平演变的理论武器，另一方面是西方国家对发展中国家推行新殖民主义的理论武器。2008 年爆发的国际金融危机，证明了新自由主义的失败。而目前我国的某些学者却是新自由主义的狂热信徒，这不能不引起我们的重视。

(2)民主社会主义。民主社会主义是属于资产阶级思想体系的改良主义的理论和政策，是资产阶级意识形态的附庸，它反对阶级斗争，反对马克思主义的指导地位，否认共产党的领导和无产阶级专政，主张多党制、议会制，核心是照搬西方资本主义的民主观和政治上层建筑模式。戈尔巴乔夫推行的“人道的民主的社会主义”最终导致苏共垮台、苏联解体、国家覆亡。2007 年，我国某学者鼓吹“只有民主社会主义才能救中国”，主张放弃中国特色社会主义道路，走所谓的“民主社会主义道路”。

(3)历史虚无主义。历史虚无主义者通过否定新中国前三十年社会主义革命和建设的历史，进而否定中国新民主主义革命的历史，以达到最终否定社会主义制度的目的。他们在诋毁新中国前三十年的社会主义革命和建设的同时，极力称赞中国改革开放以来的成就，目的就是诱骗中国的改革开放沿着他们所设想的进行，让中国步苏联之后尘。他们通过否定毛泽东和毛泽东思想，进而贬低党的成就、丑化党的形象，以达到搅乱人们思想、为“和平演变”制造舆论的目的。苏联解体，就是从否定党和国家领导人开始的。赫鲁晓夫全盘否定斯大林，进而否定苏联的历史，开了苏联演变的先河。

(4)“普世价值”。“普世价值”的鼓吹者把英美等发达资本主义国家的民主、自由、平等、人权等等封为“普世价值”，按照这个标准来改造中国，攻击中国共产党领导下的多党合作、政治协商制度，要求照搬西方的政治制度，放弃共产党的领导，实行多党制。2008 年 12 月，国内的一些“学者”，炮制了一个《零八宪章》，该《宪章》就是把普世价值作为它的理论基础，公开反对党的领导和人民民主专政，主张实行西方国家的那样的“宪政”，建立“中华联邦共和国”，刚好迎合了西方资产阶级对我国推行和平演变战略的需要。

三、应对西方敌对势力意识形态渗透的对策

意识形态领域历来是敌对势力同我们激烈争夺的重要阵地，如果这个阵地出了问题，就可能导致社会动乱甚至丧失政权。我们这样一个具有 13 亿多人口的大国，如果思想处于混乱状态，则有可能演变成社会动荡，甚至政治剧变，就会给国家和民族带来巨大的灾难，对整个世界也是一场灾难。我们必须充分认清敌对势力进行意识形态渗透的罪恶本质和险恶用心，以清醒的头脑和自觉的行动，坚决筑起牢不可破的防线。

第一，要坚持和巩固马克思主义在意识形态领域的指导地位。笔者长期在高校从事“两课”教学与科研工作的过程中发现，目前在我国某些高校的哲学社会科学教学中，新自由主义、民主社会主义、历史虚无主义等社会思潮盛行，马克思主义往往被边缘化。本应作为马克思主义坚强阵地的高校，有些也成了错误思潮传播的场所，这对社会和青年一代的负面影响是很大的。对这个问题必须引起高度重视。因此，必须要坚定不移地强化马克思主义在高校的指导地位，加强校报、校刊、校内广播电视和学校出版社的建设，严格社团、课堂、讲座和网络的管理，坚持“研究无禁区、讲课有纪律”，坚决反对否定、诋毁、淡化马克思主义的错误倾向，绝不以任

何理由为借口，给错误思想提供传播渠道，以确保导向正确。要组织理论工作者开展联合攻关，以重大现实问题为主攻方向，及时回应和批判“普世价值”、“宪政民主”等错误思潮，努力拿出一批有价值、有分量的理论成果。

第二，要引导广大人民群众理性、客观看待我国改革发展中遇到的突出问题。从 20 世纪的苏东剧变到近年中亚的“颜色革命”，再到中东、北非的政治动荡、社会动乱，都与社会问题严重或敌对势力夸大社会问题的严重性有关，敌对势力利用各种宣传或媒体手段攻击、歪曲、丑化甚至妖魔化各国执政党或政府的意识形态联系在一起。他们只讲矛盾和问题，不讲成绩和发展，以偏概全，把社会经济问题说成政治问题，把发展性问题说成倒退性问题，把体制机制不健全带来的问题说成是根本制度问题，把偶然性失误说成是必然性问题，把所有问题都说成是党的领导及其理论信仰问题，以消解蚕食主流意识形态。因此，维护中国意识形态安全的关键，是如何认识和对待发展中的问题。实现这一要求，需要理论、宣传、文化等领域的工作者，把正视矛盾问题与宣传党和政府破解难题当作“一篇文章”而不是“两篇文章”来做。面对矛盾和问题，我们要进行实事求是的分析，大力宣传党和政府解决矛盾的坚强决心和应对之策，即使对那些一时解决不了甚至是“两难选择”的难题，也要说明情况，从而增强人民健全的理性认识和对美好未来的期待，以坚定的实践信念，激发人民与党共同担当的历史责任感。

第三，要提高主流意识形态教育的吸引力。既要主导政治意识形态又要引导社会意识形态，是防止主流意识形态飘浮失重的紧迫任务。在党的生活、学校教育、党刊党报宣传上，中国特色社会主义理论体系教育起到了主导作用，取得了良好效果。但这还远远不够，我们的电视节目有各种各样的“讲坛”、“专题”、“专栏”、专有频道，可就是没有马克思主义理论、党的创新理论讲坛、专题、专栏和专有频道。当今，网络、手机短信、商品广告、大众文化产品等，正在成为社会意识形态的有力载体，成了广泛渗透到日常生活中的“意见自由市场”。这些载体不时制造、传播所谓的潜规则，形成了与“政治意识形态”不同的“社会意识形态”，许多内容对主流意识形态起着嘲弄、排挤、消解和颠覆作用。因此，始终主导政治意识形态，弘扬主旋律，防止主流意识形态飘浮失重，有效引导社会意识形态，是维护中国意识形态安全的重中之重。

（作者：徐志宏　马克思主义研究基地研究人员　教授、博导）

基地名称：马克思主义研究基地
依托单位：中国人民大学
项目类别：北京市社会科学基金项目

坚持和尊重人民的改革主体地位[①]

内容提要： 为了在新的历史起点上全面深化改革，必须充分发挥人民群众在改革中的积极性、主动性和创造性。从理论上来看，这是党的群众观点和群众路线在改革中的自觉体现。从实践上来看，这是我国社会主义建设和改革的经验在新条件下的发扬光大。因此，我们必须按照以人为本的要求，坚持改革为了人民群众、改革依靠人民群众、改革造福人民群众。目前，重点是要坚持放权于民、问计于民、聚力于民。只有坚持和尊重人民的改革主体地位，才能凝聚改革共识、形成改革合力、保证改革成功。

关键词： 改革；人民群众；中国力量

为了在新的历史起点上全面深化改革，我们必须按照党的十八届三中全会通过的《中共中央关于全面深化改革若干重大问题的决定》（后简称《决定》）关于"人民是改革的主体"[②]的精神，充分发挥人民群众在改革中的积极性、主动性和创造性。

一、坚持和尊重人民改革主体地位的依据

目前，我国改革已进入攻坚期和深水区，要在改革上取得关键性的突破，必须坚持和尊重人民群众的改革主体地位。

从理论上来看，这是党的群众观点和群众路线在改革中的自觉体现。长期以来，由于忽视或无视物质生产在社会发展中的决定性作用，以往的一切社会历史理论都没有看到从事物质生产的人民群众的历史主体地位，将人类社会的历史看作是由帝王将相和才子佳人创造的历史。这样，社会历史领域就成为唯心主义的最后避难所。唯心史观实质上是英雄史观。在人类文明史上，马克思主义第一次科学地揭示了物质生产在社会发展中的基础性和决定性作用，从而雄辩地揭示了作为物质生产主体的人民群众的

---

① 本文是"建设中国特色社会主义的总布局研究"项目的阶段成果，项目编号：13JDKDD001。

② 《中共中央关于全面深化改革若干重大问题的决定》，人民出版社，2013年，第60页。

历史创造者的地位，认为人民，只有人民才是创造世界历史的动力。这样，就将唯心主义从其最后的避难所中驱逐出去了，彻底终结了英雄史观。群众史观，是马克思主义理论的制高点和马克思主义鲜明的政治立场。根据人民群众是历史创造者的基本原理，在长期的革命、建设和改革开放中，我们党形成和发展了群众观点和群众路线。一切为了群众、一切依靠群众，是“人民群众是历史创造者”观点的通俗表达。从群众中来、到群众中去，是“人民群众是历史创造者”观点的实际运用。正是由于坚持群众观点和群众路线，我们才获得了战胜一切困难和敌人的强大力量源泉，从而保证了我们事业不断从胜利走向胜利。今天，全面深化改革同样必须坚持党的群众观点和群众路线。否则，我们会寸步难行。

从实践上来看，这是我国社会主义建设和改革的经验在新条件下的发扬光大。在社会主义社会中，人民群众的积极性、能动性和创造性得到了极大的发挥，充分显示了人民群众在社会主义建设中的主体地位，从而极大地推动了社会主义社会的发展。同样，作为社会主义自我完善的改革是由人民群众自觉发起的，是人民群众历史主体性和创造性的新的展示。回顾改革开放的历史，如果没有安徽省凤阳县小岗村农民群众自发的联产承包等创造性实践，就不可能撬动僵化的经济体制，就不会开启改革开放的历史进程。诚如邓小平同志指出的那样：“改革是大家的主意，人民的要求。”[①]改革开放中的许许多多的东西，都是由群众在实践中提出来的。我们党的高明之处就在于顺应了人民群众迫切要求改革的历史潮流，将之迅速地上升为党和国家的战略和政策，从而开辟了改革开放的新时期，使我们走上了中国特色社会主义道路。改革开放的成功实践为全面深化改革提供了重要经验。《决定》归纳了改革开放积累的宝贵经验，其中很重要的一条就是，必须“坚持以人为本，尊重人民主体地位，发挥群众首创精神，紧紧依靠人民推动改革，促进人的全面发展”[②]。可以说，新时期的每一次突破和创新，无不来自人民群众的探索和智慧。新时期的每一个成就和经验，无不来自人民群众的实践和奉献。今天，全面深化改革仍然必须坚持这一宝贵的经验，让人民群众在党的领导下、在社会主义制度的自我完善中自己解放自己。

总之，在全面深化改革的过程中，坚持和尊重人民群众的主体地位，具有坚实的战略依据和重大的战略意义。

---

① 《邓小平文选》第三卷，人民出版社，1993 年，第 118 页。

② 《中共中央关于全面深化改革若干重大问题的决定》，人民出版社，2013 年，第 6 页。

二、坚持和尊重人民改革主体地位的要求

唯物史观和群众史观是直接的内在的统一的甚至是同一的。“相信谁、依靠谁、为了谁，是否始终站在最广大人民的立场上，是区分唯物史观和唯心史观的分水岭，也是判断马克思主义政党的试金石。”[①]因此，我们必须按照以人为本的要求，坚持改革为了人民群众、改革依靠人民群众、改革造福人民群众。

(1)坚持改革为了人民群众。从社会历史的发展来看，“过去的一切运动都是少数人的，或者为少数人谋利益的运动。无产阶级的运动是绝大多数人的，为绝大多数人谋利益的独立的运动”[②]。因此，无产阶级运动代表着社会历史的未来和方向。在我们党的九十多年的奋斗进程中，始终将“代表中国最广大人民的根本利益”作为一切工作的出发点和归宿。革命是为了人民，建设是为了人民，改革同样是为了人民。今天，我们进行的改革是社会主义自我完善的过程，必须以促进社会公平正义、增进人民福祉为出发点和落脚点。增进人民福祉就是要将维护和实现人民群众的根本利益作为改革的出发点和落脚点，在生产力不断发展进步的基础上，使人民群众不断获得切实的经济、政治、文化、社会和生态等方面的利益。否则，我们就会背离改革的社会主义方向，就会重蹈一些社会主义国家改革失败的覆辙。这也是防范新自由主义设计的“改革”陷阱的重要政治保证。因此，我们必须按照习近平同志的要求，要把促进社会公平正义、增进人民福祉作为一面镜子，审视我们各方面体制机制和政策规定，哪里有不符合促进社会公平正义的问题，哪里就需要改革；哪个领域哪个环节问题突出，哪个领域哪个环节就是改革的重点。这样，不仅可以保证改革的针对性和有效性，而且可以保证改革的政治性和方向性。

(2)坚持改革依靠人民群众。在改革的过程中，必须将顶层设计和摸着石头过河统一起来，进行总体设计。总体设计就是要进行系统设计，辩证地处理好改革过程中涉及的一切要素、结构、关系、行为，系统谋划，整体推进，综合施策。其中，关键是必须处理好领导、专家和群众的关系，切实解决好改革的依靠力量问题。在改革中，必须坚持党委领导、政府主导，这样才能保证改革依法、有序进行；必须发挥专家在改革决策中的咨询作用、在改革实施中的管理作用，这样才能保证改革决策和管理的科学性和有效性；但是，更为关键的是，必须发挥人民群众在改革中的主体作用，必须让人民群众积极投身改革，在改革中发挥其聪明才智和施展其创

---

① 《十六大以来重要文献选编》上，中央文献出版社，2005年，第369页。

② 《马克思恩格斯文集》第二卷，人民出版社，2009年，第42页。

造才能。这样，社会主义改革才能成为生机勃勃的创造性事业。如果一味地由领导和精英闭门造车，将人民群众排斥在外，那么，改革就难以成功。诚如鲁迅先生所言："多数的力量是伟大的，要紧的，有志于改革者倘不深知民众的心，设法利导，改进，则无论怎样的高文宏议，浪漫古典，都和他们无干，仅止于几个人在书房中互相叹赏，得些自己满足……倘不深入民众的大层中，于他们的风俗习惯，加以研究，解剖，分别好坏，立存废的标准，而于存于废，都慎选施行的方法，则无论怎样的改革，都将为习惯的岩石所压碎，或者只在表面上浮游一些。"①今天，这一警示仍然具有价值。因此，我们必须紧紧依靠人民群众全面深化改革。

(3)坚持改革造福人民群众。判断改革是否成功，必须坚持"三个有利于"的标准，要看改革是否有利于发展社会主义的生产力，是否有利于提升社会主义国家的综合国力，是否有利于提高人民群众的物质文化生活水平。但是，最为关键的是要看后一条。这在于，人们所奋斗的一切都是为了利益，思想离开利益就会出丑；而最大多数人的利益是最紧要和最具有决定性的因素。利益决定人心，人心关乎成败。因此，我们要时刻铭记群众利益无小事的深刻道理，必须始终将造福人民群众作为改革必须坚持的目标和方向。目前，造福人民群众，就是要通过改革促进经济建设和社会建设的协调发展，切实解决好与人民群众的日常生活关系密切的教育、就业、收入、社会保障、医疗等民生问题，以保障人民群众的生存权和发展权；就是要通过改革促进公平和效率的统一，坚持共同富裕的社会主义本质要求。正如邓小平同志指出的那样："社会主义的目的就是要全国人民共同富裕，不是两极分化。如果我们的政策导致两极分化，我们就失败了；如果产生了什么新的资产阶级，那我们就真是走了邪路了。"②因此，我们必须倡导包容性和普惠性，让人民群众共享改革的成果。在此基础上，坚持改革造福人民群众最终要体现在促进人的全面发展上。促进人的全面发展是建设社会主义新社会的本质要求。

总之，坚持和尊重人民群众的改革主体地位，就是要将马克思主义的政治立场和以人为本的科学要求，贯穿在改革的全过程和各环节。

三、坚持和尊重人民改革主体地位的举措

面对全面深化改革这个复杂的社会系统工程，我们必须站在人民群众的立场上把握和处理好涉及改革的重大问题，必须从人民利益出发谋划改革思路、制定改革举措，必须充分发挥人民群众在改革中的主体作用。

---

① 《鲁迅全集》第四卷，人民文学出版社，1981年，第223—224页。

② 《邓小平文选》第三卷，人民出版社，1993年，第110页。

(1)坚持放权于民。人民是历史、国家、社会和自己命运的主人，中国共产党的领导地位、执政地位和社会主义国家的权力都来源于人民群众。毛泽东同志在1945年曾经指出："同志们，人民要解放，就把权力委托给能够代表他们的、能够忠实为他们办事的人，这就是我们共产党人。我们当了人民的代表，必须代表得好。"[①]同样，在社会主义条件下，我们依然是受人民群众的委托来代表人民群众履行国家治理的职责的。因此，我们必须坚持马克思主义政治立场，充分保证人民群众当家做主的权力。尤其是在利益分化和利益固化并存所导致的社会矛盾加剧和群体性事件上升的情况下，我们必须完善社会主义法律，通过扩展制度和体制的容量来化解民怨、顺应民意，在体现公正性的基础上，实现社会稳定与社会和谐。在这个意义上，改革必须消除既得利益和既得利益集团。目前，必须切实推进政企、政社和政事的进一步分离，坚持和发展社会主义民主，放权于民，充分保障人民群众在改革发展中的主人翁地位。尤其是在涉及人民群众切实利益的土地征用、企业改制、城市拆迁、环境治理等重大问题上，必须保障人民群众的民主管理和民主监督的权利。这样，才能避免和减少改革的代价。

(2)坚持问计于民。在现代化建设中，决策失误是最大的失误。决策固然需要领导的顶层设计和精英的出谋划策，但是，更需要人民群众的积极参与。因此，在坚持科学决策、民主决策、依法决策相统一的基础上，关键是必须坚持和实现决策民主化。决策民主化是把党的群众路线和马克思主义认识论自觉地统一于决策的科学过程。诚如毛泽东同志指出的那样："凡属正确的领导，必须是从群众中来，到群众中去。这就是说，将群众的意见(分散的无系统的意见)集中起来(经过研究，化为集中的系统的意见)，又到群众中去作宣传解释，化为群众的意见，使群众坚持下去，见之于行动，并在群众行动中考验这些意见是否正确。然后再从群众中集中起来，再到群众中坚持下去。如此无限循环，一次比一次地更正确、更生动、更丰富。"[②]目前，在关系人民群众切身利益的重大决策出台前和实施中，必须广泛地、虚心地听取群众的意见和建议，尤其是要包容不同的意见甚至是反对的意见，要认真地科学地分析和研究不同意见、反对意见的合理性，避免偏听偏信，要严肃认真地开展批评与自我批评，及时纠正决策失误，不断健全决策机制，科学完善决策内容，而不能动辄就归咎于人民群众。更为重要的是，我们要及时发现和总结人民群众在改革开放中创造的新鲜经验，在科学提炼的基础上将之上升为党和国家的路线、方针和政策，以此来进一步推动人民群众的实践。

---

① 《毛泽东选集》第四卷，人民出版社，1991年，第1128页。

② 《毛泽东选集》第三卷，人民出版社，1991年，第899页。

(3)坚持聚力于民。改革必须加强党的领导，但是，也必须群策群力，凝聚中国力量，推动社会参与。习近平同志指出："实现中国梦必须凝聚中国力量。这就是中国各族人民大团结的力量。中国梦是民族的梦，也是每个中国人的梦。只要我们紧密团结，万众一心，为实现共同梦想而奋斗，实现梦想的力量就无比强大，我们每个人为实现自己梦想的努力就拥有广阔的空间。生活在我们伟大祖国和伟大时代的中国人民，共同享有人生出彩的机会，共同享有梦想成真的机会，共同享有同祖国和时代一起成长与进步的机会。有梦想，有机会，有奋斗，一切美好的东西都能够创造出来。全国各族人民一定要牢记使命，心往一处想，劲往一处使，用 13 亿人的智慧和力量汇集起不可战胜的磅礴力量。"①同样，全面深化改革也必须凝聚中国力量，齐心协力，和衷共济。目前，必须进一步向人民群众开放参与改革发展的空间，凡是法律没有明确禁止的领域和事务，都应该鼓励人民群众去大胆探索和勇于实践。正确的加以推广，错误的加以纠正。同时，必须进一步解放和增强社会活力，通过社会创新推动改革发展。我们既要在党的领导下充分发挥工会、共青团、妇联等人民团体在改革中的作用，又要在社会主义法律框架中有效发挥社会组织和社会团体在改革开放中的作用。同时，我们也要依法引导这些组织团体的积极健康的发展，要避免社会失灵，更要反对无政府主义。

总之，坚持和尊重人民的改革主体地位，就是要充分调动人民群众推进改革的积极性、主动性、创造性，把最广大人民智慧和力量凝聚到改革上来。只有坚持和尊重人民的改革主体地位，才能凝聚改革共识、形成改革合力、保证改革成功。

参考文献

[1]习近平：《关于〈中共中央关于全面深化改革若干重大问题的决定〉的说明》，《人民日报》，2013 年 11 月 16 日。

[2]习近平：《切实把思想统一到党的十八届三中全会精神上来》，《人民日报》，2014 年 1 月 1 日。

（作者：张云飞　马克思主义研究基地研究人员　教授、博导）

① 习近平：《在第十二届全国人民代表大会第一次会议上的讲话》，《人民日报》，2013 年 3 月 18 日。

北京能源发展研究基地

（华北电力大学）

基地名称：北京能源发展研究基地
依托单位：华北电力大学
项目类别：国家自然科学基金项目

北京发展地源热泵的过程能耗、污染排放与技术经济分析模型[①]

内容提要：本文将地源热泵供暖与传统锅炉集中供热对比建立热泵运行全寿命过程节能减排模型，分析了地源热泵技术的能源、环境效益；对用户投资地源热泵进行了技术经济分析；提出了用户推广地源热泵技术的建议。

关键词：地源热泵；集中供热；节能减排；技术经济

一、引　言

燃煤锅炉供热在中国已经有几十年的历史，至今仍然是全国冬季供暖的主要形式。但是随着供暖需求的不断增长，锅炉燃煤、燃气产生的二氧化碳等污染物对环境的破坏日益凸显，而地源热泵作为一种相对于传统锅炉集中供热的新型供暖系统，近几年不断受到重视和提倡。

地源热泵是一种吸收地表浅层热资源进行冬季供暖或者夏季制冷的技术。地表浅层可以收集 47%左右的太阳能，地源热泵恰好能够将这部分能量吸收用以供热或者制冷，所以它实际上是一种可再生能源利用技术，不论是在节能还是在减排上相对于传统锅炉房集中供热优势都比较明显。

本文通过建立地源热泵运行全寿命过程中能耗模型、污染物排放模型，与集中锅炉房供热对比，得出用户使用地源热泵的节煤量；通过建立减排模型，测算出使用地源热泵的环境价值，最后站在用户角度进行用户使用投资热泵技术经济分析，并对普及用户对地源热泵的使用提供一定的建议。

二、地源热泵运行全寿命过程节能减排效益分析模型

热泵运行过程中循环冷却水需要消耗一定的电量，由于这部分电量既

① 本文是“煤电能源供应链风险递展动因分析及风险控制模拟模型研究”项目的阶段成果，项目编号：71273090。

包含煤电又包含水电、风电等清洁能源发电，煤电发电过程中消耗煤炭，而水电、风电等清洁能源发电使用可再生能源，不消耗煤炭等化石能源，从而可以节约能源消耗。

基于煤电、水电、风电等各类型综合电量，平均单位用电量煤耗 λ_t 可用下式计算：

$$\lambda_t = \frac{\eta_t^{coal-fired} \times \lambda_t^{coal-fired}}{Q_t^{sum}(1+\sigma_t)} \times Q_t^{sum} = \frac{\eta_t^{coal-fired} \times \lambda_t^{coal-fired}}{(1+\sigma_t)} \quad (1)$$

$\lambda_t^{coal-fired}$ 表示第 t 年煤电供电平均煤耗率，kg/(kW·h)；

$\eta_t^{coal-fired}$ 表示第 t 年煤电供电量占总供电量的比例，%；

Q_t^{sum} 表示第 t 年总供电量，kW·h；

σ_t 表示第 t 年输电线损率，%；

设某一地区共有 n 个用户，热泵的使用寿命为 T，则第 i 个用户第 t 年使用热泵回收循环冷却水采暖 $H_{t,i}$ 热量消耗的煤为：

$$Q_{coal1,t,i} = \frac{\lambda_t \times H_{t,i}}{COP_{t,i} \times v_e} \quad (2)$$

$Q_{coal1,t,i}$ 为第 i 个用户第 t 年使用热泵回收循环冷却水用电所消耗的煤，kg；

$H_{t,i}$ 为第 i 个用户第 t 年使用热泵获得的热量，J；

$COP_{t,i}$ 为第 i 个用户第 t 年所用热泵的制热系数，表示从冷源吸收的热量与消耗的功率（折成热量）之比，即性能系数＝输出制热量/制热输入（消耗）功率，性能系数越高，制热越强劲，耗电量越小。

v_e 为电力热值，3600kJ/kWh；

第 i 个用户热泵使用寿命期内的耗煤量 $Q_{coal,1,i}$ 为：

$$Q_{coal,1,i} = \sum_{t=1}^{T} Q_{coal,1,t,i} = \sum_{t=1}^{T} \frac{\lambda_t \times H_{t,i}}{COP_{t,i} \times v_e} \quad (3)$$

则调查范围内的所有用户寿命期内使用热泵的耗煤量 $Q_{coal,1}$ 为：

$$Q_{coal,1} = \sum_{i=1}^{n} \sum_{t=1}^{T} Q_{coal,1,t,i} = \sum_{i=1}^{n} \sum_{t=1}^{T} \frac{\lambda_t \times H_{t,i}}{COP_{t,i} \times v_e} \quad (4)$$

集中锅炉房供热通过直接燃烧煤等化石燃料通过管道将热量输送给用户。则第 i 个用户在热泵寿命期内选择集中供暖 $H_{t,i}$ 耗煤量 $Q_{coal,2,i}$ 为：

$$Q_{coal,2,i} = \sum_{t=1}^{T} \frac{H_{t,i}}{S_c \times \eta_t} \quad (5)$$

η_t 表示燃煤锅炉的热效率，%；

S_c 表示标准煤热值，J/kg 标准煤；

热泵寿命期内使用集中锅炉供暖耗煤量 $Q_{coal,2}$ 为：

$$Q_{coal,2} = \sum_{i=1}^{n} \sum_{t=1}^{T} \frac{H_{t,i}}{S_c \times \eta_t} \quad (6)$$

使用地源热泵锅炉供热较之集中供暖锅炉供暖的节煤量 ΔQ_{coal} 为：

$$\Delta Q_{coal}=Q_{coal,2}-Q_{coal,1}=\sum_{i=1}^{n}\sum_{t=1}^{T}\frac{\lambda_t\times H_{t,i}}{COP_{t,i}\times v_e}-\sum_{i=1}^{n}\sum_{t=1}^{T}\frac{H_{t,i}}{S_c\times\eta_t}\tag{7}$$

因此，地源热泵相对于锅炉集中供暖的节煤效益为：

$$R_{coal}=P_{coal}\times\left(\sum_{i=1}^{n}\sum_{t=1}^{T}\frac{\lambda_t\times H_{t,i}}{COP_{t,i}\times v_e}-\sum_{i=1}^{n}\sum_{t=1}^{T}\frac{H_{t,i}}{S_c\times\eta_t}\right)\tag{8}$$

三、地源热泵全寿命过程减排效益分析模型

污染物排放量的减少由节煤量和单位煤耗污染物排放量共同决定。热泵寿命周期内二氧化碳的减排量 E_{CO_2} 为：

$$E_{CO_2}=\sum_{i=1}^{n}\sum_{t=1}^{T}\left(\frac{\lambda_t\times H_{t,i}}{COP_{t,i}\times v_e}-\frac{H_{t,i}}{S_c\times\eta_t}\right)\times\eta_{CO_2}\tag{9}$$

二氧化硫的减排量 E_{SO_2} 为：

$$E_{SO_2}=\sum_{i=1}^{n}\sum_{t=1}^{T}\left(\frac{\lambda_t\times H_{t,i}}{COP_{t,i}\times v_e}-\frac{H_{t,i}}{S_c\times\eta_t}\right)\times\eta_{SO_2}\tag{10}$$

氮氧化物的减排量 E_{NO_x} 为：

$$E_{NO_x}=\sum_{i=1}^{n}\sum_{t=1}^{T}\left(\frac{\lambda_t\times H_{t,i}}{COP_{t,i}\times v_e}-\frac{H_{t,i}}{S_c\times\eta_t}\right)\times\eta_{NO_x}\tag{11}$$

固体颗粒物的减排量 E_{TSP} 为：

$$E_{TSP}=\sum_{i=1}^{n}\sum_{t=1}^{T}\left(\frac{\lambda_t\times H_{t,i}}{COP_{t,i}\times v_e}-\frac{H_{t,i}}{S_c\times\eta_t}\right)\times\eta_{TSP}\tag{12}$$

η_{CO_2}、η_{SO_2}、η_{NO_x}、η_{TSP}分别为二氧化碳、二氧化硫、氮氧化物、固体颗粒物的单位煤耗排放量。

由于污染物的排放污染环境，需要进行治理，而这部分的单位治理成本就是污染物的排放价格，则污染物减排产生的排放效益 R_{POI} 为：

$$R_{POI}=P_{CO_2}\times E_{CO_2}+P_{SO_2}\times E_{SO_2}+P_{NO_x}\times E_{NO_x}+P_{TSP}\times E_{TSP}\tag{13}$$

P_{CO_2}、P_{SO_2}、P_{NO_x}、P_{TSP}分别为二氧化碳、二氧化硫、氮氧化物、固体颗粒物的排放价格。

四、用户投资热泵技术经济分析

为计算用户的投资效益就是求出用户投资回收期内的净现值，将集中供暖的供热费等效为现金流入，而使用热泵集中供暖电费和初始投资热泵的每年分摊的折旧值等效为现金流出，用户的净现金流量则可以等效于用户使用地源热泵的电费以及初始投资分摊到每年的折旧值与锅炉集中供热费的差额，考虑贴现率，若求出的净现值为正，地源热泵相对于集中供热更具经济性，若净现值为负则表明热泵寿命期内地源热泵的总耗费高于锅炉集中供热采暖。

第 t 年所有用户的集中供热费 $V_{1,t}$ 为：

$$V_{1,t} = \sum_{i=1}^{n} P_{g,t,i} \times S_i \times H_{1,t,i} \tag{14}$$

$P_{g,t,i}$ 为第 t 年第 i 个用户住宅每平方米供热费，元/(m^2 · h)；

S_i 为第 i 个用户住宅面积，m^2；

$H_{1,t,i}$ 为第 t 年第 i 个用户的供暖时间，h；

第 t 年所有用户的热泵采暖的供暖费 $V_{2,t}$ 为：

$$V_{2,t} = \sum_{i=1}^{n} \frac{\mathrm{K}_t \times S_i}{COP_{t,i} \times v_e} \times P_{e,t,i} \tag{15}$$

K_t 为第 t 年平均热指标，J/m^2；

$P_{e,t,i}$ 为第 i 个用户第 t 年平均购电电价，元/kW×h；

$V_{2,t}$ 为调查地区所有用户第 t 年的用电费，元。

投资回收期为 T 年，初始投资为 I_i，贴现率为 r，则第 i 个用户第 t 年的净现金流量 $R_{i,t}$ 为：

$$R_{i,t} = \sum_{i=1}^{n} \left(P_{g,t,i} \times S_i \times h_1, t, i - \frac{K_t \times S_i}{COP_{t,i}} \times P_{e,t,i} \right) - \frac{r\,(1+r)^t}{(1+r)^t - 1} \times \sum_{i=1}^{n} I_i \tag{16}$$

$R_{i,t}$ 为调查区域所有用户第 t 年的现金净流量，元；

热泵投资回收期内的净现值 NPV 为：

$$NPV = \sum_{t=1}^{T} R_{i,t} \times \frac{1}{(1+r)^t} \tag{17}$$

五、算例分析

假设某一地区有十户居民使用热泵进行冬季供暖，热泵系统的使用寿命 T 为 20 年，假设热泵制热性能系数（COP）随着时间的推移，以每 5 年 0.1 的速度减少，最低值为 3.5，COP 降到最低值时，保持不变。且在热泵寿命期内对用户的供暖量保持不变，燃煤锅炉的热效率每 10 年降低 5%，根据国家统计局编著的《2012 中国统计年鉴》中 2010 年的煤电供电比重为 79.2%，由于可再生能源风电、水电的逐渐增加，煤电占总发电的比重每年按照 3%的比例逐步下降，供电煤耗 2010 年为 335，按照 1.4%的速度递减，《国际能源与电力统计手册 2010 年》中 1990—2009 年的数据模拟热泵寿命期 1—20 年的煤电发电占总发电的比重 $\eta_t^{coal-fired}$，供电平均煤耗 $\lambda_t^{coal-fired}$，输配电线损 σ_t 得出单位用电煤耗数据如表 1 所示。

表 1　热泵寿命期内各年单位用电煤耗

	煤电发电占总发电的比重(%)	供电煤耗(克/千瓦时)	输配电线损率(%)	单位用电煤耗(克/千瓦时)
1—3 年	79.20	335.00	6.49	282.54
4—6 年	76.82	330.31	6.49	270.23
7—9 年	74.52	325.69	6.49	258.45
10—12 年	72.28	321.13	6.49	247.19
13—15 年	70.12	316.63	6.49	236.41
16—18 年	68.01	312.20	6.49	226.11
19—20 年	65.97	307.83	6.49	216.26

其中单位面积供暖价格为一个供暖季对应的价格。取平均购电电价为 0.51 元/平方米，各个用户的基本数据如表 2 所示。

表 2　用户基本数据

用户	使用热泵获得的热量(kW·h)	COP(3.5—4.4)	住宅使用面积(m^2)	每平方米供暖价格(元/m^2)	平均购电电价(元/m^2)
1	17248	3.8	68	30	0.51
2	16855	3.9	70	32	0.51
3	16280	3.7	80	35	0.51
4	18103	3.8	85	40	0.51
5	20342	3.9	90	45	0.51
6	20280	3.9	96	50	0.51
7	23722	4.1	120	55	0.51
8	23465	4.2	130	60	0.51
9	29040	4.4	180	62	0.51
10	25032	4.2	150	65	0.51

标准煤热值为 29306KJ/kg，热泵的平均寿命为 20 年，因此算例中取 $T=20$ 年，根据上节计算集中供热耗煤以及热泵耗煤模型，寿命期内各个年份热泵与锅炉的煤耗量如表 3 所示。

表 3　热泵与锅炉寿命期内耗煤对比(单位：吨标煤)

		1—3 年	4—6 年	7—9 年	10—12 年	13—15 年	16—18 年	19—20 年	总耗煤(吨)	煤耗差(吨)
第一用户	热泵	1.28	1.26	1.24	1.22	1.17	1.11	1.07	23.97	30.95
	锅炉	2.65	2.65	2.65	2.83	2.83	2.83	2.83	54.91	
第二用户	热泵	1.22	1.20	1.18	1.16	1.14	1.09	1.04	23.03	30.63
	锅炉	2.59	2.59	2.59	2.76	2.76	2.76	2.76	53.65	

续表

		1—3 年	4—6 年	7—9 年	10—12 年	13—15 年	16—18 年	19—20 年	总耗煤（吨）	煤耗差（吨）
第三用户	热泵	1.24	1.22	1.20	1.15	1.10	1.05	1.01	22.92	28.91
	锅炉	2.50	2.50	2.50	2.67	2.67	2.67	2.67	51.83	
第四用户	热泵	1.35	1.32	1.30	1.28	1.22	1.17	1.12	25.15	32.48
	锅炉	2.78	2.78	2.78	2.97	2.97	2.97	2.97	57.63	
第五用户	热泵	1.47	1.45	1.42	1.40	1.37	1.31	1.26	27.79	36.97
	锅炉	3.12	3.12	3.12	3.33	3.33	3.33	3.33	64.76	
第六用户	热泵	1.47	1.44	1.42	1.39	1.37	1.31	1.25	27.71	36.86
	锅炉	3.11	3.11	3.11	3.32	3.32	3.32	3.32	64.56	
第七用户	热泵	1.63	1.60	1.57	1.54	1.52	1.49	1.47	31.01	44.52
	锅炉	3.64	3.64	3.64	3.89	3.89	3.89	3.89	75.52	
第八用户	热泵	1.58	1.55	1.52	1.49	1.46	1.43	1.41	29.89	44.82
	锅炉	3.60	3.60	3.60	3.84	3.84	3.84	3.84	74.71	
第九用户	热泵	1.86	1.82	1.79	1.75	1.72	1.68	1.65	35.19	57.27
	锅炉	4.46	4.46	4.46	4.76	4.76	4.76	4.76	92.45	
第十用户	热泵	1.68	1.65	1.62	1.59	1.56	1.53	1.50	31.88	47.81
	锅炉	3.84	3.84	3.84	4.10	4.10	4.10	4.10	79.69	
十位用户每年总耗煤	热泵	14.80	14.52	14.25	13.96	13.62	13.19	12.77	278.53	391.21
	锅炉	32.30	32.30	32.30	34.46	34.46	34.46	34.46	669.73	

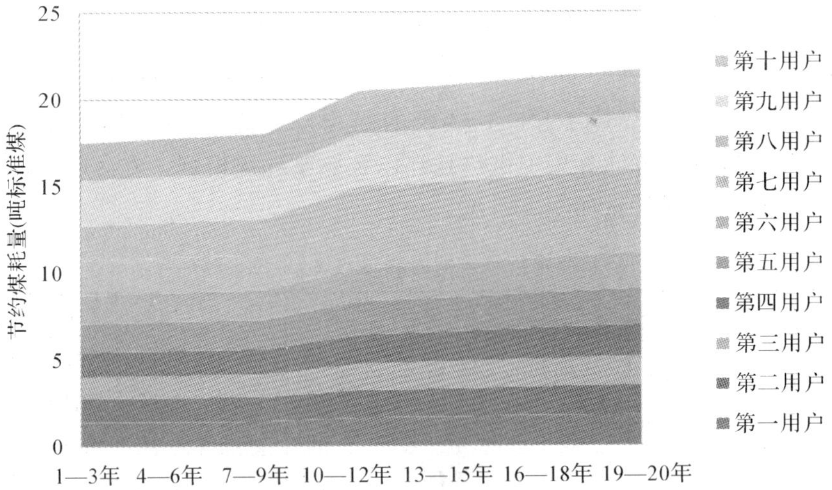

图 1　各个用户寿命期内节煤量

图 1 表明，各个用户寿命期内的节煤量最低值为 28.91 吨标准煤，最高值为 57.27 吨标准煤，十个用户共节煤 391.20 吨标准煤，住宅面积 100 平方米每位用户节煤 39.12 吨标准煤。

假设煤价为 570 元/吨标准煤，平均每户节煤效益为 22299 元。

因为单位标准煤耗污染物排放 2.891kgCO_2/kg 标准煤，2.053gSO_2/kg 固体颗粒物，1.912gNO_X/kg 固体颗粒物，1.044g(TSP)/kg 标准煤[1]，利用公式(13)最终用户减排结果如图 2、图 3 所示。

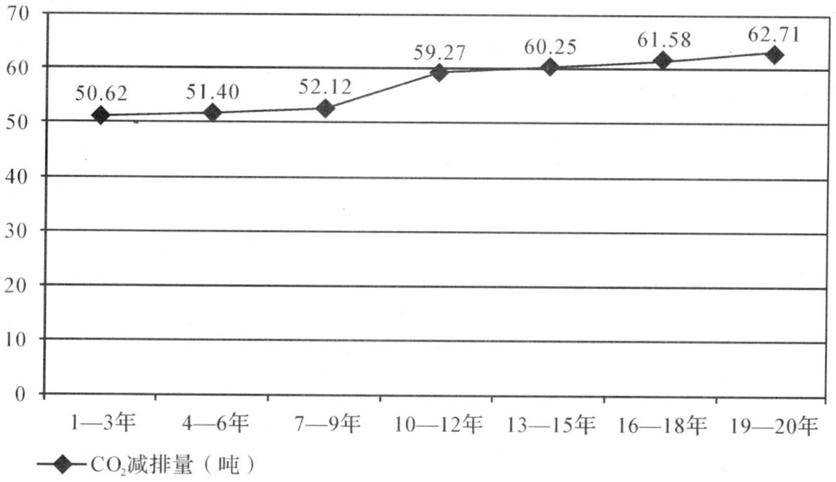

图 2　热泵寿命期内二氧化碳减排量

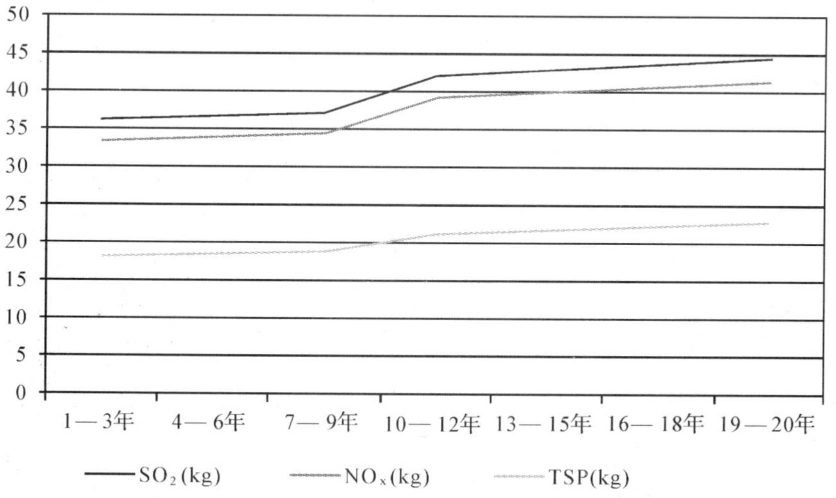

图 3　热泵寿命期内二氧化硫、氮氧化物、固体颗粒物减排量

用户在寿命期内减少了 1130.98 吨二氧化碳、803.15 千克二氧化硫、554.15 千克氮氧化物以及 302.58 千克固体颗粒物的排放，使用热泵取暖比集中供热平均每户在二氧化碳、二氧化硫、氮氧化物和固体颗粒物的排放上各减少 113 吨、80.32 千克、55.42 千克、30.26 千克。

将二氧化碳交易价格 51.25 元/吨[2]作为二氧化碳的排放价格，二氧化硫单位治理成本 4 元/kg 作为二氧化硫的排放价格[3]，氮氧化物、粉尘颗粒物的排放价格 35.5 元/吨[4]，最终算出排放效益为 61206 元，平均每户 6121 元。

假设每年平均购电电价和每平方米供暖费用保持不变，$r=8\%$，热泵初始投资为 190.9 元/平方米，则所有用户初始投资为 204072.1 元，但是每年的电费比供热费低，随着使用时间的延长，从图 4 中可以看出尽管供热费始终高于用电费，但是热费差在不断降低。由于初始投资成本过大，如图 5 所示各个用户的净现值均小于 0，使得最终用户在寿命期内使用热泵相对于选择集中锅炉房供热平均亏损 10687 元。

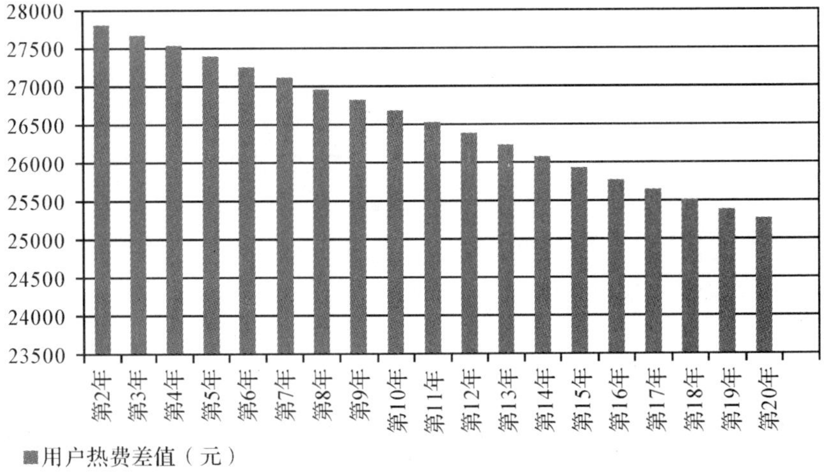

图 4　用户每年运行热费差

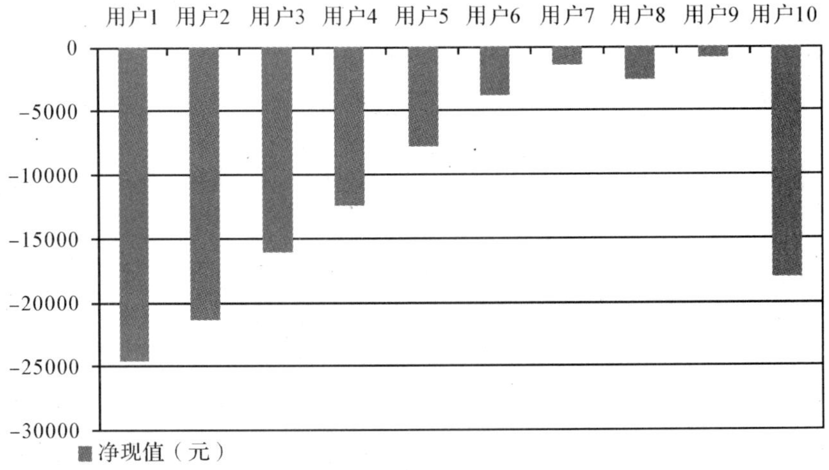

图 5　各用户投资净现值

六、结　论

第一，相对于集中锅炉房供热，使用热泵技术高效节能，在热泵寿命期内住宅面积为60—180平方米的用户每家每年满足供暖需求可减少1.96吨煤的使用，如果在全国范围内普及的话，可以使二氧化碳、二氧化硫、氮氧化物以及固体颗粒物的减排效果明显，缓解能源环境危机。

第二，使用地源热泵每年所花费的电暖费比每年的集中供热费低，用户平均每年可以减少15769元的现金流出。

第三，投资地源热泵的净现值为负值，使用地源热泵的总耗费比集中供暖锅炉房高，但是从长远来看，考虑到热泵在能源、环境方面的贡献，其综合效益比集中供暖高，应该提倡使用地源热泵冬季供暖。由于使用地源热泵增加了电网的电费收入，当前的最大受益者是电网，为了鼓励用户，电网企业可以在保证收益率不降低的情况下适当比例的降低电价，是居民投资地源热泵的净现值大于等于0，平衡电网和用户之间的利益，保证双方的共赢。政府也可以考虑到居民使用热泵对于环境的净现值，给予一定的政策补贴。

参考文献

[1] 李俊峰、施鹏飞、高虎：《中国风电发展报告2010》，海南出版社，2010。
[2] 宋光武、闫静、董娜：《燃煤锅炉二氧化硫排污收费标准研究》，《中国环境科学学会学术年会论文集》，2012。
[3] 张芳：《国际碳排放交易对我国排污权交易的影响》，对外经济贸易大学2006年硕士学位论文。
[4] 谭亚荣：《环境污染核算体系研究》，中国社会科学出版社，2013。
[5] 天津市锅炉压力容器学会、机械工业沈阳教材编委会：《工业锅炉技术管理手册》，东北工学院出版社，1987。
[6] 刘文铁：《锅炉热工测试技术》，哈尔滨工业大学出版社，1989。
[7] 张群力、王晋：《地源和地下水源热泵的研发现状及应用过程中的问题分析》，《流体机械》，2003年第5期。
[8] 颜爱斌：《地源热泵应用的技术分析与思考》，《天津城市建设学院学报》，2002年第2期。
[9] 赵军、张春雷等：《地源热泵在实际工程中的应用与研究》，《天津建设科技》，2003年第5期。
[10] 姜宝成、王永镖、李炳熙：《地源热泵的技术经济性评价》，《哈尔滨工业大学学报》，2003年第2期。
[11] 朱家岭、苗常海等：《地热水源热泵技术应用市场前景》，《太阳能学报》，2002年第6期。

（作者：谭忠富　北京能源发展研究基地首席专家　教授　博导
李欢欢　北京能源发展研究基地博士生）

基地名称：北京能源发展研究基地
依托单位：华北电力大学
项目类别：研究基地自设项目

《霾城——北京 PM2.5 解析》内容概要

内容提要：近年来，北京的雾霾程度之重、持续时间之长、笼罩地域之广、牵涉范围(包括北京的国际形象、中国的环境责任等问题)之大，令世人瞩目。北京的雾霾，究竟如何产生？为何雾霾围城，经久不散？它同我们赖以生存的“环境基座”和周而复始的生产、生活方式有什么关联？北京的雾霾治理是否仅靠北京一地的“单兵突进”就能成功？在推进雾霾治理区域联防联控的过程中，如何标本兼治，不同区域齐头并进，相得益彰？同呼吸，共命运。作为个体生命，我们如何将自己善行的点点滴滴，汇流成河，祛霾返清？《霾城——北京 PM2.5 解析》(中共中央党校出版社，2013)系统阐述了北京的雾霾是如何形成并逐渐恶化的。通过区域联防联控，优化能源消费结构、倡导使用新能源，科学规划城市布局、减少潮汐交通频次，实施环北京城的湖泊、林地等生态修复工程，标本兼治还北京干净的蓝天。

关键词：雾霾；北京；京津冀雾霾治理一体化；生态修复

第一章：正名：沙尘暴、北京咳、霾、PM2.5

北京，不是一座孤岛。它的空气质量与不同地域、不同人群、不同发展阶段交相会合的多种因素息息相关。与之联系的不同词语，如沙尘暴、“北京咳”、霾、PM2.5，可谓北京环境变迁具体而微的生动例证。从历史语义学的角度出发，对这四个反映北京空气质量的关键词核查，梳理出一部北京空气质量变迁简史。

第二章：环境约束：从粮食到 PM2.5

跨越历史和现实两大维度，以北京的城市发展为脉络，辅以北京能源消费结构、粮食消费来源、“环境基座”之变迁，阐述了北京在不同历史阶段不同发展时期所受到的环境约束。作为大家须臾不离的空气，空气污染已经成为新时期北京发展所受到的环境约束。

第三章："奥运蓝天"

从人类环境意识的兴起及现代奥林匹克运动的发展历程拈出了"奥运会空气学"。自 20 世纪 80 年代开始，奥运会举办城市的空气质量，就成为一个竞争激烈的角逐场域。北京"奥运蓝天"背后的巨大资源投入和治理成本，既是单位时间内"集中力量办大事"的体现，也为空气污染"卷土重来"埋下隐患。2008 年，北京开启了"奥运蓝天"这样一个前无古人、恐怕也后无来者的时间窗口，给我们留下诸多思考和启迪。

第四章：尾气围城

立足于北京地理格局、城市发展惯性、交通出行方式、外来移民居住消费模式的多重变迁，对北京如何成为"首堵"及北京公共交通竞争力不济进行了考察。车多未必一定带来严重的空气污染。由潮汐交通衍生出的汽车长时间怠速行驶、低速行驶为北京"尾气围城"的症结所在。

第五章：雾霾"压"城　负重前行

雾霾重"压"下的北京，人们的正常生产生活受到实质性影响。雾霾以其见缝插针、无孔不入之势侵蚀人们的生命空间及城市的发展质量。对我们的下一代而言，当他们从小就学会戴口罩，户外活动时间大幅减少，同自然的接触微乎其微，这很有可能影响他们的世界观、自然观。

第六章：北京 PM2.5 治理的挑战及应对[①]

"由清而霾，非一朝一夕；祛霾返清，也难立竿见影。点点滴滴，唯有进取。"(潘家华)京津冀三地地缘相接，地域一体，将北京 PM2.5 治理置于京津冀三地这一宽广的地理空间，跳出北京看北京，从能源消费、经济结构转型升级、人口规模、生态修复等要素入手，回顾历史，直面北京 PM2.5 治理的深层次挑战，对北京 PM2.5 治理提出前瞻性思考。

(一)北京：单兵突进的天然气用户

作为中国的政治中心，北京是绿色能源——天然气的优先消费者。一方面，特殊的首都地位赋予北京对相关资源强有力的调配能力。"全国支援北京"，"优先保障首都"。另一方面，人口集聚也有利于能源终端输出管网建设。

近年来，中国煤炭消费量迅速增长，和全球其他国家和地区的总消费量不相上下。凭借首都优势，北京"单兵突进"，大规模用上天然气，成为

① 此章为本书的重点所在，特设定小标题，对相关内容明晰，以便读者。——笔者注。

中国煤炭消费总量绝对削减的先行者。由于种种原因，河北的能源消费结构依然“一煤独大”。大规模使用天然气的“一城独大”——北京，与能源消费结构“一煤独大”的河北，无形中形成了两种能源消费结构的对垒之势。“两军对阵”，能源消费结构日趋绿色、洁净的北京，实际上处在一个煤烟滚滚的“大锅炉房”中。

未来，如果在能源消费结构优化上仅靠北京“单打独斗”，没有河北在能源消费结构转变的协同配合，北京 PM2.5 治理恐怕难以奏效。如果河北也实行煤炭消费总量控制，用何种能源补位缺口呢？

在目前冬季天然气供应偏紧的情况下，对人口密集的河北城市，可以增大海外天然气进口，加大河北城市的冬季供气力度。经过三十多年高速的经济发展，今日中国坐拥巨额外汇储备，拥有世人瞩目的旺盛购买力。用外汇购买天然气、石油、煤炭等大宗资源，可降低国内资源开采强度，为子孙后代预留更大的发展空间。况且，邻近河北的天津港、河北的唐山港，本身就为北方大港，坐拥大宗资源商品交通之利。

对人口密度较稀的河北集镇、农村以及“环京津贫困带”，可由政府向单门独户的住户提供太阳能光伏产品。近年来，中国与欧盟之间的光伏产品关税，双方争议不断，时常有对簿公堂之举。作为世界上主要的光伏产品生产国，与其费大气力，舍近求远，漂洋过海，争取国外那点动不动就动辄得咎、“受制于人”的市场，不如好好挖掘国内市场，释放更多的光伏产品需求。如此这般，既能消化国内光伏产品产能过剩的危机，也能降低煤炭在河北能源消费结构的比重。

(二)北京人口　有否上限

北京集中了太多的教育、医疗、文化资源，吸引天南地北的人员源源不绝落脚于此。资源集中，人口集聚，这一趋势一直推动北京向一座没有最大、只有更大的特大型城市迈进。目前，北京已采取多项措施控制人口增长。面对“屡设屡破”的人口规划控制目标，控制人口增长，很有可能会一再重复“屡设屡破”的既有格局。

自古迄今，安居方能乐业。无论是谁，在京生活都需要一定的居住空间。当北京中心城区房价高不可攀，外来移民初来乍到，多将居所安置在离城较远的地方，这就为北京的环境带来了两个方面的问题——

(1)新建小区在北京城市外围“安营扎寨”，促使北京像“摊大饼”一样扩张。北京越来越大，人口越来越多，用水泥制造的硬覆盖路面越来越广，削弱了郊区的生态功能。未来，如果北京的郊区，如昌平、顺义、怀柔、大兴，全都跃升为人烟稠密的新兴城区，被鳞次栉比的住房笼盖，那将是怎样一番景象？

(2)绝大多数外来移民初来北京，居住在离城较远的地方。在城市中心安如磐石、能提供众多工作机会的情形下，这也意味新来移民的通勤距离越来越长。为了免受路途劳累，相当一部分人会选择开车进城——相较上百万的一套房子，汽车比较容易购买。众多汽车低速行驶，汽油不完全燃烧产生致癌物质。这些颗粒物在空气和其他污染物发生混合反应，生成二次颗粒物，对人体健康造成巨大伤害。

为了应对北京人口集聚和城市扩张所带来的环境挑战，必须遏制城市边缘低密度小区的快速增长和叠加递进。低密度小区会增加人们的通勤距离和汽车使用频次，将城市锁定在高能耗、高污染的发展道路上。修建高密度小区，同时辅以更好的土地利用和紧凑的城市布局，压缩汽车出行概率，同时增大公共交通在人们出行所占的比例，或许能更好应对这一环境挑战。

(三)垃圾围城　处理多艰

作为集聚各种资源、各路人口的特大型城市，北京的人口结构丰富多样，消费结构、消费行为大相径庭。如今，土地资源极度紧张的北京，除了“交通难”、“住房难”、“看病难”、“养老难”等老大难，还有“垃圾处理难”。各路生产商、广告商在此逐鹿鏖战，扩充幻化了物质镜像。人们大量消费，大量废弃，给北京带来不胜枚举的垃圾。

北京垃圾量以年均 8%的速度递增，比北京人均收入的增长水平还高。垃圾处理“缓不济急”，或者处理中造成二次污染，会推升北京 PM2.5。如何在一个已被现代技术拥塞的自然环境中寻找倾倒垃圾的地方，如何管理垃圾使其不至于“垃圾围城”，成为现代北京的一大挑战。

近年来，包括北京、上海在内的中国诸多城市爆发了程度不一的“邻避行动”。当大家都在担忧垃圾焚烧产生的二噁英会造成二次污染，我们是否也应该调整一下自己的消费习惯，让物尽其用、负责任消费成为生活的常态。为了子孙后代计，一个优质的社会，必然是一个提倡适度消费、理性消费、关心人与自然和谐相处、关注子孙后代公平承继资源的社会。消费是个人行为，环境属于大家，资源也属于子孙后代、千秋万代。对一些商家的过度包装、一些人的过度消费，相关部门可积极引导、调适、规范。

(四)生态修复 任重道远

城市的永续经营离不开稳定的环境支撑。作为一座历史文化名城，北京的“环境基座”得天独厚。北京的西部是太行山余脉，北部为燕山山脉，太行山、燕山在此交会，形成一个向东南展开的半圆形大空间，人们称为“北京湾”。“北京湾”围绕的冲击平原为山前小平原(也称作“北京小平原”)，恢宏壮阔的北京城即于此展开。

京津冀三地，你中有我，我中有你，就生态系统而言，为休戚相关、唇齿相依的生命共同体。历史上，多水的华北平原组成了一道生机勃勃的水网。河北白洋淀的藕、北京的京西稻、天津的小站稻，俱为一方水土培育的一方名产。在华北平原地面水系尚未大范围衰竭时，一条河流，发源于河北，流经北京，最后于天津注入渤海。或者，人们从天津逆流而上，经过河北，到达河南北部。这样的例子，不胜枚举。

1949 年后，北京由“消费城市”向“生产城市”转型，用水量激增，类似涌泉、井水之类的水源日渐稀少。20 世纪 90 年代以来，伴随整个华北平原用水量的攀升尤其是北京人口的加速集聚(就人口规模来说，2013 年的北京是 1990 年的 3 倍体量)，华北平原地面河流、湖泊渐次枯萎。白洋淀的藕、京西稻、小站稻，就这样相继退出历史舞台，只能在若干局促的生态隙地中略窥一二。

水是生态之要。当华北平原水系相继衰竭，也标志华北平原整体的生态环境不容乐观。各种污染(包括大气污染)容易三五成群，连成一片。

2013 年“雾霾一月”，有人提议，在治理 PM2.5 过程中，可将其与治水、整治河道等水利事业结合起来。这个想法不错。问题是，到哪里去找水呢?

(1)继续超抽华北平原地下水。如果抽取地下水没有底线，对我们的生存环境、建筑安全、铁路运输意味什么?

(2)将渤海之水淡化后引入北京。海水淡化成本不菲，那是天价之水。况且，渤海本身污染重重，自净能力差。

(3)南水北调。也蕴含一定风险。就现有情况看，南方的水并非多到“泛滥成灾”，南方也时常有大旱之年。

过去，华北平原多水，地下水富足，大量的湖泊、湿地、河流宛如天然的扬尘吸附器。现今，多年的地下水超采使得华北平原出现了大片的地下漏斗区，地面干枯，树木生长不彰，扬尘空无依傍。一个极度缺水的华北平原不能吸附、稀释扬尘，使得这一地区的大气污染极易连成一片，久久不散。污染重，时间长，地域广，加剧了这一地区人们的健康风险。

近年来，为了夯实北京的“环境基座”，在北京以北的承德、张家口等地，实施了“水转旱”工程，将水田转为旱田，降低农作物的用水之需。此项工作，做的是减法，对环北京地区的“环境基座”有一定的休养生息作用。但远远不够。如果环北京地区的生态修复，只做减法，不做加法，不大规模推行植树造林，不扎扎实实推行河北的经济结构转型升级，不对河北进行立足长远的大范围生态修复，环北京地区的“环境基座”是难以得到根本改善的。生态修复中，“孤掌难鸣”，一个巴掌拍不响。唯有不断夯实京冀两地的“环境基座”，京畿重地，辅车相依，北京 PM2.5 治理才会有更为坚实的承载。

参考文献

[1]赵冈：《中国城市发展史论集》，新星出版社，2006 年。
[2]郑礼明：《世界煤业的新趋向》，《东方杂志》，1935 年第 32 卷第 15 期。
[3]刘牧：《当代北京公共交通史话》，当代中国出版社，2008 年。
[4]李瑞环：《学哲学 用哲学》，中国人民大学出版社，2006 年。
[5][美]乔尔·科斯金著，王旭等译：《全球城市史》，社会科学文献出版社，2010 年。
[6][美]威廉·麦克唐纳、[德]迈克尔·布朗加特：《从摇篮到摇篮——循环经济设计之探索》，同济大学出版社，2005 年。

（作者：樊良树　北京能源发展研究基地研究人员　副教授）

北京新农村建设研究基地

（北京农学院）

基地名称：北京新农村建设研究基地
依托单位：北京农学院
项目类别：横向项目

北京市农业产业化发展现状及政策建议

内容提要： 北京初步形成了以农业产业化国家重点龙头企业为引领，集种养、加工、流通于一体的农业产业化体系，呈现出产业化组织数量多、行业覆盖面广、带动能力强等特点；但同时也存在社会化服务体系亟待完善、龙头企业规模亟待提升等问题。面对新的机遇和挑战，必须创新思路，做强龙头企业，做实农民专业合作组织，加大市场建设，着力推进农业产业化和生态化共赢。

关键词： 北京；农业产业化；政策建议

农业产业化是我国农村改革发展的重要产物，是继家庭承包经营制度之后的又一次农业经营体制机制的重大创新。多年来，党中央、国务院高度重视农业产业化，各地区、各部门大力支持和推动农业产业化，使农业产业化从产生到发展到提升始终保持强大活力、呈现快速推进势头。截至2013年年底，北京初步形成了以农业产业化国家重点龙头企业为引领，集种养、加工、流通于一体的农业产业化体系，呈现出产业化组织数量多、行业覆盖面广、带动能力强等特点。面临新的机遇和挑战，认真分析北京农业产业化发展现状，推进农业规模化、集约化、产业化经营，促进农业和农村经济结构战略性调整、全面提高农业整体效益和农民增收致富具有重要的现实意义。

一、北京市农业产业化发展的基本现状[①]

(一)产业化组织数量保持稳定

2013年，北京市共有农业产业化组织总数3904个。其中，龙头企业带动型204个，中介组织带动型3385个，专业市场带动型15个，其他类型(不包括农村经纪人和专业大户)300个。与2012年相比，龙头企业带动型增加65个，中介组织带动型减少748个，专业市场带动型减少13个，其他

① 本文数据来源于北京农业产业化办公室。

类型减少 1442 个。

(二)产业类型以种养业为主

从统计资料看，2013 年，北京农业产业化组织的产业类型主要以种养业为主。其中，种植业 2130 个，占全部产业化组织总数的 55%；畜牧业 993 个，占全部产业化组织总数的 25%；水产业 71 个，占全部产业化组织总数的 2%；林业 74 个，占全部产业化组织总数的 2%；其他 636 个，占全部产业化组织总数的 16%(见图 1)。

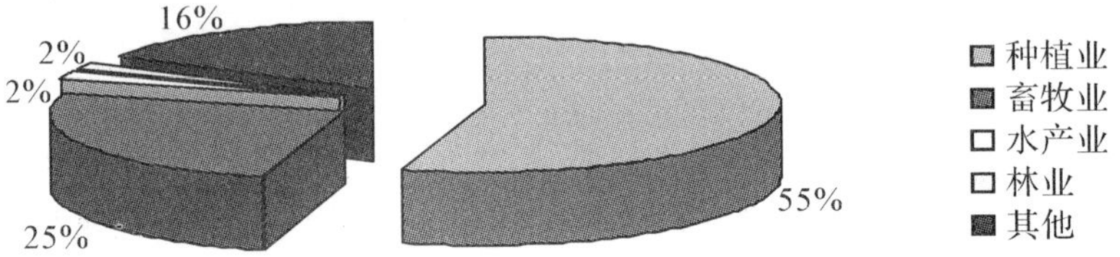

图 1　2013 年北京市各种产业类型农业产业化组织分布示意图

种植业中，粮食类 273 个(其中饲料类 6 个)，占种植业产业化组织总数的 13%；油料类 11 个，占种植业产业化组织总数的 0.5%；水果类 811 个，占种植业产业化组织总数的 38%；蔬菜类 681 个，占种植业产业化组织总数的 32%；中药材类 58 个，占种植业产业化组织总数的 3%；花卉类 71 个，占种植业产业化组织总数的 3%；其他 211 个，占种植业产业化组织总数的 10%；茶叶类 13 个，占种植业产业化组织总数的 0.6%；棉麻丝类 1 个，糖料类 0 个。类型结构与上年基本一致。(见图 2)。

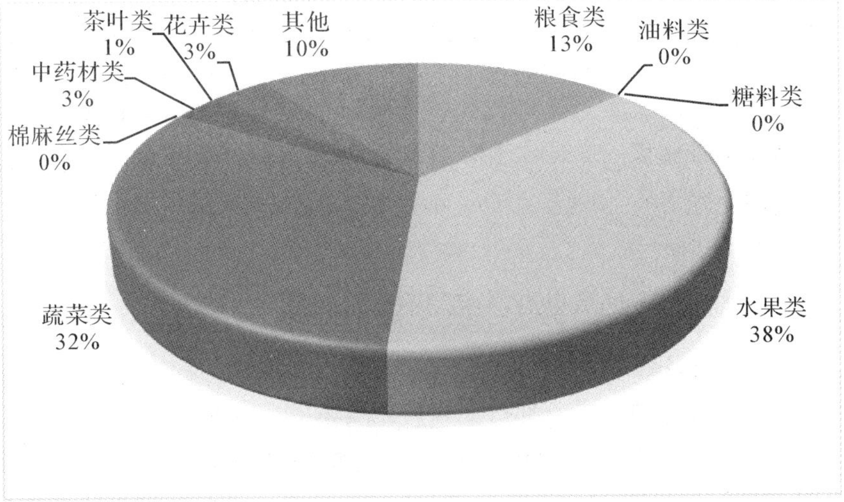

图 2　2013 年北京市各类种植业农业产业化组织分布示意图

畜牧业类 993 个，其中，肉类 511 个，占全部畜牧业产业化组织总数的

51%；蛋类 154 个，占全部畜牧业产业化组织总数的 16%；奶类 168 个，占全部畜牧业产业化组织总数的 17%；其他 150 个，占全部畜牧业产业化组织总数的 15%；皮毛类有 10 个，占全部畜牧业产业化组织总数的 1%(见图 3)。

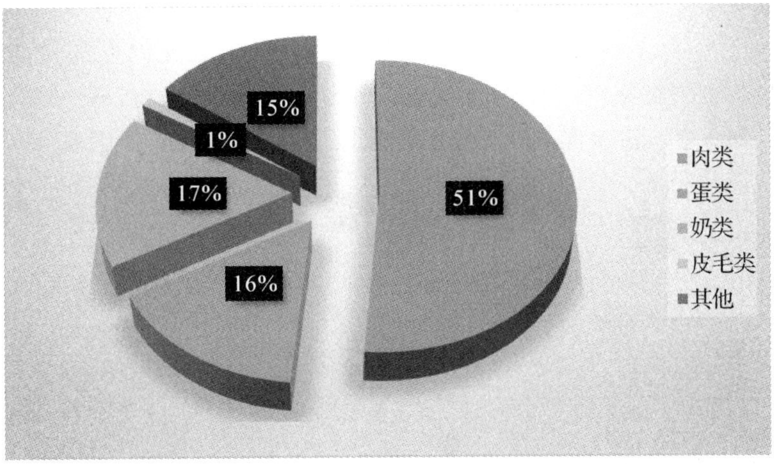

图 3　2013 年北京市各类畜牧业农业产业化组织分布示意图

(三)利益联结方式呈现多样化

稳定、合理的利益联结机制是农业产业化发展的核心动力。2013 年统计数据显示，北京市农业产业化利益联结方式呈现以合同关系、合作方式、股份合作方式为主，多样化方式并存的格局。其中，合同关系 1038 个，占全部产业化组织总数的 27%；合作方式(按利润返还)1136 个，占全部产业化组织总数的 29%；股份合作方式(按股分红)338 个，占全部产业化组织总数的 9%；其他 1392 个，占全部产业化组织总数的 35%(见图 4)。

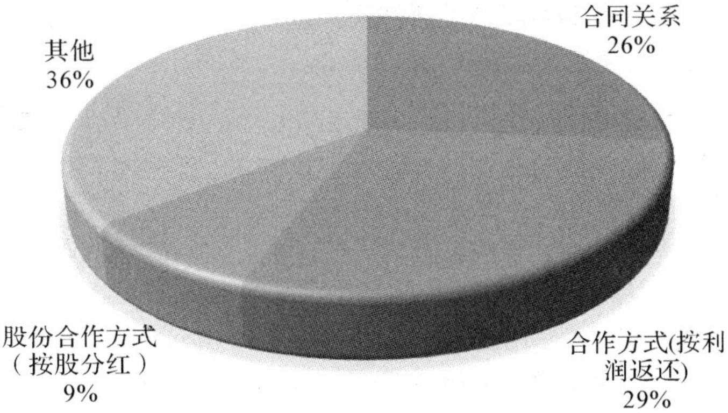

图 4　2013 年北京市农业产业化利益联结方式示意图

(四)产业化组织类型以中介组织为主

统计数据表明，最主要的产业化组织类型是中介组织带动型，与2012年一致。龙头企业带动204个，占全部产业化组织总数的5.2%；中介组织带动型3385个(其中专业合作经济组织3341个；规模以上专业合作经济组织459个)，占全部产业化组织总数的86.7%；专业市场带动型15个(其中交易额1亿元以上的专业市场4个，交易额5000万元以上的专业市场4个)，占全部产业化组织总数的0.4%；其他(不包括农村经纪人和专业大户)类型300个，占全部产业化组织总数的7.7%。

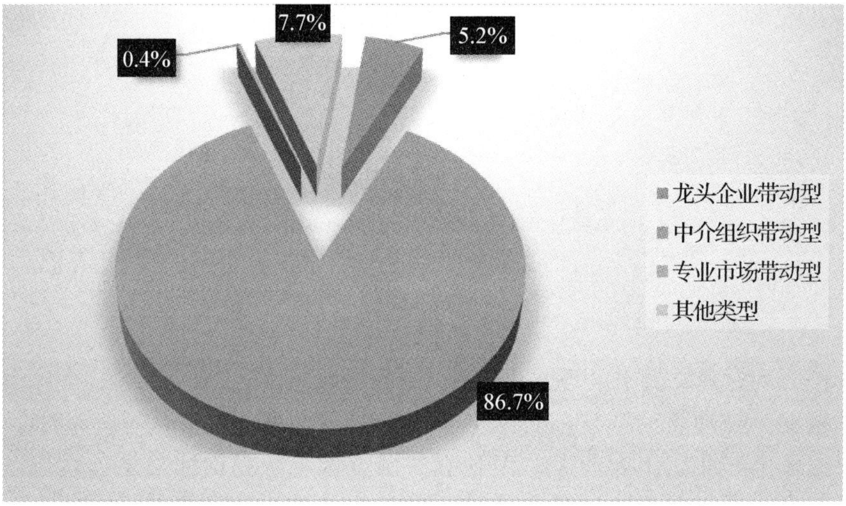

图5　各种组织类型农业产业化形态分布示意图

二、北京市农业产业化发展取得的成绩

(一)产业化组织带动能力不断提高

2013年，农业产业化组织全部从业人数297944人，比上年减少174917人。其中龙头企业从业人数105193人，占从业总人数的35%；中介组织从业人数153237人，占从业总人数的52%；专业市场从业人数36809人，占从业总人数的9%；其他组织从业人数12705人，占从业总人数的4%。与2012年相比，单位农业产业化组织从业人数变化不大。(如图6所示)

生产基地带动方面，种植面积1278万亩，牲畜饲养量1133万头，禽类饲养量18195万只，养殖水面面积为4万亩。种植面积、禽类饲养量稳步上升，牲畜饲养量、养殖水面面积下降。产业组织带动农户数705万户，其中订单带动农户数十万人，农户从事产业化经营增收总额1277179万元，是上年的19倍。龙头企业带动农户数达696万户，占全部产业化组织带动农户数的98.7%，其中，带动本市38万农户，带动省外658万农户。带动省外

农户的省级以上重点龙头企业达 15 家。

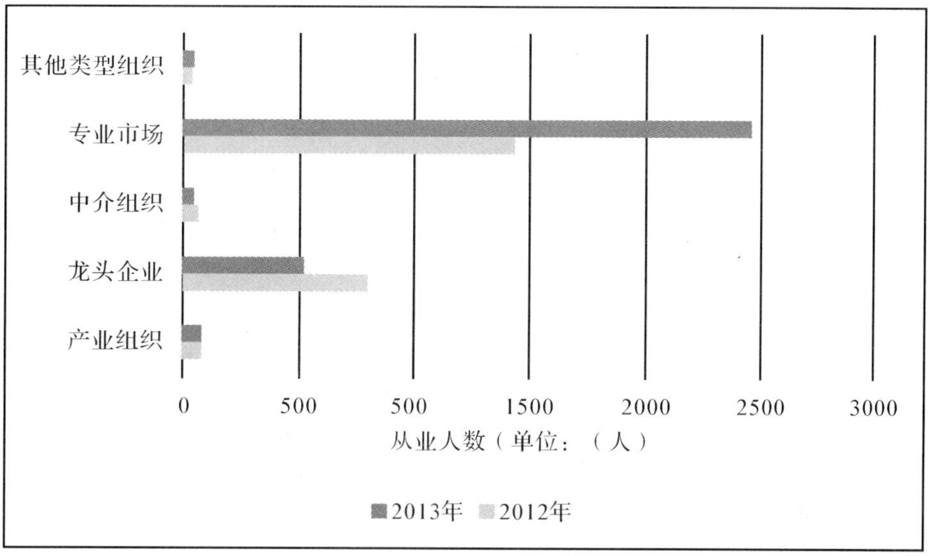

图 6　2012 年与 2013 年北京单位农业产业化组织从业人数对比示意图

(二)专业合作经济组织发展强劲

中介组织带动型是以各种中介组织为纽带，组织产前、产中、产后全方位服务，使众多分散的小规模生产经营者联合起来形成统一的较大规模的经营群体，实现规模效益。主要包括各类农村专业合作组织、供销社、技术协会、销售协会以及农民合作社等。中介组织是北京农业产业化最主要的类型；在中介组织带动型产业化组织中，又以专业合作经济组织为主。

根据统计资料，2013 年，北京农业产业化组织中，专业合作经济组织有 3341 个，数量占中介组织总数的 98.7%，同比增长 12 个百分点；规模以上专业合作经济组织有 459 个，占专业合作经济组织数量的 14%。从从业人数角度看，专业合作经济组织从业人数 112082 人，占中介组织从业人数的 73%。中介组织销售总收入 771953 万元，比去年增加 17%；其中专业合作经济组织销售收入 763303 万元，比去年增加 30%，占中介组织销售收入总额的 99%。由此可见，专业合作经济组织在推进农业产业化经营进程中，越来越发挥着重要的推动作用。

(三)农业产业化龙头企业实力增强

2013 年，龙头企业在提升农产品安全水平、首都应急保障能力，提升北京农业的核心竞争力、有效带动农户增收致富、推进北京市农业现代化进程中发挥了重要作用。

204 家农业龙头企业固定资产 11058515 万元，销售收入 35952059 万元，净利润 804598 万元，出口创汇 183319 万美元，上缴税金 1226552 万元。其中，国家重点龙头企业 38 个，省级重点龙头企业 101 个，市级重点龙头企业 65 个；上市龙头企业 10 个(境内上市龙头企业 8 个、境外上市龙头企业 2 个)。龙头企业科技研发投入 194577 万元，其中科技研发投入占企业年销售收入比重超过 1%的龙头企业 71 个，建有专门研发机构的龙头企业 74 个。

(四)农产品质量安全和农产品品牌建设取得新进展

2013 年，北京农业龙头企业进一步加大“三品一标”认证生产基地建设。种植面积 58 万亩，占种植基地总面积的 5%；牲畜饲养量 325 万头，占牲畜饲养总量的 38%，禽类饲养量 8437 万只，占禽类饲养总量的 52%。同时，在获得出口备案生产基地建设方面，种植面积 40 万亩，占种植基地总面积的 3%；牲畜饲养量 194 万头，占牲畜饲养总量的 22.5%，禽类饲养量 9072 万只，占禽类饲养总量的 56%。

在农产品质量安全方面，北京龙头企业质检、认证、检疫等保障产品质量安全方面的投入 109722 万元，占销售收入的 0.3%；建有专门质检机构的龙头企业 147 个，占龙头企业总数的 72%；通过 ISO 9000、HACCP、GAP、GMP 等质量体系认证的龙头企业 175 个；获得省以上名牌产品或著名(驰名)商标的龙头企业 59 个；获得“三品一标”认证的龙头企业 39 个。

(五)财政扶持农业产业化力度不断加大

2013 年，北京市政府出台了《关于支持农业产业化龙头企业发展推进农业产业化经营的实施意见》，提出“五个一批”[①]的目标和“三个能力”建设[②]的核心，提出了 17 条政策措施，重点对“做强龙头”、“创建品牌”、“质量安全”等关键环节给予扶持。2013 年，北京市农业产业化龙头企业获得财政扶持资金 18058 万元，同比增长 24%。其中，省级扶持资金 5557 万元，同比增长 26%，占财政扶持资金总额的 31%。(见图 7)。农业产业化省级财政专项资金 397 万元，北京市对农业产业化龙头企业的资金扶持力度在不断加大。

从税收政策看，农业产业化龙头企业获得的税收减免额(不包括出口退税)为 17185 万元，同比增加 60%。其中增值税减免 12068 万元，所得税减免 5117 万元(其中农产品初加工项目减免企业所得税额 1798 万元)。与 2012 年相比，均大幅提高，大大促进了农业产业化龙头企业的市场竞争力和出口创汇能力，如图 8 所示。

---

① “五个一批”即打造一批年销售收入过百亿元的领军企业，扶持一批具备发展潜力的上市企业，发展一批农业产业化示范基地，培育一批高端、优质、安全农产品品牌，带动一批农户增收。

② “三个能力”建设即提升企业核心竞争能力、强化企业带动农户增收能力、提高政府为企业服务的能力。

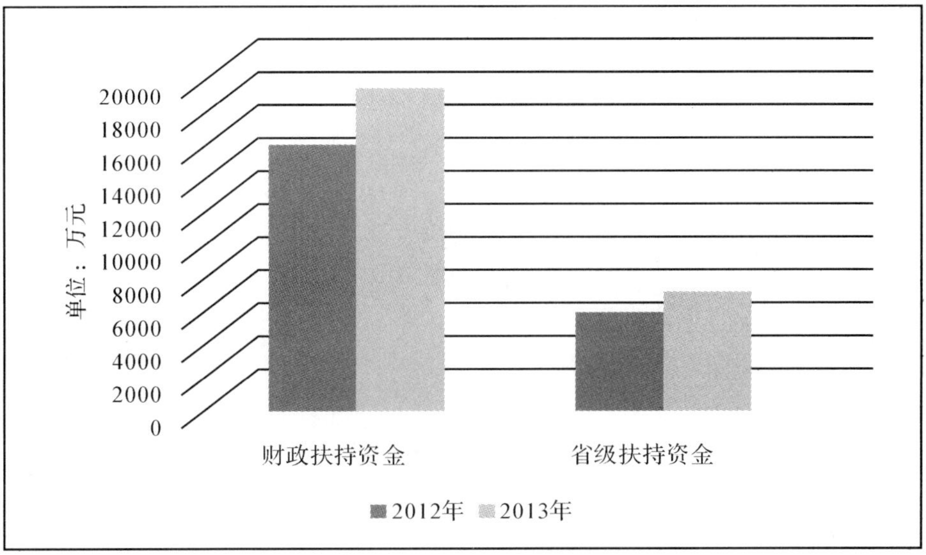

图 7　2012 年与 2013 年北京农业产业化龙头企业获得财政扶持资金对比示意图

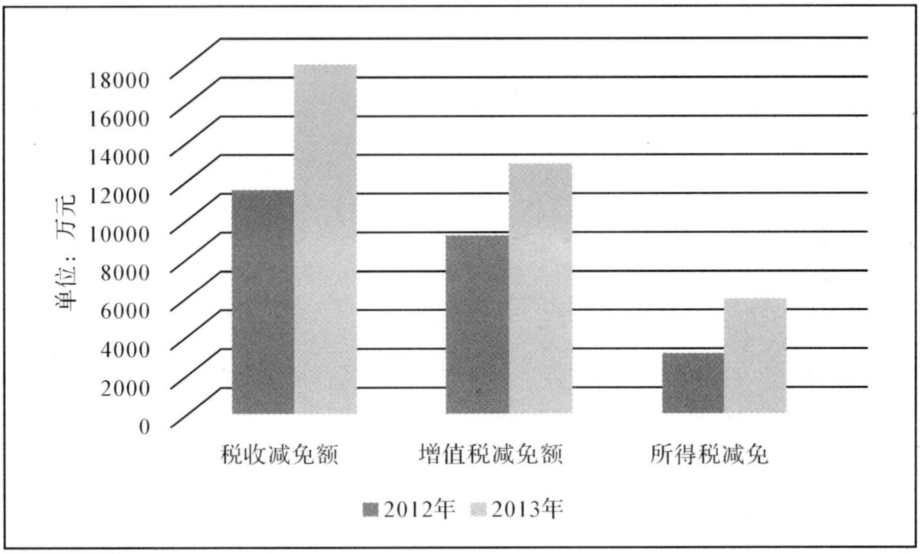

图 8　2012 年与 2013 年北京农业产业化龙头企业获得税收减免额对比示意图

(六)农业产业化凸显都市农业多功能性

2013 年，首届北京农业嘉年华在北京举行，以企业为载体，以科技为支撑，以产品和项目为形式，体现了集生产、生态、休闲、教育、示范等多功能于一体的都市型现代农业产业化发展新探索。三百家国内外农业企业展示了四百多种种植模式、七百多种优质农产品、三十多项体验农业创意项目、四十多项娱乐游艺项目，六十多家企业带来了中华传统特色美食。

三、北京市农业产业化发展存在的问题

（一）社会化服务体系亟待健全

土地流转市场、农业融资市场、农业人才市场、风险防范等一系列服务市场体系不健全，造成产业化组织较高的运营成本。由于缺乏正规的土地流转市场，龙头企业在建立生产基地时，造成了一系列的土地冲突问题。产业化组织资金融资困难，2012 年，北京市农业产业化龙头企业获得银行贷款累计 89180 万元，2013 年获得银行贷款累计 83880 万元。由于缺乏资金，产业化组织的抗风险能力很低。现代农业经营方式中最核心的竞争力是人才和科技，调研中发现，农业产业化过程中，先进的科学技术和复合型创新人才较为缺乏，我国目前也几乎没有成型的科技人才市场，直接造成农业产业化的发展后劲乏力。

（二）龙头企业规模上仍显不足

龙头企业是农业产业化的领头羊，而与国外的农业企业相比，北京市龙头企业的规模还有待进一步提高。2013 年，北京市农业产业龙头企业中销售收入 100 亿元以上的龙头企业 7 个，销售收入 50 亿元以上的龙头企业 8 个，销售收入 30 亿元以上的龙头企业 12 个，销售收入 10 亿元以上的龙头企业 21 个。龙头企业在农产品的精深加工和农产品出口创汇方面均有待进一步提高，要从做多向做大做强转变。

（三）农产品市场化体系有待完善

市场化是农业产业化的核心。目前，农业龙头企业和中介组织在产品进入市场这一环节均存在一些瓶颈问题，农产品流通的配套设施不够完善，市场信息获取渠道单一，提高了农产品中间流通环节的成本。专业市场带动能力还需进一步加强，从近三年的数据看，农产品专业市场在农业产业化的组织类型中所占比例都非常低。总体而言，农产品市场总量不多，规模偏小，带动力不强；农产品产销关系尚不够稳定；农产品专业市场布局不合理，配送和保鲜储藏能力弱等问题依然存在，在一定程度上制约了农业产业化的进程。

四、北京市农业产业化发展的对策建议

（一）创新思路，做大做强龙头企业

1. 整合资源，促进农业龙头企业规模提升

政府在支持农业企业发展上，不追求龙头企业的个数，而是要通过优胜劣汰、联合重组、资本运营等方式，着力扩大单个企业的经营规模，提高其经济效益和管理水平，增强市场竞争力和辐射带动能力。对规模以上农业龙头企业制定优惠政策，发挥规模效应的优势，促进行业内的重点企

业发展。对于龙头企业的并购、出口等给予适当的税收减免等鼓励政策，有计划地组织企业与国外先进企业进行技术交流，与跨国公司形成战略联盟，借助跨国公司开拓企业规模。

2. 找好抓手，加大龙头企业信息化建设

目前，我国龙头企业信息化建设仍处于初级探索阶段，面对全球性的信息化冲击和跨国公司的进入，为了迎接新的挑战和机遇，必须推进龙头企业的信息化建设。以新发地农产品批发市场作为一个良好的开端和平台，以最需要进行信息化建设的环节和业务为突破口，不断研发和利用信息技术与资源，提高企业的市场应对能力和企业绩效。

3. 联盟发展，构建完善的龙头企业销售网络

目前，我国农业企业发展已经进入由原来的对立竞争转变为新型合作竞争的关系。在发挥自身优势的同时，必须在技术创新、产品研发、产品质量控制标准体系、市场开拓等方面与其他企业深度对接和合作。比如，几家企业成立控股公司或联合体，解决融资、上市等问题，实现共赢。在营销渠道、包装上实行合作，比如“百花蜂蜜百年栗园”，通过渠道共享，实现利益共得。同时可以与国内大的销售网络、农业行业协会、科研单位形成战略联盟。采取有效的联盟战略，打造“双赢”或“多赢”的局面。

(二)加大支持，完善农民专业合作组织经营管理

1. 健全农民专业合作组织的内部治理机制

统计资料显示，农民专业合作组织在农业产业化发展中发挥着越来越重要的作用，必须进一步推动农民专业合作组织发展。目前，不少农民专业合作组织章程内容不完整，规章制度不健全，管理运作不规范，产权关系不清晰，经营和财务管理不公开，农民与合作组织利益关系不紧密，内部事务由大户或外部力量控制，这些都影响了农村合作组织的发展壮大。因此，要进一步完善以专业合作社、协会章程为核心的内部管理制度；完善专业合作组织的章程，规范专业合作组织的管理制度，引导农民建立合理、科学的组织结构，进一步明晰产权关系，健全专业合作组织内部民主管理机制，使专业合作组织真正实现自主决策、自我发展、共同经营、民主管理。

2. 加强对农民专业合作组织的政策支持

各类农民合作组织的发展离不开政府的支持。进一步强化对农村专业合作组织的政策支持，加强宏观指导，强化外部支持力度。制定优惠政策，加大财政支持、税收扶持和信贷支持力度，积极引导其健康发展。简化审批手续，降低登记门槛，执行各项税收优惠政策，放宽经营范围限制，帮助改善经营环境，支持开展各种形式的技术培训，搞好合作组织的各项服务。政府在加强对专业合作社的政策支持的同时，注意防止直接对合作组

织发号施令和过度干预合作组织的内部事务。

(三)需求导向，完善农产品市场建设

1. 分类定位，建设立体式农产品市场类型

坚持“建设大市场、联结大龙头、带动大基地、发展大产业”的发展思路，紧紧围绕主导产业和区位优势，强化农产品市场建设，定位不同的产品消费群体，开拓多元化、立体式的市场类型。从市场规模上看，打造一批覆盖面广、交易方式先进、功能齐全、信息灵敏、设施完善的大中型农产品综合市场、特色农产品专业市场，形成以区域性大型综合批发市场为骨干，专业批发市场为支撑，田头特色批发市场为补充的农产品市场格局。从交易定位上讲，打造各种形式的农业展会、农产品博览会、农产品交易会。从产品定位上讲，打造特色类、优质安全类、高端类、养生类、文化类等多功能产品市场。适时、适地引入新型业态，促进农产品传统交易向新型业态转变。

2. 重点扶持，培育新型市场竞争主体

当前农民经纪人、协会、合作组织仍是市场竞争的重要主体。鼓励发展农村中介组织，使其成为农民进入市场的主要方式；发挥龙头企业的作用，层层开展农产品产销衔接、展销活动，促进农产品定点批发市场、龙头企业与农民签订产销合同，发展订单农业。培育农村经营大户，建立农民经纪人队伍，规范经纪人，引导他们加强联合，壮大实力，增强抵御市场风险的能力。

(四)加大引导，推动农业产业生态化发展

1. 科技支撑，构建产业化生态集群主体

面对生态环境与资源问题，农业产业化发展必须坚持生态化发展。以政府财政支持政策为手段，通过转移支付、项目支持、财政补贴、科研奖励等方式给予企业生态技术研发的支持。对于企业技术升级换代，通过财政补贴，降低其技术改造成本，促进企业技术改造。反之，对于消耗高、污染重、技术落后的企业，应采取高额税收、罚款等手段使其淘汰，同时建立完善的企业科技投资风险机制。对于积极使用生态技术进行农业生产的农民专业合作组织，要加大生态补贴、科技使用补贴等，并在产品进入市场的销售、宣传甚至品牌打造上给予很大的扶持。促进产业组织发展绿色经济、集约经济、循环经济。

2. 金融支持，推进生态技术开发应用

不断完善金融服务环境，从金融和服务方面支持企业采用生态科技进行技术改造，从土地和资金方面支持企业规模化、标准化生产，加大对精深加工企业、食品加工企业农业龙头企业的基地建设扶持力度。从生态技术的研发、转化、产业化以及推广使用等环节，针对不同的主体，给予相

应的支持手段，比如绿色信贷、贷款贴息、基金、创业担保等。积极引进社会资本，对于愿意投资或直接经营生态环保型农业的企业和个人，从财政、金融两方面都给予相应的支持。

参考文献

[1]张明林：《农业产业化进程中的产业链成长机制》，科学出版社，2010 年。

[2]张学鹏：《中国农业产业化组织模式研究》，中国社会科学出版社，2011 年。

[3]张世如：《战略性新兴产业发展与农业产业化问题研究——以武汉都市农业发展实践为例》，《农业经济问题》，2012 年第 2 期。

[4]张敏等：《借鉴发达国家经验　推进农业产业化跨越式发展》，《农业经济问题》，2011 年第 4 期。

（作者：江　晶　北京新农村建设研究基地研究人员　讲师）

基地名称：北京新农村建设研究基地
依托单位：北京农学院
项目类别：北京市社会科学基金项目

乡村旅游低碳化发展影响因素分析[①]

——基于北京市 300 户乡村旅游经营者的调查

内容提要：本研究构建了乡村旅游经营者实施旅游低碳化发展决策的理论模型，并通过对北京市 10 个郊区县乡村旅游经营者的实地调研数据，采用有序 logistic 模型，探析了乡村旅游低碳化发展的影响因素。研究认为，经营者的受教育水平、家庭收入水平等个体因素，其对乡村旅游前景预期和乡村旅游低碳化发展对经济可持续发展的影响等经营信息诉求动机因素，以及大众媒体、政府渠道、企业宣传推广和亲朋好友等传播渠道因素，显著影响经营者实施低碳乡村旅游的意愿。

关键词：低碳旅游；乡村旅游经营者；影响因素；有序 logistic 模型

一、引　言

乡村旅游作为农业与旅游业融合发展的一种表现形式，它在节能减排和应对气候恶劣变化等方面有着较为明显的先天优势。因此，在乡村旅游转型升级过程中，低碳旅游概念的引入不仅为美丽乡村的建设提供新的发展思路，为“三农”问题提供新的解决方式，而且对于低碳理念在我国的实践起到了极强的示范效应。

乡村旅游经营者作为乡村旅游产品的供给方，如果不愿意提供低碳乡村旅游产品，甚至不认可低碳旅游产品，那么消费者即乡村旅游者将不再有机会进行低碳乡村旅游体验，低碳乡村旅游市场的运行和低碳旅游业的发展会受到制约。换言之，只有当乡村旅游经营者愿意提供低碳旅游产品，并且消费者愿意支付低碳旅游产品且支付意愿能够弥补经营者相应形成的生产成本时，才能激励保证乡村旅游低碳化发展进程的顺利进行。通过搜索“乡村旅游行为研究”，所得文章绝大多数是从旅游者（消费者）角度进行

---

① 本文是“低碳经济背景下北京乡村旅游转型升级研究”项目的阶段成果，项目编号：BJGB118。

研究，而有关乡村旅游经营者(即供给者)研究甚少。因此，本文着力从乡村旅游经营者行为研究着手，对实施旅游低碳发展意愿的影响因素进行深入探析。

二、理论基础、研究假说与数据说明

(一)理论基础

乡村旅游经营者是低碳旅游经营模式的重要主体。由于专门对影响乡村旅游经营者采纳旅游低碳发展理念影响因素的研究文献甚少，而有关农户决策行为方面的研究相对丰富，因此，可以借鉴前人对农户决策行为影响因素的研究成果，对乡村旅游者实施旅游低碳化发展意愿影响因素进行分析。

目前，影响农户决策行为的因素大体可分为农户自身特征因素和外部环境因素。杨兴柱(2005)通过构建农户参与旅游决策行为结构模型，分析认为农户的旅游开发基础认识、地方认同感以及农户的参与能力等对其旅游参与行为有正向影响。娄旭海等(2007)研究了河南省小农户农业标准化生产意愿的影响因素，研究发现，对农户实施标准化生产意愿起显著影响的因素从大到小有：组织形式、家庭特征、农户对农业标准化的认知程度和生产特征等；李响(2007)研究认为生产者的客观因素(如年龄)、对生猪安全生产的忧患度、对生猪安全生产卫生状况的关注度、对政府公布安全生产信息的需求度等主观因素以及生猪养殖规模对其安全生猪供给意愿影响显著，而养猪纯收入对养殖户的安全生猪供给意愿影响不大。蔡立旺(2009)认为农户文化程度、人口和劳动力数量等内部因素，以及政策、市场、社区及邻里关系、推广服务体系等外部因素共同影响农户的决策。张春丽等(2009)通过对黑龙江三江国家级自然保护区内 310 位农户的实地调研，分析发现农户参与湿地旅游的意愿受户主年龄、对湿地旅游的认知度、拥有投资资金的量以及是否能增加就业机会、提高当地收入水平、农户参与是否可行、当地湿地旅游资源情况和政府态度等内、外部综合因素的影响。彭玉珊(2011)认为，农户的文化程度、养殖规模、专业化水平以及是否加入优质猪肉供应链、对健康养殖的认知等因素对养猪场(户)健康养殖实施意愿有正向影响；而农户的年龄和是否符合“标准化养猪场”的要求对其健康养殖实施意愿则有负向影响；研究还发现，养猪专业户比规模化养猪场实施健康养殖意愿更强烈。谢新丽等(2012)提出旅游地农户会对旅游从业与外出打工两种行为进行优势比较。研究发现，吸引农户旅游从业行为受收入比较优势、生活质量水平、工作环境、当地独特的民俗文化，以及农户参与当地乡村旅游开发获得的自豪感等方面的影响。

因此，借鉴已有的研究成果，本文对乡村旅游经营者实施旅游低碳发展意愿影响因素进行分析。随着乡村旅游经营理念的更新和升级，若将乡村旅游低碳化发展看作一种新产品，借鉴产品营销的思路，则乡村旅游经营者面临着对低碳旅游从认知到采用的问题。根据消费者购买决策的五阶段模型，乡村旅游经营者对旅游低碳化发展经营模式的采用也可以分解为包括对低碳旅游理念的认知、低碳信息搜寻、试点评估、采纳决策和决策实施后期行为五个阶段(见图 1)。乡村旅游经营者经营决策的产生为某种内在或外在刺激所触发，分析内外刺激因素对农户经营决策的影响，对低碳经营理念的传播效果有着重要意义。

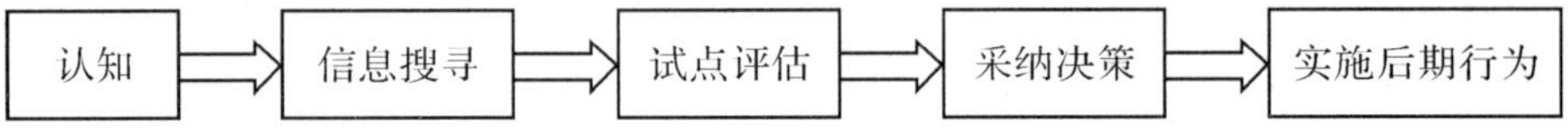

图 1　乡村旅游经营者实施旅游低碳化发展决策的五阶段模型

根据班杜拉人类行为模型，外界环境会激活个体对事物的认知与情感，并在消费者价值观的作用下最终影响个体的决策行为。基于众多学者的研究，本文提出了乡村旅游低碳化发展决策模型(见图 2)。经营者的个人特征及信息诉求动机及对低碳旅游的认知决定其决策行为，而获取信息的传播媒介则直接影响经营者对低碳旅游的印象和认知水平。

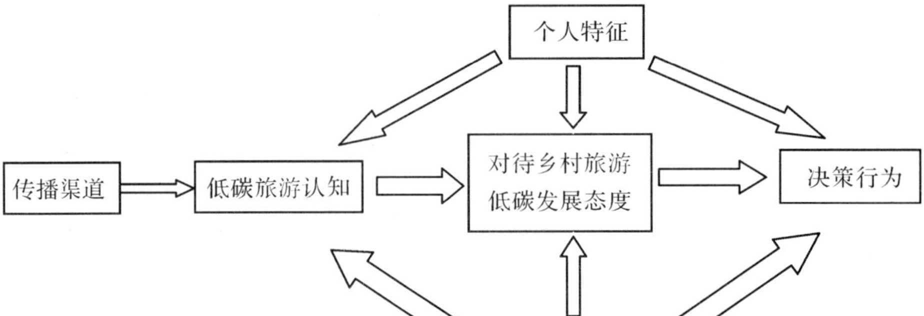

图 2　乡村旅游低碳化发展决策模型

(二)研究假说

假说 1：乡村旅游经营者个体特征因素显著影响其实施旅游低碳化发展意愿程度。

在本文中，收入水平、受教育水平、经营者兼业化水平、从事旅游经营时间和是否本村人五个因素将作为经营者的个体特征因素。

1. 收入水平。高的家庭收入水平并非必然促进经营者对新经营理念的认可。有学者研究结果发现，由于农户具有有限理性特点，当收入水平较低时，他渴望通过采用新的理念来改善经营状况；而当收入水平达到较高水平时，农户一般选择保持现有经营方式而对新技术的采纳意愿较弱。因此，收入水平对经营者实施旅游低碳化发展意愿的影响尚待实证研究来确定。

2. 受教育水平。一般来说，乡村旅游经营者所受教育水平越高，所学知识越多，看待问题的视野也就越开阔、接受新事物和对新事物的理解能力也越强，其进一步接受新事物的意愿也会越强烈。

3. 经营者兼业化水平。本文选用旅游收入占家庭总收入比重这一指标来衡量经营者兼业化水平。本文预期，兼业化水平越高的经营者收入对乡村旅游收入依赖性越小，从而对升级乡村旅游发展理念的意愿越弱。

从事旅游经营时间和是否本村人对经营者实施旅游低碳化发展意愿影响不能确定，只能通过实证分析得以验证。

假说 2：乡村旅游经营者实施旅游低碳化发展意愿程度受其经营性信息诉求动机因素显著影响。

本文将改善经营现状驱动因素、风险态度和乡村旅游经营者对低碳经营未来经济效益的评价作为其经营性信息诉求动机因素。

1. 改善经营现状驱动因素采用选项“对当地旅游发展现状满意程度”这一指标来衡量，本文预期满意程度对实施乡村旅游低碳发展的影响为负

2. 经营者对新事物的接受很大程度受其自身所持风险态度的影响。乡村旅游低碳化发展作为一项较为前卫的经营理念，在实施过程中必然伴随着未来经营收益的不确定性。一般来说，风险偏好型经营者对未来经济形势判断会比较乐观，其实践新经营理念的倾向较大。本文将“乡村旅游低碳发展是未来发展趋势”、“北京市发展低碳乡村旅游的紧迫程度”这两个选项作为衡量经营者对风险态度的指标。本文预期风险偏好型的经营者，其实施乡村旅游低碳发展的意愿更强烈。

3. 经营者在乡村旅游过程中考察旅游低碳化发展对经济效益的影响，它对生产经营方式的改变具有一定程度影响。一方面，已实施旅游低碳经营并获得效益的经营者由于“棘轮效应”将成为乡村旅游经营者实施乡村旅游低碳化发展的动机；另一方面，基于“学习效应”，那些认为旅游低碳化理念会较大程度上提高经营效益的经营者也会“跟风”，从而增强其乡村旅游低碳发展的意愿程度。

假说 3：乡村旅游经营者实施旅游低碳化发展意愿程度受其获取低碳信息渠道的显著影响。

经营者对低碳旅游信息的获取来自诸多渠道，本文将众多信息渠道主要归类成互联网等大众媒体、旅游企业、亲友乡邻以及政府渠道四类。由于各渠道的重要性和影响程度各不相同，因此，本研究中各个信息渠道的影响程度需经实证分析确定。

(三)调研数据说明

本研究数据来源于2013年12月课题组对北京市昌平、延庆、密云、怀柔等区县的10个乡村旅游经营者的实地调研。课题组共发放问卷300份，收回258份，其中实际有效问卷为225份，有效问卷率75%。

本调查中关于经营者实施低碳乡村旅游意愿分布情况为：有效调查样本中有56.9%的经营者表示非常愿意实施低碳乡村旅游发展，只有8%的样本表示不愿意实施旅游低碳化发展，而其他35.1%的受访者基本保持中立态度(见图3)。

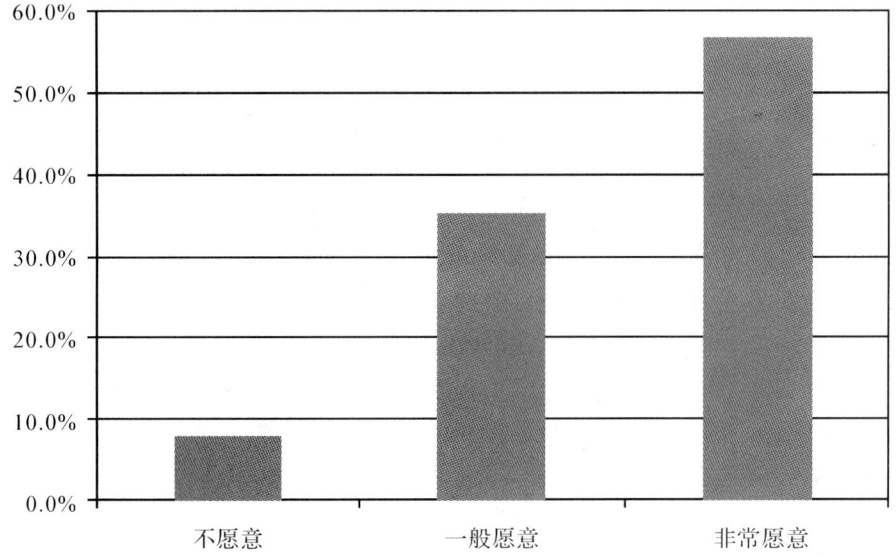

图3　乡村旅游经营者实施旅游低碳化发展意愿

本研究在分析经营者实施低碳乡村旅游的影响因素时，将经营者的个体特征和经营性信息诉求动机作为经营者实施乡村旅游低碳发展意愿的内在刺激因素，而将获得低碳信息的渠道作为外界环境对经营者的刺激因素。研究变量的选取和赋值情况详见表1：

表1　变量的选取与赋值情况表

变量	符号	选项与赋值	均值	方差
被解释变量	Y	1＝非常愿意 2＝一般愿意 3＝不愿意	2.49	0.412
解释变量	X			
内在刺激因素变量				

续表

变量	符号	选项与赋值	均值	方差
受教育水平	X1	1＝文盲 2＝初中及以下 3＝中专、高中 4＝大专及以上	2.94	0.764
是否本村人	X2	1＝是，0＝否	0.58	0.244
旅游经营年均收入水平	X3	1＝4000元以下 2＝4000—10000元 3＝10000元以上	2.23	0.705
旅游经营所得收入占家庭总收入比例	X4	1＝35％以下 2＝35％—50％ 3＝50％—75％ 4＝75％以上	2.28	1.169
对当地旅游发展现状满意程度	X5	1＝非常不满意 2＝基本满意 3＝非常满意	1.57	0.425
乡村旅游低碳发展是未来发展趋势	X6	1＝完全不同意 2＝不太同意 3＝基本同意 4＝比较同意 5＝完全同意	3.73	0.868
北京市发展低碳乡村旅游的紧迫程度	X7	1＝维持现有发展方式 2＝可以慢慢发展 3＝必须马上大力发展	1.89	0.739
乡村旅游低碳发展对经济可持续发展影响程度	X8	1＝很大抑制作用 2＝较小抑制作用 3＝无影响 4＝较小促进作用 5＝很大促进作用	3.88	0.629
外在刺激因素变量				
低碳信息获取渠道互联网等大众传媒	X9	1＝互联网等大众传媒 2＝旅游企业 3＝政府渠道 4＝亲朋好友	1.82	1.066

1. 内在刺激因素分析

本研究内在刺激因素主要包括样本个体特征和低碳经营信息诉求动机两方面。其中，个体特征包括样本经营者的家庭收入水平、受教育程度、兼业化水平、从业时间和是否是本村人五个变量。其中，兼业化水平采用旅游经营所得收入占家庭总收入比例来衡量。

从调研数据来看，从事乡村旅游经营 1—5 年的经营户比例最大，占 60.0%，其次为从业 5 年以上的经营户，占 22.2%，而从业时间 1 年以下的经营户占 17.8%(见表 2)。

表 2　从业时间

	频率	百分比
1 年以下	40	17.8
1—5 年	135	60.0
5 年以上	50	22.2
合计	225	100.0

在样本乡村旅游经营户中，初中及以下的经营者占 30.6%，高中、中专学历有 39.6%，而大专以上学历的经营者占 29.8%。受访对象中，58.2%的经营者是本地人(见表 3、表 4)。

表 3　受教育水平

	频数	百分比
未上过学	12	5.3
初中及以下	57	25.3
高中、中专	89	39.6
大专、本科以上	67	29.8
合计	225	100.0

表 4　是否是本村人

	频率	百分比
否	94	41.8
是	131	58.2
合计	225	100.0

在样本数据中，年均旅游收入在 10000 元以上的经营者达 49.3%，还有 50.7%的人年均收入在 10000 元以下(见表 5)。

表 5　年均旅游收入

	频率	百分比
4000 元以下	59	26.2
4000—10000 元	55	24.4
10000 元以上	111	49.3
合计	225	100.0

从年均旅游收入占家庭总收入比例看，有 59.1%的家庭通过旅游所得收入只占到家庭总收入的 50%以下，这说明样本范围内农户兼业化程度比较高(见表 6)。

表 6　旅游所得收入占家庭总收入比例

	频率	百分比
35%以下	68	30.2
35%—50%	65	28.9
50%—75%	52	23.1
75%以上	40	17.8
合计	225	100.0

经营者的信息诉求动机以其对当地旅游发展现状满意程度来反映。52.0%的受访者对当地旅游发展现状不满意，这说明，绝大多数乡村旅游经营者存在改善乡村旅游经营现状的动机(见表 7)。

表 7　您对当地旅游发展现状满意程度

	频率	百分比
不满意	117	52.0
基本满意	88	39.1
非常满意	20	8.9
合计	225	100.0

经营者的风险态度在问卷中反映为其对乡村旅游低碳发展前景的预期。在问卷中设置了“乡村旅游低碳发展是未来发展趋势”、“北京市发展低碳乡村旅游的紧迫程度”这两个选项作为衡量经营者对风险态度的指标。若对乡村旅游低碳发展是未来发展趋势的认可程度越高、北京市发展低碳乡村旅游越紧迫，本文则认为其为风险偏好型。数据表明，调查样本中有 67.1%的受访者同意低碳乡村旅游是乡村旅游的未来发展趋势，有 84.0%的经营者认为北京市应该大力发展乡村旅游，这说明样本经营者对低碳乡村旅游

未来发展前景持较乐观态度(见表8和表9)。

表8 低碳乡村旅游是乡村旅游的未来发展趋势

	频率	百分比
完全不同意	8	3.6
不太同意	11	4.9
基本同意	55	24.4
同意	111	49.3
完全同意	40	17.8
合计	225	100.0

表9 您认为北京市应该大力发展低碳乡村旅游吗

	频率	百分比
应该，而且必须马上大力发展	78	34.7
应该，但可以慢慢发展	111	49.3
不应该，维持现有的旅游方式	36	16.0
合计	225	100.0

在经营者对乡村旅游低碳发展影响经济效益的评价中，80.4%的样本经营者认为乡村旅游低碳发展能较为有效地促进当地经济的可持续发展，而19.6的样本经营者认为没有影响甚至会抑制经济的可持续发展(见表10)。

表10 低碳乡村旅游对当地经济的可持续发展影响程度

	频率	百分比
较大抑制作用	3	1.3
较小抑制作用	13	5.8
两者之间没有影响	28	12.4
较小促进作用	144	64.0
较大促进作用	37	16.4
合计	225	100.0

2. 外在刺激因素分析

在本研究调查问卷中，经营者获取低碳乡村旅游信息的渠道有电视广播、互联网、亲朋好友、旅行社、环保公益活动、报刊、学习培训课堂等。本研究将众多信息渠道归纳为四大类，其中，政府渠道(学习培训、环保公益活动)、大众媒体(互联网、广播电视、报纸、杂志、收音机等)、旅游企业和亲朋好友是经营者目前了解低碳旅游信息的主要渠道，分别有 20.4%、55.1%、16.0%和 8.4%的受访者通过上述渠道获取低碳旅游信息(见表 11)。

表 11　获取低碳乡村旅游信息渠道

	频率	百分比
大众传媒	124	55.1
旅行社	36	16.0
政府渠道	46	20.4
亲朋好友	19	8.4
合计	225	100.0

三、实证分析

(一)分析方法的选择

本研究采用有序 Logistic 模型并运用统计软件 SPSS19.0，对经营者低碳化经营意愿的影响因素进行分析。该模型的基本形式为：

$$\ln \frac{P(y \leqslant j \mid x)}{1 - P(y \leqslant j \mid x)} = \mu_j - (\alpha + \sum_{k=1}^{n} \beta_k \cdot x_{\mathrm{k}}) \quad (1)$$

式(1)中，模型左边代表 2 个有序 logit 函数，

即 $\ln \frac{P_1}{P_2 + P_3} = \mu_1 - (\alpha + \sum_{k=1}^{n} \beta_k \cdot x_{\mathrm{k}})$，$\ln \frac{P_1 + P_2}{P_3} = \mu_2 - (\alpha + \sum_{k=1}^{n} \beta_k \cdot x_{\mathrm{k}})$，其中，$\mu_j$ 为门槛，α 为截距，x_{k} 为自变量。模型运行结果如表 12 所示。

表 12　乡村旅游经营者实施旅游低碳化发展意愿影响因素的模型估计结果

	参数估计值	标准误	Wald	Exp(β)	P 值
[愿意实践低碳乡村旅游= 1]	3.770	1.473	6.555		0.010
[愿意实践低碳乡村旅游= 2]	7.213	1.563	21.292		0.000
受教育水平	0.360	0.211	2.904	1.433	0.088
低碳乡村旅游是乡村旅游的未来发展趋势	1.462	0.233	39.286	4.315	0.000
低碳乡村旅游对当地经济的可持续发展影响程度	0.614	0.230	7.105	1.848	0.008
北京市应该大力发展低碳乡村旅游	0.706	0.199	12.563	2.026	0.000
旅游所得收入占家庭总收入比例	0.012	0.182	0.004	1.012	0.948
从事旅游的工作时间	−0.301	0.271	1.234	0.740	0.267
[年均旅游收入=1]	−0.555	0.475	1.364	0.574	0.243
[年均旅游收入=2]	−1.348	0.459	8.611	0.260	0.003

续表

-	参数估计值	标准误	Wald	Exp(β)	P 值
对当地旅游发展现状满意程度	0.251	0.336	0.559	1.285	0.455
[是否是本村人=0]	0.445	0.349	1.627	1.560	0.202
[知道低碳乡村旅游的渠道=1]	1.432	0.589	5.904	4.187	0.015
[知道低碳乡村旅游的渠道=2]	1.690	0.668	6.400	5.419	0.011
[知道低碳乡村旅游的渠道=3]	2.434	0.680	12.825	11.404	0.000

注：Cox 和 Snell，$R^2=0.433$；模型拟合度：$\chi^2=410.551$，$p=0.005$；平行线检验：$\chi^2=0.559$，$p=0.999$

(二)实证结果分析

从实证分析所得结果可以看出，模型整体估计效果比较好(见表 12)。本研究将影响经营者实施乡村旅游低碳化发展的因素分析如下：

1. 个体特征中，受教育水平对乡村旅游经营者实施低碳旅游经营意愿有显著影响。可见，受教育水平的影响符合前文假说。这说明，经营者的受教育程度越高，其越能理解和接受新经营理念，越能把握经济环境发展趋势，从而实施乡村旅游低碳发展的意愿越强烈。对经营者年均收入水平的分析表明，收入水平对经营者实施低碳乡村旅游意愿影响呈现负影响趋势，但收入水平只对中等收入经营者影响显著。且中等收入经营者实施低碳经营的发生比是高收入经营者的 0.26 倍。随着收入的增加，由于目前乡村旅游经营者普遍缺乏发展战略眼光，经营者逐渐满足发展现状，从而实施低碳旅游发展意愿逐渐减弱。

另外，是否是本村人以及收入所得占家庭总收入比重和从事乡村旅游时间对经营者实施低碳旅游意愿没有显著影响。这可能与北京市乡村旅游普遍存在的招商引资，农户乡村旅游兼业化运作以及开发经营可持续性较差等现实有关。

2. 乡村旅游低碳经营信息诉求动机中，反映该因素的指标"对当地乡村旅游发展现状的满意度"对经营者实施低碳经营意愿无显著影响。从数据描述分析看，52%的经营者对当地乡村旅游经营现状不满，可能是由于样本区域乡村旅游发展水平普遍较低有关。

经营者对乡村旅游低碳发展前景的预测左右其实践低碳经营的意愿。从表 11 看出，两变量的回归系数均为正，且系数较大。说明对乡村旅游前景预测较好的经营者实施低碳乡村旅游意愿越强烈。统计结果也表明，认为乡村旅游低碳化发展对经济可持续发展影响大的经营者中非常愿意实施低碳乡村旅游的比例达 63.54%。

3. 从外在刺激因素来看，经营者采用大众媒体、政府宣传渠道、企业宣传推广和亲朋好友等传播方式获取低碳旅游信息有显著影响。在统计中，通过上述各种渠道获取低碳信息的经营者中，非常愿意实施低碳乡村旅游和愿意实施低碳乡村旅游的人数分别占样本总数的58.7%、73.3%、45.9%、53.7%，愿意实施低碳乡村旅游的人数分别占样本总数的33.3%、17.0%、49.2%、37.0%。实证分析结果表明：

①大众媒体，如互联网凭借其传播迅速、覆盖面广、形式多样等优势，是经营者目前获取低碳旅游相关信息的主要来源，乡村旅游经营者可以通过互联网看到成功的实践案例，从中吸取经验，从而促进经营者对低碳旅游的认知和了解。

②旅游公司推广宣传方式对经营者认知低碳旅游相关信息也有比较大的作用。比如，以旅游公司为主体的乡村旅游开发经营模式，“公司＋农户”的经营方式让农户可以像公司一样采用新理念进行集约化、低碳化生产经营。

③政府宣传渠道因其信息的权威性、稳定性较好，对经营者获取低碳旅游相关信息影响也较大，是经营者判断大经济趋势的重要依据来源。

④亲朋好友的口口相传，也是经营者获取乡村旅游发展经营信息的主要方式。

四、结论与建议

（一）结论

本文以北京市300户乡村旅游经营者为样本，采用有序Logistic模型实证分析了乡村旅游者实施旅游低碳发展意愿的影响因素，得出以下结论：

第一，在低碳旅游发展理念的内在刺激方面，受教育水平、家庭收入水平对经营者实践低碳旅游经营意愿有显著影响。文化程度高的经营者对新理念、新技术的接受、理解能力更强，有助于其对乡村旅游低碳化发展的认知，从而更有意愿实践低碳旅游；收入水平较高的经营者越满足现状，从而对低碳旅游实施意愿较弱。

第二，从经营者对乡村旅游低碳发展的预期来看，对其发展前景预期越乐观的经营者实施低碳乡村旅游的意愿越强烈。

第三，从外在刺激因素来看，大众媒体、政府渠道、企业推广宣传和亲朋好友等信息渠道显著影响种经营者实施低碳乡村旅游的意愿程度。

（二）建议

通过乡村旅游经营者实施低碳旅游发展意愿影响因素的实证分析，本研究提出如下建议：

第一，家庭收入水平及受教育水平的提高能促进经营者对低碳乡村旅游的认知。在乡村旅游升级转变过程中，要加强培训，注重低碳相关理念的传播与教育，并通过制定相关低碳补贴促进经营者实施低碳旅游的热情；在实践中，政府可以建设低碳乡村旅游试点项目并安排相应的低碳扶持资金，使科研、教育及技术推广各方优势得到充分发挥，并进一步形成农科教协作、产学研结合的发展模式。

第二，政府要着力采用“试点带动”的方式，逐步推动乡村旅游的低碳化发展进程。由于乡村旅游经营者普遍存在短期利益，因此要通过发展试点区域，通过实实在在的成功示范案例，来调动他们参与到低碳旅游创建活动中。

第三，信息获取渠道应更加多元化，发挥各传播渠道自身优势。各主体要充分做好宣传工作。

参考文献

[1]张春燕、薛焱：《低碳旅游与乡村生态旅游：契合、拓展与创新》，《当代经济》，2011 年第 11 期。

[2]赵肖柯、周波：《种稻大户对农业新技术认知的影响因素分析——基于江西省 1077 户农户的调查》，《中国农村观察》，2012 年第 4 期。

[3]李星群：《广西乡村旅游经营实体特征与经营效应分析》，《中国农村经济》，2008 年第 1 期。

[4]张林娜：《农户参与乡村旅游开发决策影响因素研究——以青岛市北宅街道为例》，中国海洋大学硕士学位论文，2012 年。

[5]周应恒、吴丽芬：《城市消费者对低碳农产品的支付意愿研究——以低碳猪肉为例》，《农业技术经济》，2012 年第 8 期。

[6]邓爱民、黄鑫：《低碳背景下乡村旅游功能构建问题探讨》，《农业经济问题》，2013 年第 2 期。

[7]何莉：《农家乐经营者实施旅游标准化意愿的影响因素研究》，四川农业大学硕士学位论文，2013 年。

[8]吴艳、庞丽群、胡雁：《乡村旅游行为的理论基础及构成因素分析》，《吉林工商学院学报》，2012 年第 9 期。

（作者：何忠伟　北京新农村建设研究基地研究人员　教授）

北京市经济社会发展政策研究基地

（首都经济贸易大学）

基地名称：北京市经济社会发展政策研究基地
依托单位：首都经济贸易大学
项目类别：北京市社会科学基金项目

京津冀城市群质量提升的基本思路与战略重点研究[①]

内容提要：本研究以加快京津冀城市群建设的战略重点为主题，探讨京津冀城市群空间优化与质量提升的对策建议。本研究提出了三条加快京津冀城市群建设的基本思路，即：突出市场的决定性作用，发挥比较优势，释放深层次区域合作红利，激发区域一体化发展活力，实现京津冀城市群的快速崛起；寻找京津冀城市群利益共同点，增强京津冀城市群协同发展的内在驱动力；抓住国内外深刻变革带来的战略机遇，顺势而为，实现京津冀城市群的跨越发展。提出三个战略重点，即：以中心城市功能疏解为契机，打造多核心、网络化、世界级城市群；完善新城功能，提升中小城镇的集聚力，构建科学合理的城镇体系；培育城市群新增长点，优化空间布局，促进城市群质量提升。

关键词：京津冀；城市群；空间优化；质量提升

经济区域化、一体化趋势日益加深，各国各地区间的经济联系越来越密切，国与国之间的竞争已经进入大都市圈、城市群间的竞争，城市群在区域协调发展中的地位将进一步突出，空间结构调整步伐加快，并对城市建设、社会事业、公共服务、居民消费等方面产生巨大的需求，城市群成为区域发展的主体形态。本文探讨了加快京津冀城市群建设的基本路径、机制保障与对策建议。

一、加快京津冀城市群建设的基本思路

（一）突出市场的决定性作用，扬长避短，或强强联合，或优势互补，释放深层次区域合作红利，激发区域一体化发展活力，实现京津冀城市群的快速崛起

① 本文是“北京城市功能疏解与首都圈城镇体系研究”（项目编号：13JDCSD003）、“首都经济圈的目标定位与战略重点研究”（项目编号：11JGA012）项目的阶段成果。

京津冀城市群要实现快速发展，必须基于现在、面向未来。基于现在，就是要充分利用京津冀城市群现有基础和资源禀赋状况，或强强联合，或优势互补，“99 度＋1 度”，“把水烧开”，可以起到事半功倍的作用。面向未来，关键是把握这个时代赋予的重大机遇。北京最大的优势是首都优势、智力密集、全国交通枢纽、市场容量大，是政治、文化、国际交流中心、科技创新以及市场资源。北京的不足在于市场经济体制发挥不足，缺乏制造业基础，大量科技成果在深圳、苏州、无锡转化，大量知识外流。天津最大的优势在于港口优势、制造业优势、科技教育优势、空间发展优势和滨海新区先行先试的政策优势；劣势在于核心技术、生产性服务业以及产业配套主要依靠外部，经济增长还主要依靠大项目拉动和投资驱动来实现，所以经济的可持续性及对地方相关产业的带动性比较差。河北最大的优势在于资源优势和重化工业优势，其劣势在于发展方式粗放、产品技术含量和附加值偏低。京津冀三地应立足各自的比较优势，扬长避短，错位发展，或强强联合，或优势互补。京津是产业合作问题，是北京生产性服务业与天津滨海新区现代制造业的合作问题；而京冀是区域内产业链条布局问题，应构建具有世界先进水平的研发、设计、营销、制造业产业区，北京保留研发、设计、营销环节，其他环节甩给河北。发挥市场在资源配置方面的决定性作用，通过区域产业合作与整合，释放深层次区域合作红利，激发区域一体化发展活力，实现京津冀城市群的快速崛起。

(二)寻找京津冀城市群利益共同点，增强京津冀城市群协同发展的内在驱动力，全面提升城市群质量

发现和寻找国家和区域共同利益、照顾彼此的关切是实现跨区域合作的关键所在。行政区划是我们推进区域经济一体化绕不过去的现实制度基础。我们只能在行政区划基础上加强“块块”之间的协调和有机联系。应当首先去发现和寻找更高一级的国家利益，可能更容易突破固化利益的藩篱，而且力度更大、阻力更小。然后以区域中的国家利益带动潜在的区域共同利益，形成跨区域城市协调发展的共识。从京津冀三地合作诉求来看，北京更多的是寻求发展空间。天津最需要的是提升发展质量，尽快实现产业升级，确立城市国际风范和影响力。河北最需要的是发展机会。京津合作要明确各自的合作诉求，京津冀城市群内部要有合理定位，注重顶层设计，更多地利用市场力量，实现区域持续发展。从京津冀三地未来的发展重点来看，北京发展更多体现在用头脑，其重点在于科技创新、设计研发；天津发展更多体现在用双手，其重点在于发展高端制造业和现代服务业，向自主研发的智慧经济转型；河北未来的发展则更多地体现在从资源密集型、加工装配向技术集约型和环境友好型转变。从合作的切入点来看，应以跨界的大项目为依托，以生态环境和基础设施共建为载体，推进区域的统一规划和共同建设，实现风险共担、收益共享，从而带动区域合作和一体化发展。如以首都第二机场及其临空经济区的共同建设和北京、张家口联合申办 2022 年冬奥会为契机，推进京津冀三地一体化发展。

发挥经济、社会和生态三方面的效应是提升城市群质量的核心所在。依托产业园区等载体的作用，发挥城市群的经济效应。在经济方面，城市群内部由于联系紧密、沟通顺畅，协调成本低，可以相互借势，这样既获得城市群的集体品牌，也可以有自己独特的城市品牌，这对于国际经济合作是重要的无形资产资源。经济核心是产业，产业园区是实现产城一体的重要载体，是城市经济与城市空间容量扩张的核心推动力，也是实现要素与资源市场化配置的有效平台。当前，京津冀城市群发展核心是培养城市的主导产业，加强产业园区的建设，并通过城市群之间各种积极的溢出效应，从而形成区域经济发展中最具活力和潜力的核心增长极，最终成为国家参与全球竞争与国际分工的新型地域单元。在社会方面，推进大中小城市和小城镇协调发展，实现人口均衡分布，避免大城市过度膨胀，同时避免中小城市、小城镇规模过小。在一个高质量的城市群内，大城市要素市场发育完备，具有较强的规模效益，是各类企业总部区位选择的理想场所，有利于集聚高端服务业人才。城市群内的各类中小城市与小城镇，生产生活成本相对较低，功能独特而互补，方便企业进行区域布局，同时能够吸引大量生产性服务业与劳动密集型企业就业、生活。京津冀城市群大城市、中小城市与小城镇应通过便捷的交通线路连接，充分发挥不同城市的优势，成为具有活力的新型城市化地区，这为人口在城市群中的相对均衡化分布创造条件。在生态方面，建设城市间的生态补偿机制，治理跨界生态环境问题。河北的张家口地区是北京的重要水源地，为了保证向京津地区输送清洁用水，张家口地区禁止建设有可能污染当地水源的项目，而促进地区经济发展的生态产业或者旅游业，又需要一个相当长的发育和增长期。这就形成了生态建设和保护与当地经济利益发展的矛盾。在城市群范围内治理跨界生态环境问题，实际上是一个外部性内部化的过程，通过宏观调控与管理，根据“谁受益，谁支付，谁保护，谁获补偿”的原则，依据不同区域在生态保护与建设中的作用与地位，环境成本与经济利益的比较，制定出合理的区域间利益补偿、财政转移支付政策。

（三）抓住国内外深刻变革带来的战略机遇，顺势而为，实现京津冀城市群的跨越发展

从国际来看，要抓住后经济危机时期带来的新一轮产业升级与转移机遇。每次经济危机后，都会带来新一轮的产业升级与转移。2008 年经济危机后发达国家设计研发等生产性服务业呈现向发展中国转移和外包的趋势，为北京打造全国科技高地、服务之都、世界级高端服务业基地带来机遇。

同时，由于高端服务业的辐射半径较大，这就有利于增强北京在区域内的影响力和控制力，有利于京津冀区域一体化的推进。在这一方面重点在于建立统一的市场体系，发挥市场在资源配置中的决定性作用。

从国内来看，一是要抓住十八届三中全会给区域内带来的新机遇。十八届三中全会决定指出，推动大中小城市和小城镇协调发展，优化城市空间结构和管理格局，这为京津冀合作指明了方向，带来重大契机。这要求我们完善京津冀的城市等级体系，京津冀区域有两个特大城市，也有众多小城市或城镇，但缺乏中等级城市，城市等级体系不够完善，因此大力发展新城，尤其是能疏解中心城市功能的城市副中心就显得尤为重要，如通州、大兴、顺义等。二是要抓住我国东部沿海发达地区产业升级带来的机遇。东部沿海发达地区正处于产业调整升级、“腾笼换鸟”的关键时期，特别是珠三角、长三角正在将轻工业向高端装备转型升级，将劳动密集型产业向资本密集型产业转移，从而对设计研发的依赖程度越来越高，这给北京的设计研发等高端生产性服务业的大发展带来机遇，有利于北京的生产性服务业与天津滨海新区的现代制造业相结合，提高京津区域合作的动力。这里需要建立的是利益分享机制、成本分摊机制与生态的补偿机制。三是要建设立体交通网络，增强区域内要素流动性，谱写“双城记”。京津应通过建设航空、航海、地铁、高铁、高速等综合交通集成体系和基础设施体系，将天津东疆保税港区的 45 平方公里与首都第二机场的部分区域联合申报集海港、高铁与空港为一体的海陆空立体型立体交通网络。北京与天津联手打造中国经济中心，谱写新世纪社会主义现代化的“双城记”，原来北京是北方经济中心，但由于当时北京经济发展阶段处于工业化的中后期，经济发展对周边主要以“虹吸”为主，很难真正起到经济中心的作用，现在北京已经处于后工业化社会时期，经济发展开始从原来的“虹吸”为主转变为现在的以扩散为主，成为经济中心的条件逐步具备，但北方经济中心却给天津。天津现在正处于工业化的后期，也以“虹吸”为主，就天津自身也很难成为北方经济中心。因此京津联手打造中国经济中心条件已经具备，中国已经是世界第二大经济体，也需要多个经济中心。

从区域内来看，一是要抓住京津冀三地政府都有加强区域合作共赢发展内在要求的历史机遇。京津冀三地政府取得共识，都有加强区域合作共赢发展的内在要求，同时，十八大以来，中央领导积极推动京津冀区域一体化、京津合作带来重大机遇。2013 年 5 月，习近平总书记在天津、河北考察工作，指出要谱写新世纪社会主义现代化的“双城记”；2013 年 6 月，李克强总理在河北省石家庄市主持召开环渤海省份经济工作座谈会议，指出要“加快区域合作步伐，构建区域合作发展的协调机制，以基础设施互联互通、统一市场体系建设、社会保障制度对接为重点，在区域经济一体化进程中取得更大进展”。2013 年 12 月 27 日，李克强总理在天津考察，指出希望天津争当新一轮改革开放的排头兵，要建成中国投资和贸易便利化综合改革创新区。这一年，京津冀三地在推进区域合作和区域经济社会一体化发展方面也取得了重大突破。3—5 月，京津合作协议、京冀合作协议、津冀合作协议分别签署，涉及规划、交通基础设施、产业合作、教育和科技研发、物流、人才共享、文化、金融、环境、工作机制等多个领域、多个纵深的合作事项。二是要抓住北京已进入后工业化社会、中心城市功能往外疏解的机遇。北京已进入后工业化社会、中心城市功能正处于往外疏解的阶段，在这一时期，北京需要周边、周边也需要北京，这就为京津冀在更大的空间范围内进行合作，优化布局提供了可能。无论是河北实施环首都绿色经济圈战略，还是天津现在也强调主动融入首都圈发展，服务北京，服务区域，这都京津冀合作带来契机。人口要实现有集聚也有疏散。人口得有进有出，核心城市主要吸引年轻人进入，而老年人实现疏散。推进京津冀区域协同发展，减少周边城市人口向首都聚集，同时实现北京人口向周边城市疏解。优先结合北京医疗资源的疏散和区域内社会保障的一体化，在京津冀范围打造养老小镇，实现老年人在中心区域内的有机疏散。三是要抓住首都建设第二机场的重大机遇。第二机场的建设，为在更大的区域范围内整合京津冀三地资源，共建“临空经济区域合作示范区”提供了重大机遇。新型城镇化框架下的京津冀一体化，核心是首都经济圈，突破口是北京新机场。把首都第二机场建设为首都疏解城市功能重要承载区和京津冀区域一体化合作先行区。首都第二机场及其临空经济区的建设，为京津冀三地在交通、基础设施、新城建设、产业发展等方面的合作带来了重大契机。

二、加快京津冀城市群建设的战略重点

(一)以中心城市功能疏解为契机，打造多核心、网络化、世界级城市群

京津冀城市群的“双核(京津)”在城市发展阶段上已经进入霍尔城市变动模型的第四阶段，现正处于城市功能疏解的关键时期。从北京近 20 年的整体来看，人口空间分布的方向是由内向外的，城市中心区人口自然增长数量低于迁出人口数量，人口数量总体上在绝对下降，而近郊区与远郊区第 1 层次人口的数量则在急剧增长。天津已呈现城镇化率持续提升，空间外扩速度快于人口增速；城镇化进程与工业化进程比较协调，已进入质量提升关键时期。在这一阶段，新城成为承接中心城功能和人口的新兴功能聚集区，地产投资重心向郊区转移推动了人口向郊区迁移，开发区建设带动了工业企业向郊区迁移，重大项目落户郊区促进了中心城区功能与人口的疏解。因此，在这个阶段，随着中心城市功能的疏解，多中心、网络化的

城镇体系结构也就初步形成。

要疏解中心城区的人口压力需要坚持合理控制中心城的建设规模，加大中心城区的向外推力、增强新城的吸引力，以推动与拉力共同作用实现对城市功能的疏解。同时，实现区域联动，着眼整个首都经济圈实现功能疏解，以城市功能和产业的疏散带动人口的疏散。加大北京中心城区功能疏散的向外推力方面，应鼓励行政机构、事业单位外迁，控制中心城区的建设速度及密度，保持中心城房价适当高位，增加中心城区的生活成本，增强中心城区的商务与办公成本，推动企业外迁。同时还应提升新城对人口与产业的吸引力。促进新城功能完善，实现新城公共资源与中心城区的均等化；通过适当的经济政策，吸引企业迁入；降低郊区生活成本，提高远郊区生活便利程度。

中心城市功能疏解应着眼于整个京津冀城市群视野进行，从而实现区域内多核心、网络化城市群的实现，最终打造成世界级城市群。区域内部发展不平衡，北京的经济发展未能带动整个京津冀地区的繁荣，致使整个区域经济整体实力不强。一方面，恶化了北京与周边城市的经济关系；另一方面，这种发展模式也扭曲了北京的城市职能，加剧了首都的资源供给紧张和环境负荷加重的局面。有研究指出，类似北京这样的城市，城市日常功能的疏解范围应该是在距离城市的1—2小时的车程，也就是100—200km的范围之内。所以，北京城市空间功能疏解的主要方向应该是打破行政区域，充分利用交通条件较好、生态相对健全的地区优先发展中小城市，对北京中心城区的过度集中进行疏解，缓解空间压力；与此相配合，在整个首都经济圈范围内实行重新集中，努力使区域发展由单中心向多中心形态转变，形成完善的城镇网络，优势互补，共同发展，在拓展北京城市发展空间的同时，促进区域整体均衡发展。天津也要主动融入首都经济圈，谋求京津发展“双核互补”，从而实现自身发展。

（二）完善新城功能，提升中小城镇的集聚力，构建科学合理的城镇体系

按照都市圈、城市群发展的一般规律，中心城市产业升级和功能疏解的过程，也正是区域产业整合和经济重构、新城及中小城市快速崛起的重要过程。新城及中小城市要通过完善其产业支撑功能、吸纳人口和就业功能、提供公共服务功能以及生态宜居功能等，充分发挥其承接中心城市功能、人口、产业的集聚地作用，以及截留外来人口的“防火墙”作用，和推动城市群快速崛起的新驱动力作用。针对京津冀城市群中新城及中小城镇发展中存在的集聚力不足、城市功能不健全等突出问题，建议从完善新城及中小城镇的功能入手。

一是完善新城及中小城镇功能。通过以业兴城、职住挂钩、强化公共服务、改善新城生态宜居环境，促进中心城功能疏解。

二是增强新城对中心城人口的吸引力。对新城的产业和就业结构进行调整，真正让新城起到吸引中心城人口的作用。在宏观层面，可制定与新城定位相关联的产业支持和限制政策，通过产业结构调整，吸引人口向新城转移。微观层面，可通过选择企业来吸引中心城人口，依据新城定位建立企业准入制度。完善新城的公共服务体系，使新城与中心城的公共服务水平逐步趋于平衡。加大生态宜居新城建设，吸引中心城人口。北京新城的生态环境相比中心城有一定的优势，加之地铁交通条件的改善对中心城人口具备一定的吸引力。

三是加快北京和天津新城"反磁力"基地建设，将外来人口截留在新城地区。适度超前、优先发展城市基础设施和社会设施是引导新城发展的前提条件。北京和天津在近年新城建设中积极发挥基础设施和社会设施的引导作用，完成了大部分中心城和新城、新城与新城交通联络线的建设工作，建设了医院、学校等主要的社会设施硬件，但公共服务(软件条件)并没有同步发展。在新城建立与产业发展相匹配的、用工企业参与的劳动用工制度，强化公共服务，以此缓解中心城对外来人口的吸引力，起到"截留"外来人口的作用。实施严格的土地、房屋用途管制政策。制定房屋出租质量标准，强化房屋出租管理，限制地下室等不符合居住标准的房屋群组，控制新城外来人口无序膨胀，提升新城人口质量。

四是以业兴城、职住挂钩，促进新城"有城有业"平衡发展。根据新城功能定位和各自的发展条件，本着产业兴城、职住平衡、就业充足的要求，积极促进符合城市发展方向，又满足区域人口就业要求的产业发展。通州、顺义和亦庄3个重点新城，是承担中心城人口居住，现代制造业、高新技术产业、都市工业和服务业转移，承接新兴产业和功能，辐射带动京津冀区域发展的区域中心城市。大兴、房山、昌平新城，承接中心城人口居住、高等教育、研发、物流、基础设施廊道等城市功能，发展区域特色产业，是直接服务中心城并辐射带动周边区域的城市边缘新城。怀柔、平谷、密云、延庆、门头沟五个新城，是承担北京市生态涵养、水源保护、旅游、会议、休闲度假功能的山前休闲城市。天津新城需要强化新城与中心城区及滨海新区的互动。各新城根据自身不同的功能定位和发展基础，围绕天津重点发展的主导产业，通过接受梯度转移、发展配套、专业化协作，与中心城市地区的产业发展形成一个产业网络。引进服务全国、区域和全市的功能性项目落户新城是完善新城功能的必要条件。根据各新城功能定位，统筹引导具有世界先进性的具有带动效应的龙头企业落地，避免同位新城之间压价竞争，造成产业与功能的不协调和土地价值贬值。完善低端产业退出机制，完善引导后续产业集聚的配套政策。

五是改善新城生态宜居环境，提升新城基础设施和社会设施的建设和

运行质量。相比中心城市而言，新城镇一般建筑密度不高，土地开发强度适中，城市的功能区简约而有序，各种配套的基础和生活设施较为完备，城市发展对环境的压力较小，城市的生态环境质量较好。

(三)培育城市群新增长点，优化空间布局，促进城市群质量提升

城市群在发展过程中往往面临着国内外的一系列重大战略机遇、城市规划重大调整机遇或一些重大项目落地带来的机遇，都有可能成为未来的经济增长点。

1. 北京未来可以培育的新增长点

(1)通州——城市副中心

通州区以建设北京现代化国际新城为目标，形成“一核三区、三带四组团”的区域空间格局。新城将重点打造高端商务、高端制造、现代物流三大产业，着力培育文化创意、金融服务、医疗康体、旅游休闲四大新兴产业，大力促进国际高端企业总部、国际活动、国际传媒、国际医疗康体、旅游休闲度假和国家电子商务六大领域高端要素集聚，建成新商务商贸中心、高端物流中心、休闲娱乐中心和文化创意产业基地，打造面向国际的创意之都。

(2)大兴——临空航空城

北京航空城空间布局规划的总体框架将按照“一区两核、三圈四网、分期建设”。北京航空城区未来将形成“一轴两带、一环五园”现代产业布局。“一轴两带”：一轴即南中轴，两带分别为东部沿京台、京津唐高新技术产业带和西部永定河沿岸及京开高速都市产业带。“一环五园”：“一环”即空港经济环，“五园”即航空工业产业园、空港物流产业园、临空高新技术产业园、临空商务产业园、农业休闲产业园。因此，北京航空城遵循统一规划、分期实施的发展思路，推动产业与用地的有效整合，最终实现产业发展目标。

(3)海淀、昌平——未来科技城

北京未来科技城要围绕促进我国产业结构优化升级和国有经济布局结构的战略性调整，把未来科技城建设成为具有世界一流水准、引领我国应用科技发展方向、代表我国相关产业应用研究技术最高水平的人才创新创业基地，使之成为中国乃至世界上创新人才最密集、创新活动最活跃、创新成果最丰富的区域之一，成为一流科研人才的聚集高地、引领科技创新的研发平台、全新运行机制的人才特区。同时，要形成“五大效应”：国际品牌公司聚集、对尖端人才的吸引力、雄厚资金引领一流科技、投资资金的信心保证、良性竞争的催进效应。北京未来科技城未来要形成“一心、两园、双核、四轴”的空间格局。

2. 天津未来可以培育的新增长点

（1）天津滨海新区——中国经济第三增长极

2006年5月26日，《国务院关于推进天津滨海新区开发开放有关问题的意见》对滨海新区开发开放做出了全面部署，明确了功能定位：依托京津冀、服务环渤海、辐射“三北”、面向东北亚，努力建设成为我国北方对外开放的门户、高水平的现代制造业和研发转化基地、北方国际航运中心和国际物流中心，逐步成为经济繁荣、社会和谐、环境优美的宜居生态型新城区。未来滨海新区发展确定了“一城双港、九区支撑”的总体规划布局。“一城”就是滨海新区核心城区，“双港”就是南部港区和北部港区，“九区”就是九个产业功能区，努力形成“东港口、西高新、南重化、北旅游、中服务”五大产业板块。

（2）武清开发区——天津经济发展的新引擎

武清开发区是经国务院批准的国家级经济技术开发区和国家级高新技术产业园区，是同时享有国家级经济技术开发区和国家级高新技术产业园区政策的经济区域。开发区重点规划建设7个特色功能区域，包括欧式风情小镇、欧盟产业园、高等教育园区、文化产业园区、保税物流区、高端制造业聚集区、创业总部基地。

（3）北辰东丽——打造天津北部新区

2012年，天津市开始实施城市空间发展战略规划，为拓展中心城区发展空间，改善中心城区自然环境和基础设施条件，确定了建设北部新区的规划方案。天津北部新区规划发展定位可以概括为“一个中心、两个基地、一个新区”：“一个中心”是指建设以生态商务办公、现代商贸为主的天津市北部公共服务中心；“两个基地”是指建设是以高新技术、科技研发为主的国家级高新技术产业基地和以度假、文化创意为主的生态、休闲、旅游基地；“一个新区”是指建设低碳、生态的宜居宜业示范新区。

3. 河北未来可以培育的新增长点

（1）石家庄正定新区——首都经济圈“绿色生态城”

正定新区位于滹沱河北岸，包括正定历史文化名城及东侧建设区域，是石家庄中心城区“一城三区”的核心组成部分，规划定位为市级行政、文化中心，现代服务业基地，科技创新聚集区以及生态宜居新城，是承载未来新兴产业和省会高端服务业的载体。新区规划构建“六大产业片区”的产业布局结构。分别为中央商务区、创意与旅游商贸片区、科教创新片区、商务研发工业片区、高新技术产业片区、优势传统产业片区。

（2）廊坊固安工业园区（产业新城）

固安工业园区立志成为中国最具远见的发展区域，集全球城市经验，打造一个立足新北京、大北京的未来城市。园区坚持“公园城市、休闲街区、儿童优先、产业聚集”的城市建设方针，追求全新的城市人文理念和产业聚集的城市经济持续发展规划，力求创造一个产业发达、公司云集、居住环境优美和谐的宜居城市。固安产业新城与首都北京只有一河之隔，与即将开工建设的首都新机场直线距离不超过 10 公里，得天独厚的区位优势与良好的发展环境，为产业新城大力发展航空航天产业、抢占战略性新兴产业发展制高点创造了有利条件。

(3)沧州渤海新区——河北沿海地区增长极

渤海新区定位为：依托京津冀，服务冀中南、晋中南、鲁北、豫北，面向朔黄铁路沿线及陕西、内蒙古等部分地区的最便捷出海口；石油化工、装备制造业研发转化基地；以港口物流为基础，城市配送物流为支撑的区域性航运中心；河北及“两环”地区新的经济增长极和隆起带；经济繁荣、社会和谐、环境优美的宜居生态型新城。渤海新区把构建以循环经济为主要发展方式的新型工业体系作为产业发展的主攻方向和战略任务，全力做大做强装备制造、石油化工、电力能源和现代物流等主导产业，着力打造“我国北方化工产业基地”、“河北南部钢铁工业基地”、“中国管道装备制造业基地”、“华北地区重要的电力能源基地”和“国际化区域物流中心”。

参考文献

[1]文魁、祝尔娟等：《京津冀发展报告(2013)：承载力测度与对策》，社会科学文献出版社，2013 年。

[2]祝尔娟、叶堂林：《“十二五”时期京津冀发展研究(2009)》，中国经济出版社，2010 年。

(作者：叶堂林　北京市经济社会发展政策研究基地研究人员　副教授)

基地名称：北京市经济社会发展政策研究基地
依托单位：首都经济贸易大学
项目类别：北京市社会科学基金项目

天津应抓住机遇，在推进区域协同发展中实现战略目标①

内容提要：本文以全面推进区域协同发展、谱写好京津“双城记”为契机，提出天津在推进区域协同发展中实现自身发展面临的机遇，分别是：天津应抓住北京去“中心化”的机遇，加快建设北方经济中心；京津两市应加快“同城化”步伐，建设组合城市，共同打造世界城市；抓住北京功能疏解的机遇，建设宜业宜居之城，增强对优质高端资源的吸引力；加强海空港合作，提升天津经济枢纽地位，助推北方经济中心建设；调整空间战略布局，对接北京、相向发展，在天津的西北部培育新增长点。

关键词：天津；区域协同发展；战略目标

一、中央与地方形成合力，全面推进京津冀协同发展的时机已经成熟

1. 雾霾倒逼生态环境治理必须走区域联防联控之路

2013年全国空气质量最差的10个城市中有7个在京津冀地区。严重的大气污染形势使京津冀三地清醒地认识到，必须在更大的区域范围内联起手来进行联防联控。

2. 解决北京“大城市病”的根本途径需区域合作

长期以来，北京凭借其首都优势，集聚了周边乃至全国大量优质资源，这种强大的“虹吸”效应，不仅导致北京与周边的发展鸿沟越来越深，出现了“环首都贫困带”，也使首都北京因过度集聚深受交通拥堵、环境污染、水资源紧缺等“大城市病”困扰，很大程度上影响了北京首都核心功能的正常发挥。这一切表明，北京未来发展的途径需加强区域合作。需要通过功能疏解和产业升级，在更大的京津冀范围内寻求发展空间和发展动力。首钢搬迁是北京由“集聚”为主向“扩散”为主转变的重要标志，意味着北京与

---

① 本文是“首都经济圈的目标定位与战略重点研究”项目的阶段成果，项目编号：11JGA012。

周边的关系已发生了重大转折。北京的功能疏解、产业升级和阶段跃升，为区域协同发展带来了重要契机，而周边城市地区发展也迫切需要北京的支持。京津冀三地互有需求，为区域协同发展提供了内在动力。

3. 中央将京津冀协同发展上升到国家战略引发区域合作新高潮

十八大以来，以习近平为总书记的新一届中央领导集体高度重视和强力推进京津冀一体化发展，做出了一系列重要指示；国家发改委以及京津冀三地政府正在加紧研究和制定首都经济圈发展规划；京津冀三地政府在2013年分别签署了京津合作协议、京冀合作协议和津冀合作协议；特别是习近平总书记2·26讲话，强调推进京津冀协同发展是一个重大的国家战略；要加强规划的顶层设计，建立科学长效机制；要自觉打破自家“一亩三分地”的思维定式，走出一条目标同向、措施一体、作用互补、利益相连的路子来。习总书记讲话，为京津冀协同发展指明了方向，提供了动力，并为全面推进京津冀协同发展提供了制度保障。

二、谱写好“双城记”是京津冀协同发展的关键所在

我们认为，在推进京津冀区域协同发展进程中，需要处理好四大关系，其中京津关系是关键。

1. 京津“双核”与所在区域的关系

根据我们的研究，目前京津“双核”的极化效应依然明显，中心与外围经济落差仍在加大。城市结构“大的过大、小的过小”，一方面，中小城市难以通过有效承接超大城市疏解的产业和人口得到快速发展，另一方面，“大城市病”也难以从根本上解决。因此，京津“双核”如何通过产业转移和功能疏解，与周边形成共生互动关系，更好地发挥区域引领、辐射、带动作用，是推进京津冀协同发展的重要保证。

2. 京津两大核心城市之间的关系

在四大关系中，京津能否合理分工、优势互补、形成合力，是推进京津冀协同发展的关键所在。我们认为：第一，“双核”能否形成合力，事关全局。京津作为相距仅有100公里的两个千万人口超大城市比肩而立，世界少有。京津各自优势明显：北京的首都优势、总部优势、科技人才优势、全国市场优势以及全国交通枢纽优势等得天独厚，是区域当之无愧的首位城市和核心城市；天津凭借现代制造、海港、科技教育以及改革开放先行先试等优势位居全国前列。但基于现行体制下的利益考量，京津“双核”各谋自身发展，优势不能互补，未能形成合力，是京津冀区域一体化难以取得突破的重要原因。第二，京津实力水平接近，合作领域更宽，影响更深远。北京与河北的合作，由于经济落差较大，更多的是互补性的资源合作、生态合作以及产业链布局的合作。而京津合作，由于经济科技教育以及发

展水平接近，产业结构错位，资源禀赋各异，因此更多的是功能分工、强强联合、互补合作，如金融合作、科技合作、物流合作、海空港合作、生产性服务业与现代制造业合作、教育医疗合作等，合作领域更宽，影响更深远。第三，只有京津联手，才有可能实现区域发展的战略目标。京津冀城市群的战略目标是打造中国参与全球竞争和国际分工的世界级城市群；构筑中国乃至世界的研发创新、高端服务和“大国重器”的集聚区；中国未来最具活力的核心增长极和带动环渤海经济圈发展的核心区；带动中国北方向东北亚、中亚、俄罗斯、欧洲全方位开放的门户地区；探索跨省区域治理、科学持续、协同发展、互利共赢的示范区。只有京津联起手来，京津冀才有可能实现建成中国科技创新能力最强的科技高地、现代制造研发转化基地、国际金融中心、国际航运中心和国际物流中心等战略目标，进而建成具有国际影响力的世界级城市群。

3. 经济、社会、生态的协调关系

京津冀是一个重化工业占有较大比重的地区，在推进区域协同发展中，能否逐步化解加快经济发展与资源环境承载压力的矛盾、人民群众对改善生态环境、建设宜居家园的迫切要求与环境治理的长期性矛盾、发展经济提高收入的迫切要求与淘汰落后产能的矛盾等是亟待破解的新课题。

4. 市场与政府的关系

京津冀既不同于长三角市场化程度较高，又不同于珠三角主要在同一省域范围内进行区域合作，它是在国有企业比重较大、行政干预力量较强、市场发育不足的环境下和现行的财政、税收、行政体制下进行跨省域区域合作，难度很大。因此，处理好政府和市场的关系，寻求政府行为和市场功能的最佳结合点，直接影响到区域协同发展的成效。

三、天津应抓住机遇，在推进区域合作中加快实现战略目标

当前，北京城市功能疏解是天津加快建设北方经济中心的重大机遇。

1. 抓住北京去“中心化”的机遇，天津应加快建设北方经济中心

习近平总书记2014年年初对北京工作做出重要批示，进一步明确了北京首都核心功能是国家的“政治中心、文化中心、国际交往中心和科技创新中心”，这在很大程度上提升了天津作为经济中心的地位。北京目前重在“消肿”，正在研究哪些是非首都核心功能可以外迁和疏解出去，正在去“中心化”。天津应抓住机遇，要“中心化”，通过全力建设现代制造研发转化基地、北方国际金融中心、国际贸易中心、国际航运中心和国际物流中心，来确立天津作为北方经济中心的枢纽地位，更好地发挥服务北方、带动区域发展的作用。

2. 京津两市应加快“同城化”步伐，建设组合城市，共同打造世界城市

中国作为世界第二大经济体，其经济转型和经济崛起，迫切需要建设具有国际影响力和控制力的世界城市。据预测，未来 30 年中国有可能建成世界城市的是上海和北京，而北京目前的硬实力、软实力、影响力和承载力，与世界城市仍有较大差距。北京未来的发展离不开区域的支持，尤其是天津的支持。天津可以凭借海港优势、现代制造优势、科技教育优势以及改革开放先行先试的政策优势，与北京形成组合城市，优势互补，才有希望建成对世界经济具有国际影响力和控制力的世界城市。为此，京津应加快“同城化”步伐，在交通通信同城化、产业对接一体化、基本公共服务均等化、社会政策互认对接等方面取得突破。

3. 抓住北京功能疏解的机遇，建设宜业宜居之城，增强对优质高端资源的吸引力

北京需要的是发展空间，河北需要的是发展机会，天津需要的是提升质量。北京现在主要是“消肿”，把一些非首都核心功能向外疏解，如满足全国市场需求的教育、医疗、科技、养老等功能。天津应抓住这一难得机遇，进一步集聚来自首都的优质高端资源，把现代产业、现代物流、现代金融等做大做强。而增强吸引力，建议从几方面入手：一是营造有利于创新创业的环境，聚集创新型企业，如吸引中关村孵化出来的科技型中小企业，“以创业聚人”；二是建设优美的生态宜居环境和提供优质的公共服务，以吸引和承接北京的教育、医疗、养老、休闲等功能，“以宜居聚人”；三是建设良好的法制环境、健全的市场环境、包容的多元文化氛围，“以环境聚人”。

4. 加强海空港合作，提升天津经济枢纽地位，助推北方经济中心建设

区域的经济中心，不仅看总量，更要看流量，看它对资源要素的集散和吞吐能力。天津要成为北方经济中心，必须是资金流、信息流、货流、人流的集散地，并作为经济枢纽，通过对资源的优化配置推动北方地区经济发展。建议：天津以东疆保税港为载体，联合京冀共同申报建设“自贸区”，促进北方金融中心、国际贸易中心、国际航运中心和国际物流中心的建设；抓住北京第二国际大型枢纽机场建设的机遇，加强京津机场之间的分工合作（如通过顶层设计，将北京部分国际航线、中转的客货运分流到天津机场）；加强天津海港与北京空港的对接合作，实现海陆空联运；主动邀请北京共建天津港，把北京大量的货源吸引到天津港；加强与河北港口的分工合作，如建立港口战略联盟；加强天津铁路与北京铁路交通枢纽的对接，将部分北京铁路中转的客流量分流到天津等。

5. 调整空间战略布局，对接北京、相向发展，在天津的西北部培育新增长点

北京近年来实施“南城行动计划”和确立通州为“城市副中心”，标志着北京城市空间发展重心“向东向南”转移。天津近年来的发展重心一直在东部滨海新区，随着滨海新区的发展壮大，以及呼应北京空间布局的调整，应适时地调整城市空间布局，将发展重心“向西向北”转移，对接北京，相向发展。在武清、宝坻和蓟县培育新增长点。如抓住北京二机场建设机遇，建议在武清区与廊坊交界之处，加快建设航空新城，发展临空经济；抓住北京功能疏解的机遇，与北京和河北合力打造从“中关村—亦庄—廊坊—武清—北辰—东丽—滨海新区”的京津科技新干线，实现北京中关村科技研发、现代服务与天津滨海新区现代制造的对接；抓住北京功能疏解的机遇，在京津大都市周边如宝坻、武清、蓟县，建设环首都绿色生活圈，如建设服务全国职业教育基地、医疗基地、养老基地、康复中心以及休闲度假基地等。

参考文献

[1]文魁、祝尔娟等：《京津冀发展报告(2013)：承载力测度与对策》，社会科学文献出版社，2013年。
[2]祝尔娟、叶堂林：《“十二五”时期京津冀发展研究(2009)》，中国经济出版社，2010年。

（作者：祝尔娟　北京市经济社会发展政策研究基地执行主任　教授、博导
叶堂林　北京市经济社会发展政策研究基地研究人员　副教授）

北京社会建设研究基地

（中国人民大学）

基地名称：北京社会建设研究基地
依托单位：中国人民大学
项目类别：研究基地自设项目

北京市外来人口服务与管理研究

内容提要：北京市正在面对且未来仍要面临巨大的人口压力，经过分析发现，北京市的人口压力主要源于外来人口的快速增长。本文利用调查和访谈的结果，阐述了外来人口在北京大量聚集的经济基础和政策环境，同时分析了北京市现行外来人口管理政策存在的问题，结合访谈所得的上海市针对外来人口管理和服务方面的经验，提出了北京市提升外来人口服务与管理的建议。在政策思路上，外来人口的管理要转向正向服务性间接管理；制度设计方面，要借力居住证制度，将服务与管理相挂钩；在企业用工方面，要规范用工、提高雇佣成本，用正规就业群体替代非正规就业群体；此外，还要结合产业布局调整人口空间布局，将外来人口调控与北京市总人口分布相结合。

关键词：北京市外来人口；服务与管理；非正规就业；居住证制度

北京作为中国的首都，社会经济发展水平处于全国领先地位，生育水平已降至极低水平，然而北京的人口却一直持续快速增长。尽管人口是维持社会发展和经济增长的根本性因素，但是一个城市人口的过度快速增加却无益于城市的健康发展，北京市迅速膨胀的人口数量已给北京市资源环境承载能力和社会经济发展不断提出新的挑战。

北京市人口的膨胀主要来自常住外来人口的增加。因此，分析外来人口涌入北京的原因，学习其他特大城市人口管理与服务的措施，能够为北京市提升针对外来人口的管理和服务水平提供极大的借鉴意义。

一、北京市外来人口增长形势严峻

常住外来人口的增加是北京市人口总规模快速增长的主要原因，并且北京市外来人口涌入的压力并不会减轻，其规模在未来会继续扩大并且增加的速度会更快。统计数据显示，近 20 年来，北京常住外来人口的规模及所占比例增长迅速，由 1990 年的 53.8 万人（占常住人口比例为 5%），增长到 2000 年的 256.1 万人（占比为 18.9%），2010 年更是急剧增加到 704.7 万人，占常住人口比例为35.9%。北京市2012年年末全市常住人口2069.3万人，其中常住外来人口数量增至773.8万人，占常住人口的比重为37.4%。

在北京市日益关注人口膨胀和采取一系列措施进行人口规模调控的背景下，近年来北京市的人口增长不仅没有减缓反而不断加快。在大量的农村人口需要继续向城市转移，各级各类城市都将“消化”大规模的流动人口的发展背景下，北京市作为国家首都，作为极具吸引力的政治文化中心，其外来人口的规模还会继续大量增加。期盼北京外来人口增长会自动下降或停止是不切实际的。然而，这一态势是与北京城市发展的客观需求相违背的。因此，改善外来人口服务、实现外来人口有效管理成为北京市未来健康发展的迫切需求。

二、北京市存在着利于外来人口大量聚集和生存的基础

北京市的外来人口之所以会形成长期持续迅速增长的局面，是因为北京对他们有着强烈的吸引力，而且他们在北京能够长期生存下去。也就是说，外来人口规模持续增长实际上是微观层面数以百万计的外来人口个体来京意愿和留京可能性在宏观层面的汇集和表现。

事实上，外来人口来京的意愿和留京的可能性是息息相关的，北京市存在着利于外来人口大量在京聚集和生存的经济基础和政策环境。

1. 经济基础：外来人口来北京的主要目的是工作赚钱，社会关系网是外来人口来京工作的重要途径。一方面，合同和社会保障的缺位使雇主雇佣外来人口的用工成本较低，雇主非常愿意雇佣外来人口，外来人口容易在京找到工作。另一方面，当外来人口来到北京后，主要通过降低生活标准来达到降低生活成本的目的，甚至在站稳脚跟后又介绍更多的亲朋好友来北京。如此循环往复，形成外来人口日益增多的局面。

2. 政策环境：北京市现行的许多政策是针对所有在京人员的普惠性政策，它没有根据服务对象的特点和需要进行甄别，而且随着均等化服务理念的发展，这种政策的范围在逐步扩大。这样做不但会分散资源，而且也会让北京因为较高的福利水平吸引越来越多的外来人口涌入北京。同时，相关部门的监督薄弱使用工或者经营不规范的情况大量存在。而基层的执法能力的减弱、过度强调自由和个人权利的社会舆论也使得外来人口的服务和管理困难重重。

三、北京市现行外来人口管理政策效果有限

北京外来人口规模不断扩大的历史，也是北京市相关政策不断演变的历史。然而，尽管不断“换药方”，北京市外来人口管理政策不断变更、升

级，但现行人口调控政策的效果依然收效甚微。

1. 就业管理：这种以行政计划手段严格控制流入量的就业管理方式因为明确限制了“其他地区的个人或者企业到本地区从事生产经营和提供服务”，与市场经济劳动力配置与优化不匹配。首先，大量外来人口以非正规就业的方式规避管制，通过屈从较低的就业条件来获得在京工作的机会；其次，这种通过限制就业实现规模管理的方式与全国推进城市化进程的发展要求、推进农业转移人口市民化的社会发展要求相悖。《北京市外地来京务工经商人员管理条例》也被迫于2005年废止。

2. 居住管理：随着市场经济的发展和商品房的普及，基于出租信息主动登记的居住管理缺乏有效的监督措施，难以具体落实。首先，在以往的居住管理实践中，大多数房屋出租人并不会主动配合管理部门进行流动人口申报工作；其次，在流动人口居住集中区存在大量的“二房东”，即出租人可能在房屋出租时到管理部门进行了登记，但是承租人再次向承租人转租房屋时就不会再去登记，而就是这一转租的过程使得居住管理遗漏了大量流动人口的信息。

3. 户籍管理：近期的户籍管理以《暂住证》为载体，但《暂住证》本身并没有太多功能，也并未与流动人口生存发展的利益挂钩。事实上，《暂住证》制度仅仅勉为其难地承担了一些人口登记功能，弥补了部分“人户分离”带来的信息缺失。虽然《暂住证》的办理提高了外来人口就业和居住的门槛，但是大多数流动人口在低端行业采用“非正规”就业和向低质量居住环境妥协的方式仍能满足其来京和留京的愿望，没有《暂住证》也不会受到太多限制，不会影响生存。

四、上海市外来人口服务与管理的经验

上海市将外来人口的服务与管理密切挂钩，一方面有效掌握外来人口信息，有序控制外来人口的流入，另一方面帮助外来人口融入社区和城市。

就业方面，上海市村居委积极牵手企业与外来人口，有效地提高了外来人口职业的稳定性，合理地引导外来人口就业。居住方面，不同村居委会结合自身外来人口的构成特点，通过明确治安管理责任，有序控制外来人口。在房屋管理方面，上海市不同村居委会依据自身特点，发展了适合当地的外来人口服务和管理模式，全面掌握外来人口信息，逐步使外来人口养成较好的生活、卫生习惯，也能够及时地威慑和限制一些具有不良犯罪记录的外来人口进入到城市。一方面有效降低了外来人口犯罪等事件的发生，另一方面也保证了当地人的生活环境和质量，有利于愿意长期扎根城市的外来人口融入城市。

另外，上海市实现利用居住证制度，将满足一定条件才能获得的居住

证或临时居住证与外来人口可以享受到的服务与资源相挂钩，在很大程度上限制了外来人口的无序涌入。此外，各村居委还采用新居民（村民）自我管理模式，让外来人口参与到村居委的管理和建设中来。一方面，能够有效地提升外来人口的责任意识，将个人自身与流入地的生活和发展联系起来，减少犯罪、破坏的发生；另一方面，能够加强其对流入地的融入感，通过让外来人口参与到村居委的管理之中，能够使当地村居委更进一步地了解外来人口的需求，让老乡与老乡沟通，能够更加有效地实现对外来人口的管理，进一步有序地引导外来人口融入大城市的生活和建设之中。

五、对策建议

（一）转变思路：正向服务性间接管理代替直接管控

从以往的管理政策和实践来看，北京市管理外来人口的思路主要体现为直接管控，通过提高进京工作者各方面的门槛来阻止北京市外来人口的涌入，而外来就业者则以忍受低端就业、忍受更差居住条件的方式，仍源源不断涌入北京、留在北京。这样的方式既不能有效地调控人口，也在一定程度上使得流动人口生活和工作条件更加恶劣。

针对外来人口管理的政策要从以往对外来人口进行直接管控和堵截，变为通过规范企业用工行为、规范房屋出租等保障流动人口生活水平和劳动权益的正向举措，来间接实现对外来人口的服务与管理，通过对用工企业和房东的规范化管理来提高流动人口工作、生活质量，并间接形成新的潜在“准入门槛”。从企业用工单位方面看，规范用工模式、提高用工成本；从房屋出租者方面考虑，加大对出租房监管力度、提高居住卫生标准，既调控了人口，又保障了流动人口的生活水平。

（二）政策设计：借力居住证制度，构筑首都政策高地

尽管城市的经济发展离不开外来劳动力做出的巨大贡献，但是这并不能将所有的外来人口都当作大城市公共服务的平等享有者。就北京市而言，外来人口的规模一直在不断扩大，而新进入北京市的低素质劳动者并没有为北京的发展做出应有贡献却享受到了优质的公共服务；反而是那些在北京有正规工作、在京缴纳了多年所得税、为北京做出了巨大贡献的外来从业者和北京户籍就业人口却在公共服务上不得不与新来的外来就业者分享，其应得的优质、廉价的公共服务品质被降低。

借用居住证制度，将资源的可及性与外来人口对北京市所做的贡献联系起来，着重在公共服务的享有上对外来人口进行管理和限制，构筑首都政策高地。一方面，要设计合适的积分评价指标，有针对性地引导有利于北京市今后发展的外来人口融入北京；另一方面，要针对具备不同积分水平的外来人口提供相对应的公共服务，积分越高，能够享受的公共服务的

水平越高，真正将责任与权益结合起来。如此一来，低素质的外来人口在京生活的门槛被提高，而素质越高、能力越强的外来人口则能够享受到优质而廉价的公共服务。

同时，居住证的施行也避免了一下子取消户籍制度可能导致的城镇人口的短时间快速膨胀，有序地引导农业转移人口市民化，逐步地推进我国的城市化进程。城市的公共服务类型多样，涉及教育、卫生、交通、环境及社会保障等各个方面，其对常住人口和流动人口提供的公共服务不可能是平面式的、不分身份、不分其对当地的贡献的。居住证的施行将对外来人口的管理和提供的服务与积分挂钩，分类分层次地提供公共服务，使得各类服务的提供更具有针对性，在实现公共服务均等化的同时能够实现精细化服务。另一方面，利用居住证制度实现差别化地提供公共服务也使得这一制度在我国城镇更易推行。各类人群所能享有的公共服务若是不加区分、完全相同，势必会吸引一大批农业人口在极短时间内涌入城市，但是城镇不可能在短期内为突然膨胀的人口提供完善的服务，居住证制度的推行在一定程度上避免了这类情况的发生，使得城镇能够逐步拓展其提供公共服务的范围、有序地接纳外来人口。

(三)创新举措：以正规军取代非正规军

北京市外来人口所从事的以服务业为主，其分布较散、稳定性差，这类非法经营者往往流动性强，城市执法人员难以彻底清除，非法经营者与城市执法人员常常处于游击战的状态；同时，这类群体往往素质较低，并没有长期留京的打算，只是认为北京赚钱机会多，来积累一些经济基础再离开北京到别处发展，因此，单纯地依靠居住证制度，很难有效地管理到这类群体。所以，针对这类外来人口的管理和服务就应当尝试扶持正规就业队伍经营类似项目的形式，通过市场竞争取代非正规就业者，使其自身难以有立足之地而被迫退出。可以通过政府给予优惠政策，引导投资服务业，特别是从事食品加工生产、经营小餐饮的正规企业以更多的发展机会。

利用市场机制缩小外来人口在京从事非法经营的空间，同时配合制度设计来管理和引导外来人口从事有利于自身和城市发展的工作；既学习其他城市针对外来人口服务和管理的经验，又能结合北京市的特点、利用市场机制提升管理水平、提高居民生活质量。同时，服务行业在生产经营规模不断扩大的同时，提高了劳动生产效率，有利于北京市社会经济的长期发展。

(四)规范用工：提高雇佣成本挤出低效率务工人员

寻找就业机会、增加经济收入是外来人口进京的最主要目的，因此，就业管理依然是调控外来人口的重要手段。考虑到北京市未来发展的需要和外来人口集中于低端行业就业的特点，就业政策可以从用工方(企业和单位）的角度对外来人口加以间接管理，并同时提高外来务工人员的工作、生存条件和权益保障。

首先，用工方必须与被雇佣者签订劳动合同。其次，用工方必须给外来就业人口缴纳“五险一金”，保障外来劳动者的合法权益；工资标准应当按照最新的北京市最低工资标准支付。最后，应当就外来劳动者的加班工资发放、法定节假日工资发放情况进行抽查。同时，监督用工单位为被雇佣者提供保障在一定程度上也提高了企业的用工成本，促使企业自发提高生产效率、淘汰落后低效的企业，从而达到降低低素质外来人口在京就业的可能、挤出低端外来人口的目的。

（五）经济引导：一区一策，利用产业布局调整人口布局

通过制定与产业相关的政策来提升对外来人口的服务和管理的意义，不仅在于可以通过优惠政策发展正规性的食品加工业、小型餐饮业以利用市场机制挤出低端的外来人口的非正规经营，还可以通过在不同区域制定不同产业的优惠政策，即一区一策，有侧重、有重点地发展特色产业，通过调整产业布局来实现人口布局的调控。

具有区域特色和侧重点的产业优惠政策，有利于该地区发展特色经济产业。一方面，优惠政策的实施降低了企业初期的生产和发展成本，提高了竞争力，提高了北京市郊区经济的发展水平和劳动力吸纳能力，促进了周边区域的共同发展；另一方面，企业的快速发展促进了外来人口在周边区域就业，以就业引导人口流动，减缓和分散北京市所面对的人口流入压力。

从北京市整体发展的角度，给不同的区县制订不同的产业发展计划，既能体现区县的差异性，避免同城同质竞争，提高北京市整体的经济发展水平，又能通过优惠政策的引导，降低高端服务业的初期发展成本，引导、调控产业布局，进而实现就业人口（特别是外来就业人口）的人口布局，达到促进经济快速发展和协调北京市人口均衡的双重目的。

（六）宏观调控：将外来人口调控与北京市总人口分布相结合

北京市中心区人口过于稠密，致使“城六区”的交通压力大、医疗资源紧缺、教育资源紧张等问题日益严峻。因此，在提高对外来人口的服务和管理水平的同时，也要从总人口调控的角度，优化北京市的人口布局，避免人口聚集在中心城区，要将一部分人口向郊区引导。

具体的做法可以采用以功能疏解带动人口疏解的方式，大力推进中心城区的优质公共服务资源向新城转移，完善基础设施和公共资源配置，增强郊区新城的承载力和吸引力，有效承接中心城区的功能和人口疏解。一方面，这样能够为现在已经居住在中心城区的人口外迁提供便利，通过优质公共服务和良好的生活环境吸引人口外迁；另一方面，也能够引导那些希望在北京生活的、数量不断增长的外来人口到新城工作和居住，将外来人口向郊区引导，舒缓中心城区的压力。这样不仅有利于北京市人口调控的有序进行，而且有利于北京市更好地为居住的人群提供良好的生活环境。

（七）执法必严：坚持从人民的根本利益出发而非随舆论摇摆

大城市对外来人口进行管理都是明智的和正当的。以往针对外来人口管理的有关舆论，在很大程度上都没有经过实际调查、缺乏事实依据。对这种不了解事实情况，就随意起哄、跟风、不负责任且唯恐天下不乱的舆论，应当有力地摆出事实和道理进行回击，更应该坚持有法必依、执法必严，只有这样，政策和制度的执行才能得到保障，绝大多数人的利益才能得到维护。

（作者：翟振武　北京社会建设研究基地首席专家　教授、博导）

基地名称：北京社会建设研究基地
依托单位：中国人民大学
项目类别：北京市教委共建项目

北京市有效调控人口规模的政策与措施研究[①]

内容提要： 北京市是全国人口增长最快的省区，流动人口是北京市人口增长和膨胀的主导因素。北京市人口规模调控的关键是对流动人口的调控。考虑到流动人口的差异性，我们针对流动人口中的非正规就业群体和短时居留人口进行了调查研究，提出了相应的调控政策措施。同时，基于老年人口主要分布于中心城区，我们进行了老年人口养老意愿的访谈，提出推进郊区养老、疏解城区老年人口的政策建议。

关键词： 人口规模；流动人口；非正规就业人口；短时居留人口；老年人口

一、北京市人口发展趋势

随着向世界城市迈进步伐的不断加速，北京城市规模不断扩大，经济迅速发展，人口也呈现出快速、大幅的增长和膨胀趋势。

1949 年，北京市人口总量仅为 420.1 万，但至 2012 年，已增加至 2069.3 万人，是新中国成立之初的 5 倍。北京人口的持续增长却是伴随北京人口的迅速转变及人口和家庭结构的深刻变化。北京市长期以来处于超低生育水平，北京市户籍人口严重老龄化，家庭规模不断缩小。北京市人口出生率由 20 世纪五六十年代的 30‰—40‰降到了 2012 年的 9.05‰，死亡率持续缓慢下降，近几年基本维持在 4.5‰左右。2010 年，户籍人口中 60 岁及以上老年人口规模为 216 万人，比例达 18.2%。1982 年，北京一个家庭平均有 3.7 个人，至 2010 年，在三十年左右时间内北京家庭户平均人数下降了近 1/3，降至 2.5 个人/户。2010 年，北京市不同规模的家庭户类型中，一人户比例增至四分之一；二人户取代三人户成为北京家庭的主要类型，比重达到 30.2%。

尽管北京市多重人口压力并存，但是规模膨胀仍很严峻。2000 年以来，

---

① 本文是“北京市有效调控人口规模的政策与措施研究”项目的阶段成果。

北京市常住人口规模增长非常迅速。北京市2010年第六次全国人口普查主要数据公报显示，2010年北京市常住人口为1961.2万人，同2000年第五次全国人口普查相比，十年共增长604.3万人，增长44.5%。平均每年增加60.4万人，年平均增长率为3.8%，增速全国第一。2000年全国第五次人口普查时，北京常住外来人口规模为256.1万人，占常住人口的18.8%；到2010年全国第六次人口普查时，外来人口规模增长至704.5万人，比重上升至35.9%；至2012年在京外来人口规模继续增长，达到773.8万人，比重增长到37.4%。这十几年中，北京外来人口规模增长了近两倍，相对比重翻了一番。

可以看出，流动人口是北京市人口增长的主导因素。2005年1%人口抽样调查数据显示，外省进入北京市的流动人口中有80%处于15—44岁年龄段，有三分之二是为了“务工经商”。流动人口的大量注入，给北京带来了持久的“人口机会窗口”。但是流动人口持续、大量地涌入也给城市发展和日常运转带来巨大的压力。由于流动人口增长大大快于户籍人口增长，流动人口问题对于北京市的经济社会发展有特别重大的、全局性意义。

北京市人口规模调控的关键是对流动人口的调控。以往的一些政策对整个流动人口群体都是一视同仁，并没有考虑到流动人口的差异性，而对不同的群体应采取不同的政策，才能起到最好的政策效果。因此，我们针对流动人口中的非正规就业群体和短时居留人口进行了调查研究，提出了相应的调控政策措施。同时，基于老年人口主要分布于中心城区，我们进行了一些老年人口养老意愿的访谈，提出推进郊区养老、疏解城区老年人口的政策建议。

二、非正规就业人口的调控

在北京市大规模的外来流动人口中，由于其工作性质、劳动保障状况等方面的差异，存在着正规就业与非正规就业的差别。据估计，2010年北京市非正规就业人口规模达到282.6万，是2000年人口规模的5.5倍。这些非正规就业人口主要包括那些具有非正式的雇佣关系(无合同、临时雇佣、随意决定工资等)、没有进入政府监管体系、就业性质和状况处于低层次与边缘地位的外来在京就业人员。北京市现有的大量低端服务业、制造业等行业，一方面吸引着大量低素质的外来人口进京，不断增加北京市的人口压力；另一方面拉低了第三产业的劳动生产率，使得第三产业无法起到今后发展的“推进器”的作用。因而，有效地控制北京市非正规就业者的规模，就成了控制外来人口数量、提升产业结构的关键因素。

(一)非正规就业者大量存在的原因

非正规就业者得以在大量存在的重要原因之一，就是依赖熟人网络在京找到非正规就业岗位，而这一熟人网络也使得就业的非正规性得以延续，大多雇佣关系通过口头契约而不是合法的劳动合同来维持，使得这种雇佣关系成本低，降低了企业的用工成本，企业愿意吸纳更多的非正规就业者。社会关系网不仅是非正规就业者来北京的重要通路，更是他们在北京寻找工作的重要途径和生存生活的有力依托。

社会关系网络成为这种雇佣关系形成的媒介，能给企业带来最直接的经济利益，降低了企业的用工成本。也正由于合同和社会保障缺位带来的企业用工成本降低，各种规模的企业都能非常容易地在北京存活下来，而小规模、用工不规范、低生产率企业的丛生又带来了更多的外来人口非正规就业，形成了一种恶性循环。

此外，在经济方面，低生活成本使非正规就业者得以在京生存。外来人口在京非正规就业主要是为了能赚到比在家乡更多的钱，他们通过降低生活成本的方式在北京生存下来，并进一步增加这一相对收入。不少非正规就业人口的生活逻辑是，在北京吃点苦，攒够钱了就回家过更好的日子。低标准、低收费的生活资源的可得性，造成了非正规就业者在北京虽然收入较低，却能通过降低生活标准而生存下来，甚至可以攒下钱，积累资本，过几年到其他地方或是回老家创业。

同时，非正规就业的形成和非正规就业者的大量存在，在很大程度上也得益于政府部门的监管薄弱和基层执法能力的被削弱。基层无论是对非正规就业者的经营管理，还是对外来人口的居住管理，所能采用的手段越来越少，效果也越来越有限。而这一执法能力的削弱，特别是对非正规就业打击力度的减弱，使得非正规就业有了大量存在的空间。

(二)限制非正规就业者规模的政策措施

首先，针对非正规就业者大多通过关系网络而进行雇佣关系松散的非正规性就业，从用工方的角度对非正规就业者进行管理是调控非正规就业者数量的重要手段，通过要求企业规范用工、加强对用工方的监管力度，直接减少非正规就业的存在数量，并同时提高外来人口的工作、生存条件和权益保障。从企业角度制定针对非正规就业者的调控政策，规范企业的经营管理，一方面其可行性较高，另一方面该措施能够有效地直接减少非正规就业者的数量。

其次，北京市的非正规就业者所从事的行业以服务业为主，其分布较散、稳定性差，难以完全依靠上述以业管人的途径实现对非正规就业数量的调控。所以，针对非正规就业者的管理和服务就不能简单地依靠制度手段进行，应当尝试扶持正规就业队伍经营类似项目的形式，通过市场竞争取代非正规就业者，使非正规就业者自身难有立足之地而被迫退出。

再次，在政府部门难以监管、执法部门执法力度被削弱的情况下，利用制度设计，引导外来人口主动寻求正规就业的方式来减少非正规就业者的规模不失为一种选择。在政策设计上，可以利用居住证制度引导和管理外来人口，一方面要设计合适的积分评价指标，有针对性地引导有利于北京市今后发展的外来人口融入北京，另一方面要针对具备不同积分水平的外来人口提供相对应的公共服务。此外，还可以进一步地将外来人口所拥有的积分水平与外来人口的税率水平、技能培训、社会保障、购车买房、子女入学及参加中高考的资格对应联系起来，在事实上有序地选择进京的外来人口，给予能够促进城市发展的外来人口以便利，并提高城市进入门槛、挤出流动性高且本身难以在北京长期生存的非正规就业者。

最后，在城市资源有限，发展速度跟不上人口激增速度的情况下，对非正规就业者的管理和调控是必需的。并不是无论怎样的人，只要想进入城市生活，就可以藐视法律和规定而从事不合法职业、居住不安全的房屋。并且，如果外来人口无法通过合法就业、居住合法房屋在城市生活下来，就说明其本身可能就没有做好在城市生活的准备。同时，城市对于外来人口所从事的非正规性经营和租住不合法房屋进行管理，也是为了保护外来人口自身的生存和健康，群租、私搭乱建的房屋往往存在卫生不达标、有严重安全隐患的问题，这些都严重影响了外来人口的生命、生活安全。

三、短时居留人口的调控

短时居留人口是指一些来京探亲、看病、旅游或短期培训等的短时居留人员。这些人员短时数量庞大，有明显的周期性、特定的时间性，构成比较复杂，需求也不一致。本研究对这一人群进行了小规模的调查，了解这些人其来京原因、停留时间、分布等情况，以研究根据不同需求将这些人所需的服务资源进行分散，缓解中心城区的人口压力。

（一）短时居留人口特征

我们选择了北京各大汽车站、火车站以及机场，对短时居留人口进行了问卷调查。最终收回有效问卷 1003 份。短时居留人口的人口学特征主要是男性、农业户口和已婚人口占多数，且总体的受教育程度较低、户籍所在地分布均匀等。

对被调查者的月平均工资和在京的月平均消费水平统计表明，被调查短时居留人口月平均工资为 3630 元，月平均花费为 1394 元。花费之中，购物占到很大的比例，平均每人购物花费将近 500 元；交通花费最少，仅为 63 元；其他项目中，数额较大的主要活动为医疗费，最高花费高达 20000 元，平均 4100 元，远远高出了平均水平的花费。

就来京原因而言，旅游和探亲访友类活动占将近六成，而务工、出差、经商和培训这类与工作有关的活动也占到两成以上，看病仅占 6.18%。不可忽视的是，在 1003 位被访问者中，有 11 位来京目的为上访。

被调查者在京平均停留时间为 5 天；最短停留 1 天，最多停留 29 天。其中，停留时间在一周以内的主要来京原因为旅游和探亲访友（共七成）；停留时间在三周以上的来京原因是务工，比例也在 70%以上。

将北京市各区划分为功能区之后，可以发现，短时居留人口居住和活动区域之间是基本吻合的。对于活动区域而言，功能核心区占 34.1%，拓展区占 49.1%，发展新区占 16.8%；对于居住区域，三者的比例分别为 30.7%、51.0%和 17.3%。

对于居住方式，有 40%的短时居留人口选择住在宾馆；近三分之一住在亲戚朋友家。对于居住方式选择的主要原因有“他人提供”(30.6%)、“方便”(28.2%)、“离办事地点近”(18.0%)等原因；仅有 5%的被调查者选择“居住成本低”这一项。短时居留人口在选择住宿时，更多考虑的是实用性和便利性，而非住宿成本。

在选择出行方式时，高达 90%的短时居留人口会选择公共汽车和地铁。这两种出行方式便捷便宜，因此在“花费”这一项中，交通的成本最低。然而，其中 40%的人都选择在高峰时间出行(7 点至 9 点，17 点至 19 点)，这在一定程度上加剧了北京市公共交通的拥挤程度。在非高峰时间段，选择上午出行的人相对而言更多。

(二)短时居留人口调控政策建议

首先，针对高峰时段，客流量大、乘客拥挤的情况，公交运营机构应该充分挖掘潜力，增大运力。通过公共交通线网调整优化，构建科学合理的线网结构，形成快线、普线、支线功能相配套衔接的线网体系，提高运营速率，减少早晚高峰出行的拥挤。此外，还可以通过与快速公交网络建设配合，进一步增加公交专用道，逐步形成网络，提高公共交通的运行速度和运营效率，减少乘客出行时间和降低拥挤程度。

其次，目前优良的医疗资源都集中在中心城区，造成该地区人口压力陡然增大。如果分散北京的医院资源，在郊区兴建新的医疗中心，并逐步将中心城区医疗机构迁出，就能带动就医人口压力的分流。同时，可以将北京医疗优势资源进行省级层面的传递，使省级层面的医疗水平达到与北京的医疗水平基本持平的状态，从而舒缓一部分来京就医的短时居留人口。

再次，对来京旅游的人口来说，向往的是北京的旅游资源，分散这些人口就需要整合和合理安排中心城区的旅游线路，时间上尽量错峰错季，并大力发展郊区旅游资源。针对短时居留人口来京旅游购物这一特点，可以将某些大型的购物广场搬迁转移至郊区或者功能拓展区，同时将核心区的一些宾馆也选择向外部转移，这些措施将在很大程度上减轻北京核心区的人口压力、交通压力、食宿压力等。

最后，不可忽视的是，在1003位被调查者中，就有11位来京目的为上访。针对此种我国现有制度下的特殊现象，国家应该采取更多的渠道让民众来表达自己的诉求、反映自己的意见，广开言路，重视基层政权的民主建设，向基层放权。依靠基层而不是上层解决纠纷，从而减少来京上访的人群。

四、推进郊区养老

北京是我国人口老龄化程度最深、速度最快的地区之一。从区县层面来看，北京市老年人口在朝阳、海淀的数量最多，而西城、东城的老年人口比例最高；而在街道层面上，城区三环以内的老年人口比例较高，成为老年人口集中的地区，而五环之外的郊区则普遍更低，老年人口较为分散。不难看出，人口稠密、不宜养老的城区分布的老年人口众多，而人口稀疏、宜于养老的郊区分布的老年人口却相对较少，北京有效调控人口规模还可以以此入手，推进郊区养老，疏解城区老年人口。

(一)北京老年人口养老需求及郊区养老意愿

课题组成员对24位居住在北京市四环以内，拥有北京户口的老年人进行偶遇访谈，着重了解他们在精神慰藉、医疗服务、物质保障、供养照料等方面的需求，询问其对于郊区养老的看法以搬迁到郊区安度晚年的意愿。

访谈结果显示，北京市老年人日常生活需求较为简单：在一日三餐及必要的医疗服务有所保障的前提下，需要有能够散步遛弯以及从事一些简单文娱活动(跳广场舞、踢毽子、玩棋牌游戏等)的场地，能够和同龄人聊天解闷，最好偶尔能有子女孙辈回来探望。在生活不能自理时，也不希望给子女增添太多负担，可以考虑去养老院生活。对于养老机构月收费预期在3000—5000元之间。

近六成老年人表示在郊区养老各方面服务设施一应俱全且养老机构价格可以接受的前提下，考虑到郊区更优质的空气环境、更安静的生活氛围以及更宽广的居住空间，乐于搬迁至郊区养老。近三成老年人表示郊区养老的理念不可理喻，他们表示自己已在目前的小区居住多年甚至大半辈子，对周围的各类生活服务设施以及居住环境非常熟悉。自己年岁已大，不愿搬迁到一个如此遥远又非常陌生的地方去，不愿再适应新环境，而且对郊区养老设施的总体水平持悲观态度。还有近一成老年人没有明确表态，他们认为到哪里养老并不重要，关键是养老设施服务的质量及价格能让自己满意。

访谈中，大多数被访老年人提及的对郊区养老的担心之处在于：首先，考虑到年龄越来越大，身体方面的“大病小灾”会更加频繁，对于医疗服务设施的需求也会越发强烈。因而担心远郊区的医疗服务设施种类不够齐全，医疗水平难以达标。其次，他们已在城区生活多年，郊区既遥远又陌生，安土重迁的思想下不愿也没有精力适应一种新的生活方式及环境。再次，子女孙辈出于工作及学习的原因几乎不可能跟随他们搬迁到郊区居住。在这种现实状况下，一方面子女出于担心不会同意老两口独自到郊区生活；另一方面，子女来看望他们更加麻烦，即便他们想念子女也不舍得让子女如此奔波。

(二)发展郊区养老的政策建议

首先，推进郊区养老政策体系建设。在未来的发展中应当致力于完善涵盖老年生活照料服务政策、老年医疗保健服务政策、老年文化参与服务政策以及老年权益保障服务政策等方面的郊区养老政策服务体系。比如，在老年生活照料服务政策方面，推动郊区服务网络化、服务机构社会化、服务人员队伍化；在老年医疗保健服务政策方面，强调构建预防、保健、医疗、康复、健康教育的一体化郊区卫生医疗服务体系。

其次，改善郊区养老硬件设施环境。每个郊区应逐步覆盖各种养老服务设施，包括集中居住设施(老年公寓、托老所、日间照料中心等)、医疗护理设施(郊区医疗卫生服务站、老人护理院、老年医院等)、文体活动设施(老年活动中心、老年大学、老年健身中心等)，推进多层次、多元化的郊区养老服务建设，应按经济收入、身体状况、家庭状况把老年人分成不同类别，满足他们不同的意愿和需求。在这其中对基础服务和有偿服务、公益性和营利性加以区分。

最后，形成郊区养老人力资源队伍。一方面，应大力培养从事郊区养老服务工作的专业人才，特别是注重全科医生建设和专业护理人员队伍建设；努力推进郊区养老服务建设与就业薪酬待遇、福利保障对接，为职业老年服务工作者创造良好的工作环境，提升其工作积极性。与此同时，也应通过优化整合资源、加强现有各层次老年服务工作者的在职培训，资助相关类型培训班、进修班的开展。另一方面，鼓励、支持和引导公众广泛参与郊区老年工作的志愿服务，在社会上形成敬老助老的良好氛围，进而逐步完善志愿服务奖助机制，尝试开展"时间储蓄"等互助活动，规范志愿服务实施标准。

参考文献

[1]冯晓英：《城市人口规模调控政策的回顾与反思：以北京市为例》，《人口研究》，2005年第5期。

[2]刘爽：《城市人口规模调控需要制度创新》，《人口研究》，2005年第6期。

[3]侯东民：《北京人口规模调控应从源头做起》，《北京观察》，2007年第1期。

[4]宋健、何蕾：《中国城市流动人口管理的困境与探索——基于北京市管理实践的讨

论》，《人口研究》，2008 年第 5 期。

[5]黄荣清、段成荣等：《北京人口规模控制》，《人口与经济》，2011 年第 3 期。

[6]陆杰华、李月：《特大城市人口规模调控的理论与实践探讨——以北京为例》，《上海行政学院学报》，2014 年第 1 期。

[7]Xiushi Yang. 1996. Patterns of Economic Development and Patterns of Rural-Urban Migration in China. *European Journal of Population*, Vol. 12, No. 3.

[8]Hein de Haas. 2010. Migration and Development: A Theoretical Perspective. *International Migration Review*, Vol. 44, No. 1.

（作者：陈　卫　北京社会建设研究基地研究人员　教授）

首都国际文化研究基地

（北京语言大学）

基地名称：首都国际文化研究基地
依托单位：北京语言大学
项目类别：北京市社会科学基金项目

论北京诗歌的“地方性”特征[①]

内容提要：以北京文化作为切入点，进入北京诗歌的内部空间，探寻北京文化与北京诗歌之间的内在关联，可以打破单向度的以线性时间演化与北京诗歌的“现代”演进为参照的研究格局，辨识北京诗歌在时间演进和“现代”演化过程中不断凸显出来的北京文化特征。在北京诗歌肌理中，我们可以透视出北京文化不断生长的过程和北京的地域美学特征，思考当代北京诗歌在全球化格局中如何安放自己的位置，如何重塑诗歌的文化态度和精神内涵等问题。

关键词：北京诗歌；北京文化；地方性；价值意义

20 世纪初期，随着白话文运动的颠覆式铺展，中国传统诗歌所具有的美学特性和写作范式以“前现代性”的名义被证伪，中国现代诗歌被放置在现代与传统、变革与守旧、先进与落后的二元对立框架中进行衡量，并形成一种研究的思维定式、批评惯性和历史意识形态。北京诗歌[②]也遵循这一被固定的研究逻辑，研究者不断地在线性时间链条和现代性序列中确立诗歌品性和精神内涵，诗歌、诗人、诗歌群体和诗歌潮流都为自己蒙上了一层“新”的外衣，“新”成为毋庸置疑的美学最前沿和制高点。但在这种现代性的神话构建中，北京诗歌逐渐被同质化，北京诗歌所具有的地方性文化特征被单一的现代性诉求遮蔽，北京文化催生的北京诗歌的动态性、差异性和丰富性被诗歌的现代性美学要求强行冻结，北京诗歌中所涵纳的风俗、仪式、典籍等地方性知识作为“前现代”的内容被遗漏和忽略。但恰恰北京诗歌中的北京文化、北京色彩和北京情趣是其核心要旨和中心因子，决定了北京诗歌在中国现当代诗歌中的存在方式和所处位置，北京诗歌的地方性特征使北京诗歌突破了现代性时间框架的限制和超越了二元对立的思维

---

① 本文是“新世纪北京文学中的底层人物研究”项目的阶段成果，项目编号：13WYC039。

② 本文将“北京诗歌”作为一种地域性诗歌来论述，它具有一些共通的地域性的诗歌元素，但并不是一个具有高度自足性的诗歌概念。本文主要探讨 20 世纪以降的北京诗歌。

范式，将北京文化作为恒定的诗歌母体和美学方法进行阐释，以此来拓展北京诗歌的增长空间，不断拉伸北京诗歌的发展周期和满足人们对北京诗歌多样化的审美想象。

一、作为"地方性"诗歌的时间演进

北京作为中国著名的古都和政治文化中心，最为明显的特征就是时间的长度和韧度，可以说北京是中国最具历史文化底蕴和时代影响力的区域性城市。在北京城内部孕育和滋生的北京诗歌自然具有北京文化的特性。北京诗人①往往将具有北京地方文化特性的民风民俗、日常生活、文化典籍、民间歌谣等"地方性知识"融入诗歌写作中，通过对"地方性知识"的文化提升和重塑，展现北京诗歌独特的文化内蕴和审美张力；同时，北京诗人习惯于在"地方性知识"内部提出特定的意象及其意象系列，并以此为生发点构建北京诗歌的文化谱系，借此表述北京特定的文化和诗人对北京地方文化的认知。

现代北京诗歌作为一种"地方性"诗歌有着自己清晰的演进路径和发展脉络。20 世纪 30 年代，周作人、俞平伯、废名、卞之琳、林徽因、何其芳、曹葆华等人共同遵守着诗歌的非功利性、趣味性、节制性、平衡性、严肃性的创作思想，以《骆驼草》、《大公报·文艺副刊》、《学文》、《文学杂志》、《诗》这些刊物为阵地，形成了"京派诗歌"群体，创作了一系列了极具"禅趣"的诗歌。另外，20 世纪上半叶，由于重大的历史变迁和政治更迭，北京被涂抹上苍凉和荒芜的色彩，末世感和"荒原"意识在京派诗歌中持续发酵，并生成"风沙"、"古城"、"老马"、"死亡"等意象，这些意象在卞之琳的诗歌《风沙夜》、何其芳的诗歌《风沙日》中都有所体现。荒凉感在废名的笔下则衍生为对生与死的思索："出殡人家的马车马拉车不走/街上的寂静古人的诗句萧萧马鸣/木匠的棺材花轿的杠夫路人交谈着三天前死去了认识的人"(废名《北平街上》)；"在赴死之前/得到解脱/于是世间是时间/时间如明镜/微笑死生"(废名《无题》)。死亡的不可规避加重了北京这座古城的荒凉感和唯美的感伤情绪。

北京诗歌作为一种"地方性"诗歌在 20 世纪 50 年代呈现出明显的消隐趋势，在革命意识形态的统摄下，北京诗歌中蕴藏的"地方性知识"、地方文化和地方美学被压抑在地表之下，变得面目模糊。北京诗歌的这种存在境遇直至 20 世纪 70 年代爆发出强劲的挣脱意识形态钳制的力量，在革命意识形态的禁锢与西方现代思想的暗潮涌动的合力作用下，诞生了"白洋淀诗群"，产生了芒克、多多、根子、林莽等诗人，成为具有鲜明北京地域特征

① 本文把出生于北京或在北京工作、生活的诗人定位为"北京诗人"。

的诗歌群落。

1978年年底，由北岛、芒克主编的地下文学刊物《今天》文学双月刊在北京创刊，这是新中国成立以来，第一次出现地下出版并且发行的文学刊物。《今天》的创刊对于北京诗歌的发展是具有转折性意义的，《今天》周围聚集了北岛、芒克、食指、江河、方含、顾城、田晓青、杨炼、严力等诗人，组成了“今天派”诗歌群体，他们以先锋精神和实验性探索为诗歌写作准则，成为中国现代派诗歌的重镇，他们对北京政治文化表现出的强烈排斥感和反叛性，使长期处于意识形态压抑状态的诗歌得到了审美宣泄，例如北岛的《白日梦》、食指的《这是四点零八分的北京》等诗歌借助“列车”、“车站”等意象表述了诗人告别旧时代、期待新时代的渴望：

> 阵阵告别的声浪/就要卷走车站/北京在我的脚下/已经缓缓地移动/我再次向北京挥动手臂/想一把抓住她的衣领/然后对她大声地叫喊：永远记着我，妈妈啊北京/终于抓住了什么东西/管他是谁的手，不能松/因为这是我的北京/是我的最后的北京(食指：《这是四点零八分的北京》)
>
> 人们从石棺里醒来/和我坐在一起/我们生前与时代合影/挂在长桌尽头(北岛：《白日梦3》)
>
> 笼中的鸟需要散步/梦游者需要贫血的阳光/道路撞击在一起/需要平等的对话(北岛：《白日梦6》)
>
> 弱音器弄哑了的小号/忽然响亮地哭喊/那伟大悲剧的导演/正悄悄地死去/两只装着滑轮的狮子仍在固定的轨道上/东奔西撞(北岛：《白日梦22》)
>
> 你把一根根松枝插在地上/默默点燃它们/那是一种祭奠的仪式/从死亡的山冈上(北岛：《白日梦23》)

诗歌标志着诗人精神上的觉醒，他们试图从自己的真实经验出发，走出过去时代的梦魇，表现自己的感性体验和理性思考。在“今天派”诗歌发展的中后期，杨炼、江河等人以现代派的写作方式对北京文化进行想象和阐释，在北京文化中寻找诗歌的精神之根，创作出了《半坡》、《太阳和它的反光》等具重塑北京文化的史诗性文本。

20世纪90年代以来，北京文化作为一种区域性文化参与到文化全球化进程中，北京诗歌的地域色彩变得更为繁复和难以拿捏，诗歌的一体化和一体化的诗歌相互交织在一起，北京诗歌中的地方文化时刻承受着其他异域文化的冲击和解构，同时又融入异域文化内部，构成多样、多元、庞杂的文化样态。在这种复杂的文化境遇中，北京诗歌的“地方性”迎来了一次文化机遇，各种民间诗刊冲破政治体制的限制，一批体制之外的诗人在民刊中成长起来，裹挟着地方文化、地方思想和地方语言分享主流诗人的话语权，地方文化的主体性逐渐确立起来，诗歌的内部文化结构也发生了调整，地方文化的拓展、传统文化的延伸、地域美学的重构成了北京诗歌的支撑点。

二、作为“地方性”诗歌的文化内核

在复杂的北京文化中政治文化是贯穿始终的恒定命题，也是北京文化的根基，自元代定都北京以降，中国历史上重大的政治事件绝大部分都与北京有着内在的关联，经历了无数次政治洗礼的北京文化具有极为浓重的政治意义，政治弥散在北京人日常生活的细节中，北京人与其他地域的人相比具有更为明显的政治意识、政治责任、政治关怀和政治担当，北京人在政治文化上先验地拥有一种其他地域人群无法比拟的在场感、优越感和优先感。因此，在浓厚的政治文化中成长的北京诗人常带有政治“习气”，并始终保持着高度的政治敏锐性，通过诗歌表述自己对北京历史、社会和时代的政治认知，白洋淀诗群就与政治文化密切关联。

白洋淀诗群形成于 20 世纪 70 年代末，政治指向明显，既包含了对政治的批判，又体现出该诗派诗人通过诗歌参与政治进程的热情。白洋淀诗群的诗歌风格具有华北平原燕赵文化圈所特有的豪情坚毅与苍凉悲壮之感，这是与其他地域诗歌群体差异显著的地方。这种特殊的精神气质生发于北京传统文化，从地缘位置上看，北京被燕山、太行山、渤海所包围，并占据着山海关、古长城和居庸关等险要，地理位置和地域环境构建了北京人雄浑厚重的文化性格，同时，历史上不间断的军事斗争和与契丹、女真与蒙古、满族等游牧民族的文化融合，更加强化了这种慷慨悲凉之气。

浓厚的政治文化色彩在朦胧派诗群中也有明显的体现，朦胧诗的思想起点是对“文化大革命”历史的反思，激进的反政治性始终横亘在朦胧诗中，正如徐敬亚所言：“北京，作为朦胧诗的主要策源地，它从来就没有与外省站在同一条起跑线上。”[①]也就是说，朦胧诗之所以发源于北京，是因为北京具有其他区域所不具备的天然的政治意识和文化优势。

北京文化的另一恒定命题是“家园”意识。北京是中国政治、文化的中心，被称为“首善”之都，“朝廷尊而后成其为邦畿，可为民止。故曰：‘商邑翼翼，四方之极。会极会此，归极归此。’此谓之‘首善’，非他之通都大

---

① 徐敬亚：《一个人怎样飞起来》，《我的纸里包着我的火》，春风文艺出版社，1997 年，第 1 页。

邑所得而比也”[①]。北京是中国悠久传统文化的汇集之地，它不但是北京人的精神家园，更是整个中华民族的精神栖居地，诗人将“北方”意象与中国乡土大地、悠久的历史时空和伟大的民族勾连起来，让人们产生一种心理相融和情感慰藉。这在北京诗歌中体现得十分明显，并演化为“北方”、“古城”、“古都”、“故都”等意象。这些北方意象构成了诗歌重要的精神指向，承载着北京诗人的本土生活和记忆，体现出浓厚的地方文化色彩和精神印痕：

> “旷野/散发着热气的石头/一棵树马的鬃毛迎风拂起/骑者孤单地躺倒树下/夕阳在远山无情地燃烧/一到夜里/满地的石头都将活动起来/比那树下的人/更具生命”(王家新《风景》)
>
> “在北方/冬日比夏季还明亮/而在它最明亮、最高远的时候/我听到了一种歌声”(王家新《反向》)
>
> “现在/我几乎可以确信/在这里/在山与季节闪耀中/是这北方的精神”(王家新《北方札记》)

在王家新的视域中，“北方”严酷的自然地理环境塑造了个体顽强的生命力，生活在其中的人们在艰苦的生存环境中寻找到抵抗孤独的存在方式和精神旨归，在“北方”找到了属于自己的能够诗意栖居的精神家园，正如陈晓明所言：“不少中国文人都曾谈到‘北方’——主要是指‘北京’——蕴含着厚重的中国政治文化的地理环境在精神中起到的作用，特别是那些来自南方外省的人文知识分子，对北京有着精神上的迷恋，似乎北京才是真正的精神家园。”[②]除了王家新，北京诗人任洪渊也致力于对“北方”意象的塑造，组诗《司马迁的第二创世纪》、《汉字》、《女娲》将北京诗歌中的“北方”、“中国”意象推向了顶峰，在“北方”意象中诗人毫无修饰的本真的生命体验，体现了诗人对中国古老民族的深沉之爱，对中华传统文化的真切之爱，以及为“中国”注入新的生命力的原始冲动。

三、作为“地方性”诗歌的写作意义

自新文化运动以来，中国新诗以白话文为语言载体，以自由文体为审美范式，以现代性思想为精神诉求，经过百年的历史发展在中国现代诗歌理论方面取得了丰富的成果，但是中国现代诗歌并没有构建一套属于自己

① 孙承泽：《天府广记》(第3卷)，北京古籍出版社，1982年，第32页。

② 陈晓明：《表意的焦虑：历史祛魅与当代文学变革》，中央编译出版社，2002年，第203页。

的、完整的、统一的、连续的诗歌理论体系。由于新文化运动的精神指向是西方现代性，在与中国传统诗学的激进断裂中，中国现代诗歌理论完全滑向了西方诗学的怀抱。这种文化取向和历史境遇使中国现代诗歌缺乏属于中国本土经验和本土文化的内在精神，失去了原本属于自己的文化栖息地。

西方现代诗歌的文化资源和思维方式是建立在对西方工业文明的反思和批判基础上的，中国诗歌理论对西方现代性的盲目追求，使其忽略了对西方诗歌理论的反思，逃避了对中国诗歌发展路径进行自我探索的责任。于是，我们看到在文化全球化进程中，中国诗歌瞬间失去了自己的位置和特质，只能跟随在西方诗歌的背后寻找被遗弃的残羹冷炙，西方诗歌已经经历过的先锋主义、新历史主义、绿色主义、工业主义、商业主义等思潮仍旧被中国诗歌当作新奇的事物，“面对全球化的文化情景，中国新诗只能拾取西方文化的牙慧，聊以充饥。因此当今中国新诗无法在思想上站立起来，只能匍匐在人体欲望和琐碎的生活脚下，寻求感官的刺激。在商业化的社会背景下，经过商业化的包装，借助媒体的传播，将诗歌变成促生明星的工具”①。因此，中国诗歌理论如何重新找回属于自己的本土经验，重新构建自己的文化资源和思想根基就成为中国诗歌在新世纪文化全球化进程中亟须解决的关键问题。上述问题的解决关涉到中国诗歌理论重新转向问题，中国诗歌的理论转向并不是一种二元对立的颠覆式反论，而是既要对西方诗歌理论中的文化资源、思想前提、基本理论进行反思，也要对中国诗歌与西方诗歌之间的关系进行重新考量，更要重的是重新在诗歌中安放具有中国特色的本土文化资源和文化价值。同时，我们要抛弃单向度的肯定和否定，在构建中国诗歌理论体系的过程中我们应该具有客观、理性的思维方式，在变革与守旧、西方与东方、现代与传统之间寻找一个平衡点和结合处。也就是说，我们在反思西方诗歌的现代性和现代化理论体系的时候，不是对其进行全盘否定，不是意味着中国诗歌的文化思维和文化视域要全面退缩到中国本土文化和本土经验中，本土文化和本土经验提供给中国诗歌的是一种路径选择和意义因素，并不是一种固定的、静止的、永恒的本质主义，是处于一个不断被重新阐释和建构的过程，“中国经验可能在多种阐释体系的交织之中显现，并且与众多经典论述相距甚远——然而这恰恰与本土血肉相连。……中国经验是文学的不竭内容也是文学理论阐释文学与现代性关系的依据”②。

---

① 焦仕刚：《新世纪文学八年：中国新诗的发展和出路》，《湖北教育学院学报》，2007 年第 12 期。

② 南帆：《后革命的转移》，北京大学出版社，2005 年，第 149 页。

作为一种“地方性”诗歌的北京诗歌，为中国当代诗歌在全球化语境中如何发展提供一个恰切的例证，“地方性”在北京诗歌中完全呈现出开放式的状态，回到北京地方文化并不是一种对西方世界的排斥，北京文化和西方文化处于同一地平线上，北京生活、北京经验、北京文化被注入了时代精神和现代性因素，北京诗歌的世界化过程只能从北京传统文化和北京现实生活中提纯，并在与其他地域、国度和民族的诗歌融合中产生。因此，作为“地方性”诗歌的北京诗歌给了我们更为深广的借鉴意义和阐释空间。

（作者：于小植　首都国际文化研究基地研究人员　教授）

北京世界城市研究基地

（北京市社会科学院）

基地名称：北京世界城市研究基地
依托单位：北京市社会科学院
项目类别：北京市社会科学基金项目

生态文明视域下京津冀低碳协同发展研究①

内容提要： 推进生态文明建设，破解首都环境污染和雾霾频现等难题，应加快京津冀低碳协同发展。能源消耗和碳排放强度过大，低碳技术创新不足，人才流动机制不够完善，低碳合作机制、生态补偿机制缺失，基本公共服务不够均等化和区域性基础设施建设乏力成为京津冀低碳协同发展的主要障碍。加快京津冀低碳协同发展，应加强顶层设计和宏观布局，加强低碳技术创新、京津冀人才合作，提供基本公共服务保障，建立京津冀碳交易和生态补偿机制。

关键词： 生态文明；低碳经济；协同发展；低碳发展

一、生态文明视域下京津冀低碳协同发展的提出

党的十八大报告明确提出要大力推进生态文明建设，促进绿色发展、循环发展、低碳发展。2014 年 2 月，习近平总书记视察北京，明确提出要加快京津冀协同发展。面对京津冀资源能源高耗、环境恶化等现实问题，加快京津冀低碳领域的协同发展，有利于推动环京津冀区域生态文明建设，促进京津冀绿色发展、循环发展与低碳发展。

(一)构筑中国经济发展新动力和未来增长极需要京津冀协同发展

京津冀经济区是继珠三角和长三角之后中国经济增长的第三大引擎，经济发展的活力日益增强。从更长远看，要把京津冀协同发展放在未来中国经济发展的动力和中长期增长框架中观察，绝非单一地解决首都北京的困境。京津冀区域依托大城市形成经济圈，打造为未来中国经济增长的关键一极，其中长三角、珠三角、京津冀三大城市圈属于第一方阵。这些依托大城市形成的经济圈代表国家在世界产业链的竞争力和是否占据高端环节。基于北京和天津周边存在多个贫困县、乡镇、村庄等贫困带，迫切需

① 本文是“生态文明视域下北京低碳创新城市建设研究”项目的阶段成果，项目编号：13CSC012。

要加快京津冀经济社会的协调均衡发展。加强京津冀协同发展有利于进一步减少区域、城乡差距，促进环京津贫困带经济发展，进而形成新的发展动力和增长空间。

(二)破解首都北京城市病问题需要京津冀协同发展

京津冀三地区域接近，但经济发展严重不平衡，北京形成极化效应对周边区域人才、资本、资源不断吸取而反哺失衡，形成“大树脚下不长草”的非正常、非均衡、非和谐状态。北京长期以来遭遇人口过快增长和严重膨胀、交通拥堵、环境恶化等诸多城市病难以得到缓解。特别是长期的雾霾天气困扰，不仅包括北京本地严重的交通废气、工业排放也包括来自北京周边特别是河北区域重化工业的严重污染与扩散，因此解决雾霾天气等环境、交通、人口等多方面的困境，北京、天津、河北需要放弃“只顾一亩三分地”的传统思维，加强协同发展。

(三)推进生态文明建设需要京津冀实现低碳协同发展

党的十八大报告明确提出要大力推进生态文明建设，促进绿色发展、循环发展、低碳发展。京津冀作为中国经济社会发展和首都发展的核心区域，以北京为带动，正处于后工业化、城市化、国际化的加速推进阶段，但同时面临资源、能源、环境等制约性约束，需要加快低碳协同发展。所谓低碳协同发展，是指以低碳发展为目标加强多方协同与合作，在融合、协同、合作的基础上共同改变传统的高碳增长模式，发展低能耗、低污染、高效益的低碳经济模式。低碳协同发展注重以协同、合作、融合为基本原则加强低碳技术创新和制度创新，不断提高整个区域的能源利用效率，积极发展新型能源和低碳产业，减少碳排放，形成低碳高效的经济体系。京津冀面向生态文明建设的压力与挑战，目前仍处在城镇化、现代化、国际化、工业化的关键阶段，需要以低碳发展为重要目标，加强低碳产业发展，提供低碳产品、服务创造价值。

二、京津冀低碳协同发展的基础与困境

(一)京津冀低碳协同发展的前期基础

1. 从前期合作基础看，京津冀区域之际的合作不断深化

京津冀相继签订了《北方地区大通关建设协作备忘录》、《京津冀都市圈城市商业发展报告》、《关于建立京津冀两市一省城乡规划协调机制框架协议》、《京津风沙源治理工程》等一系列的区域合作协议，预示着京津冀进入全面合作阶段。在生态低碳发展领域，近年来，京津冀积极实施转型发展战略，采取一系列环境友好政策和重大工程，生态建设和环境保护取得了一定进展，北京先后制定了《中关村清洁技术产业发展规划》、《中关村清洁技术产业发展规划实施方案》等，通过规划和具体实施方案的出台，有效指

导低碳产业的布局与低碳协同发展。

2. 新能源产业基础方面，形成集群态势

河北保定和天津发展新能源时间较早，而北京已开始重点规划低碳产业发展。北京先后提出建设绿色奥运、绿色北京、和谐宜居之都等战略，北京着力发展新能源产业，2009 年成立我国第一个新能源汽车产业联盟——北京新能源汽车产业联盟，重点定位于发展风能、太阳能等新能源产业。中关村将可再生能源、新能源、煤的清洁高效利用、低碳设备材料、新能源汽车等重点领域作为突破口，加强关键技术上的攻关，确保低碳产业技术研发实力居全球领先水平。保定市的中国电谷，建成和在建的太阳能光伏发电产品制造企业共 7 家、太阳能光伏、LED 企业 12 家，风电叶片生产企业 4 家、叶片配套企业 7 家等。滨海新区已经聚集了近三十家风电整机生产商、主要部件以及为主机配套的企业，包括丹麦维斯塔斯公司、美国雷可德集团等一批世界风电巨头，成为我国风电设备生产企业最集中的地区之一。

3. 在低碳协同发展内容方面，北京主要发展新能源汽车，风电和太阳能研发；天津发展风能设备制造，锂离子和镍氢电池、薄膜太阳电池；河北保定主要集中于太阳能和风能发电设备制造

保定和邢台推出太阳能小区，保定还建了一个太阳能大厦“电谷锦江国际酒店”。北京和天津因经济基础好、科技资源丰富，高级人才汇集，加强低碳、绿色、生态的新兴产业等领域的协同发展，有重要的资源优势和合作基础。以风电和太阳能产业为例，借助北京的低碳技术研发，在河北各城市布局制造，低碳产品在整个京津冀区域推广和应用，共同促进京津冀区域低碳发展和生态文明建设，打造中国新能源研发和应用的低碳发展示范区。

4. 低碳能源基础方面，京津冀地区本身光能、风能资源丰富

低碳能源基础方面，尤其是河北，风能资源储量在 7400 万千瓦以上，技术开发量在 1700 万千瓦左右；在太阳能方面，张家口和承德每年光照都在 3000—4000 小时，属于太阳能可利用的二类地区。其实整个京津冀地区属于雨水较少、光照时间长的区域，完全可以多发展光能产业。减少京津冀区域对煤炭、石油等高碳能源的消耗和碳排放强度，可以大力发展低碳能源产业，减少对传统能源的依赖，减少重化工比重，促进该区域新型能源发展和低碳转型发展。

(二)京津冀低碳协同发展的主要困境

河北特别是冀北地区一直承担着京津生态屏障和水源涵养地的重任，但却与两市在经济社会各方面发展水平上具有较大差距。随着经济社会的发展，区域内物质人口流动的频繁加剧，致使这种区域发展的不平衡越来

越明显，并形成了一系列的经济社会问题[①]。由于历史原因和工业占主导的产业结构、传统能源为主的结构制约，汽车尾气排放、工业污染、生态退化等导致生态环境脆弱，京津冀空气污染严重、水资源非常短缺、水环境污染问题突出。北京和天津把周边资源吸引过去，但辐射比较小，行政分割非常严重，京津冀低碳协同发展存在很多瓶颈和障碍。

1. 京津冀区域空气污染严重，重化工业在河北、天津较多地区还占一定比重，致使能源消耗和碳排放强度过大，低碳发展目标任重道远

根据环境保护部发布的 2014 年 3 月份及第一季度京津冀等 74 个城市空气质量状况，邢台、邯郸等 24 个城市达标天数比例不足 50%，3 月份空气质量相对较差的前 10 个城市中河北的邢台、石家庄、唐山、保定、邯郸、衡水、廊坊等占据了前七位。京津冀地区 13 个城市空气质量平均达标天数比例为 35.1%，平均超标天数比例为 64.9%，其中重度污染天数比例为 21.2%，严重污染天数比例为 3.3%[②]。2012 年，河北省消耗燃煤总量由 2006 年的 2 亿多吨上升到 3 亿多吨。河北省的产业结构本来偏重钢铁、建材、石化、电力等行业，能源结构不尽合理，能源消费居全国第二位，单位 GDP 能耗比全国水平高近 60%[③]。

2. 低碳技术创新不足，低碳产业发展滞后制约了京津冀低碳协同发展

京津冀地区的企业在低碳技术方面有一定的积累，但与国外企业相比有一定的差距，自主创新能力不足。目前低碳企业主要的核心技术采取与国际企业合作开发或者购买许可的方式获得。如果不能通过自主创新打造核心竞争优势，那么发展的低碳产业还将处于产业价值链的低端，陷入对西方低碳核心技术的依赖。

3. 京津冀低碳协同发展人才缺失，人才流动机制不够完善

有数据显示，2013 年年末，北京常住人口为 2114.8 万，比 2012 年增加 45.5 万。其中，常住外来人口 802.7 万，占常住人口的比重为 38%，基本每 10 个人中就有 4 个外地人。京津冀地区高校和科研机构汇集，形成强大的科技人才资源优势，但针对低碳领域的技术人才相对缺乏。一方面大量的毕业生找不到工作，另一方面新兴产业包括新能源等低碳产业领域招聘不到需要的低碳技术人才。区域之间的人才流动受到很大的限制，人才都希望流入北京，而一旦进入北京，则很少流入河北等相对落后区域。

---

① 刘薇：《京津冀区域生态文明圈构建研究》，《沿海企业与科技》，2013 年第 6 期，第 53—56 页。

② 《环保部发布 74 城市 2013 年空气质量状况》，http://news.sohu.com/20140326/n397217067.shtml。

③ 刘俊卿、苗正卿：《河北重化工之重》，《中国经济和信息化》，2013 年第 19 期。

4. 京津冀低碳合作机制欠缺，没有打破"一亩三分地"的传统思维惯式

尽管京津冀三地的新能源等低碳产业有一定的基础和规模，但加强低碳领域合作的体制机制还不够完善，没有形成抱团协同的创新合力。如保定的光伏产业的产品在北京应用较少，北京具有较好的光照强度，但使用太阳能设备的领域非常少。京津冀三地合作机制不够完善，没有打破习近平总书记指出的自顾"一亩三分地"的传统思维惯式。如在高考、基础教育、社会医疗、养老、交通设施等领域没有形成均等化的公共服务，在政策服务、基础设施、公共服务等方面存在明显较大差距，导致北京、天津形成对人才、资本等要素的"虹吸效应"和过分"极地效应"，高级人才进的多，流出少，对河北相对不发达区域的辐射少、贡献少。

5. 京津冀生态补偿和碳交易机制没有真正建立

京津冀本身作为生态脆弱区、生态涵养区和生态保护区缺乏经济支持，限于 GDP 困境，碳交易与税收都是限制碳排放的手段，碳交易体系还没有开展。多年来，河北张家口、承德等地区为京津提供了丰富的水源，但上下游之间现有的生态补偿机制不健全，补偿标准没有按照市场化的运作方式进行科学计算，加剧了上下游之间的矛盾，导致部分农民因此出现了政策性返贫现象[①]。在承德潮白河流域，迄今为止，先后禁止的工业项目达 800 多项，造成每年损失利税 10 多亿元；在赤城县，为了节水，县里改变了农作物种植结构，水稻种植面积由原来的 3600 多公顷削减至 360 多公顷。作为京津的风沙源治理区，为保护京津大气环境而实施的封山育林、退耕还林还草工程也使得环京津贫困带的农业和畜牧业蒙受了巨大的损失[②]。在京津冀晋蒙经济合作过程中，经济发展与环境保护、生态建设方面缺乏统一规划和协调，没有形成合力分工、优势互补、资源共享、协调发展的局面。由于未建立相应的环境补偿机制，区域内经济发展与环境保护、生态建设不能同步进行，而且导致了区域内矛盾突出，不利于区域经济合作的长远发展[③]。

6. 低碳协同发展的基础设施不够完善

京津冀等各大城市在基础设施建设方面尽管发展很快，但与国际同类型城市比较差距很大，特别是首都北京的基础设施根据人均占有量来说严重不足，交通设施、地铁建设、城市绿化、公共服务等与东京、伦敦等首都城市相差较大。而周边中小城市和落后区县或乡镇差距更大。基础设施

① 《京津冀合作须健全生态补偿机制》，《中国经营报》，2013 年 6 月 22 日。

② 钟茂初、潘丽青：《京津冀生态——经济合作机制与环京津贫困带问题研究》，《林业经济》，2007 年第 10 期，第 44—47 页。

③ 邹正方、李兆洁：《低碳经济视角下的京津冀晋蒙区域经济合作：挑战与选择》，《重庆工商大学学报》，2012 年第 5 期，第 37—40 页。

配套不均衡，导致基本公共服务存在区域差异，制约了资源、人口、技术、信息、产业在落后区域的集聚。河北许多城市特别是贫困县的教育、医疗、文化体育等设施与北京、天津发达城市相差太远，基本公共服务供给不均等，落后区域基础设施不完善，制约了北京人口、产业等要素的疏散和流动。关于低碳发展的基础设施同样存在不够完善等问题，在新能源使用方面缺乏便利的基础设施，严重阻碍了低碳产品应用与推广。如在风能、太阳能产业方面发展缺乏配套设施，电动车的充电设施不足制约电动车产业的发展。

三、基于生态文明建设的京津冀低碳协同发展路径选择

(一)加强京津冀低碳协同发展的顶层设计和宏观布局

从国家层面建立京津冀协同发展领导小组，下设生态文明建设小组专门负责京津冀生态文明建设与低碳发展问题。建立京津冀低碳协同发展的组织、法制、信息化的合作框架。通过顶层设计，从生态文明建设、功能布局和均衡发展的战略高度，将北京非核心功能疏解到天津、河北等地，促进京津冀三地的协同、均衡发展。考虑到北京城市的人口资源和交通等压力，北京的产业布局除了发展高科技研发、高端服务业和高端制造业等外，尽量将一般制造业、非北京核心功能定位的产业、多数央企、一些事业单位或者非核心的行政机构退出北京，向河北、天津疏散，为天津、河北协同发展输送资本、人力和部分行政资源。在低碳经济发展中，需要京津冀三地政府的积极合作与共同参与，防止行业垄断，促进市场竞争，要防止低碳经济出现区域垄断性。

(二)加强京津冀低碳协同发展的技术创新与产业分工

京津冀区域各级政府应该特别注重在低碳技术方面采取措施，鼓励技术创新。北京应该积极利用自己的研发优势、人才优势积极发展低碳技术，加强京津冀地区低碳技术领域的信息交流。积极探索低碳技术合作创新机制，推动三地高校和科研院所与企业横向合作，促进低碳技术的研究、开发和推广与应用。推进生态文明建设和低碳协同发展，应该加强产业的协作分工，避免同质化恶性竞争，更对产业链的不同环节进行分工和功能互补。以保定太阳能和风能设备制造产业发展而言，鼓励在河北、天津和北京等各个区县大力发展节能服务产业和新能源产业的应用。京津冀低碳产业发展要重视资源的整合和优势互补，加快建立京津冀低碳科技公共服务平台，突破行政体制障碍，为京津冀低碳发展提供高质量的低碳科技信息共享、资源整合、低碳技术扩散与低碳技术转化、产业孵化等服务，促进京津冀不同区域间的低碳产业分工、梯度转移和低碳产业集聚，构建功能

互补、宏观布局、市场互联的低碳创新一体化机制[①]。

（三）加强低碳人才培养与公共服务保障

尽快考虑开设低碳技术专业，培养低碳人才，吸引和留住低碳人才。就京津冀地区而言，率先在高职、本科、研究生不同层次开展低碳经济相关教育，鼓励高校与企业合作培养低碳人才。以北京为中心，建设区域性低碳技术人力资源培养合作平台，充分发挥教育行业的合作优势。京津冀区域间要完善促进人才流动的政策，打破户口限制，加强三地公共服务的均等化供给，将目前的限于北京户口的招聘改为限于京津冀地区户口，逐渐释放打破身份和户口限制的活力，减少和拉平北京户口与天津、河北户口之间的利益差距，重点消除限制要素特别是人才自由流动的制度障碍，在人事管理制度上和户口管理制度上进行大胆的改革，使劳动力能够不受限制地按照市场规则和自由、自愿的原则流动。

（四）开展京津冀碳交易，建立生态补偿机制

习近平明确提出要着力扩大环境容量生态空间，加强生态环境保护合作。京津冀低碳协同发展启动大气污染防治协作机制，完善京津冀防护林建设、水资源保护、城市绿化、环境治理、低碳能源使用等领域的长期合作机制，试行碳排放强度考核制度，探索控制温室气体排放的体制机制，在特定区域或行业内探索性开展碳排放交易[②]。一是积极开展碳交易，加强跨省市、跨流域协同治理，积极推进大气污染联防联控，改善区域生态环境，扩大环境容量，拓展生态空间，实现经济、社会和环境协调发展。二是探索京津冀生态共同保护制度，建立京津冀区域生态补偿专项资金，用于补偿区域水资源使用权损失、生态林业用地使用权损失等费用，提高京津两市对河北地区在植树造林、水资源输送、“稻改旱”工程等方面的补偿标准，建立生态补偿的长效机制。三是通过生态补偿机制，建立以低碳发展为导向的产业体系，帮助落后地区建立低碳领域的协同发展与合作机制。

（五）打造低碳自主品牌，加强低碳产业集群发展

京津冀低碳协同发展应以低碳、协同发展为契机，加强低碳自主品牌建设，加快高能耗产业的转型、淘汰或升级，开辟一些低碳的新型产业园区。河北省有目的地进行新兴产业、高端产业、低碳产业的培育和集群发展。打造低碳自主品牌，重视低碳产业集群规划和低碳宣传，从提出概念到品牌包装、注册、网上运营等加强配套设施建设，在税收减免、技术创

---

① 陆小成：《区域低碳创新系统理论与实践研究——基于全球气候变化的思考》，中国文史出版社，2011年，第190—191页。

② 陆小成：《基于区域低碳创新系统的生产性服务业集群模式》，知识产权出版社，2010年，第37页。

新、基础设施、用地保障、行政审批等方面给予优惠政策。京津冀区域加强政府在低碳产业集群中的主导作用，为企业提供良好的环境，根据地方的优势不同，打造不同特点的低碳企业集聚。

（六）加强京津冀低碳协同发展的基础设施建设，打造六大服务圈

疏解首都城市的非核心功能，确保这些产业、人口等要素能流出去，关键在于交通、教育、医疗、文化体育等基础设施和公共服务配套的一体化、均等化的发展。一是京津冀地铁圈建设，地铁系统包括城市轻轨不同于现有的国家铁路系统，具有一卡通、换乘便利、等候短暂、票价优廉等优势，加快北京地铁与天津、河北等周边城市的对接，能有效缓解交通压力，促进周边区域的协同发展，如解决当前燕郊的上下班“潮汐现象”和乘车难问题，应该尽快将北京地铁 6 号线或八通线延长到燕郊和香河地区，解决最后一站问题。二是加大生态防护圈的建设，建立绿色基础设施的协同发展圈，共同规划、共同建设。三是教育服务圈，三地高考统一政策和待遇，在河北、天津等区域建立北京高校的分校区，或将首都部属高校的部分院校或本科或研究生层次教育搬迁到河北，促进为子女教育需求的人口向河北等地疏解。四是医疗服务圈，将协和医院、301 医院等名牌医院或专科医院在河北建立分院，可以规划建立京津冀医疗服务产业园区，在园区内建有北京各大医院的分支机构。五是旅游服务圈，基于京津冀三地的优势旅游资源，可以整合协同发展。六是文化体育圈，京津冀文化体育设施可以统一规划建设、资源共享，联合承担国际或国家大型赛事活动。通过以上六大“服务圈”的重点建设，促进京津冀基础设施和公共服务的均等化供给，完善相关服务设施和产业发展，有效吸引人才、资金、产业向河北、天津疏解，促进均衡、低碳、协同发展，为打造世界级城市群提供支撑和发展基础。

（作者：陆小成　北京世界城市研究基地研究人员　副研究员）

首都高校党建研究基地

（北京航空航天大学）

基地名称：首都高校党建研究基地
依托单位：北京航空航天大学
项目类别：研究基地自设项目

高校学生党建与思想政治教育协同融合的理论与策略分析

内容提要：高校学生党建是思想政治教育的切入点，思想政治教育是促进高校学生党建的有效途径，且二者在目标、内容、方法上均有相同之处。而全球化、社会转型和网络化、信息化等当今时代的特色产物，给高校学生党建和思想政治教育带来了机遇也带来了巨大的挑战；同时，二者在实际工作开展中也存在诸多相似的问题。因此，有必要构建高校学生党建与思想政治教育的协同融合机制，以切实提升二者工作的针对性和实效性。

关键词：高校学生党建；思想政治教育；理论分析；策略建议

高校学生是中国特色社会主义事业的接班人，他们的思想状况直接关系党的事业的成败，关系着民族的未来和前途。新的世情国情，研究高校学生党建和思想政治教育协同融合的新内容、新形式、新机制，不断提高二者工作的针对性、实效性，对培养创新型高素质人才，培养社会主义事业的合格建设者和可靠接班人具有重要的现实意义。

一、高校学生党建与思想政治教育的相互关系

（一）高校学生党建是开展思想政治教育的切入点

高校学生党建，是高校党建乃至全国党建工作的重要组成部分，指高校党组织及党务工作者根据中国共产党组织的要求和青年学生身心发展特点与规律，在高校学生中有目的、有计划、有组织地对入党积极分子和学生党员进行培养、教育、管理的实践活动。高校学生正处于世界观、人生观、价值观形成的重要时期，随着越来越多的学生加入到党员队伍中来，高校基层党组织已成为他们学习、交流的平台。而高校基层组织正是高校党建全部工作和战斗力的基础，是宣扬和贯彻中国特色社会主义理论体系及党的路线方针政策的推动者、组织者、实践者，发挥着战斗堡垒作用。因此，通过加强学生党建工作，创新党内组织生活的内容和形式，使之讲

求实效性、突出时代性、体现特色性，可以为思想政治教育的开展提供可靠的组织保证。

（二）思想政治教育是促进高校学生党建的有效途径

目前高校学生基层党组织中，成员均是具有相同年龄或专业背景的高校学生，属于拥有相似的智力体力水平、兴趣爱好和共同语言的朋辈群体。朋辈群体是高校学生社会化的重要环境因素，甚至超越父母和师长的影响，而形成独特的亚文化圈。亚文化为高校学生社会化提供了文化上的支撑，使其在社会化过程中获得接近现实世界的文化铺垫。在规模日益壮大的高校学生党支部内部，通过强化学生党员、入党积极分子的思想政治教育，运用学生党员的朋辈影响力，发挥其在思想道德培育、优良学风塑造以及校园文化建设中的先锋模范作用，激励更多学生全面提高素质，积极向党组织靠拢，增强党在学生中的凝聚力和吸引力。

（三）二者在目标、内容和方法上均有相通之处

首先，目标一致。中共中央、国务院印发的《关于进一步加强和改进大学生思想政治教育的意见》强调，要加强高校学生的思想政治教育，他们树立正确的人生观、价值观和世界观，能够明辨是非，主动追求高尚的思想境界以及道德情操，拥有坚定的政治立场，将当代高校学生培养成为中国特色社会主义事业的合格建设者和可靠接班人，而高校党的建设也是紧紧围绕培养中国特色社会主义事业合格建设者和可靠接班人这一根本任务，为建设高质量的社会主义大学提供坚强的思想、政治和组织保证。

其次，内容交叉。高校学生党建的主要内容包括思想建设、组织建设、制度建设、作风建设、文化建设几个方面，其中，思想建设在整个党建工作中居于基础和统领地位，更是高校学生党建的生命线，因此高校开展党建活动，首要内容便是加强对学生党员及入党积极分子的思想政治教育，同时，思想政治教育的核心内容为理想信念教育，而这里所说的理想信念就是对共产主义理想和对中国共产党的信任，与高校学生党建工作中的思想政治教育内容相互交叉，彼此为依托。

最后，方法相似。无论是高校学生党建还是思想政治教育，都要坚持以人为本，贴近实际、贴近学生，增强教育的针对性、实效性和感染力。高校党建的工作方式和思想政治教育的方式也有很多共通性。例如，高校党建中的学生党员发展，本身就是思想政治教育的一种形式。而理论讲授、社会实践、志愿服务、学生党团组织活动以及文化熏陶等方式能够有效地增强教育的感染力和吸引力，是二者工作中都经常采用的有效方法。

二、高校学生党建与思想政治教育系统融合的必要性

(一)高校学生党建与思想政治教育面临的共同挑战

近年来，随着政治、经济、文化全球化的不断深入，我国社会的市场经济发展和工业化、城市化的速度也在不断加速，加之日益普及的信息化与网络化技术，使得高校不再是与社会隔绝的象牙塔。作为一个开放的环境，外界文化的多元化直接影响着高校学生的思想动态。

首先，全球化使意识形态领域的挑战和西方政治文化思潮的冲击日益扩大。全球化是当今世界的客观历史潮流，也是时代发展的基本特征和趋势。近年来，随着中国加入世贸组织，全球化对中国的影响更为广泛，东西方文化间相互交流的机会也大大增加。然而一些西方资本主义国家利用全球化的契机，大力鼓吹和推行他们的意识形态。“文明冲突论”、“意识形态终结论”、“中国威胁论”等均是以美国为首的西方资本主义国家在苏东剧变后抛出的新“理论”，为攻击社会主义意识形态提供理论依据。高校学生正处于人生观、价值观形成和发展的重要时期，在思想观念和意识形态领域缺乏足够的判断力和警惕性，西方意识形态进入国门之后，极易迷惑高校学生轻信和推崇西方自由民主的政治价值体系，严重削弱甚至动摇了其对于马克思主义的认同，质疑中国共产党在建设中国特色社会主义过程中的地位，降低政治觉悟和政治自觉，造成信仰虚无与缺失，对高校党建和思想政治教育工作产生极大挑战。

其次，社会转型期带来了义利观念的冲突和消极社会思潮的抬头。改革开放以来，中国步入了计划经济向市场经济转变和传统农业社会向现代工业化社会和城市化社会转变的转型期，而在全球化浪潮的推动下，这一转变进入了加速时期。正是因为有了建设市场经济的“破冰”之举，以及工业化和城市化的迅速发展，今天的中国才能构建完善的市场体系，才能激发强大的社会生产力。但同时，市场经济和工业化引发的社会结构分化，导致了利益主体分化、加剧了社会不平等，市场意识也因此逐渐渗入大众意识之中，几乎各种日常社会关系，都隐含着交易的意味与性质，这对中国传统的伦理道德观念造成极大挑战，也对青少年特别是高校学生的思想观念产生了负面影响。同时，拜金主义、利己主义、享乐主义等消极社会思潮逐渐抬头，高校中为了追求名利而产生的剽窃、造假等学术腐败，以及为了享乐攀比而形成的“拼爹”、“炫富”等现象层出不穷，对高校学生的理想信念造成极大冲击。

再次，信息化和网络化造成了社会道德失范与价值取向错位。信息化和网络化技术的飞速发展造就了信息爆炸的现状，这使得高校学生在眼界上更为开阔、思想上更为活跃，获取信息和知识的途径和速度超越以往任

何时代。然而，互联网也因此成为各种思想文化、价值观念和意识形态竞逐的集中地，任何人都可以通过网络接触到政治、经济、文化、社会等领域多样化的不同观点。而西方发达国家利用其在互联网世界的明显优势，大肆传播本国的价值观念，宣传种族主义、宗教仇恨、民族歧视等不良信息；与此同时，国内网站和部分大众传媒还为提高关注度所进行的炒作、恶搞，不断地散播媚俗、阴暗的新闻。这些网络信息无声地渗透到高校学生的思想意识中，使其在不自觉中受到影响，调整甚至改变自己的价值取向，思想上表现出摇摆不定、混乱茫然的状态。稍不留意就有可能造成价值观错位与迷失，甚至做出危害社会的行为，极大增加了高校学生党建与思想政治教育工作的开展难度。

(二)高校学生党建与思想政治教育两个系统结合出现的问题

面对新的世情国情，高校学生党建与思想政治教育两个系统相互结合、共同发展的思路已有学者及研究人员提及，一些高校在实际工作开展中也在探索，但仍然存在与新形势不相适应的问题，主要有以下几点：

第一，工作理念过于落后。高校学生党建与思想政治教育相互促进的作用毋庸置疑，但是在现实中很多高校却缺乏将二者有效衔接的理念，主要表现为以党员为主体的校园文化活动较少，对学生党员在学习生活中感召力的挖掘不够，学生党员在思想政治教育活动中先锋作用难以有效凸显，学生党员的荣誉感、自豪感、凝聚力严重缺失。同时，许多高校在党员的发展和培养过程中也出现了入党动机功利化、重发展轻教育的现象，甚至缺乏规范的党员培养、考核和组织发展程序，学生只是接受了短暂的党课培训之后即可入党，严重影响了入党的严肃性和党员队伍的整体素质，思想政治教育的重要性和引导监督作用也被完全忽视。

第二，队伍建设有待改善。高校从事具体学生党务和思想政治教育工作的多是辅导员，而辅导员大都由高年级或刚刚毕业的研究生担任，由于与学生年龄、经历相仿，因此更易与学生打成一片，但他们也缺乏必要的人生阅历和工作经验，往往对党建和思想政治工作把握度不够，导致思想政治教育难以得到彻底落实。同时，作为思想政治教育主阵地的思想政治理论课，其任课教师一般具备较为丰富的思想政治理论教育经验，但由于年龄和教师身份而使学生易产生抵触心理，而使沟通和教育的实效性降低。因此，如何通过有效提高两支队伍的整体素质与水平来切实高校学生党建和思想政治教育的融合便成为有待解决的问题。

第三，方式和内容亟待更新。与时俱进是马克思主义理论最重要的理论品质，高校学生党建与思想政治教育的方式和内容也应与时代、社会接轨，尊重高校学生的身心发展规律，以贴近实际、贴近学生、贴近生活的内容，学生喜闻乐见的方式来开展。然而就目前情况来看，许多高校的学生业余党课和思想政治教育仍以马克思主义基本理论、党和国家的政策文件的单向灌输为主，教学方式也仅停留在听报告、传达文件的水平，教育方式和内容缺乏生动性和灵活性。同时，在教育阵地方面，党建工作和思想政治教育也尚未有效地渗透到学生宿舍、社团活动和校园网络中，学生业余生活缺少有效的组织规划与正确引导。

三、构建高校学生党建与思想政治教育协同融合机制

在实践中，以高校学生党建工作和思想政治教育指导思想的一致性为结合点，以育人为根本，以解决共同存在的问题为任务，整合资源创新形式形成合力，既充分发挥思想政治教育在高校学生党建中的基础作用，又不断强调高校学生党建在思想政治教育中的龙头作用。

(一)指导思想与工作理念协同创新

现阶段，高校学生党建与思想政治教育均以马列主义和中国特色社会主义理论体系为指导思想。科学发展观，是马克思主义中国化的最新理论成果。高等教育要发挥好人才培养、科学研究、服务社会、文化传承创新的功能，也必须把科学发展观贯穿到高校办学治校的各个方面，坚定不移走以质量提升为核心的内涵式发展道路。高校学生党建和思想政治教育以科学发展观为指导，从中汲取智慧，相互融合、协同发展，对于推动高等教育内涵式发展、提高人才培养质量将具有积极的意义。在实际工作中，高校学生党建与思想政治教育协同融合机制的构建还应遵循以人为本和改革创新的工作理念，锐意改革、不断创新学生党建和思想政治教育的方式方法，以学生党建为战斗堡垒、以思想政治教育为“生命线”，促进二者协同发展，才能培育出适应社会及时代发展所需的创新型人才，培育出中国特色社会主义事业的优秀建设者和党的事业的合格接班人。

(二)体制机制与队伍建设彼此融合

高校要从党委层面高度重视，坚持全方位全过程全员育人、学生党建与思想政治教育结合的“大思政”模式，将学生党建和思想政治教育摆在学校各项工作的首位，健全由学校党委统一领导，组织部、宣传部、学生工作部、研究生工作部、团委和思想政治理论课教学机构相互配合，各院党委团委共同落实，全校齐抓共管的运行机制，切实增强学生党建与思想政治教育队伍建设的合力。

在队伍建设上可探索和推广党建工作队伍、学生工作队伍、思想政治理论课教师彼此融合、相互兼任的模式，即党委组织部、宣传部、学生工作系统等党团工作队伍的教师担任思想政治理论课兼职教师，同时思想政治理论课教师也可承担学生党校教学和培训任务，并担任学生社团及各类社会实践活动的指导教师，如此不仅促进高校学生党建与思想政治教育在

内容上的相互借鉴与互通有无，而且进一步提高党课内容的理论性与思政课内容的时效性，更为高校的改革、发展和稳定，为高校学生党建和思想政治教育理论研究持续发挥重要作用。

（三）主要内容与开展方式相互借鉴

高校应主动适应经济全球化、文化传播网络化和高等教育大众化的发展趋势，遵循社会主义市场经济条件下 90 后高校学生成长发展规律和认知心理特征，使高校学生党建与思想政治教育的主要内容和开展方式相互借鉴、相互补充，提高二者协同融合的主动适应性、整体改革与系统优化，真正实现“入脑”的育人目标。

第一，高校思想政治理论课堂和学生业余党校是高校学生党建与思想政治教育结合的有力抓手。在思政课课堂上融入党建研究的新理论，介绍党建工作开展的新成果，不仅坚定高校学生对坚持中国共产党领导和继续走中国特色社会主义道路的信念，更为高等教育现代化提供强有力的政治、组织和思想保证。同时，学生业余党校也是开展思政教育的重要平台，其授课内容不应仅限于党的历史、组织、章程等理论性知识的介绍，更应融入理想信念、意志品质、道德观念等思想政治教育的内容，以深入细致的思想政治教育吸引大学生中的优秀分子，触发其爱国爱党、服务人民的热情与信念，激发高校学生党建的生机活力。

第二，学生公寓与网络手机等是高校学生党建与思想政治教育协调融合的全新载体。随着近年来国内高校学分制和书院制改革的推进，学生公寓正在日益替代传统的班集体和固定的教室成为学生生活交往的主要场所，将党团组织及活动逐渐渗透入学生公寓之中，更易为其所接受，对于党建和思想政治教育的各自开展和相互融合而言均可有效扩大覆盖面、极大提升效率。而信息技术的发展，推动了互联网、手机等新兴媒介的应用，高校学生几乎人人、时时、处处都能上网，这为高校学生党建工作和思想政治教育提供了全新阵地，高校应抓住这一契机，使之成为学校了解学生思想动态、学生向学校反映诉求与期望、师生之间双向沟通、良性互动的平台。

参考文献

[1] 唐红文：《试论高校学生党建工作在大学生思想政治教育中的主导性》，《学校党建与思想教育》，2009 年第 1 期。

[2] 穆林：《论高校学生党建工作与思想政治教育的互动性》，《教育探索》，2006 年第 1 期。

[3] 郑倩倩：《改革开放以来高校学生党建和思想政治工作的探索与创新研究》，上海师范大学硕士学位论文，2009 年。

[4] 秦昌宏:《高校学生党建与大学生思想政治教育有机融合的策略研究》,《宁夏师范学院学报(社会科学)》,2010 年第 5 期。

(作者:陈 萌 首都高校党建研究基地研究人员 助理研究员
姚小玲 首都高校党建研究基地办公室副主任 教授)

首都大学生思想政治教育研究基地

（北京交通大学）

基地名称：首都大学生思想政治教育研究基地
依托单位：北京交通大学
项目类别：北京市社会科学基金项目

改革开放教育是高校思想政治教育的时代内容[①]

内容提要：高等学校是传播先进文化、培养高素质人才的重要阵地。加强高校思想政治教育，是培养社会主义现代化建设合格人才的重要手段。开展改革开放教育，是加强新时期高校思想政治教育的必然要求。通过进行改革开放教育，帮助大学生充分认识我国改革开放的启动原因、历史过程、伟大成就、宝贵经验和重大意义；认识改革开放是决定当代中国命运的关键抉择，是始终推动党和人民事业不断发展的强大动力，是发展中国特色社会主义、实现中华民族伟大复兴的必由之路；只有社会主义才能救中国，只有改革开放才能发展中国、发展社会主义、发展马克思主义的客观事实；进一步坚定不移地高举中国特色社会主义伟大旗帜，坚持中国特色社会主义道路，坚持中国特色社会主义理论体系，坚持中国特色社会主义制度。

关键词：改革开放；高等学校；思想政治教育；时代内容

深入开展改革开放教育是党中央提出的一项重要战略任务，是进一步增强全党和全国人民坚定不移走中国特色社会主义道路信心和信念的重要举措。《中共中央关于深化文化体制改革推动社会主义文化大发展大繁荣若干重大问题的决定》明确把深入开展改革开放教育纳入推进社会主义核心价值体系建设的内容中。习近平同志明确指出："改革开放只有进行时没有完成时。""只有改革开放才能发展中国、发展社会主义、发展马克思主义。中国特色社会主义在改革开放中产生，也必将在改革开放中发展壮大。"改革开放理论是中国特色社会主义理论体系和社会主义核心价值体系的重要组成部分，开展中国特色社会主义理论体系和社会主义核心价值体系教育，理所当然应当包括改革开放教育。对当代大学生开展改革开放教育，是当

① 本文是"北京市培育和践行社会主义核心价值观研究"项目的阶段成果，项目编号：14ZDB19。

前高校思想政治教育的重要内容和时代课题。

一、开展改革开放教育是加强高校思想政治教育的必然要求

高等学校是传播先进文化、培养高素质人才的重要阵地。加强高校思想政治教育，是培养社会主义现代化建设合格人才的重要手段。开展改革开放教育，是加强新时期高校思想政治教育的必然要求。

（一）开展改革开放教育是高校坚持社会主义办学方向的根本要求

高等学校的根本任务就是要全面贯彻党的教育方针，坚持育人为本、德育为先，培养德智体美全面发展的社会主义建设者和接班人。高校思想政治教育的根本目的就是提高青年学生认识和改造世界的能力，努力把他们培养成为有理想、有道德、有文化、有纪律的社会主义事业建设者和接班人。为了实现这一根本目的，高校思想政治教育的根本任务就是用党的基本路线和基本理论来教育和武装学生。改革开放是党的基本路线和基本理论的核心内容之一，它和四项基本原则共同构成了“两个基本点”的内容。为了推进党的基本路线和基本理论教育，当前有必要把改革开放教育作为高校思想政治教育的一项重要内容，把改革开放三十多年来形成的马克思主义中国化最新成果及时融入高校教学科研和思想政治教育过程中去，进一步用中国化的马克思主义理论武装青年学生的头脑，增强大学生学习和实践科学发展观的自觉性，提高他们自觉运用马克思主义世界观、人生观、价值观分析和解决问题的能力，努力培养一批又一批社会主义合格建设者和可靠接班人。

（二）开展改革开放教育是不断强化青年学生中国特色社会主义理想信念的重要手段

理想信念教育是高校思想政治教育的一项重要内容。当代大学生要树立的理想，就是要把我国建设成为社会主义现代化国家，实现中华民族的伟大复兴；当代大学生要确立的信念，就是要坚持党的基本理论和基本路线不动摇，坚定不移地走中国特色社会主义道路。正确的理想信念来源于科学理论的武装，只有把改革开放教育引入大学生思想政治教育的过程中，才能使大学生真正认识改革开放是发展中国特色社会主义、实现中华民族伟大复兴的必由之路。正如《中共中央关于深化文化体制改革推动社会主义文化大发展大繁荣若干重大问题的决定》中所指出的那样，通过深入开展改革开放等教育，进一步坚定广大干部群众对中国特色社会主义的信心和信念。高等学校是培养合格人才的重要阵地，通过对大学生进行改革开放教育，可以不断深化青年学生对我国社会主义初级阶段基本国情和中国特色社会主义伟大成就的认识，进一步坚定马克思主义信仰，坚定中国特色社会主义信念，增强对发展中国特色社会主义的信心。

（三）开展改革开放教育是促进大学生全面发展、培养社会主义合格建设者和可靠接班人的必然要求

当代大学生是改革开放后成长起来的新一代，他们的生活环境比父辈安逸、舒适，很少经受过艰苦生活的磨难，缺乏新旧生活、治乱安危对比的切身感受，看问题往往比较简单。他们思想开放、思维活跃、易于接受新生事物，但是辨别是非、抵御诱惑的能力不强，尤其是他们中的一部分人，对西方资产阶级的民主、自由、平等、博爱等思想缺乏全面、辩证的理解，个别人甚至羡慕西方发达国家的所谓文明、富裕，抱怨自己国家的贫穷、落后。所有这些都在一定程度上影响和制约着大学生的全面健康成长。对大学生进行改革开放教育，使他们正确认识我国改革开放的启动原因、历史过程、伟大成就、宝贵经验和重大意义，这对进一步提高大学生的思想政治素质、增强大学生的历史使命感和责任感，对于培养德智体美劳全面发展的社会主义合格建设者和可靠接班人具有十分重要的战略意义。

二、高校开展改革开放教育的总体要求和主要内容

高校开展改革开放教育的总体要求是：通过进行改革开放教育，帮助大学生充分认识我国改革开放的启动原因、历史过程、伟大成就、宝贵经验和重大意义；认识改革开放是决定当代中国命运的关键抉择，是始终推动党和人民事业不断发展的强大动力，是发展中国特色社会主义、实现中华民族伟大复兴的必由之路；只有社会主义才能救中国，只有改革开放才能发展中国、发展社会主义、发展马克思主义的客观事实；进一步坚定不移地高举中国特色社会主义伟大旗帜，坚持中国特色社会主义道路，坚持中国特色社会主义理论体系，坚持中国特色社会主义制度。

高校开展改革开放教育的内容很多，结合新时期大学生的实际状况，当前高校改革开放教育应重点抓好以下几个方面的教育：

（一）改革开放的历史起因教育

通过改革开放的前后对比，使大学生们充分认识我们党做出改革开放这一历史性决策的内在原因。一方面，从当时我国的外部环境来分析，20世纪中叶蓬勃兴起的世界新科技革命极大地推动了世界经济和科学技术的快速发展，使得我国当时的经济实力、科技实力与国际先进水平的差距明显拉大，“文化大革命”之后我国的发展面临着巨大的国际竞争压力。在这种情况下唯有通过实行改革开放才能真正跟上时代发展的步伐。另一方面，从当时我国国内的环境来看，经过“文化大革命”十年内乱，我们国家刚刚进入一个新的发展时期，就当时的整个政治局面来说，是一个比较混乱的状态，就当时的整个经济情况来说，实际上仍处于缓慢发展的状态。在这样的现实社会状况下，我们只有而且必须通过改革开放，才能迅速增强我

国社会主义的生机活力，不断解放和发展生产力，改善人民生活。

(二)改革开放的历史过程教育

通过这种教育，使大学生们清楚地认识到，我国改革开放事业是中国共产党几代领导集体共同探索、共同推进的结果。以毛泽东为核心的党的第一代中央领导集体带领全党全国各族人民取得社会主义革命和建设伟大成就以及探索社会主义建设规律取得宝贵经验，为我国改革开放提供了宝贵经验、理论准备和物质基础；以邓小平为核心的党的第二代中央领导集体带领全党全国各族人民拨乱反正，果断做出了把党和国家工作重心转移到经济建设上来、实行改革开放的历史性决策；以江泽民为核心的党的第三代中央领导集体率领全党全国各族人民继承、发展了改革开放和现代化建设伟大事业并成功把改革开放推向 21 世纪；以胡锦涛为总书记的党中央发扬求真务实、开拓进取精神，在全面建设小康社会实践中坚定不移地把改革开放事业继续推向前进；以习近平为总书记的党中央顺应国内外形势的新变化，把继续推进改革开放放在更加重要的战略地位，强调靠改革开放发展中国、发展社会主义、发展马克思主义。我国三十多年改革开放的过程，正是几代中国共产党人不断接力又不断续跑的历史过程。

(三)改革开放的伟大成就教育

通过这方面的教育，大学生们清楚地看到，改革开放三十多年来，我国的社会主义现代化建设事业取得了举世瞩目的伟大成就。正如十八大报告所总结的那样，我国经济总量从世界第六位跃升到第二位，社会生产力、经济实力、科技实力迈上一个大台阶，人民生活水平、居民收入水平、社会保障水平迈上一个大台阶，综合国力、国际竞争力、国际影响力迈上一个大台阶，国家面貌发生新的历史性变化。改革开放以来的三十多年，是我国经济持续发展、民主不断健全、文化日益繁荣、社会保持稳定的时期，是着力保障和改善民生、人民得到实惠更多的时期。所有这些历史性成就的取得，靠的是党的基本理论、基本路线、基本纲领、基本经验的正确指引，靠的是改革开放英明决策的正确引领，靠的是全党全国各族人民的团结奋斗。

(四)改革开放的宝贵经验教育

我们党领导改革开放三十多年来积累了宝贵经验，这些经验包括把坚持马克思主义基本原理同推进马克思主义中国化结合起来，把坚持四项基本原则同坚持改革开放结合起来，把尊重人民首创精神同加强和改善党的领导结合起来，把坚持社会主义基本制度同发展市场经济结合起来，把提高效率同促进社会公平结合起来，把坚持独立自主同参与经济全球化结合起来，把促进改革发展同保持社会稳定结合起来，等等。通过开展改革开放宝贵经验教育，可以使大学生系统认识改革开放的经验，深刻把握改革开放的规律，为他们毕业后积极投身改革开放实践奠定良好的基础。

(五)改革开放的成功原因教育

我国改革开放为什么能够取得举世瞩目的成绩？改革开放成功的内在原因究竟是什么？关于这个问题我们党的十七大报告、十八大报告都做过深刻阐述。十八大报告指出，在改革开放三十多年一以贯之的接力探索中，我们坚定不移高举中国特色社会主义伟大旗帜，既不走封闭僵化的老路，也不走改旗易帜的邪路。中国特色社会主义道路、中国特色社会主义理论体系、中国特色社会主义制度，是党和人民九十多年奋斗、创造、积累的根本成就，必须倍加珍惜、始终坚持、不断发展。这就清楚地告诉我们，我国改革开放之所以取得如此重大的成就，获得举世公认的成功，根本原因就在于我们始终高举中国特色社会主义伟大旗帜，坚定不移走中国特色社会主义道路，坚持中国特色社会主义理论体系和中国特色社会主义制度。对当代大学生进行改革开放成功原因教育，可以进一步坚定当代大学生坚持走中国特色社会主义道路、坚持中国特色社会主义理论体系和中国特色社会主义制度的决心和信心。

(六)改革开放的重大意义教育

改革开放是我们党在新的历史条件下带领人民进行的新的伟大革命，是坚持和发展中国特色社会主义、实现中华民族伟大复兴的必由之路。改革开放的最大理论意义就是它丰富和发展了马克思主义的社会发展、改革和开放理论，形成和发展了中国特色社会主义理论体系；改革开放的最大的实践意义就是它为我们探索出了一条中国特色社会主义伟大道路，形成了中国特色社会主义理论体系和中国特色社会主义制度。改革开放用无可辩驳的事实告诉世人：只有社会主义才能救中国，只有改革开放才能发展中国、发展社会主义、发展马克思主义。对当代大学生进行改革开放重大意义教育，可以进一步坚定当代大学生坚持走改革开放道路、实现中华民族伟大复兴的自信心和责任感。

高校思想政治教育是一项系统工程，改革开放教育是这项系统工程中的重要内容。党的十七届六中全会通过的《中共中央关于深化文化体制改革推动社会主义文化大发展大繁荣若干重大问题的决定》中强调要“深入开展形势政策教育、国情教育、革命传统教育、改革开放教育、国防教育，组织学习中国近现代史特别是党领导人民进行革命、建设、改革的历史”。这就是说，高校改革开放教育不能孤立进行，在开展改革开放教育的同时，还必须继续深入开展马克思主义世界观、人生观和价值观教育，爱国主义、集体主义和社会主义教育，党的基本理论、基本路线、基本纲领和基本经验教育，中国特色社会主义理论体系教育，社会主义核心价值体系教育，公民道德与文明规范教育，思想品德和文化素质教育，等等。通过全方位、多角度、立体化的思想政治教育，不断提高大学生的思想政治素质，促使他们尽快成为德智体美劳全面发展的合格人才。

三、把改革开放教育融入高校思想政治教育全过程

为了使改革开放教育开展得深入具体、扎实有效，必须把改革开放教育融入大学生思想政治教育的全过程，体现在高校教学、科研、管理和育人过程的方方面面。

(一)思想政治理论课是开展改革开放教育的主渠道

高校思想政治理论课是帮助大学生树立正确世界观、人生观和价值观，提高大学生思想政治素质的重要途径，也是对大学生进行改革开放教育的主渠道。在高校思想政治理论课教学中，要结合马克思主义基本原理、中国近现代史纲要、中国特色社会主义理论体系概论等教学内容，突出对我国改革开放历史进程、伟大成就、宝贵经验和重大意义的阐释，突出对改革开放以来马克思主义中国化最新成果的系统阐释，突出对中国特色社会主义伟大道路和中国特色社会主义理论体系的阐释。通过教育帮助大学生充分认识和把握当代中国特色社会主义的改革开放观，认识和把握马克思主义中国化的最新理论成果，认识和把握中国特色社会主义理论体系，进一步增强走中国特色社会主义道路的自觉性和主动性。

(二)高校哲学社会科学课是开展改革开放教育的重要渠道

除思想政治理论课外，高校其他哲学社会科学课程同样负有思想政治教育的重要职责。哲学社会科学中的绝大部分学科都具有鲜明的意识形态属性，对于帮助大学生坚定正确的政治方向，提高思想道德修养和精神境界具有十分重要的作用。哲学社会科学课的许多内容都与我国改革开放的伟大实践密切相关。改革开放的实践经验丰富和发展了我国哲学社会科学课程的时代内容，同样哲学社会科学课程的许多内容也在很大程度上体现着改革开放的宝贵经验和重要理论成果。许多哲学社会科学课的讲授过程，实际上也是向大学生开展改革开放教育的过程。高校哲学社会科学课的教师必须自觉利用自己所讲授的课程，积极主动地对大学生开展改革开放教育。要发扬理论联系实际的优良学风，紧密围绕大学生普遍关心的改革开放和现代化建设中的重大问题，做好释疑解惑和教育引导工作。

(三)形势政策教育是开展改革开放教育的重要途径

形势政策教育是我国高校思想政治教育的一个重要途径。各高校要把改革开放教育作为一项重要内容列入大学生形势政策教育过程之中，有计划、分层次地对不同年级、不同学科的大学生开展改革开放教育。要通过举办改革开放形势报告会、座谈会、研讨会，通过组织改革开放成果展、影视展、图片展，通过定期编写改革开放教育宣讲提纲等形式，多途径、多渠道地向大学生开展改革开放教育。

(四)校园网络是开展改革开放教育的重要阵地

目前，校园网络已成为高校弘扬主旋律、开展思想政治教育的重要手段。高校开展改革开放教育必须充分发挥校园网这一新阵地的作用，特别要发挥好校园思想政治教育网站的作用。校园网要通过设立相关宣传专栏，运用文章、图片、影视、资料等形式，及时向大学生推介改革开放的伟大成就、改革开放的宝贵经验、改革开放的重大意义等方面的内容，也可以通过网络开展改革开放教育征文、知识竞赛、专家访谈等活动。通过这些活动使大学生全面系统地了解改革开放的历史过程和伟大成就，齐声唱响共产党好、社会主义好、改革开放好。

(五)校园文化建设是开展改革开放教育的重要环节

校园文化具有重要的育人功能。要把改革开放教育的内容融入丰富多彩的校园文化活动之中，融入大学生文化素质教育过程之中，融入各种积极向上的学术、科技、体育、文学和娱乐活动之中。要结合传统节庆日、重大事件和开学典礼、毕业典礼等，开展特色鲜明、吸引力强的改革开放主题教育活动。通过一系列特色鲜明的校园文化活动，使大学生进一步认识改革开放的伟大成就和重大意义，进一步坚定在新的历史条件下继续推进改革开放、走中国特色社会主义道路的决心和信心。

(六)社会实践活动是开展改革开放教育的有效途径

社会实践活动是大学生思想政治教育的重要环节，对于促进大学生认识国情现实、了解改革开放实际、增强社会责任感具有不可替代的作用。高校要积极鼓励和引导大学生走出校门，到基层去，到工农群众中去，到改革开放第一线去。通过社会实践，培养大学生的改革观念、开放观念、劳动观念和爱国意识、责任意识和创新意识。高校要充分利用好寒暑假和学生实习等有利时机，开展以改革开放教育为主题的形式多样的社会实践活动，使大学生在社会实践活动中受教育、长才干、做贡献，增强社会责任感。

总之，把改革开放教育融入高校思想政治教育过程之中，是新时期高校党建和思想政治教育工作的一项重要内容和时代课题。各级教育管理部门和各高校党委一定要从贯彻落实科学发展观和培养社会主义事业建设者和接班人的战略高度，把开展改革开放教育作为一项政治任务列入学校重要议事日程。要结合学校实际制定切实可行的具体措施，努力把改革开放教育同学校改革发展有机结合起来，同学校教学科研有机结合起来，同学校党建和思想政治工作有机结合起来，通过扎实有效的工作，不断开创高校思想政治教育工作的新局面。

（作者：韩振峰　首都大学生思想政治教育研究基地首席专家　教授、博导）

北京产业安全与发展研究基地

（北京交通大学）

基地名称：北京产业安全与发展研究基地
依托单位：北京交通大学
项目类别：研究基地自设项目

产业政策安全的经济学分析

内容提要： 本文将产业政策安全视作产业决策的正确性和及时性的组合，引入等安全度线和等成本线，构建了产业政策安全模型，分别分析了产业决策总投入和决策效率对产业政策安全的影响。结果表明，产业决策总投入和决策效率共同决定了产业政策安全的程度。因此，维护产业政策安全需要政府增加产业决策的总投入和提高产业决策的效率；而且，实现产业的发展，仅有产业政策安全是不够的，还必须保证产业政策的有效实施。

关键词： 产业政策安全；产业决策；等安全度线；等成本线

一、引　言

产业政策安全是李孟刚[①]基于产业经济学理论框架提出来的[②]，是指一国政府能够维持对本国产业发展决策的独立性、及时性和正确性。也就是说，主权国家能够根据本国产业发展实际情况和国际经济形势变化独立、及时、正确地进行产业决策，从而保证本国产业健康、稳定、持续地发展。从这个定义来看，它包含三个方面的内容：一是国家拥有产业决策权的完整性，不受别国或者国际组织的影响；二是国家的产业决策要及时、灵活，能根据本国经济和世界经济的发展状况出台相应政策；三是保证产业决策正确性，能克服信息不对称等诸多因素的干扰，避免失误。产业政策的正确性表现在政府面对和处理产业发展问题时，经验丰富、目标明确、措施得力、计划周详，进而避免信息不对称、人为偏差等因素的干扰；产业政策的及时性体现在政策是否能够根据产业结构变动的信息适时进行必要的

---

① 李孟刚：《产业安全的分类法研究》，《生产力研究》，2006 年第 3 期，第 190—191、222 页。

② 除了产业政策安全，产业安全还包括产业组织安全、产业结构安全和产业布局安全。

调整[①]，在出现偏差的时候也能进行及时调整和修正。因此，无论产业决策的独立性对产业政策安全有无影响，最终都会体现在产业决策的正确性和及时性上，无须单独考虑。

所以，本文将产业政策安全的两个影响变量确定为产业决策的正确性和及时性。此外，本文将产业政策安全度作为产业政策安全的衡量指标。在不考虑成本的前提下，政府产业决策越正确，产业政策安全度越高；产业决策越及时，产业政策安全度也越高。但是，不考虑成本是不现实的，诸如产业决策所需要的相关信息的搜集、处理与分析，既得利益的权衡，政治需求等，都需要相应的政府投入。为获得产业决策一定程度的正确性和及时性，政府愿意支付的成本或者可支配的预算都存在着上限。如果为获得产业决策的正确性和及时性需要支付的成本高出政府的预算，则提高产业政策安全度就会缺乏主观动力和实施条件。

为此，利用微观经济学生产者理论中的等产量线和等成本线的含义，借鉴一些文献，对产业政策安全进行经济学分析。陈冬华[②]将会计信息看作一系列会计政策选择的组合产品，把会计政策的相关性和可靠性看作两种互替的组合，在成本约束下，结合无差异曲线和等成本线进行会计政策的选择；黄维德和陈欣[③]利用无差异曲线和预算线模型来分析企业劳动关系和谐水平，该文献将“物质”和“精神”看作两种商品，把和谐水平类比为一种主观效用；葛新权[④]将“公有化”和“私有化”看作两种生产要素，引入等成本线和等产量线，来分析政府所获得的“产量”，即效率和效果。在此，本文利用等产量线和等成本线原理构造产业政策安全模型。

二、产业政策安全的等安全度线分析

等产量线是经济学生产者理论中的重要概念，是指由生产同一产量的所有可能的投入要素组合形成的曲线。一般来说，等产量线是一条向右下方倾斜并且凸向原点的曲线，其实质是要素的边际替代率递减规律。根据此概念，本文提出等产业政策安全度线(简称“等安全度线”，下同)，是指达到同一产业政策安全水平的产业决策的正确性和及时性组合形成的曲线。等安全度线虽然不能确定产业政策安全度的绝对大小，但是通过引入等安全度曲线簇可以对产业政策安全水平进行排序，说明产业政策安全度的相

---

① 韩小明：《产业政策的实施机制》，《教学与研究》，2001 年第 7 期，第 20—26 页。

② 陈冬华：《会计政策选择的经济学思考》，《财经研究》，2002 年第 10 期，第 75—80 页。

③ 黄维德、陈欣：《基于无差异曲线的企业和谐劳动关系影响机制研究》，《社会科学》，2008 年第 6 期，第 54—58 页。

④ 葛新权：《经济制度与经济手段的经济理论分析》，《首都经济贸易大学学报》，2003 年第 1 期，第 21—24 页。

对大小，如图 1 所示。

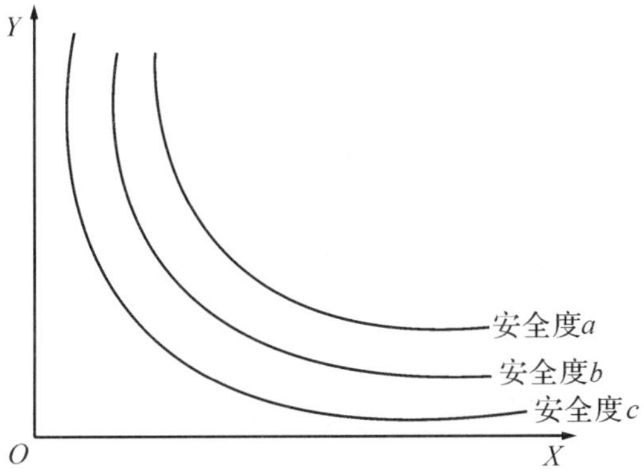

图 1　等产业政策安全度线

其中，变量 X 与 Y 分别代表产业决策的“及时性”与“正确性”，该组等安全度线的特点主要有如下几点：

(1)等安全度线是向右下方倾斜的曲线，斜率为负，且凸向原点。这说明，产业决策的正确性和及时性这两种要素存在互替关系，显示了政府在产业决策中的灵活性。也就是说，对政府而言，在一定的产业政策安全度前提下，可以为了保持产业决策的正确性而放弃一些及时性，也可以为了产业决策的及时性牺牲一些正确性。总之，政府需要就产业决策的正确性和及时性进行权衡。

(2)同一平面内存在无数条等安全度线，每条曲线代表的产业政策安全度相同，不同的曲线代表的产业政策安全度不同。而且，离原点越近的曲线所代表的产业政策安全度越低，离原点越远的则安全度越高。如图 1 所示，安全度 a＞安全度 b＞安全度 c。

(3)同一坐标平面上的任意两条等安全度线不会相交。而且，对于任意两种可能达到的安全度，总是可以比较大小的。

三、产业政策安全的均衡分析

经济学中的等成本线是指生产者在给定总成本条件下可能购买的两种生产要素的所有组合。在本文，等成本线表示政策主体(政府)对产业政策安全度的满足能力，它的形状由政策主体决策的总投入和决策效率(类似于生产函数)决定。将等成本线和等安全度线结合起来，可以研究政策制定者如何选择最合适的产业决策的正确性和及时性组合，并通过选择达到均衡。具体分析如下。

(1)代表产业政策安全水平的等安全度线与代表决策总投入和决策效率的等成本线相切的时候，切点处的产业决策正确性和及时性的组合使产业政策安全度最高，也就是实现既定决策成本条件下的安全度最大化，或者既定安全度水平下的决策成本最小化，即用最少的成本制定出安全度最高的产业政策。如图 2 所示，若假设有无穷且连续的产业决策可供选择，而既定的等成本线与安全度曲线 a 相切于 M 点，M 点代表的产业政策安全度最高，高于其余各点($A1$、$A2$、$B1$、$B2$)代表的产业政策安全度。

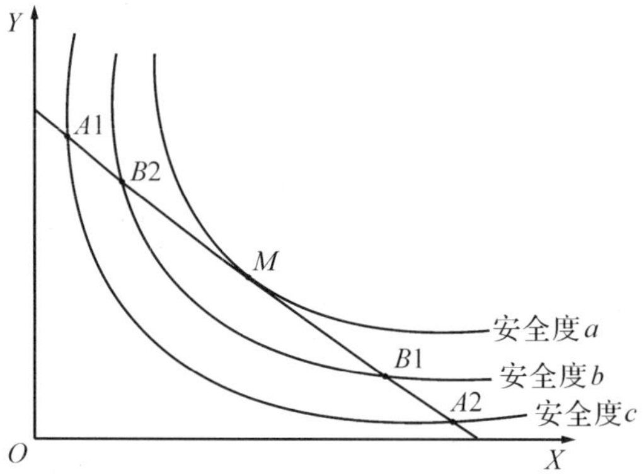

图 2　产业决策正确性和及时性选择示意图

(2)产业决策总投入是影响产业政策安全度的重要因素，在决策效率既定的条件下，如果增加决策开支，比如说政府为实现产业决策的正确性和及时性投入更多的财力、物力和人力用来确定产业发展路径等，等成本线会向右方移动，从而与更高的安全度曲线相切，提高产业政策安全水平。如图 3 所示，若政府增加决策投入，等成本线会向右平行移动(见图 3 中的曲线 $L1$、$L2$、$L3$)，因为前提假设是坐标平面内存在无数条等安全度曲线，故移动后的等成本线会和表示更高水平的等安全度曲线相切，达到更高的安全度。

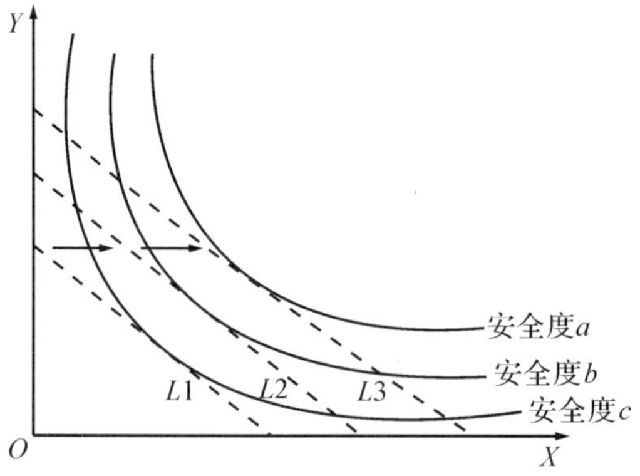

图 3　产业决策投入对产业政策安全的影响

(3)产业决策效率是影响产业政策安全度的另一个重要因素，通过政策制定体系的完善提高决策效率，可以在不增加决策投入的前提下，使等成本线的位置发生变化，进而达到更高的产业政策安全度。如图 4 所示，初始状态下等成本线为 $S1$，若产业决策效率提高，如完善不同决策部门的信息传递机制和决策沟通机制，则等成本线以 H 点为轴向右转动到 $S2$，均衡点也由原来的 $E1$ 变为 $E2$，达到更高的安全度。同理，等成本线也可以以横轴上的 T 点为轴进行转动，结果类似，不再赘述。

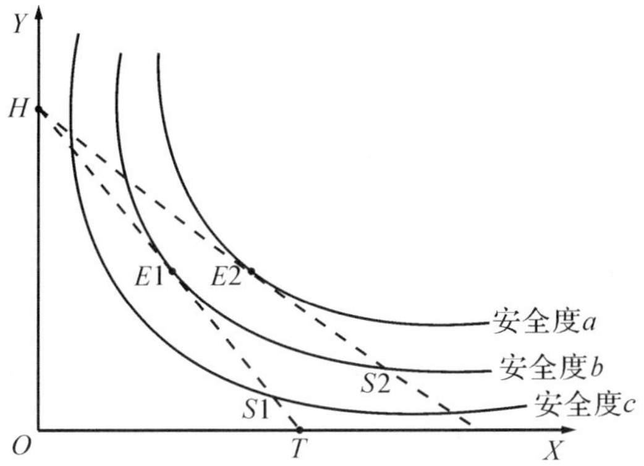

图 4　产业决策效率对产业政策安全的影响

从上述分析中可以看出：首先，政府通过产业决策正确性和及时性的选择可以实现最优的产业政策安全水平，用既定的成本制定出约束条件下安全度最高的产业政策；其次，产业决策总投入和决策效率的变化都会影响该均衡，改变最终的产业政策安全水平。

四、模型在光伏产业政策安全中的应用

光伏产业作为战略新兴产业，从 2002 年开始经历了持续扩张的阶段。2006 年开始实施的《中华人民共和国可再生能源法》为光伏产业的发展提供了法律保障。光伏产业第一家上市公司——无锡尚德太阳能电力有限公司——于 2005 年 12 月 14 日在纽交所上市。自尚德上市后，很多企业纷纷涌入多晶硅生产和组件行业。2007 年中国便成为生产太阳能电池最多的国家，产量从 2006 年的 400 兆瓦达到 1088 兆瓦。而从 2010 年开始，我国太阳能光伏产业出现竞争加剧和产能过剩等诸多问题；此外，随着光伏产业飞速发展，出口量大幅增长，出现“两头在外”现象。据统计，2011 年，我国光伏电池对欧洲出口金额为 203 亿元，约占同期中国该产品出口总额的 73%[①]。2011 年下半年以来，美国和欧盟相继对我国光伏产业展开“双反”调

① 史丹、白旻：《美欧“双反”情形下中国光伏产业的危机与出路》，《国际贸易》，2012 年第 12 期，第 15—19 页。

查(反补贴和反倾销)。

光伏产业链从上游到下游包括硅料—硅片—电池片—组件封装等环节。从技术资源看，全球光伏产业各环节技术发展不均衡。上游多晶硅生产及提纯技术主要控制在美国、德国和日本等国企业手中，具有较强的技术垄断性、可控性和不可替代性，并直接制约着中下游生产环节；我国国内光伏系统安装量小，光伏组件的需求市场低迷，绝大部分光伏组件只能出口国外，严重依赖国际市场；此外，政府不遗余力地补贴光伏产业，给予各种优惠，但在其出现产能过剩问题时没有合理引导行业发展，反而继续为其扩张提供支持。这表明产业政策安全没有得到保障，不能为产业良性发展提供进一步支持。

光伏产业政策属于扶持型政策，对于产业本身的发展起着非常大的作用。上文构建的产业政策安全模型的分析可以用来解释我国光伏产业政策安全问题。政府的产业决策在初期具有一定的正确性和及时性，确实带动了光伏产业迅速起步和发展，但是后来的光伏产业发展出现严重困难。此时的产业决策存在两方面的问题：一是虽然我国光伏产业中多晶硅技术、设备技术有所发展，但关键技术仍落后于国际先进水平[①]，缺乏包括高纯硅提纯技术和光伏材料加工设备等核心技术。政府并没有将该现状及时纳入产业决策过程，导致产业决策侧重于直接运用国外已有技术提高产能而不是鼓励研发核心技术；二是产业决策的过程未能及时收集产业发展和市场结构方面的实时信息，在上中游制造环节企业增多、产业竞争恶化、产能过剩的情况下，虽然政府转变思想，从扩大国内消费需求和扶持产业链下游两个方面为出发点进行决策，但仍然倾向于扩大开支和刺激政策，不是从产业长期发展出发及时、正确地进行产业决策。

五、结　论

产业政策安全的决定因素是政府产业决策的总投入和决策效率。根据等安全度线的原理，政府可以在评估产业决策正确性和及时性两个方面的基础上，决定从哪一方面进行改善。如果产业决策正确性较高，也就是说产业决策过程较为合理，能够克服信息不对称、利益集团干扰、人为偏差等不利影响，那么就应该在增强产业决策的及时性上付出更多努力；如果产业决策过程及时性较强，能够快速、及时地根据国内外经济、社会形势等进行决策调整，那么应该在提高产业决策正确性上面进行努力。此外，根据产业政策安全的均衡分析，政府通过增加决策投入和优化决策机制来

① 徐枫、李云龙：《基于 SCP 范式的我国光伏产业困境分析及政策建议》，《宏观经济研究》，2012 年第 6 期，第 11—20 页。

提高产业政策安全水平成为可能。

但是，产业决策的正确性和及时性得到保障并不代表制定出来的产业政策就能发挥预期效果，因为产业政策的执行过程同样重要。如果在执行的环节没有使其发挥应有的效果，或偏离预期值，也不能称之为产业政策是有效的或安全的。在我国，政策主要是由中央政府负责制定，但很大程度上却是由地方政府具体执行。由于产业政策执行主体是地方政府，在权力分散、地方保护主义盛行的背景下，存在较为严重的"上有政策、下有对策"现象，地方政府趋利性的存在，可能会使一些产业政策明确限制的产业在地方优惠政策和保护的条件下得到迅速发展，从而影响产业政策效果。所以，实现产业的发展，仅有产业政策安全是不够的，还必须保证产业政策的有效实施。

（作者：卜　伟　北京产业安全与发展研究基地负责人　教授、博导
陈　灿　北京产业安全与发展研究基地　硕士研究生）

基地名称：北京产业安全与发展研究基地
依托单位：北京交通大学
项目类别：研究基地自设项目

基于产业链视角的我国汽车产业外资控制力评价

内容提要：本文基于产业链视角，选取外资市场控制率、外资技术控制率和外资总资产控制率为评价指标，采用熵权法和加乘混合合成法，对我国车用发动机、汽车整车、汽车产业整体的外资控制力进行综合评价。结果表明，从产业链来看，车用发动机的外资市场控制率、外资技术控制率和外资总资产控制率以及作为综合反映的产业外资控制力总体上都是最高的；从指标权重来看，外资技术控制率的熵权重最高。由于车用发动机是汽车产业链最关键的环节之一，技术控制率的熵权重最大，所以，关注汽车产业的外资控制情况，不能只关注汽车整车和汽车产业整体，更应该关注包括车用发动机在内的产业关键环节；在评价指标中，对汽车产业外资控制力关注的重点应放在外资技术控制率上。

关键词：产业链；汽车产业；外资控制力

一、引　言

自改革开放以来，我国利用外商直接投资（Foreign Direct Investment，FDI）金额增长很快。根据中国投资指南网，中国实际使用 FDI 金额从 1983 年的 6.36 亿美元，增长到 2013 年的 1187.21 亿美元，增长了 185 倍多。FDI 带动了我国经济增长、技术进步、管理水平提高和就业增加等。但根据垄断优势理论，FDI 与外商间接投资（Foreign Indirect Investment，FII）的根本区别在于前者凭借其垄断优势对其所投资企业具有控制力。我国作为东道国，利用 FDI 相应地产生了外资控制问题：我国的重要产业如汽车产业外资控制力如何？汽车产业[①]是国民经济的支柱产业，属于资本、技

① 广义的汽车产业包括汽车制造业、汽车服务业以及汽车金融业。本文的汽车产业指汽车制造业。

术密集型的产业，具有产业链长、关联度高、消费拉动大、就业面广等特点，在国民经济和社会发展中发挥着重要作用。近年来，我国汽车产业在国民经济中的地位不断提升。1990年汽车产业总产值占GDP仅为2.7%，到2011年时，该比重已经超过7%[①]。如果再考虑到汽车产业对整个上下游工业的带动，汽车产业对国民经济的拉动作用将远远大于7%。1978年以后，为提高民族汽车产业落后的生产技术，中央政府鼓励民族汽车厂商与外国合资经营。截至2011年，汽车产业三资企业总资产额为6236亿元[②]。通过外商直接投资的资金和先进技术的带动作用，我国汽车产品结构得到不断改善，汽车配套方面也逐渐完善，国际竞争力显著提高。然而，汽车工业发达国家控制着汽车产业链的分工，不会放松对产业链关键环节的控制。表现之一是汽车外资企业在中国建厂，但通常是从东道国进口零部件。由此可能出现汽车产业的外资控制水平较低，但是某个关键环节外资控制水平较高的情况，从而影响对汽车产业控制力评价的准确程度。所以，从产业链的角度研究我国汽车产业外资控制力有重要的现实意义。

关于产业链，由于其概念的模糊性和内涵的复杂性，目前学术界对产业链还未形成统一的定义，国内学者对产业链概念的解释主要有以下几个方面。一种观点认为产业链是生产链条。如郁义鸿（2006）[③]和赵红岩（2007）[④]从生产工艺流程的视角出发，认为产业链是从最初产品到最终产品到达消费者手中这一过程所包含的各个环节所构成的整个生产链条。第二种观点认为产业链即价值增值链。芮明杰和刘明宇（2006）[⑤]从价值创造的视角出发，认为产业链是厂商内部和厂商之间为生产最终交易的产品或服务所经历的增加价值的活动过程，它涵盖了商品或服务在创造过程中所经历的从原材料到最终消费品的所有阶段；郑胜利（2005）[⑥]也从该视角出发，认为产业链主要是指产业价值链，即围绕服务于某种特定需求或进行特定产品生产（及提供服务）所涉及的一系列互为基础、互为依存的上下游链条关系构成了产业链，共同创造价值。还有一种观点是从组织视角对产业链的

① 该数据根据《中国统计年鉴2012》和《中国汽车工业年鉴2012》中的相关统计数据计算得到。

② 该数据根据《中国汽车产业外资控制报告2012》中的相关统计数据整理得到。

③ 郁义鸿：《产业链类型与产业链效率基准》，《中国工业经济》，2005年第11期，第35—42页。

④ 赵红岩：《基于全球视角的区域产业链整合对策》，《社会科学》，2007年第2期，第16—21页。

⑤ 芮明杰、刘明宇：《产业链整合理论述评》，《产业经济研究》，2006年第3期，第60—66页。

⑥ 郑胜利：《产业链的全球延展与我国地区产业发展分析》，《当代经济科学》，2005年第1期，第87—93、112页。

概念进行解释。蔡宇(2005)①认为产业链是建立在生产链、供应链和价值链基础上的综合，它不仅从产业(行业)的角度研究按照产品或服务生产过程链接起来的一系列企业之间的价值流、物流、信息流和资金流，而且还要分析它们的价值创造、相互关系和组织结构；陈朝隆、陈烈和金丹华(2007)②从企业关联的角度认为产业链是以分工协作为基础，以产业关联为纽带、以企业为主体形成的链网状产业组织系统；张晖和张德生(2012)③认为产业链是一种以产业分工为基础，以企业为载体，以产业关联为纽带，以价值增值为导向，以提高企业和产业的竞争力为目标，按特定的逻辑关系形成的，具有中间性组织和网络组织特性的新型产业组织模式。

综合已有文献对产业链概念的阐述，本文界定产业链是一种通过社会分工将初始自然资源进行加工和处理，变为最终产品到达消费者这一过程所包含的整个生产链条，并将汽车产业链简化为车用发动机和汽车整车④。

二、数据与指标权重的确定

本文选取外资市场控制率、外资技术控制率和外资总资产控制率三个指标，考察 FDI 对汽车产业链的控制情况，数据全部来源于历年《中国汽车工业年鉴》。使用熵权法和加乘混合法对汽车产业链的产业外资控制力进行综合评价。

(1)外资市场控制率。本文采用汽车工业大中型企业中外资企业销售收入与整个产业销售收入的比值来表示。

(2)外资技术控制率。外资技术控制率一般包括三个指标：外资拥有发明专利控制率、外资研发费用控制率以及外资新产品产值控制率。由于R&D 投入与技术创新是汽车产业经济增长的决定性因素(阳立高、廖进中、向鑫琳，2010)，以及受数据可获得性的限制，本文采用研发费用控制率作为外资对我国汽车产业技术控制的评价指标。

(3)外资总资产控制率。总资产是企业拥有或控制的全部资产，包括流动资产和固定资产。本文采用汽车产业外资企业总资产和汽车产业总资产的比值来衡量外资对我国总资产的控制情况。

---

① 蔡宇：《关于产业链理论架构与核心问题的思考》，《统计与决策》，2006 年第 17 期，第 114—116 页。

② 陈朝隆、陈烈、金丹华：《区域产业链形成与演变的实证研究——以中山市小榄镇为例》，《经济地理》，2007 年第 1 期，第 64—67 页。

③ 张晖、张德生：《产业链的概念界定——产业链是链条、网络抑或组织?》，《西华大学学报》，2012 年第 4 期，第 85—89 页。

④ 根据《中国汽车工业年鉴 2012》，汽车产业包含五个细分行业，分别为汽车、改装汽车、摩托车、车用发动机、汽车与摩托车配件。

(4)产业外资控制力。为进行产业外资控制力综合评价，本文采用熵权法确定各指标的权重，然后用加乘混合合成法计算产业外资控制力。

熵权法和加乘混合合成法的具体步骤如下：

第一，根据外资市场控制率、外资技术控制率和外资总资产控制率这三个指标对应于2000—2011年的不同取值建立决策矩阵 $R = (r_{ij})_{n \times m}$，见式(1)。

$$R = \begin{bmatrix} r_{11} & r_{12} & \cdots & r_{1m} \\ r_{21} & r_{22} & \cdots & r_{2m} \\ \cdots & \cdots & \cdots & \cdots \\ r_{n1} & r_{n2} & \cdots & r_{nm} \end{bmatrix} \tag{1}$$

其中，n 表示指标，m 表示每年的观测值。本文 $n=1$，2，3；$m=1$，2，…，12。

第二，将各指标同度量化，计算第 j 项指标下第 i 方案指标值的比重 P_{ij}，见式(2)。

$$p_{ij} = \frac{r_{ij}}{\sum_{i=1}^{n} r_{ij}} \tag{2}$$

其中，$0 \ll P_{ij} \ll 1$；$i=1$，2，…，n；$j=1$，2，…，m。

第三，计算第 j 项指标的熵值 e_j，见式(3)。

$$e_j = -k \sum_{i=1}^{n} P_{ij} \ln P_{ij} \tag{3}$$

其中，$k = \frac{1}{\ln n}$，$j=1$，2，…，m，同时假定 $P_{ij}=0$ 时，$P_{ij} \ln P_{ij} = 0$。

第四，计算第 j 个指标的熵权 w_j，见式(4)。

$$w_j = (1 - e_j) / \sum_{j=1}^{m} (1 - e_j) \tag{4}$$

由此可以计算出外资市场控制率、外资技术控制率和外资总资产控制率三个指标的权重。

最后，由各指标值和各指标的权重，运用加乘混合合成法可以计算出产业外资控制力这个综合指标的数值。

三、结果与分析

根据外资市场控制率、外资技术控制率和外资总资产控制率三个单项指标的计算方法和产业外资控制力这个综合指标的计算步骤，可以计算出这四个指标的指标值，结果见表1。

由表1可知：(1)从指标权重来看，外资技术控制率的熵权重最高，表明在评价我国汽车产业外资控制力时，起主要作用的是外资技术控制率这

表 1　外资市场控制率、外资技术控制率、外资总资产控制率、产业外资控制力

指标	产业链	2000 年	2001 年	2002 年	2003 年	2004 年	2005 年	2006 年	2007 年	2008 年	2009 年	2010 年	2011 年	熵权重
外资市场控制率	汽车产业总体	0.307	0.306	0.260	0.297	0.288	0.400	0.364	0.343	0.285	0.294	0.332	0.273	0.228
	车用发动机	0.245	0.226	0.184	0.303	0.293	0.464	0.406	0.454	0.421	0.421	0.401	0.420	0.123
	汽车整车	0.135	0.102	0.187	0.106	0.115	0.182	0.193	0.053	0.061	0.257	0.178	0.187	0.195
外资技术控制率	汽车产业总体	0.361	0.370	0.192	0.283	0.254	0.350	0.327	0.326	0.256	0.256	0.233	0.273	0.557
	车用发动机	0.022	0.020	0.013	0.165	0.268	0.268	0.322	0.367	0.222	0.277	0.194	0.388	0.801
	汽车整车	0.143	0.046	0.177	0.110	0.014	0.185	0.116	0.050	0.060	0.452	0.134	0.178	0.618
外资总资产控制率	汽车产业总体	0.208	0.230	0.213	0.228	0.213	0.262	0.285	0.322	0.259	0.260	0.267	0.273	0.215
	车用发动机	0.358	0.335	0.175	0.271	0.279	0.420	0.393	0.390	0.412	0.388	0.377	0.420	0.077
	汽车整车	0.093	0.077	0.141	0.089	0.097	0.157	0.188	0.075	0.068	0.229	0.174	0.194	0.187
产业外资控制力	汽车产业总体	0.316	0.325	0.212	0.274	0.253	0.341	0.326	0.322	0.259	0.260	0.267	0.273	—
	车用发动机	0.075	0.069	0.046	0.190	0.272	0.347	0.339	0.379	0.261	0.303	0.233	0.394	—
	汽车整车	0.132	0.063	0.172	0.105	0.049	0.179	0.145	0.056	0.062	0.372	0.150	0.183	—

一指标。这与阳立高、廖进中和向鑫琳(2010)的观点一致，即R&D投入与技术创新是汽车产业经济增长的决定性因素。可能的原因是，我国汽车产业的专利仍以外观专利为主，其申请数量远远高于发明专利和实用新型专利。而外资企业则相反，发明专利的比重远高于其他两类，并且为了争夺中国市场，外资企业开始注重在华的本地生产体系、研发体系以及其他体系的建设(李晓钟、张小蒂，2011)①。

(2)从产业链来看，车用发动机的外资市场控制率、外资技术控制率和外资总资产控制率总体上都是最高的。评价汽车产业的外资控制程度，用汽车产业链的关键环节——车用发动机反映汽车产业的外资控制情况，比用汽车产业总体的外资控制度更准确。车用发动机自2003年开始其外资技术控制率提高较明显，2011年增至38.8%。可见，外资对我国车用发动机研发方面的控制率较高。主要原因是外商掌握了较为先进的技术，而这种技术的“溢出效应”又非常有限，为了防止对中国民族品牌的技术溢出，最前沿的技术仍掌握在外资企业手中。比如，一汽大众(大连)车用发动机厂与欧洲同步生产的TSI车用发动机缺少分层喷射(Fuel Stratified Injection，FSI)“稀薄燃烧”功能，节油功能受到很大限制。一汽丰田生产的“皇冠”系列，其车用发动机也不含最新的“缸内直喷技术”。这些最新技术都没有进入合资公司(赵振全、王天骄，2011)②。

(3)从外资市场控制率来看，汽车产业总体外资市场控制率呈上升趋势，2006年外资企业的销售收入占整个中国市场的39.7%。总体来看，自2000年以来，汽车产业外资市场控制度一直在25%—40%的范围内变动，近五年来则围绕30%上下波动，其中车用发动机的外资市场控制率2005—2011年均高于40%。外资市场占有率的警戒线为30%(纪宝成、刘元春，2006)③，所以我国汽车产业安全应引起重视。

四、结　论

本文基于产业链视角，选取外资市场控制率、外资技术控制率和外资总资产控制率三个指标来衡量汽车产业外资控制力，将熵权法的基本原理运用在汽车产业外资控制力的综合评价中，从结果中可以看出与国外汽车产业发达的国家相比，我国汽车产业发展任重道远，保护我国汽车产业安

---

① 李晓钟、张小蒂:《中国汽车产业市场结构与市场绩效研究》,《中国工业经济》,2011年第3期,第129—138页。

② 赵振全、王天骄:《我国汽车产业FDI与自主创新能力提升的实证研究》,《工业技术经济》,2011年第4期,第3—6页。

③ 纪宝成、刘元春:《对我国产业安全若干问题的看法》,《经济理论与经济管理》,2006年第9期,第5—11页。

全的重点应在提高自身的技术研发能力上，这与我国汽车产业面临的现实相一致。为防范外资企业对我国汽车产业的过度控制，我国汽车产业，尤其是车用发动机行业一方面应该高度重视技术的引进。在引进一项技术前，应该联合科研院所对所引进的技术进行论证，避免对于一些过时技术的引进和一些国内可替代技术的引进。另一方面应加强引进技术的自我消化以及强化技术的自主创新能力，加大 R&D 的投入，避免对技术引进后的无法充分消化吸收和转化，以达到利用率最大化。

（作者：卜　伟　北京产业安全与发展研究基地负责人　教授、博导
杨胜男　北京产业安全与发展研究基地　硕士研究生）

北京建筑文化研究基地

（北京建筑大学）

基地名称：北京建筑文化研究基地
依托单位：北京建筑大学
项目类别：国家社科基金项目

城市空间的哲学分析①

内容提要： 城市空间不仅是一个地理学意义上的物质容器，而且也是哲学视域内个体生存状况和社会正义状况的文化表达，从这个意义上说，城市空间是自然属性与社会属性、物质属性和精神属性的多元统一体。在农村人口大量向城市转移、城市集聚日益严重的情况下，空间秩序问题是衡量城市化水平的重要表征，而空间正义和空间活力是良好的空间秩序的核心要素。厘清上述问题，对于分析和解决我国城市问题具有重要的意义。

关键词： 城市空间；研究范式；空间正义；空间活力

哲学是时代精神的精华。任何有生命力的哲学，必定以回应现实问题为己任。在我国现阶段，许多人都能感受到城镇化带来的巨大影响和冲击。昔日城乡二元结构的边界已不再清晰，农民可以遵循自己的意愿进城工作，互联网技术把遥远的他乡变成近在咫尺的故乡……然而，城镇化是一把“双刃剑”，作为一种“第二自然”，它在快速创造人类文明的同时，也作为一种异化物对自然形成了一定的破坏，给人类生活带来了负面影响。最为突出的就是人与空间的矛盾日益加剧。空间哲学就是对空间问题进行哲学探索的产物。

一、空间转向：一场城市研究范式的“革命”

德国哲学家莱辛(Lessing)说过，如果上帝一只手拿着真理，另一只手拿着寻求真理的工具，二者选其一，他毫不犹豫地选择后者，他认为探求真理的手段更重要。在哲学的视域中，时间和空间既是宇宙存在的两种方式，也是认识问题的两个视角。在我国现阶段，伴随着城镇化进程的加快，城市中出现了贫富居住分区、“蚁族蜗居”、“穴居野处”与空置房并存、强势资本对公共空间挤压、空间消费的符号化和畸形化、人在“城市沙漠”的孤独感等现象。这些问题久拖不决，必将导致城市矛盾加剧、阶层冲突激

① 本文是“城市空间伦理问题研究”项目的阶段成果，项目编号：13BZX087。

化，影响居民幸福指数以及和谐社会建设。问题是思想的接生婆。若想从空间维度上分析和解决城市问题，首先需要进行思维方式的“革命”。西方思想界空间范式的形成给了我们重要启发。

在西方，随着城市空间问题的出现，肇始于20世纪60年代的空间研究范式应运而生。以亨利·列斐伏尔（Henri Lefebvre）和曼纽尔·卡斯特（Manuel Castells）为代表的西方马克思主义流派，将马克思的学说引入空间研究领域并发展成为一种新的研究范式。列斐伏尔和卡斯特在《城市权》、《空间生产》、《空间和政治》、《都市问题》、《城市与草根》等著作中认为，时间和空间作为世界存在的两个维度，对于研究城市空间问题缺一不可。传统马克思主义过于重视城市研究的时间维度即历史维度，在一定程度上忽略了研究的空间维度即地理维度，致使当代出现的许多城市问题得不到很好的分析和解决。为此，列斐伏尔和卡斯特开启了哲学意义上的“空间转向”，认为“问题在哪里发生”对于理解“问题为何发生”和“怎样发生”具有重要的意义。他们以空间研究范式为方法论基础，分析了城市空间与社会结构、社会冲突的内在关系。以大卫·哈维（David Harvey）和爱德华·苏贾（Edward Soja）为代表的一批学者发展了这种空间研究范式，取得了城市问题研究的新进展。在哈维的《地理学中的解释》、《社会正义与城市》、《资本的限度》、《希望的空间》、《巴黎城记——现代性都市之诞生》和苏贾的《寻求空间正义》（英文版）等著作中，地理学、规划学与城市批判理论相结合，构成城市空间批判的方法论。他们强调空间规划、空间认知和空间感受的哲学伦理性特征，探讨了城市空间生产过程中资本、劳动力、政府所扮演的角色以及它们之间的复杂关系，揭示了“资本任性”和“政府独断”给城市空间生产、分配、消费等环节带来的种种问题。

空间研究范式提出了构建空间生产的元哲学方案，从而在哲学层面上赋予空间以优先的地位。这种城市批判理论中的“空间转向”，不仅意味着空间成为哲学研究的流行论题，更重要的是改变了传统社会中历史认知和哲学认知的方法论。在一定意义上说，由时间向空间的转变，是当代人类实践的一个鲜明特点。如果说，从近代开始到20世纪上半叶，人类实践的重要特点是强调时间的强制性、一元性，注重面向未来改造传统和现实世界的话，那么，20世纪下半叶以来，人们日益发现，在认识和改造世界时，人们首先需要面对、适应甚至接受的是复杂多样的空间问题。比如，为什么当代青年把青春梦想系于“一套住房”？比如，何以出现大片空置房和“蚁族”蜗居并存的现象？怎样的建筑才能够让我们“诗意栖居”？为何城市道路越修越宽而道路上的行人越来越没有安全感？如果说，在时间向度内，人们更多的是把发展势态的一元性理解为规律性，并自觉不自觉地认为这个世界应该具有大致统一的面貌，那么，到20世纪后半叶，人们发现，面前的世界是一个具有深刻多样性的世界。这样，从神圣性走向世俗性、从一元性走向多样性，从关注时间到关注空间，就成为时代的重要特征。空间研究范式正是这样一个帮助人们破解城市难题的重要工具。

二、多元统一：城市空间的哲学属性

城市空间不仅是供人们消费和使用的物质产品，而且也是反映城市居民阶级状况和伦理关系的文化载体。作为不能独立于社会之外的综合产品，城市空间不能被简化为一种纯地理学概念，而应被理解为个人生存状况和社会正义状况的一种哲学阐释。

(一)城市空间是自然属性与社会属性的统一

城市空间的自然属性表现在，住房应首先满足人们遮风避雨的需求，街区必须为居民日常生活提供便利，道路则应该满足人们“位移”的需求。城市空间的社会属性主要表现在以下三个方面：

首先，私人空间能够满足人的安全感、归属感和尊严感等心理需要。其实，建房筑屋一开始就不仅仅是为了满足遮蔽之需，也是为了满足人的心理之需。德国哲学家包尔生(Friedrich Paulsen)认为，过度拥挤的住宅条件不仅危及人的健康，而且也影响人的幸福、道德和居住者的家庭感情。西方现代建筑学之父柯布西耶(Le Corbusier)说：“一切活人的原始本能就是找一个安身之所”，而“房屋是人类的必需产品”。他认为，为普通而平常的人关心普通而平常的住宅，是恢复人道的基础。[①]

其次，公共空间帮助人实现由“自然人”向“社会人”的转变。马克思说：“人的本质并不是单个人固有的抽象物，在其现实性上，它是一切社会关系的总和。”[②]这就是说，人之为人究其本质在于他的社会交往关系，而公共空间作为人类活动的场所，搭建了人们交往和沟通的桥梁。从人的社会化过程来看，公共空间的意义在于它是一个人与人产生联系的“领域”。罗伯特·帕克(Robert Park)看到了公共空间之于人们交往的必要性，认为“无根、无舵、漂泊、无处安身、不担使命，是对游民的最好写照。为了社会的持久和进步，组成社会的个体必须脚落一地，单单为了保持交流，他们必须落下脚来，因为只有通过交流，我们称之为社会的那种移动的均衡才可维持。人类所有形式的联系最终都落实在固定位置与位置的联系上”[③]。也就是说，人通过公共空间中的交往实践完成自己的社会化进程。

最后，城市空间是社会矛盾的测量仪。城市中的建筑、街区、道路等，

① [法]勒·柯布西耶：《走向新建筑》，中国建筑工业出版社，2004年，第202页。
② [德]马克思、恩格斯：《马克思恩格斯选集》第1卷，人民出版社，1995年，第56页。
③ 汪民安等：《城市文化读本》，北京大学出版社，2008年，第212页。

其生产、占有、消费等环节都融入了国家、政府、资本等社会因素，作为某种社会过程的结果，城市空间是各种有意义的和无意义的、认知的和直接存在的、实践的和理论的种种复杂因素的交集，是一切社会活动相互矛盾、冲突、纠葛的场所，是社会的“第二自然”。在这里，城市空间绝不可能只是一处商品买卖或交换的博弈场所，更不是只供买卖人游戏的特别所在，毋宁说，在被视为商品交换场所的同时，也被视为一个特殊的“社会交往”和“社会互动形式”。因此，城镇化不是一个简单的自然空间改造过程，而是人们在历史与社会条件下进行空间生产的过程。作为“居住者”和“使用者”的载体，城市空间在一定程度上被资本所裹挟，空间的物质属性被资本的“任性”所掩盖。于是，城市空间始终带有某种阶级的或者其他的社会内容，就连街道、邻里、公寓、楼梯和门口都隐含着社会意义，都成了界定业主身份的标签。在一定意义上，空间的生产是阶层关系的生产，城市越是扩张、资本越多介入，城市阶层的断裂就越明显。而住房、道路、咖啡馆、地标建筑一经生产出来，就立即投入到塑造新的阶层区分、塑造新的社会关联的活动之中，使得城市空间带有鲜明的社会属性。

(二)城市空间是物质属性和精神属性的统一

城市空间作为人类物质文明与精神文明的综合体，在安置人的身体的同时，也眷顾人的精神。无论是上古的穴居野处还是现代的高楼大厦，都在遮风避雨的同时，诉说着人与空间的精神关联。在这里，空间是灵动的、诗意的，它为人的生存与发展提供精神上的庇护，充分展现场所精神。

城市空间的精神特性表现为它的属人性。德国哲学家海德格尔(Martin Heidegger)认为，只有当建筑物作为属人的筑造品时，人才能以在此空间中的栖居表现自己的生存方式。在这里，空间与人是融为一体的，人在空间中得到思考的栖居，而空间则由此展现出“场所精神”；反之，人与空间的分离或对立不是“场所”，即使是以超人尺度筑造的建筑物对人而言，也不构成“场所感”。所以，空间的最佳境界是展现自己的“场所精神”。海德格尔将人定义于“天、地、神、人”四元结构中，其职责是拯救大地、接纳苍天、期待诸神、关怀人性。所以，人类应重视历史城市的肌理及蕴藏于其后的精神实质在城市复兴中的价值，在人与环境的相互眷顾中，在诸因素交相辉映的“场所精神”中学会“诗意栖居”。可见，本真性的空间既不是一个物理虚空，也不是人的知觉、体验，而是天、地、神、人“四重场域”的有机结合。城市空间是“关系和意义的集合”，是功能和社会属性的表征。作为一种对世界的叙述，空间的属人性表现了人们日常生活中的“在场—不在场”、“参与—排斥”的对应关系。哈维用“可接近性和距离”来界说这种关系。他认为，“可接近性和距离”不仅体现为与生产要素的空间流动相关的交通体系和城市网络，更是作为主体的人与城市之间“距离”的社会文化心理。城市空间不仅是具有物理意义的“地方”，更是人的一种心理状态和生活方式。法国思想家列斐伏尔在《韵律分析》一书中主张从社会、历史、空间相统一的角度认识城市空间，认为城市空间是场域、时间与精神互相作用的过程。苏贾也认为，城市是人与空间相互作用的产物，“一方面，我们的行动和思想塑造着我们周围的空间，但与此同时，我们生活其中的作为聚集性和社会性产品的空间与场域也以一种我们刚刚开始认识的方式塑造着我们的行动和思想”①。总之，城市空间的属人性有两个向度：城市空间是“为人”的空间，而不是“物的牢笼”；人在城市空间里享有家园感，而不是被异化为“非人”。也就是说，城市空间理应也是人的生活空间，要以衣食住行、习俗、观念、心态、情感、信仰为核心要素的生活论意义解读城市空间的经验具象，凝练城市空间的意义内核，规范城市空间生产与消费的价值原点，深化和拓展城市空间生产的意义建构特性以及作为人生意义进程中的作用。作为人居场所，城市空间的魅力与价值，在于它既表现空间的物质特征，又表现空间的精神特征。

三、空间秩序：空间哲学的主要论题

黑格尔在《自然哲学》一书中，针对牛顿的绝对空间观念写到，有人以为空间必然像一个箱子，即使其中一无所有，它也仍然不失为某种独立的特殊东西。可是，空间是绝对柔软的，完全不能做出什么抵抗，人们决不能指出任何空间是独立不依地存在的空间；相反，确是可以说，空间是一种秩序。在这个意义上，城市空间秩序是城市哲学首要关注和研究的问题。

(一)空间正义是空间秩序的基础

罗尔斯(John Rawls)在其著作《正义论》中说：正义是社会制度的第一美德，如同真理之为思想的第一美德。尽管中西方社会制度、历史传统、文化背景不同，但在城镇化过程及其结果中，都或多或少存在着城市空间的非正义现象。比如市民空间权利的不公平表达，城市空间生产过程中资本对劳动的剥夺，城市空间交换价值对使用价值的偏离，同质性全球化文化对地方性市井文化的取代，城市更新中对历史文脉的切割，如此等等，不一而足。为此，空间正义应该成为空间生产(包括空间规划)过程中所遵循的核心价值，成为引导城市经济、环境和社会协调发展的基本原则。芒福德(Lewis Mumford)通过对西方近代以来城市空间问题的诊断，明确提出了资本与市场是导致城市空间正义缺失的“罪魁祸首”。他说：“资本主义的买与卖是毫不考虑任何社会责任和义务的，而一旦这一资本主义的原则被接

① SOJA E W. Postmetroplis. Oxford：Blacewell Publisher Lrd，2000，p. 6.

受后，贫民窟的生活情况和贫民窟里的住房，它们的存在就合法化了。”①的确，在城市空间生产、分配和消费过程中，资本扮演着重要的角色。在一定意义上，空间非正义与资本的任性具有内在关联性。在这里，资本通过特有的游戏规则和投机逻辑，成为最能动、最革命的方式，并凭借这种方式实现地理空间和社会空间的扩张。资本运行于城市空间，一方面完成了大量的城市空间生产，另一方面也造成了空间享有上的贫富分化加剧。也就是说，并不是每个人都会因资本的入侵而受益。因为，“个人对空间控制的首要变量取决于他们不断提高的社会经济地位。对空间直接或间接的控制、空气、采光、住宅周围的私人环境以及空间的实际大小逐渐构成一种经济产品，如同奶酪和靴子，根据个人财富、品位和社会地位来‘消费’。”“强大的力量所推进的过程就是居住用地被改为商业用地，以及从高档到低档对寮屋进行选择性拆除。……贫民窟不断地被驱逐，在城市内部被清理干净，而在城市边缘却弥补似地一再扩大，这构成了城市景象的一大特色。”②在我国的城市更新大潮中，也存在着由资本逐利和政绩导向而导致的忽视社会正义的现象，最为突出的是，空间生产更新了城市的物质景观系统，却破坏了社会生态系统；积累了大量的物质空间，却加大了穷人和富人在空间享有上的差距；城市道路越来越宽，但行走在路上的人却越来越找不到安全感……所以，如何实现自然空间和社会空间、物质空间与精神空间的协调发展则成为空间正义的重要诉求。

(二)空间活力是空间秩序的源泉

城市空间活力是进行空间生产与分配的价值目标与内在要求，它既表现为城市空间对主体实践活动的适应能力，也表现为城市空间作为有机体在主体实践过程中自我更新的能力，更表现为城市主体自主性、积极性和创造性发挥的程度。作为城市社会存在的场所，空间承载物质实体和人类实践活动，其生产过程既伴随着人类主体性实践，也渗透着资本和权力等因素。所以，空间活力的激发有赖于空间生产诸要素相互协调并保持一定张力，从而形成强大合力，进而推动城市发展。

城市空间是资本的最好投资场所。城市并无竣工之日，资本也永无安宁之时。在空间生产过程中，“流动的资本有如化学试剂，它渗透了长期以来保护中世纪城镇的开裂的外层光泽面，把里面的土头都腐蚀精光，在清除过去历史上的组织机构与制度和它们的建筑物方面，资本比过去最独裁

① [美]刘易斯·芒福德：《城市发展史——起源、演变和前景》，中国建筑工业出版社，2008 年，第 43 页。

② [英]约翰·伦尼·肖特：《城市秩序：城市、文化与权力导论》，上海人民出版社，2011 年，第 278 页。

的统治者更加残酷无情”[①]。由此看来，城市空间危机究其实质是资本自身内部的危机。那么，资本到底扮演着何种角色？在工业化初期，资本要素因对财富增长的巨大贡献而被青睐，劳动因为只是用来完成与资本、土地、原材料等要素的生产函数组合，常常被忽视，至于拥有劳动要素的主体——劳动者，即使被配置在一个扭曲的交易环境中，也不会被关注到。因此，要抑制资本的“任性”，就必须请出资本的“他者”——政府（权力）。也就是说，要“将资本循环和资本积累的逻辑从新自由主义的锁链中解放出来，沿着更具干涉主义和重新分配的路线重新部署国家权力，限制金融资本的投机力量，对寡头和垄断集团所掌握的压倒性力量进行分散化和民主化管理”。[②] 然而，政府也并非天使。孟德斯鸠（Montesquieu）曾告诫人们，一切有权力的人都容易滥用权力，这是万古不易的一条经验。作为政府主体的人的人性的不完满，使得政治道德常常在人的自保、冲动和趋利的人性面前颜面扫地。也就是说，人为自我立法的道德能力，并不具有现实普遍性。所以，在城市化进程中，作为市场的监管者，政府必须调动其“善治”的政治智慧，树立民生为本的政绩观，完善住房保障制度，扩大政府决策的公民参与，推动政府决策的科学化水平。城镇化是一个自然历史过程，必须遵循规律、因势利导，既要积极、又要稳妥、更要扎实，使之成为一个顺势而为、水到渠成的发展过程。只有把发展质量摆在突出位置，坚持以人为本、优化布局、生态文明、传承文化等基本原则，才能推进以人为核心的城镇化，全面推动社会文明进步。

（作者：高春华　北京建筑文化研究基地副主任　教授、博导）

---

① ［美］刘易斯·芒福德：《城市发展史——起源、演变和前景》，中国建筑工业出版社，2008年，第429页。

② Barney Warf, Santa Arias. The Spatial Turn: Interdisciplinary Perspectives. New York: Routledge, 2009, pp. 1—10.

基地名称：北京建筑文化研究基地
依托单位：北京建筑大学
项目类别：国家社会科学基金项目

论建筑文化遗产保护的价值要素[①]

内容提要：现代建筑遗产保护中的主要问题是价值问题。通过分析建筑文化遗产所具有的多重价值要素，有利于阐明其多维本质，更透彻地理解建筑遗产保护的重要意义。虽然每个时代对建筑文化遗产价值要素的强调各有侧重，但总的来说建筑文化遗产呈现出多重性、多元化的价值要素，主要分为两大类别，即文化价值与经济价值。其中，文化价值具有丰富含义，它具体包括历史价值、艺术价值、科学价值、文化教育价值。建筑文化遗产的价值并非文化价值要素与经济价值要素的简单加和，在建筑遗产保护工作中，对各种价值要素既要共同考虑，又要区别对待。

关键词：建筑文化遗产；价值要素；建筑保护

笔者 2013 年暑期到川西某个传统民居与街区保存相对较好的乡镇调研，遭到一位当地人的诘问："这些破旧的老房子住起来既不方便，又没什么旅游开发价值，还保护它干什么？"其实，与此类似的诘问在我国建筑遗产保护工作中以不同程度、不同立场一次又一次被提及，它从一个侧面揭示了快速城市化进程与传统建筑文化遗产保护之间的种种矛盾，以及建筑遗产保护价值理念方面的冲突。因此，如果我们有理由更加重视与加强建筑文化遗产的保护工作，并扩展建筑遗产保护的范围至更广泛的建成环境，那么我们必须追问：这些理由也即建筑遗产保护的价值要素究竟是什么？它们为何重要？

一、建筑文化遗产的内涵及对其价值认识的变迁

按照 1972 年联合国教科文组织颁布的《世界文化与自然遗产公约》的界定，"文化遗产"是指从历史、艺术或科学角度看，具有突出的普遍价值的文物、建筑群和遗址。1989 年联合国教科文组织中期规划则指出："文化遗产"可以被定义为全人类过去由各种文化传承下来的所有物质符号的集

① 本文是"建筑伦理的体系建构与实践研究"项目的阶段成果，项目编号：12BZX074。

合——不管是艺术性或者是象征性的。[①] 由此可见，联合国教科文组织对“文化遗产”的界定并没有涵盖非物质文化遗产，实际上与广义的建筑文化遗产内涵相近。

建筑文化遗产是指具有一定价值要素的有形的、不可移动的文化遗产，不仅包括历史建筑物和建筑群，也包括历史街区和历史文化风貌区等能够集中体现特定文化或历史事件的城市或乡村环境。英国城市规划学者纳撒尼尔·利奇菲尔德(Nathaniel Lichfield)提出的文化建成遗产(Cultural Built Heritage，CBH)概念，更为宽泛地界定了建筑文化遗产的内涵。他认为：“CBH 涵盖了一系列相互独立的对象，诸如考古学上遗址、古老的纪念性建筑、单个的建筑物或建筑群、街道以及联系一个群体的方式、建筑物周围的场所、单独耸立的塔或雕像等，甚至还能扩展至本身具有遗产价值的整个地区，或者说，它们本身没有遗产价值，但因靠近具有遗产价值的地方而使其成为有重要意义的区域。”[②]

对建筑文化遗产内涵的界定本身便突出了它所具有的价值属性。由于联合国教科文组织是站在全球高度理解文化遗产，因而极为强调遗产的“突出的普遍价值”(Outstanding Universal Value)，而对于世界各国而言，在本国范围内，也只有那些具有一定价值要素的建筑遗产才值得保护，才具有保护的理由与合法性。

“一部人类文化遗产的保护史，其实也是对遗产价值的认识史。”[③]对于建筑文化遗产价值的认识，是长期以来人类建筑保护历史进程演变的结果，是各种价值观念不断变迁与相互较量的结果。

在神学性思维支配的古代社会以及中世纪，建筑遗产的价值主要与特定的宗教象征意义、崇拜和教谕功能、传递宗教记忆相关联，受到保护与修缮的建筑遗产往往是那些被视作神圣的遗物或神的居所之类的建筑遗产。而且，由于人们重视的是建筑遗产的精神膜拜价值而非完整的物质实体形态，因而建筑遗产即便成为废墟，仍具有不可替代的价值。在对建筑遗产价值的认识方面，作为揭开现代欧洲历史序幕的文艺复兴时期，标志着一种重要的转变。这一时期除了给予建筑遗产的艺术价值以前所未有的重视外，尤为重要的是，开始形成一种新的历史观，即视历史的演变为一个有始有终的过程，认为“现代”是过去各个时代进步累积的结果，于是人们重新开始欣赏古代的优秀遗产，这为遗产保护奠定了强有力的思想基础。

---

① [芬兰]尤嘎·尤基莱托著，郭旃译：《建筑保护史》，中华书局，2011 年，第 1 页。

② Nathaniel Lichfield. Economics in Urban Conservation. London：Cambridge University Press，2009，pp. 66—67.

③ 刘敏、潘怡辉：《城市文化遗产的价值评估》，《城市问题》，2011 年第 8 期，第 23 页。

16—19世纪的欧洲，经历了启蒙时代与法国大革命的洗礼，由传统社会的神学性思维发展到现代社会的理性思维，开始用多种价值观来衡量前人留下来的建筑遗产，并逐步确立了现代意义上的历史观与文化遗产的概念。在此背景下，许多有关建筑遗产的价值观念都要受到理性逻辑的考察，不再纯粹基于一种美学上的价值，获取有关详尽的历史事实变成了价值追寻的目标，历史性建筑的修复开始被视为一种科学活动。

强调遗产历史真实性、客观性和完整性的价值观，经过不断地细化与完善，得到1964年通过的作为建筑遗产保护公认的纲领性文件——《威尼斯宪章》的贯彻，强调传递原真性的全部信息为建筑遗产保护的基本职责。1979年，澳大利亚国际古迹遗址理事会在巴拉会议上通过的《保护具有文化意义地方的宪章》(简称《巴拉宪章》)，则突出强调遗产的文化价值，引领世界建筑遗产保护的基本价值观转向对文化价值的高度重视。近几十年，建筑遗产保护工作呈现出良好的发展态势，随着遗产价值观念的变化，建筑遗产保护对象的范围不断扩展，对建筑遗产保护的价值观与哲学基础的讨论也颇为活跃。

二、多重价值呈现：建筑文化遗产的价值要素

国际建筑遗产保护界专家尤嘎·尤基莱托(Jukka Jokilehto)说："现代遗产保护中的主要问题是价值问题，价值的概念本身就经历了一系列的变化。"[①]虽然每个时代对建筑文化遗产价值要素、价值类型的强调各有侧重，但总的来说建筑文化遗产呈现出多重性、多元化的价值要素，尤其是当代国际遗产界对遗产价值认识已有了多方面扩展，则是不争的事实。

(一)历史价值要素

遗产的本义是指已经过世的前人留给后人的东西，或者更宽泛地说是人类历史上遗留下来的物质财富与精神财富。从这一基本意义上看，以时间性要素为前提的历史价值是遗产固有的"存在价值"，时间属性对于建筑遗产价值的高低是至关重要的，是构成建筑文化遗产衍生价值的重要变量。

建筑遗产的历史价值相比于其他非物质文化遗产而言，其独特性在于它可以通过实体形态直观地呈现和展示曾经流逝的岁月印记，以延续我们对历史的记忆，并有助于我们理解过去与当代生活之间的联系。没有物质性表征的记忆往往是抽象的，建筑遗产作为存储和见证历史的具象符号，借由时间向度的历史叙述，凸显了建筑所具有的不可替代的集体记忆功能。对此，英国艺术评论家约翰·罗斯金(John Ruskin)曾感叹："和活的民族所写的及纯洁的大理石所承载的相比，历史是多么冷酷，一切图像又是多么

---

① [芬兰]尤嘎·尤基莱托著，郭旃译：《建筑保护史》，中华书局，2011年，第24—25页。

毫无生气！——有了几个相互叠加的石头，我们可以扔掉多少页令人怀疑的记录！”[①]《威尼斯宪章》开篇也说：“世世代代人民的历史古迹，饱含着过去岁月的信息留存至今，成为人们古老的历史活的见证。”

在建筑遗产保护理论中，与历史价值紧密相关的一个价值要素，是所谓“年代价值”或“岁月价值”(Age Value)。明确提出“年代价值”概念的是19世纪末20世纪初奥地利艺术史家李格尔(Alois Riegl)。他在《对文物的现代崇拜：其特点与起源》一文中，详细阐述了文物的多重价值要素。他首先将文物的价值要素划分为两大类型：即纪念性价值与现今的价值(Present-day Values)。其中，纪念性价值包括历史价值、年代价值和有意的纪念价值。李格尔认为，研究纪念性价值，必须从年代价值着手，而“一件文物的年代外观立即就透露出了它的年代价值”，“年代价值要求对大众具有吸引力，它不完整，残缺不全，它的形状与色彩已分化，这些确立了年代价值和现代新的人造物的特性之间的对立。[②] 关于文物的历史价值(Historical Value)，李格尔认为，它“产生于某一领域中文物所代表的人类活动发展中的一个特殊阶段”，“一件文物原先的状态越是真实可信地保存下来，它的历史价值就越大：解体与衰败损害着它的历史价值”。[③] 由此可见，年代价值主要来自建筑遗产上的岁月痕迹，是时间流逝所衍生的一种价值，本质上是审美性的情感价值，不需要联系建筑遗产本身的历史重要性、真实性来衡量。但是，对历史价值的判断，则要求其能够真实可信地代表过去某个特定的历史事件、历史瞬间或历史阶段，尤其是强调其所体现的历史真实性。

(二)艺术价值要素

几乎在所有的建筑遗产保护的国际宪章、法规和相关文件中，除了遗产的历史价值，被反复强调的一个价值要素便是艺术价值。1890年意大利罗马成立了文物古迹艺术委员会，该协会将文物古迹定义为：“任何建筑物，无论是公共财产或私有财产，无论始建于任何时代；或者任何遗址，只要它具有明显的重要艺术特征，或存储了重要的历史信息，就属于古迹范畴。”[④] 1931年《关于历史性纪念物修复的雅典宪章》第三条强调提升文物古迹的美学意义，《威尼斯宪章》第三条则指出：“保护与修复古迹的目的旨在把它们既作为历史见证，又作为艺术品予以保护。”

---

① [英]约翰·罗斯金著，张璘译：《建筑的七盏明灯》，山东画报出版社，2006年，第159页。

② [奥地利]阿洛伊斯·李格尔：《对文物的现代崇拜：其特点与起源》，《李格尔与艺术科学》，中国美术学院出版社，2002年，第328—329页。

③ [奥地利]阿洛伊斯·李格尔：《对文物的现代崇拜：其特点与起源》，《李格尔与艺术科学》，中国美术学院出版社，2002年，第333页。

④ [芬兰]尤嘎·尤基莱托著，郭旃译：《建筑保护史》，中华书局，2011年，第290页。

艺术价值如同历史价值一样，是遗产的核心价值，对于判定建筑遗产价值的高低至关重要。无论从艺术起源的角度，还是艺术功能的角度，建筑确凿无疑的是一种艺术的类型，而且它在“艺术大家庭”中还扮演着不同凡响的角色。按照黑格尔的观点：“所以我们在这里在各门艺术的体系之中首先挑选建筑来讨论，这就不仅因为建筑按照它的概念(本质)就理应首先讨论，而且也因为就存在或出现的次第来说，建筑也是一门最早的艺术。”① 作为一种艺术的建筑，具有艺术价值，似乎是很自然的事情。实际上，建筑遗产保护中所指的艺术价值，主要是指遗产本身的品质特性是否呈现一种明显的、重要的艺术特征，即能够充分利用一定时期的艺术规律，较为典型地反映一定时期的建筑艺术风格，并且在艺术效果上具有一定的审美感染力。奥地利学者 B·弗拉德列教授认为，建筑遗产的艺术价值包括三个方面：即艺术历史的价值(最初形态的概念、最初形态的复原等)、艺术质量价值和艺术作品本身的价值(包括古迹自身建筑形态的直接作用与古迹相关的艺术作品的间接作用)。②

从宽泛的意义上说，与艺术价值要素相关联的一个概念，是所谓的美学价值或审美价值。作为一种造型艺术的建筑，往往会通过点、线、色、形等形式元素以及对称与均衡、比例与尺度、节奏与韵律等结构法则，使人产生美感，并使建筑达到或崇高，或壮美，或庄严，或宁静，或优雅的审美质量，这便是建筑所体现出的美学价值。尤其要强调的是，理解建筑遗产的美学价值不能将建筑遗产从其现实环境中孤立出来，应考虑其周围的环境与氛围，只有两者和谐时，才能共同呈现出更大的美学价值。艾伦·卡尔松(Allen Carison)说：“对每座建筑、每种城市风景或景观，我们都必须根据存在于建筑物内部以及该建筑物与其更大环境之间的功能适应关系欣赏，不能做到这一点，便会失去许多审美趣味与价值。”③

实际上，建筑遗产的艺术价值在当代已经不再是单纯的艺术特征和审美问题。从广义上看，建筑艺术的功能和社会作用也在一定程度上属于建筑艺术价值的范畴。

(三)科学价值要素

科学价值如同历史价值、艺术价值一样，是有关建筑遗产保护的宪章、准则和相关文件中普遍强调的重要价值要素。1931 的《关于历史性纪念物修复的雅典宪章》不仅重视提升文物的美学意义，也强调了保护历史性纪念物

---

① [德]黑格尔著，朱光潜译：《美学》(第三卷上册)，商务印书馆，1997 年，第 27 页。

② [俄]普鲁金著，韩林飞译：《建筑与历史环境》，社会科学文献出版社，2011 年，第 43 页。

③ [加]艾伦·卡尔松著，薛富兴译：《从自然到人文——艾伦·卡尔松环境美学文选》，广西师范大学出版社，2012 年，第 139 页。

的历史和科学价值。我国的建筑遗产保护工作也一向重视遗产的科学价值。2000 年通过的《中国文物古迹保护准则》第三条明确指出："文物古迹的价值包括历史价值、艺术价值和科学价值。"

所谓科学价值，主要指建筑遗产中所蕴含的科学技术信息。不同时代的建筑遗产一定程度上代表并体现着当时那个时代的技术理念、建造方式、结构技术、建筑材料和施工工艺，进而反映当时的生产力水平，成为人们了解与认识建筑科学与技术史的物质见证，对科学研究具有重要的意义。例如，被誉为我国国宝建筑的晋祠圣母殿，不仅具有很高的历史价值与艺术价值，更为重要的是，它的建筑构造方法是宋代建筑的典型范例，保存了宋代建筑技术中"柱升起"、"柱侧脚"和"减柱法"等建筑技法，对于研究我国宋代建筑技术提供了宝贵的实物依据。

其实，从更广的视角看，建筑遗产所蕴含的科学技术信息，不过是建筑遗产所携带的历史信息的一部分，对遗产科学价值的理解必须联系其历史价值，因而科学价值实质上是历史价值的一种具体表现。

(四)文化教育价值要素

文化价值本身是一个极为综合的概念，我们以上所阐述的三种价值，即历史价值、艺术价值和科学价值都是文化价值的不同体现。1987 年颁布的《〈世界文化遗产公约〉的实施守则》中，提出了文化遗产价值的四要点，即原真性、情感价值、文化价值与使用价值。其中"文化价值"包括文献的、历史的、考古的、古老和珍稀的、古人类学和文化人类学的、审美的、建筑艺术的、城市景观的、地景的和生态学的、科学的九个方面。①

笔者这里所指的"文化教育价值"，区别于一般意义上的文化价值概念，主要指的是建筑遗产所提供给人们在文化方面的自豪感、社会教化价值、文化象征与文化叙事等方面的价值要素，本质上是一种精神价值。建筑遗产从某种程度上说是一种"无言的教化者"，尤其是在营造独特的教育环境方面具有重要作用。相对于其他建筑类型，文化景观类建筑遗产所储存的文化信息量更为丰富，政治的、历史的、思想的、伦理的、美学的无所不包。而在形形色色的文化景观类建筑中，纪念性建筑遗产具有形式与内容的双重纪念性，并以其深刻的教育内涵和突出的教育功能而自成一体，尤其是为爱国主义教育提供了直观的物质环境。因此，《关于建筑遗产的欧洲宪章》中说"建筑遗产在教育方面扮演着重要的角色"并非言过其实。同时，建筑遗产还如同一本"立体的书"，是以空间为对象的特定文化活动，叙事在建筑艺术中发挥着独特的作用。通过象征手段和空间元素的媒介，建筑叙事把诸多文化形象与精神观念表现在人们面前，从而让建筑遗产能发挥

---

① 陈志华：《文物建筑保护文集》，江西教育出版社，2008 年，第 205 页。

“载道”和“言志”的文化教育价值。

（五）经济价值要素

以上所述的建筑遗产价值，即历史价值、艺术价值、科学价值和文化教育价值，若按照戴维·思罗斯比（David Throsby）等西方学者的观点，可统称为遗产的绝对价值或内在价值（Intrinsic Value），即它们独立于任何买卖交换关系，是建筑遗产本身所具有的自然的或可以重现的价值要素。[①] 将遗产的文化价值要素看成一种内在价值，显示了文化价值自身固有的重要性，或者更简单说它自身就是价值，不需要与其他价值的联系或促进其他价值的生成而显示其重要性。

现代建筑遗产保护运动的发展，有一个非常重要的价值拓展，便是对建筑遗产的价值认识从内在价值走向内在价值与外在价值（或者绝对价值与相对价值）相结合的综合价值观，即将建筑遗产不仅仅被视为一种珍贵的文物，同时还被视为一种文化资源和文化资本（Cultural Capital），从而将建筑遗产的文化价值与经济价值紧密联系在一起。

关于建筑遗产的经济价值要素，荷兰学者瑞基格洛克（E. C. M. Ruijgrok）将文化遗产的经济价值分为三个方面，即居住舒适价值（Housing Comfort Value）、娱乐休闲价值（Recreation Value ）和遗赠价值（Bequest Value）。[②] 而埃及文化遗产保护专家、亚历山大图书馆馆长伊斯迈尔·萨瓦格丁（Ismail Serageldin）则进行了更为细致的界定。他将遗产总的经济价值划分为使用价值与非使用价值，而在使用价值与非使用价值之间还存在一个选择价值（Option Value）。[③]萨瓦格丁对文化遗产经济价值要素的理解颇为宽泛，不仅包括由遗产之使用而直接产生或间接产生的收益，如居住、商业、旅游、休闲、娱乐等直接收益和社区形象、环境质量、美学质量等间接效益，以及未来的直接或间接收益，还涵盖了存在价值、遗赠价值等非使用价值。其实，严格说来，萨瓦格丁所说的使用价值中的间接价值和非使用价值实际上属于遗产的文化价值，而建筑遗产的经济价值主要应指其直接的使用价值。

建筑遗产的经济价值本质上是一种衍生性价值，换句话说，它本身并不是自身所固有的非依赖性价值，只有当遗产存在文化价值时，才能衍生其经济价值，例如旅游经济价值。

---

① ［澳］戴维·思罗斯比著，王志标、张峥嵘译：《经济学与文化》，中国人民大学出版社，2011年，第22、29页。

② Ruijgrok. The three economic values of cultural heritage: A case study in the Netherlands. Journal of Cultural Heritage, 2006, 7(3): 206—213.

③ Georges S. Zouain. Cultural Heritage and Economic Theory. http://www.gaiaheritage.com/Admin%5CDownload%5CCH.pdf.

三、结语：价值要素的共同考虑与区别对待

建筑文化遗产具有多层次的综合价值，主要分为两大类别，即文化价值与经济价值。其中，文化价值具有丰富的含义，它包括历史价值、艺术价值、科学价值、文化教育价值。厘清建筑文化遗产的价值要素，具有重要意义。正如陈志华所说："为什么要保护文物建筑，就因为它们有多方面的价值，保护文物建筑，当然就是要保护这些方面的综合价值。文物建筑保护的其他一切原则，都是从这里派生而来。"①

需要强调的是，建筑文化遗产的价值并非文化价值要素与经济价值要素的简单加和。在建筑遗产保护工作中，对各种价值要素要共同考虑，但又要区别对待。所谓共同考虑，即综合分析建筑遗产保护中的各种价值要素，既不把某些价值要素事先排除在外，也不认为存在强制性的理由来保护某些价值要素。所谓区别对待，指的是在多层次的价值要素中，应确定建筑遗产价值要素的优先序列，给予特定的价值要素以特别的权重。一般而言，遗产的内在价值优先于其外在价值，文化价值优先于经济价值。因此，当地方政府与遗产经营者追求遗产所带来的经济价值与遗产本身的文化价值相冲突时，就应让位于文化价值的保护与提升。因为，从根本上说，建筑遗产的文化价值不仅是内在价值，而且也具有手段性作用，经济价值本质上是文化价值的衍生物，文化价值的保存与提升不仅是建筑遗产保护的首要目的，也是保护的重要手段。

总之，通过分析与阐述建筑文化遗产所具有多重价值及其构成要素，有利于阐明其多维本质，更透彻理解建筑遗产保护的重要意义，正如戴维·思罗斯比所说："如果这种方法(厘清文化价值概念的方法，引者注)至少提供了对文化价值构成要素的更加清楚的认识，那么它就为实际运用文化价值概念带来了前进的希望，通过这种方法，其相对于经济价值的重要性可以得到更加有力的支撑。"②

（作者：秦红岭　北京建筑文化研究基地研究人员　教授）

① [俄]普鲁金著，韩林飞译：《建筑与历史环境》，社会科学文献出版社，2011年，陈志华一版中译本序。

② [澳]戴维·思罗斯比著，王志标、张峥嵘译：《经济学与文化》，中国人民大学出版社，2011年，第22、33页。

北京中医药文化研究基地

（北京中医药大学）

基地名称：北京中医药文化研究基地
依托单位：北京中医药大学
项目类别：北京市社会科学基金项目

北京太医院医事制度研究①

内容提要：本文通过对金、元、明、清四代史书、政书、典章等文献资料的挖掘和整理，对北京太医院职官制度、教育考试制度、诊疗制度、药品管理制度和祭祀制度五大类医事制度进行了全面的研究，梳理了北京太医院医事制度在金、元、明、清四代的沿革和变化，总结了各朝代医事制度的特点。最后结合现实，建议放宽中医医师培养途径和选拔标准，在太医院旧址上建立体验式的"国家中医药博物馆"。

关键词：太医院；医事制度；选拔标准；国家中医药博物馆

"太医院"的名称，最早出现在金代，元、明、清三代沿用。太医院既是国家最高医药管理机构，又是最具权威的医药专业机构，主要为宫廷皇室提供医疗服务。古代医事制度早在周代就已经开始设立，《周礼》记载五种医官。秦、汉至南北朝设有太医令，其中西汉分别隶属于少府与太常，东汉仅隶属少府，两晋隶属宗正，北魏、北齐隶属太常。隋、唐设立太医署，宋、辽设太医局，金代始改称太医院。

一、太医院职官制度

金代太医院隶属于宣徽院，其主要职责即为宫廷皇室提供医疗服务，但也参与一些民间疾病诊疗。太医院医官的品级，在天眷年间（1138—1140）有过一次改制。经过这次改制，医官的品级得到了提升，由最高为从六品提升为从四品。同时，其等级划分也进一步细化，由七阶细化为二十五阶。太医院的职官设置，包括提点、使、副使、判官、管勾、正奉上太医、副奉上太医、长行太医等。金代惠民司的官员很多并非医人，但其日常运转必然要依靠专业的医生，宫廷的太医也参与其中。

元代沿袭金代，但其制度在这一朝代发生了重大变革，即设立了太医院提点、院使这一掌管太医的最高长官。元代早期太医院最高官员为太医

---

① 本文是"北京太医院医事制度研究"项目的阶段成果，项目编号：11LSA003。

院提点，后在成宗时期改为太医院使。太医院的品秩为正二品(至元二十年[1283]曾改名为尚医监，秩正四品，后恢复)，太医院使下设同知、佥院、同佥、院判、经历、都事、照磨兼承发架阁库、令史、译史、知印、宣使。太医院院使的人数多次增加，到1322年才大致固定下来，多达12人，长官人数众多也是元代太医院官制的一大特点。

明代建立之前，朱元璋称吴王时设医学提举司，为宫廷医疗机构，后改称太医监、太医院。明代建立时，最高医事管理机构为太医院，1381年定为五品衙门，隶属礼部。1412年迁都北京后，又在北京设立了太医院，形成南北两所太医院并存的局面，直至明朝灭亡。太医院的医官按其专业进行细致的分科，共计十三科。除为皇室成员提供医疗服务外，还为王府、大臣和外国首领使节诊治，其他职责还包括贯彻皇帝的医药诏令、地方官府医官的差派、医生的培养教育等。明代太医院的职官设置和医官品秩的变动较为频繁。1381年定为正五品，设令、丞、吏目、御医等官，1389年又分别改令和丞为院使和院判。对其他医药机构如御医局、御药房、生药库、惠民药局、安乐堂、典药局则通过选派御医兼职或由太医院提名委派医官任职的形式进行管理。明代太医院的属性总体上侧重于皇宫之内，相较于元代太医院，其品秩地位下降，功能有一定的收缩。

清代太医院最主要的职责是皇室成员的诊疗，医官们按术业专攻分为九科，宫廷内的诊疗活动皆由太医院派遣御医负责。宫廷的另一个重要医药机构——御药房与太医院的关系几经变迁，时而为太医院所属，时而为礼部或内务部制约，但供职的御医皆从太医院中选拔。除诊疗外，太医院还以选派、考核医官的形式管理军队、监狱的医生，并下设教习厅、医学馆，负医学教育职责。太医院衙署内还设有生药库，收贮每年各直省解纳至京的地道药材，但药材的出入取用均须申报礼部。1905年，清政府推行新政，设卫生科，后升为卫生司，成为与太医院并立的医政机构。清代太医院隶属礼部，为五品衙门，至宣统时，一度改为四品。其职官设置屡有变动，最高长官称为院使，设有左、右院判、御医、吏目、医士、医生等职。起初各官品级满汉间有不同，康熙九年(1670)改归划一。

二、太医院教育考试制度

关于金代太医院医官的任用考核，史书并没有系统记载，但大抵有着严格的考核制度，对太医有三年一次的考试。其特点之一即太医院的最高官员提点多由非医学背景的皇族、重臣兼任，而提点以下的官职则由医者担任，这两类官员的政治地位是完全不同的，前者广泛参与到王朝政治中，后者则仅限于医事活动。

元代太医院的医学考试由医学提举司负责，教授皆由太医院定拟。根据许有壬记载："太医院总天下医政，而考核课艺，荐择校职，提举实握其要。"①医学提举司有"考校诸路医生课义，试验太医教官……训诲太医子弟，领各处医学"②等职能。可见医学提举司在考核科目、选拔人才中发挥着重要的作用。医学提举司成立十余年后，太医院推出了针对医学教官的"月试"考核制度，即每个月由医学提举司出三道病例分析的试题，以"试验"医学教官的学养，并将实验结果记录在簿，年终申报太医院，考校其是否称职。大德年间(1297—1307)，朝廷又多次下诏加强考试制度，细化考试科目，也加强了医学提举司在医学教官荐择上的权威性。[1]

明初仿效元制，设医学提举司，后改太医监，又改太医院，设院使、同知及典簿等官职。明代民间医学教育只要采用家传或者师徒传授的形式，属于医家子弟的可选入太医院学习，推选2—3名老师，教学医术。明代医学课程的设置与元代相似，均以《素问》、《难经》、《神农本草经》、《脉诀》为必修课程。明代的医学教育以地方为主，而对于各地方考试，也有明确规定："命选医家子弟推堪任教师者二三人教之，每季考试。三年或五年，堂上官一员同医官二员，试其通晓本科者收充医士。未通晓者，许习学一年再试，三试不中者，黜之。"③在官方的医学教育中，医生的来源有三大方面：世业子弟是太医院学生的主要来源；通过考选来选拔；通过推举的方法，从礼部送到太医院考试，考中的则选用，不中的就发回原籍。

清初，中央的医学教育分为内教习和外教习。内教习是从御医、吏目中选取学识广博者二人，在东药房教御药房太监读医书。外教习是从御医、吏目中选取品学兼优者做教师，向太医院中的肄业生授课，学生的来源主要是医官子弟，他们均可获准保送到教习厅里学习。同治五年(1866)，将"教习厅"改为"医学馆"。在教科书选择方面，主要是《内经》、《伤寒论》、《金匮要略》、《本草纲目》等，乾隆十四年(1749)，将《医宗金鉴》纳为教科书，后一直沿用至清末。考试方面，同治五年设立考试章程。凡太医院肄业生由本院院使每年分四季考试，试题从《内经》、《难经》、《伤寒论》、《金匮要略》、《神农本草经》、《医宗金鉴》中出，按照考试成绩，分别等第，在礼部注册。每三年，还要由礼部堂官来院考试，取中者称为医士，不中者仍未肄业生，以待再考。凡肄业一年以上，季考三次为一等者，遇到有恩粮生缺出，申明礼部补充，有医士缺出，以恩粮生补充，不再考试。对于地方医学的医生，也有相应的考试制度。

---

① 李修生：《全元文》第38册，江苏古籍出版社，1997年，第398页。

② 宋濂：《元史·志三十八·百官四》，中华书局，1976年，第2222页。

③ 徐春甫：《古今医统大全》，人民卫生出版社，1991年，第160页。

三、太医院诊疗制度

金元时期的宫廷诊疗制度记载不多，明、清两代宫廷诊疗制度差异不大[2]。太医院医官在宫中开展诊疗活动，要遵守一系列宫廷诊疗礼仪。如没有皇帝、后妃的传用是不能贸然觐见的。按照规定，皇帝、后妃通常派御药房太监传召太医院医官，并设有侍监首领两人专门负责“带领御医各宫请脉”①。请脉时，御医作为朝廷命官，自然应该遵守清代宫廷制定的君臣见面时的种种礼仪，如先行叩拜的君臣之礼，然后跪地请脉，整个过程中医官不得抬头看视皇帝、后妃的面色，更不能看舌。请脉结束后，太医院医官也须再向皇帝、后妃行叩拜之礼，才能离开。此外，与民间诊疗有所差别的是，清宫诊疗活动更加重视男女间的性别差异，并制定和采取了一系列避嫌措施。[3]为了确保帝后的用药安全，御药的熬制和服用环节也需层层把关。如“烹调御药”需由太医院医官和太监共同负责，一起监督熬制药物。而在服药时，清宫还安排了参与熬制的太医院医官和太监先后试药，确保平安无事后再将另一份进献皇帝、后妃服用②[4]。

除了为宫廷服务外，太医院还肩负着一些社会职能，包括为军队、刑部监狱等国家机关、文武会试等重大活动以及平民百姓提供医疗保障。在军医和狱医方面，元代为宿卫军士提供医疗保障的是隶属于太医院的广惠司[5]。而明朝不论是京军中还是边关和各地卫所的医官、医士皆由太医院统一派遣[6][7]。如若边关军医不足，可经申请后由太医院拨用[8]。同时，明代军队中已建立了一套与军士诊疗、救护相关的条例条令。清政府则规定，出征的将领可以随时奏请皇帝差派太医院医官。皇帝批准后，由“礼部堂官选派太医院官二员”，“驰驿前往，并遣兵部官一员送至军前”③。在贫民的医疗救助方面，元朝建立全国性的救助体系，包括广济提举司、广惠司和惠民局等医药机构，其中广惠司和惠民局均为元太医院的下属机构[9]。而在清代，太医院会在京城出现重大疫情的情况下，奉旨向京城平民施医舍药。

四、太医院药品管理制度

金代在宫廷内设有御药院和尚药局等医药机构。这两大机构同太医院一样隶属于宣徽院，与太医院是平级机构。

元代的广惠司和回回药物院，都是使用阿拉伯医学的医疗机构。广惠司设立于至元七年(1270)，隶属于太医院，聘用阿拉伯医生，专管加工炮

① 赵尔巽：《清史稿》，中华书局，1976 年，第 3440 页。

② 伊桑阿：《大清会典(康熙朝)》，文海出版社有限公司，1992 年，第 7765 页。

③ 任锡庚：《太医院志》，1923 年，第 15 页。

制御用回回药物、调剂治疗宿卫军士以及居住在大都的贫民和孤儿。至元二十九年(1292)，元政府又在大都和上都各设立一处回回药物院，专掌回回药事。至治二年(1322)，回回药物院拨隶广惠司，也成为太医院下属机构。[5]

明代的御药房设立于洪武六年(1373)。御药房官员中设有御医四人，均由太医院医士充当。嘉靖十五年(1536)，御药房改名为圣济殿，同时设立了御药库。御药房的生药材由全国各地进贡，由内务府收掌，贮存在太医院的生药库，由御医、大使各一名辨验收放，并由御医轮值供事，辨别药物的产地和优劣。每年年底，须按例将药材收支情况造册二本，一本留存太医院，一本送礼部备查。由此可见，明代太医院药材的供应、收藏、加工炮制都已形成了严格的体制，保证了太医院医官治病的安全与疗效。[2]

据清代《太医院志》的记载，清代太医院也设有生药库，各省每年均须将地方出产的药材“解纳本院生药库收贮”，并由太医院委派医官“验辨优劣”。药材入库出库均须申报礼部，凡内药房需要取用药材时，要先“行本院申明礼部”后，才能“开库照交”。同时，自清朝初期顺治年间(1644—1661)，生药库就已由太医院派遣吏目或医士等医官管理库务。但从整个清代历史上看，生药库的隶属关系在清代几经变化，并逐渐脱离了太医院的直接控制。而且，其收纳和管理药材的职能也被逐步削弱，先后由户部附库和内务府取代，直至道光年间(1821—1850)“太医院之药库从兹无用矣”①。

五、太医院祭祀制度

从元代开始，医事祭祀制度开始逐步形成，并在历代的医药事业发展中得以不断完善，最终形成了清代较为完备的太医院祭祀制度。

元朝开始将三皇祭祀与医药联系起来，其祭祀对象除三皇及其四配外，还有十位上古名医，因而形成了后世明清两朝太医院先医庙祭祀制度的雏形。

明初的医事祭祀制度沿袭元代旧制，以三月三日、九月九日通祀三皇。此后，变为只有中央有权利祭祀三皇，而地方则不能越级祭祀，标志着医事祭祀制度的中央集中化。嘉靖年间(1522—1566)，又在太医院北建了三皇庙(也就是清代的先医庙)，其景惠殿中供奉三皇及四配，另设有二十八位从祀的历代名医。每年仲春、秋上甲日，由礼部堂上官行礼，太医院堂上官二员分献，用少牢。又在其内建了圣济殿，祭祀先医，由太医官主祭。

---

① 任锡庚:《太医院志》，1923年，第12—13页。

嘉靖二十一年(1542)，皇帝认为先医庙规格狭小，诏命扩建其庙。[①]

在清代礼制体系中，祭祀分为三个等级，即大祀十三种、中祀十二种和群祀五十三种。而先医庙便属于群祀的范畴，顺治元年(1644)定祭，每年春冬仲月致祭。祭祀前有细致的准备工作，祭祀活动结束后，各祭祀人员的退场顺序和路线也有严格的规定。在祭祀礼乐方面，乾隆七年(1742)定制群祀过程中演奏"群祀度神欢乐"。其中太医院祭祀的乐章为"精气缘乎理，调剂观所颐。曰惟古圣，尝草定医，似铁随磁。诊除吉至，化工出自于指，万姓永荷恩施"[②]。三次献祭都要奏乐。

六、对当代医事制度的启示与建议

(一)放宽中医医师培养途径和选拔标准

在历代的医学教育中，除官办医学教育外，政府都允许或鼓励师带徒、家传等多种民间医学教育模式，这种教学模式培育了大量的医学人才，并得到重视或重用。尤其是清代在医师选拔方面，当太医院医官的治疗效果不佳或没有效果时，皇帝就会启动"征选制度"，颁布旨意要求各地官员举荐并保送当地精通医学的人员进京请脉。对这些人员的出身和身份并没有专门规定，只要他们确实"精通医理，疗疾有效"，即可由地方官员保举进京。征选民间医生进宫请脉的考察标准，更偏重于医生的实际水平和疗效而非其出身和身份，考核过程也更加注重效果。

而反观当下中医教育主要还是依靠院校教育，传统的师带徒和家传等方式处于相当弱势的地位，更为严重的是对通过师带徒与家传方式学习者在考取医师资格方面有苛刻的要求。这使得我国目前中医人才的培养出现了单一的"批量生产"和"过度标准化"的趋势，中医人才的分布陷入了"医疗人才紧缺"与"民间专长人员无用武之地"的怪圈。从而使很多具有地域特色、民族特色和经验特色的医学逐渐走向消亡，中医学失去了内部活力。相比之下，我们不妨学习清代太医院的"征选制度"，将医师遴选标准的重点放在医疗水平和疗效上，适当放宽中医师资格的准入标准，并制定相应的特色考核标准和流程，为那些在民间拥有医学专长的人员提供便利条件，使他们能找到用武之地，并最终服务于人民大众。只有使各种形式培养出来的中医人才，在考取医师资格及职务晋升等方面享有与院校毕业生同等的权利，才能使师带徒和家传的中医教育之路越走越宽广。

(二)建立"国家中医药博物馆"

太医院旧址最适合建立"国家中医药博物馆"。今天北京地安门东大街

---

① 张廷玉：《明史》，中华书局，1974 年，第 1294—1295 页。

② 赵尔巽：《清史稿》，中华书局，1977 年，第 2485、2831 页。

仍保存着清代太医院衙署遗址。虽然太医院大堂已拆建，但仍能看见当年的础石。二堂及东西厅房均保留着原来的建筑，只是已成住房。这是北京独有的重要历史遗迹和文化资源，理应在妥善保护的基础上，进行充分的开发和利用。但是，这一工作现在还没有引起足够的重视。如今，清代太医院衙署遗址仅仅成为北京市文物保护单位，仍以大杂院的形式作为民居使用，其中一些建筑已成为危房，亟待修复。建议以此为基础建立体验式的“国家中医药博物馆”。此举不仅有利于太医院古建筑及历史文物的修复与保护，而且有利于更好地传承中医药文化，进一步提升中医药的国内和国际影响力，促进人民大众的身心健康。

利用北京各类现存古迹的独特优势而就地建立博物馆已有先例，如历代帝王庙博物馆、北京大钟寺古钟博物馆等。我们应学习这些专题博物馆的建设经验，对清代太医院衙署遗址这一历史和文化资源进行保护性开发，将其改建为汇集中医药文物展示、中医药诊疗体验及中医药文化宣传和学术交流于一体的国家级中医药专题博物馆。

参考文献

[1]马明达、武香兰：《元朝的太医院》，《西北民族研究》，2008 年第 1 期。

[2]王玠：《明清御药房初考》，《中医文献杂志》，1995 年第 3 期。

[3]金易、沈义羚：《宫女谈往录》，紫禁城出版社，1991 年。

[4]恽丽梅：《清宫医药与医事研究》，文物出版社，2010 年。

[5]李莎：《元代官方医疗保障制度的构建和发展》，《郑州航空工业管理学院学报(社会科学版)》，2010 年第 4 期。

[6]恽丽梅：《试论明清宫廷医疗机构的变迁》，《中国紫禁城学会论文集(第五辑下)》，2007 年。

[7]张金奎：《明代卫所医疗保障浅析》，《第十一届明史国际学术讨论会论文集》，2005 年。

[8]龚锦涵：《对郑和远洋船队医学保障的探讨》，《“睦邻友好”郑和学术研讨会论文集》，2002 年。

[9]武香兰：《元代医政研究》，暨南大学博士学位论文，2008 年。

（作者：张其成　北京中医药文化研究基地首席专家　教授、博导
段晓华　北京中医药大学基础医学院　副教授
沈　艺　北京中医药大学人文学院　副教授）

基地名称：北京中医药文化研究基地
依托单位：北京中医药大学
项目类别：北京市教委共建项目

北京市民养生观念与方法规范研究[①]

内容提要： 在问卷调查的基础上，针对当下坊间流传甚广、社会影响较大、群众笃信不疑、学界既往研究不足、养生效果尚不明确的养生热点和疑点问题，运用历史学、哲学、逻辑学和中西医学等多学科理论与方法，开展正本清源的文献梳理和理论研究，从学术价值、保健意义和适用范围给出说法，力求做到谬误者驳之、偏差者纠之、疑似者辨之、正确者立之，从而为大众养生提供正确而规范的观念与方法。

关键词： 养生；观念；方法

近年来，养生理念和方法的广泛传播，对提高全民健康素养、改善生命与生活质量起到了重要的作用，但大众养生在一定程度上也呈现出先“热”后乱、鱼龙混杂、理而未清的“迷局”。欲根本扭转此局面，需从学术研究角度开展正本清源工作，对似是而非的养生理法，唯有通过溯本寻源式的文献梳理和理论研究，厘清其来龙去脉，才能真正做到有源可寻、有据可依、去伪存真、推陈出新，从而为民众养生提供正确而规范的指导。

一、问卷调查

笔者在检索大众传媒养生热点和专家访谈基础上制定调查问卷，以期筛选出若干坊间流传较广、社会影响较大、群众笃信不疑、学界既往研究不足、养生效果尚不明确的养生热点和疑点问题。问卷调查情况和结果如下：

（一）被调查者人口学特点

接受调查者共计 478 人，其中男性 212 人（44.4%）；女性 266 人（55.6%）。

既往媒体调查的养生受众多为中老年人，本次接受调查者中 30 岁以下占 55%，年龄分布相对年轻，以期更加全面地了解不同年龄群体的养生误

① 本文是“北京市民养生观念与方法规范研究”的阶段成果。

区。见表 1。

表 1　被调查者的年龄分布情况

年龄分段	调查人数(人)	所占百分比(%)
18—20 岁	102	21.3
21—30 岁	161	33.7
31—40 岁	82	17.2
41—50 岁	109	22.8
51 岁以上	24	5.0
合计	478	100.0

被调查者的职业包括大学本科生和研究生、金融工作者、家政服务员、公务员、检察官、医务人员、销售人员、行政人员、餐饮人员、工程师、设计师、营养师、研究人员、教师、自由职业者以及待业、下岗和退休人员等，相对广泛的职业分布具有更好的代表性。

(二)被调查者对相关养生误区的相信程度

笔者选择了食物相克、以形补形、素食/生食养生、山珍/野味养生、足疗治病等养生热点设计成调查问卷，结果见表 2。

表 2　被调查者对相关养生误区的相信程度　　　单位:%

受众态度	食物相克	以形补形	素食养生	野味养生	足疗治病
深信不疑	50.4	8.8	10.9	10.5	22.4
宁可信其有	25.7	18.6	8.2	12.3	24.3
将信将疑	15.7	41.8	25.2	31.9	16.3
不信	6.5	29.1	53.2	41.3	6.5
其他	1.7	1.7	2.5	4	30.5
合计	100.0	100.0	100.0	100.0	100.0

在此基础上，笔者运用历史学、哲学、逻辑学和中西医学等多学科理论与方法，对 13 个养生热点、难点问题从学术价值、保健意义和适用范围给出说法，即谬误者驳之，偏差者纠之，疑似者辨之，正确者立之。

二、谬误者驳之

鉴于半数以上被调查者对食物“相克”深信不疑，以及活取熊胆风波引发社会关注，本研究以此为切入点，对食物“相克”和熊胆养生误区做出批驳。

(一)证伪食物“相克”

通过梳理 241 部相关古籍，证实食物相克概念语义和逻辑上不通，文献中无记载。类似“螃蟹与柿子不可同食”者古称“食物相反”，最早见于元代蒙古族御医忽思慧《饮膳正要》(1320)，食物相反理由与阴阳五行理论、取类比象、宗教和民俗禁忌特殊表达方式、偶发中毒事件等有关；不良反应多，且一对相反物存在多类不良反应记载，实证性差；食材类型中畜肉、水产、野菜及五辛的相关禁忌较为丰富；发病条件中以“妊娠”最为常见。整体上看，食物相反是文化意义上的禁忌而非纯粹的医学禁忌[1]。

(二)熊胆养生古无先例

熊胆入药首见于汉末成书的《名医别录》①(陶弘景，220)，宋金元时期药用范围扩大，明清时期熊胆的临床应用沿袭前朝无大变化，故本专题文献研究年代设定在汉唐至宋元时期。根据《中国中医古籍总目》②，明代以前现存中医古籍 202 部，范围包括本草(含食疗本草)、炮制、医方、医案、内科、女科、幼科、疹病、疡科、外科、眼科、伤科、养生医籍等，其中记载熊胆应用者 32 部，占检索书目的 15.8%。搜集整理有关熊胆临床运用条文 415 条。显示汉代前未见熊胆临床应用，唐代熊胆临床使用以单味为主，取少量外用涂抹，多用于治疗慢性痔疮。宋金元时期熊胆使用渐多且与不同功用药物组方，治疗小儿疳证、龋齿、翳障等病证。明代以前尚未找到熊胆在养生领域的应用，亦未发现熊胆可长期服用的证据[2]。

虽然古籍载熊胆无毒，但胆汁成分复杂，包括经肝脏代谢排出的各种废物，有可能对人体有害，因此，服用熊胆包括其他动物胆汁以养生的民俗不宜提倡。如食用鱼胆和蛇胆引起中毒，因其中有强毒性蛋白分解产物胆汁毒素，且不易被乙醇和加热破坏，其他毒素如氰氢酸、组胺等均可导致多器官损害，若不及时抢救，死亡率很高[3,4]。

三、偏差者纠之

笔者在文献研究与教学、临床实践基础上，得出结论，以期纠正“足疗”治病、人参入膳和刮痧保健等易致偏差的养生误区。

(一)“足疗”治病依据不足

古代足部保健包括足浴、足部导引和足部按摩三部分。足部按摩以徒手擦摩肾经第一穴涌泉为主，因其可“除湿气，固真元”，曾列为“却病八则”之首(明·冷谦《修龄要旨》)。明代出现在脚踏面上安装数对滚轴的“滚脚凳”，方便中老年人坐上搓滚。无论手擦还是搓滚涌泉，均为沿脚底大范围直线或环旋移动，不用点、按、捏法。传统中医针刺涌泉属急救措施，明代高武《针灸聚英》将涌泉和哑门、劳宫等穴列为“回阳九针”，用于抢救

---

① 苏敬：《新修本草》，尚志钧，辑校，合肥：安徽科学技术出版社，1981 年，第 370 页。

② 薛清录：《中国中医古籍总目》，上海：上海辞书出版社，2007 年。

昏迷病人。

现代“足疗”实指“足底反射治疗”，理论依据与中医传统经络学说无关。足底反射学说认为足底不同部位连接相应内脏器官，点按足底即可调理脏腑病症。对此30年前就有学者提出质疑[5]，时任中科院生物学部主任的邹承鲁院士曾受命组织专家做过调查论证[6,7]，结论是足底反射区无科学依据，迄今还都是出于一种假设[8]，并无严谨而令人信服的科学论证。总之，古代行之有效的足疗方法不应在当代被曲解和滥用，要匡正其偏颇之处。

(二)人参入膳须防滥用

2009年，国际食品法典委员会(CAC)第32届大会宣言通过《人参食品》国际标准，规定人工种植人参可用于食品。我国卫生部也于2012年9月批准人工种植的人参为新资源食品。但人参毕竟以补虚见长，不可滥用。

1979年，美国加利福尼亚大学神经精神病研究所Siegel报道他对133例连续服用人参1个月至2年者的调查，发现133例服用者都出现了不同程度的兴奋效应如情绪亢奋、易激动、手足震颤。Siegel医生将之命名为“人参滥用综合征”(Ginseng Abuse Syndrome)。其后，中国台湾地区也有类似报告。

滥用人参弊端清代学者就提出质疑，如徐大椿(1693—1772)专门撰写《论人参》，批评医家不加辨证滥用人参会误病家性命。

农耕社会有秋冬进补民俗，然时过境迁宜与时俱进。补法针对虚证，气虚补气，血虚补血，缺多少补多少。无病不虚之人长期过量服用人参，可见腹胀纳呆，“阴虚火旺”者还会流鼻血、长口疮和便秘等。

(三)刮痧保健有待商榷

刮痧作为民间外治疗法流传久远[9,10]，但有案可稽者见于元代危亦林记载民间疗法的《世医得效方》[11](1337)，治疗相当于现代霍乱、副霍乱、细菌性食物中毒以及中暑等病证的“搅肠痧”。明清时期刮痧治疫曾颇盛行，随着近代医学对传染病认知渐多，痧证扩大化趋势逆转，清代末期有关刮痧论著迅速减少[12]，此局面维持到20世纪90年代前。

1960年，上海江静波出版《刮痧疗法》，将刮痧定义为：“一种医疗手法，它所治疗的是一些叫作痧的疾病”[13]，明确指出刮痧为治“痧病”而非养生保健。其后30年间，刮痧论著阙如。

20世纪90年代开始，曾流行刮痧疏经排毒健康法[14,15]，且谓可治三四百种病症[16]，但鲜见严格按照循证医学设计的深入学术研究[17]。

刮痧本质是对背部和颈部皮肤进行垂直和平行方向的双重强烈挤压后，皮下毛细血管破裂造成的瘀血。人体皮肤的主要功能是防御和调节体温，不论何处皮肤都无“排毒”功能。刮痧禁忌证多[18]，且多数刮痧业者无医学基础知识，也不会主动询问顾客病史，致使刮痧意外屡见报端[19,20,21]。有鉴于此，笔者建议：一是相关部门应将娱乐休闲业的刮痧排除在正规医疗领域外而界定为民俗疗法；二是考虑医疗现实，将操作者严格限定为医生并深入研究刮痧机理和副作用。

四、疑似者辨之

因养生乱局从“生吃茄子降血脂”、“生吃泥鳅治癌症”始，故本研究亦选取以形补形、野味养生、素食养生和根据季节调整食味养生等饮食养生方面问题考辨以拨乱反正。

(一)以形补形辨

“以形补形”是国人食疗进补重要论据之一，如吃红色食物补血、吃脑补脑等，其理论依据是“取象比类”。古代中医以临床与生活经验为基础，更注重“实证”。赤小豆外皮红色，但古籍只说它可利水解毒，《伤寒论》有“麻黄连翘赤小豆汤”外解表邪，内清湿热；山楂果皮也是红色，古籍亦只载其具消食利尿、活血止泻功效，如以山楂为主药的“保和丸”(《丹溪心法》)，从未提及其可补血。红枣在本草中归为“补气”药，现代营养学证实，它虽富含铁元素(1.2—2.3mg/100g)，但属非血红素铁，人体吸收率仅5%，吃红枣改善缺铁性贫血是民间生活误区。

“以形补形”或“以色补色”有时确有疗效，但与其形色无关。如吃猪血、鸭血等动物血可补血，是因其富含蛋白质、锌、维生素 B_2 和食用价值较高的血红素三价铁，易被人体消化吸收(铁的吸收率达 25%)。再如核桃补脑与其形状无关，而是核桃中富含亚油酸等营养素起作用。

动物肝脏中富含维生素 A，对改善夜盲症有益，但摄入过量会中毒；猪牛羊等肾脏里均含不同数量的重金属镉，其对人体危害颇多，除损害肾脏、肝脏，还会造成精子数目减少、受精卵不易着床而影响受孕；猪脑中虽含较多蛋白质，但胆固醇含量极高，每百克猪脑中胆固醇含量达 2500mg，是同等量鸡蛋黄的 8 倍。肾功能不全、血脂异常、心脑血管病人本就需限制胆固醇，前者还须限制蛋白摄入量，若还吃猪脑“补脑”，会适得其反。

(二)野味养生辨

“宫廷御膳”追求稀贵，“满汉全席”的“四八珍”即由山八珍(驼峰、熊掌、猴脑、猩唇、象鼻、豹胎、犀尾、鹿筋)、海八珍(燕窝、鱼翅、大乌参、鱼肚、鱼骨、鲍鱼、海豹、大鲵)、禽八珍(红燕、飞龙、鹌鹑、天鹅、鹧鸪、彩雀、斑鸠、红头鹰)和草八珍(猴头、银耳、竹荪、驴窝菌、羊肚菌、花菇、黄花菜、云香菇)32 种珍贵原料组宴。但“山珍海味”不等同于饮食营养，其中的氨基酸、维生素、无机盐和微量元素含量，都无特别营养价值，也无任何科学数据证明其是高级营养品。

现已知家栖鼠类至少能传播 35 种疾病，吃青蛙易感染曼氏裂头蚴病(一种绦虫病)引起失明、癫痫，吃生溪蟹、虫刺蛄等能引起肺吸虫病，生吃猴脑可能引起朊病毒(一种变异蛋白质，同疯牛病病原体性质一样)所致的“库鲁病”等。

(三)素食养生辨

除宗教因素外，中国古代普通百姓并无主动的素食传统。传统中医提倡“五谷为养，五果为助，五畜为益，五菜为充”，“谷肉果菜，食养尽之”(《素问・脏气法时论》)的平衡膳食观，无素食养生传统，现代人为预防心脑血管疾病、癌症而不吃肉蛋奶类食物，有矫枉过正之虞，并无充分科学依据。严格素食尤其不适用于婴幼儿、青少年、孕妇、乳母等人群。

(四)四时五味辨

四时五味养生观系指顺应季节调和五味的饮食养生思想，如春天多吃酸味食物，夏天多吃苦味食物等。通过梳理先秦至清记载食味养生观的51部古籍，该观点在古代有13种之多，现代10余种养生类专业教材也存在数种观点杂糅现象，加之养生科普书籍的驳杂，给百姓养生带来困惑。据笔者研究，四季五味养生观源于五行归类理论，五味调理模式多以五行生克为理论基础，与中医学强调五味调和、不可偏嗜和性与味综合考量来选择食物的观点相悖；某季只食或多食某味的做法也与具体食物复合味居多如酸辣、酸甜并存、甘味食物占一半以上等特性相左，在实际操作上很难落实。时味养生观并非科学合理的饮食模式，不宜提倡[22]。

五、正确者立之

本研究通过古今文献与养生实践分析，对仁智者寿、导引健身、食饮有节和起居有常等有医学科学依据的养生观念和方法，进一步予以确认。

(一)仁智者寿

“仁智者寿”是我国传统文化与医学关于健康长寿的独到观点。“仁者爱人”，“知人者智”。我国是世界上最早提出人际关系、道德修养和勤于用脑有益健康长寿的国家，这个观点在提倡健康老龄化和积极老龄化的当代有特别重要的意义。仁乐山，智乐水，主静的仁者和主动的智者才能长寿又体现出辩证思维特色。

(二)导引健身

“导引”即古代运动疗法，指“导气令和，引体令柔”。《黄帝内经》将导引列为针灸、按跷、膏摩诸疗法之首，《金匮要略》亦将它作为“治未病”的首法，足见其在养生治病中的重要性。2005年，国家体育总局为迎奥运向全民推荐易筋经、五禽戏、六字诀和八段锦等健身功法，现代研究提供循证医学证据：习练八段锦能稳定Ⅱ型糖尿病患者的血糖水平，改善精神心理状况，提高生活质量。常练太极拳可有效改善老年人站位平衡，减少一半跌倒机会，更是写入国家卫生部 2011 年 9 月发布的《老年人跌倒干预技术指南》。

古代长寿者都精通导引术(《庄子·外篇·刻意》)。华佗五禽戏是世界上第一套由医生编排的医疗体操，仿效虎的刚健、鹿的温驯、猿的轻灵、熊的沉缓和鸟的活泼来操练，喻养生于游戏中。传统导引有“百练不如一走”之说，现代健身也视走路为最佳项目，不谋而合。在全民养生保健方面值得大力宣传与推广。

(三)食饮有节

食饮有节既指进食要定量、定时，也指食物种类的合理搭配和五味调和不偏嗜。传统膳食结构以谷类食物为主，肉类为副食，蔬菜水果作为补充和辅助：“五谷为养，五果为助，五畜为益，五菜为充”，提倡饮食清淡，重视食材本来的味道，强调辛甘酸苦咸五味偏嗜对健康的危害性，这与中国营养学会《中国居民膳食指南》(2011 年)要求“食不过量，谷类为主，粗细搭配”，“三餐分配要合理”，“吃清淡少盐饮食”等原则不谋而合。

(四)起居有常

人类健康的影响因素中，生活方式占到六成(世界卫生组织 WHO)。1992 年，世界心脏病学会在加拿大维多利亚提出健康生活方式四大基石：合理膳食、适量运动、戒烟限酒、心理平衡。这与传统中医养生学强调“食饮有节，起居有常，不妄作劳，故能形与神俱而尽终其天年”(《素问·上古天真论》)一脉相承。起居有常指人的作息要有规律并合乎自然界和人体的生理常度，这样可在大脑皮层建立良好的条件反射，提高人体对外界环境的适应力，减少高血压、肥胖、血脂异常和糖尿病等的发生以达健康长寿目的。快节奏现代社会中，更应强调规律生活方式在养生防病中的积极作用。

参考文献

[1]严泽：《食物相反的古代文献研究》，北京中医药大学博士学位论文，2013 年。
[2]崔莲：《明代以前熊胆临床应用文献研究》，北京中医药大学硕士学位论文，2014 年。
[3]李琮辉、王丕荣等：《蛇胆毒性的实验研究》，《贵州医药》，1997 年第 3 期。
[4]石朝周、毛宇峰、樊启新：《鱼胆毒性成分的研究》，《同济医科大学学报》，1992 年第 3 期。
[5]周慕瀛：《全息生物学的质疑》，《医学与哲学》，1993 年第 3 期。
[6]邹承鲁：《给〈中国科学报〉的一封信》，《中国科学报》，1995 年 4 月 3 日。
[7]邹承鲁：《关于张颖清问题的情况说明》，《人民日报》，2005 年 11 月 24 日。
[8]刘保延：《足底反射区仅是假设无科学依据》，《新京报》，2010 年 3 月 23 日。
[9]李经纬：《刮痧疗法史述要》，《中国医学之辉煌：李经纬文集》，中国中医药出版社，1998 年。

[10]李琳：《试述痧症及刮痧疗法源流》，《湖北中医杂志》，1995 年第 1 期。
[11]危亦林：《世医得效方》，上海科学技术出版社，1964 年。
[12]纪征瀚：《古代“痧”及治法考》，中国中医科学院博士学位论文，2008 年。
[13]江静波：《刮痧疗法》，人民卫生出版社，1960 年。
[14]吕季儒：《吕教授刮痧排毒法》，陕西科学技术出版社，1990 年。
[15]吕季儒：《吕教授刮痧疏经健康法——300 种祛病临床大辞典》，陕西科学技术出版社，1993 年。
[16]王敬、杨金生：《中国刮痧健康法——378 种临床治疗大全》，中国医药科技出版社，1994 年。
[17]姜荣荣、徐桂华等：《中国期刊全文数据库 2002—2012 年刮痧文献评析》，《中国针灸》，2013 年第 4 期。
[18]中华中医药学会：《中医养生保健技术操作规范・砭术》，中国中医药出版社，2010 年。
[19]周建伟：《刮痧“刮”死人》，《光明日报》，2000 年 10 月 24 日。
[20]刘晓燕：《一少年因刮痧致死　三被告被判徒刑》，《中国青年报》，2001 年 7 月 27 日。
[21]《刮痧破皮男子败血症身亡》，《东南快报》，2009 年 7 月 22 日。
[22]舒秀明：《四时五味养生观的文献研究》，北京中医药大学硕士学位论文，2014 年。

（作者：林　殷　北京中医药文化研究基地研究人员　教授、博导
靳　琦　北京中医药文化研究基地负责人　研究员）

马克思主义大众化研究基地

（中共北京市委讲师团）

基地名称：马克思主义大众化研究基地
依托单位：中共北京市委讲师团
项目类别：北京市社会科学基金项目

中国特色社会主义是成就“中国奇迹”的根本①

内容提要：30多年前启动的改革开放，造就了举世瞩目的“中国奇迹”。解读这个“奇迹”，是当下思想理论界的重要课题。创造“中国奇迹”的真正原因在于中国特色社会主义；中国特色社会主义道路的独特探索为成就“中国奇迹”提供实现路径；中国特色社会主义理论体系的独特创造为成就“中国奇迹”提供理论依据；中国特色社会主义制度的独特优势为成就“中国奇迹”提供根本保障。

关键词：中国奇迹；中国特色社会主义；制度；道路；理论体系

党的十一届三中全会后，改革开放成为时代最强音。从那时起，中国共产党带领中国人民以一往无前的进取精神和波澜壮阔的创新实践，谱写了中华民族自强不息、顽强奋进、开拓创新的壮丽诗篇，把中国特色社会主义伟大事业不断推向前进。连续三十多年经济保持高速增长，经济总量上升到世界第二，中国用举世瞩目的伟大成就向世界充分展示了中国特色社会主义的勃勃生机，在当代世界舞台上演绎了“中国奇迹”。

“中国奇迹”是中国特色社会主义的“奇迹”。这一“奇迹”体现着科学社会主义理论逻辑和中国社会发展历史逻辑的统一。历史雄辩地证明：没有中国特色社会主义道路的独特探索、理论体系的独特创造、制度的独特优势，就没有“中国奇迹”；要继续创造“中国奇迹”，必须始终坚持并不断增强中国特色社会主义道路自信、理论自信、制度自信。

一、道路的独特探索为成就“中国奇迹”提供实现路径

无论搞革命、搞建设、搞改革，道路问题都是最根本的问题。三十多年来，我们能够创造出举世瞩目的发展成就，走正确道路是根本原因。这条正确道路就是中国特色社会主义道路。

---

① 本文是“中国特色社会主义是成就中国奇迹的根本”项目的最终成果，项目编号：13KDB058。

每个国家和民族的历史传统、文化积淀、基本国情不同，其发展道路必然有着自己的特色。独特的文化传统、独特的历史命运、独特的基本国情，注定了我们必然要走适合自己特点的发展道路。中国特色社会主义道路是历史的选择。在这一选择中，"探索"二字是其最鲜明的特征。这一道路是对社会主义建设规律认识深化和探索实践的成果，是中国共产党人带领中国人民在实现现代化和民族复兴伟大中国梦的实践中一步一步走出来的。

这一历史过程充满了艰辛曲折。我们照搬过本本，也模仿过别人；有过迷茫，也有过挫折。但是，经过一次次碰壁、一次次觉醒、一次次实践、一次次突破，我们最终探索出了一条符合中国国情的成功之路。从"以苏为师"到"以苏为鉴"，再到建设中国特色社会主义，我们党结合时代特点和中国实际，在社会主义建设实践中大胆探索，勇于创新，走出了一条有自己特色的社会主义发展之路。这条道路既坚持科学社会主义基本原则，又根据我国实际和时代特征赋予其鲜明的中国特色。三十多年来，我们党立足基本国情，以经济建设为中心，坚持四项基本原则，坚持改革开放，解放和发展社会生产力，不断巩固和完善社会主义制度，建设社会主义市场经济、社会主义民主政治、社会主义先进文化、社会主义和谐社会、社会主义生态文明，在建设富强民主文明和谐的社会主义现代化国家道路上取得一个又一个胜利。

道路决定命运。不同的道路，通向不同的命运。苏东剧变后，"共产主义大失败"的论断并没有印证中国的现实，与此相反，中国改革开放的伟大成就却使得"中国经验"、"中国道路"成为世界关注的热点。究其原因，最根本的一条就是破除思想和体制的僵化，找到了一条中国国情和时代要求的社会主义改革开放之路。三十多年的改革开放，使中国以前所未有的速度发展起来，人民群众生活极大改善，国际地位空前提高，中国人民的面貌、社会主义中国的面貌、中国共产党的面貌发生了历史性变化。纵观历史，放眼世界，我们没有理由不对这条道路充满信心。

鞋子合脚才能走得快，道路正确才能走得远。中国走什么样的道路，关键是看这条道路是否符合生产力发展要求，是否体现人民利益。历史证明，中国特色社会主义道路为成就"中国奇迹"提供了实现路径，是实现社会主义现代化和民族复兴的必由之路。在前进的道路上，我们要坚持走自己的路，不断推进全面深化改革事业。在当代中国，走老路没有前途，走邪路只会导致灾难。所以，我们要坚持中国特色社会主义发展方向不动摇，坚持改革开放不动摇，坚定不移地把这一事业推向前进。

道路源于实践，更要在实践中发展、在实践中检验。中国特色社会主义建设是一个不断探索实践的过程，不能原地踏步，更不能故步自封，而要始终与时代同步伐、与人民共命运，不断开拓创新，总结新经验、把握新规律，在实践中不断突破，续写“中国奇迹”。

二、理论体系的独特创造为成就“中国奇迹”提供理论依据

中国特色社会主义理论体系是我们党长期探索的伟大理论创造。它是在和平与发展成为时代主题的历史条件下，在我国改革开放和社会主义现代化建设的伟大实践中，在总结我国社会主义建设正反两方面历史经验和改革开放以来新鲜经验，并借鉴其他社会主义国家兴衰成败经验教训的基础上逐步形成和发展起来的。体现了鲜明的实践特色、理论特色、民族特色、时代特色。

科学理论是行动的先导，指导中国实践的只能是被实践证明是正确的中国化的马克思主义。我们党历来重视马克思主义中国化，强调用马克思主义中国化成果指导中国革命、建设和改革。正是因为有了马克思主义中国化第一次飞跃的理论成果——毛泽东思想，中国革命才取得胜利。曾经的思想僵化和教条给我们带来的教训是深刻的。在中国社会主义建设伟大历程中，我们曾因为在马克思主义中国化方面的失误而遭受重大挫折，在实现马克思主义与中国第二次结合的任务上留下了历史遗憾。

中国特色社会主义理论体系开辟了马克思主义中国化的新境界，为成就“中国奇迹”提供理论依据。解放思想、实事求是、与时俱进是马克思主义的精髓。改革开放后，我们党对马克思主义、社会主义认识的不断深化和实践基础上的理论创新为中国特色社会主义建设事业提供了理论依据。在改革开放伟大事业中，我们党以高度的理论自觉和自信提出了社会主义本质论、社会主义初级阶段论、社会主义矛盾论、社会主义改革论、社会主义和谐社会论等一系列马克思主义中国化新理论、新思想；破除了把计划经济等同于社会主义的僵化教条的思想，破除了超越阶段的“左”的思想，破除了抽象谈论姓“社”姓“资”的思维定式等。正是在这些理论创新突破中，中国特色社会主义事业得以不断前进，中国特色社会主义理论体系也得以形成和发展。中国特色社会主义理论体系系统回答了在中国这样一个十几亿人口的发展中大国建设什么样的社会主义、怎样建设社会主义，建设什么样的党、怎样建设党，实现什么样的发展、怎样发展等一系列重大理论和现实问题，创造性地提出了一系列紧密联系、相互贯通的新思想新观点新论断，以全新的视野深化了对共产党执政规律、社会主义建设规律和人类社会发展规律的认识。中国特色社会主义理论体系为改革开放提供理论指导和行动指南，从根本上保证了中国改革开放的正确方向。

回顾三十多年改革开放的艰辛历程，我们党之所以能够成功应对一系列来自经济、政治、文化、社会领域和自然界的困难、挑战，之所以能够

大刀阔斧地清除束缚生产力发展的体制机制障碍，大胆地吸收和借鉴人类社会一切文明成果，取得举世瞩目的成就，又防止了把改革变为“改向”的错误，从根本上说，就是因为我们有了中国特色社会主义理论体系的引领和指导，有着对中国特色社会主义理论的高度理论自觉和理论自信。

实践发展永无止境，认识真理永无止境，理论创新永无止境。在全面建成小康社会的关键时期和全面深化改革的攻坚时期，必须要坚持实践基础上的理论创新，以理论创新推动制度创新、科技创新、文化创新以及其他各方面的创新，不断推进中国特色社会主义伟大事业。

三、制度的独特优势为成就“中国奇迹”提供根本保障

党领导人民创造“中国奇迹”，除了有正确的发展道路、科学的理论指导，还因为有中国特色社会主义制度的科学安排，从而为理论走向实践提供了根本保障。中国特色社会主义制度是中国共产党人创造性运用马克思主义基本原理，从我国具体国情出发，经过长期独立探索逐步建立和发展起来的包括经济、政治、文化、社会和生态文明等各个领域的一整套相互衔接、相互联系的制度体系。

中国特色社会主义制度特色鲜明，富有效率，是人类制度文明建设的一个重要成果。具体表现在：人民代表大会制度这一根本政治制度，中国共产党领导的多党合作和政治协商制度、民族区域自治制度以及基层群众自治制度等构成的基本政治制度，与人民民主专政的国体相适应，符合基本国情，能够最大限度地发扬人民民主、激发全社会创造活力；以公有制为主体、多种所有制共同发展的基本经济制度，不仅保证了社会主义市场经济体制的建立和运转，而且推动了国民经济持续快速健康地发展，真正解放和发展了社会生产力；中国特色社会主义法律体系和建立在根本政治制度、基本政治制度、基本经济制度基础上的经济体制、政治体制、文化体制、社会体制、生态文明体制等各项具体制度，既强调社会效率，又注重社会公平，使改革发展成果公平惠及全体人民，保证人民过上美好生活，真正保障人民的根本利益。中国经济 30 多年持续高速增长取得的巨大成就，是中国特色社会主义制度优势为“中国奇迹”提供根本保障的最好证明。相对于西方国家的政治制度而言，中国特色社会主义制度具有独特优势。国家可以制定长远的发展规划，保持政策的稳定性，而不用受到立场不同、执政策略相异的政治势力影响；资源便于整合，可以集中力量办大事，对出现的挑战和机遇能够做出及时高效的反应。与当今中国的繁荣稳定、欣欣向荣形成鲜明对照的是，国际金融危机重创资本主义，顶礼膜拜的新自由主义经济模式被打上问号，资本主义制度的结构性矛盾与制度缺陷暴露无遗。政府作用缺失，效率低下；民主形式徒有其表，搞“寡头政治”；实

行双重标准，对第三世界国家缺乏道德……这一系列困境，正是西方一些国家制度丧失生机和活力的反映。

当然，虽然改革的中国充满了生机和活力，中国特色社会主义事业不断发展，但中国特色社会主义制度也需要不断完善。党的十八届三中全会提出了全面深化改革的总目标，即完善和发展中国特色社会主义制度，推进国家治理体系和治理能力现代化。随着改革的不断深入，各方面制度日趋成熟定型，中国特色社会主义制度的独特优势必将得到更多释放和发挥。

（作者：贺亚兰　马克思主义大众化研究基地负责人　研究员）

北京企业低碳运营战略研究基地

（北京科技大学）

基地名称：北京企业低碳运营战略研究基地
依托单位：北京科技大学
项目类别：国家自然科学基金项目

探析我国稀土价格涨跌背后的科技竞争力问题①

内容提要：自2009年以来，我国稀土产业出现了一轮价格快涨快落的“潮汐涨落”行情。本文认为，这一行情是由于我国稀土行业缺乏科技竞争力、研发技术落后、产品科技含量低、低端市场出口战略造成的。提高稀土研发的技术水平是改善中国稀土发展状况的最关键因素。因此，本文从提高产业集中度、加大技术创新支持力度、建立稀土创新体系等方面提出促进我国稀土产业健康发展的对策建议。

关键词：稀土；功能材料；价格水平；技术创新；竞争力

我国稀土资源储量、产量、销量、使用量均位于全球第一。我国以占世界储量23%的稀土资源供应全球90%以上的稀土需求，并为此付出了巨大的经济与环境代价。自2009年以来，我国稀土产业出现了一轮价格快涨快落的“潮汐涨落”行情。这是由于我国稀土行业缺乏科技竞争力、研发技术落后、产品科技含量低、低端市场出口战略造成的。因此，提高稀土行业核心技术专利的数量、质量和产业化程度，关乎我国实现稀土行业从资源密集型向技术密集型转型升级的发展战略，关乎我国在国际稀土市场的话语权和定价权。

一、探析我国稀土从长期低价到“潮汐涨落”的波动过程

长期以来，我国稀土一直处于低价状态。根据我国稀土行业权威人士研究表明，1998—2008年十年间我国稀土一直稳定在1985年的低价水平上。从1985—2008年，我国物价指数(CPI)上涨了3.5倍，而稀土价格水平基本没有变化。这从稀土代表性品种金属镧、铈、镨、钕的价格对比可以看出(表1)。此状况对我国稀土产业发展造成了严重的负面影响，尽管政

① 本文是“我国稀土战略开发及出口产业规制政策研究”的阶段成果，项目编号：71241025。

府有关部门针对稀土产业面临的严峻形势采取了诸如限制产量、加大出口管制等措施，并发布《中国的稀土状况与政策白皮书》和《国务院关于促进稀土行业持续健康发展的若干意见》等，但问题依然存在。

表 1　稀土代表性品种价格变化情况

年份	镧(元/千克)	铈(元/千克)	镨(元/千克)	钕(元/千克)
1985	38	27	95	98
2008	40	30.5	100	104

在持续的政策效应影响下，我国稀土价格大幅波动，出现“潮汐涨落”的现象。图 1 显示，自 2009 年以来，我国主要的三种稀土产品价格出现明显的“潮汐涨落”现象，价格上升幅度最大达到 10 倍，最小的也接近 6 倍。但是，这样的价格优势持续时间并不长，来去非常迅速，在上升过程中好像有巨大的牵引力量。反观国外稀土产业比较发达的国家，例如，日本的稀土永磁行业、美国的稀土催化行业、法国的稀土储氢行业，在技术和产品方面一直处于高价位垄断状态。例如，日本进口我国的稀土原料产品，经过加工提存后，以原价格的十倍以上再出口到我国。笔者在永磁生产厂家调研发现，销售收入亿元的我国企业每年要向日本企业缴纳近百万元专利费。一方面，一些外国企业低价进口稀土原料，垄断技术，向我国粗加工企业收取高额专利费，甚至在其本国内加工后高价返销我国；另一方面，又对我国政府治理稀土矿石“乱开乱采”、保护环境和资源的措施横加指责。当然，从本质上来看，“限产保价”只是表现形式，保护稀土资源，实现稀土产业绿色可持续发展才是根本之策。

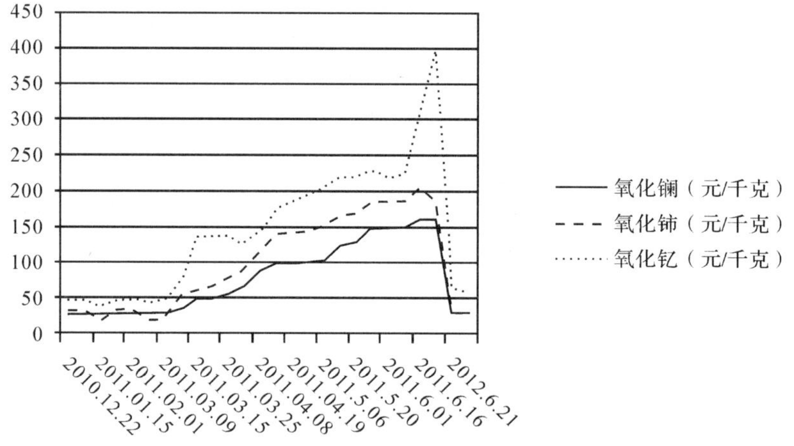

图 1　三种稀土氧化物价格变化趋势图(2010—2013 年)

数据来源：根据上海现货(SMM)主要稀土产品行情整理。

二、我国稀土价格波动背后的科技制约因素分析

根据内生增长理论和熊彼特创新理论，本文认为，技术水平也是造成稀土价格波动的重要原因之一。

20 世纪 80 年代，在我国建设急需外汇资金的情况下，国家调动多种力量，加大加快稀土开采开发，为我国出口创汇做贡献。但是，这也造成了今天稀土产业走低端市场、低价竞争发展的困局，主要表现在以下几个方面：

1. 我国稀土产业集中度低、产品低端落后

近年来，通过在全球范围内进行产业的兼并与重组、构建战略联盟以谋求更大话语权的方式，目前全球范围内已经形成了几个规模大、竞争力强的稀土国际巨头。中国稀土行业为加强行业自律、提高国际话语权也曾做过一些探索和尝试，南方、北方稀土集团的组建工作仍在推进中，一些地方性稀土集团分分合合，不断探索企业整合之路。据统计，目前中国有大大小小各种类型的稀土生产企业接近 200 家，其中绝大多数是小型企业，骨干企业只有 20 余家。而在美国，稀土行业只有两家企业，法国仅有一家。从产品来看，像多数行业一样，稀土产业链中，越接近后端，对环境的破坏越小，效益越高。而我国企业大多处于前端，表现为“稀土大国，科研弱国，专利受制”的尴尬局面。

2. 与稀土相关的知识产权、专利少，科技水平低

从图 2 中可以看出，我国的稀土专利从 2001 年不到 500 件增长到 2011 年的 3000 件左右，在数量上已经超过美国、日本这些传统稀土技术强国。但我国作为稀土资源大国，在稀土材料专利领域仅占 30%左右，其比例非常低，并且这些专利大都集中在低端领域。表面上我国稀土技术水平有了巨大的提升空间，但是进一步分析就能够发现我国 73%的稀土专利申请主要集中在产业链的前端，包括稀土矿石的开采、萃取分离一些相对比较成熟的技术，而在重要的稀土应用产品开发方面的专利则非常稀少。还有一点是因为我国企业不能在高端技术层面上进行竞争，只能在低水平层次上重复打价格战，在资源领域进行争夺。这种竞争层次相对低级，也不能持久。这些都是因为技术水平不足导致稀土价格不能提升。而且调研显示：我国每年向国外专利持有者缴纳的专利费占我国稀土利润的 20%，这大大影响了我国稀土产业盈利水平。稀土应用的五大关键产品，特别是永磁、发光、催化我国与国外相比更是差距巨大。

图 2　中国、美国、日本三国稀土专利数量对比图

数据来源：德温特世界专利索引数据库（Derwent World Patent Index，简称 DWPI）

3. 发达国家垄断稀土核心技术

这源自先发国家对后发国家的技术壁垒。美国、日本等国利用技术方面的专利和产权，对我国稀土产业已经形成了高专利壁垒，并利用这些技术壁垒获取高额垄断利润，这不仅使我国稀土出口企业长期得不到公平对待，还使我国稀土产业在国际上一直处于被动地位，限制了我国稀土产业的进一步发展。例如，日本利用稀土永磁专利对我国生产企业收取高额专利费；日本进口我国稀土部分材料的价格是我国进口日本相应稀土材料价格的十分之一。造成这些问题的主要原因在于技术壁垒的形成。从一定程度上来说，技术水平直接决定了稀土的价格水平。

4. 我国稀土资源优势尚未充分发挥

目前，我国稀土产业发展政策的重点是“限产保价”，但从历史经验可以看出，没有技术支撑的价格保护不能持久。根据目前稀土资源储量以及稀土矿产品在地壳中的分布丰度来说，有些稀土产品并不是稀缺资源。除了我国之外，其他国家也有稀土资源。如果我国不提供稀土产品，其他的国家就会占领市场，这样会影响我国稀土产业的国际竞争力。因此，在稀土矿资源领域，我国应该采取分类管理、区别对待、抓住重点、有所作为的战略方针，将以镧、铈、镨、钕为代表的轻稀土和我国独有的以铽、镝为代表的重稀土分开。目前，已知轻稀土资源除中国以外，美国、俄罗斯、澳大利亚、印度、南非等国也有分布，而且储量很大，这样看来在轻稀土领域我国可以放开管制，以市场来配置资源；但在重稀土资源领域，几乎全部集中在我国南方地区，特别是离子型重稀土矿，非常珍稀宝贵，应该加大国家管控力度。

另外，国内技术水平又不能利用原材料加工出具有高附加值的稀土产品，我国稀土资源优势就不能充分发挥出来，这会导致稀土价格低位运行。因此，我国应尽快调整稀土产业发展战略，从资源密集型向技术密集型转变。

三、提高我国稀土技术水平的对策建议

技术创新是影响我国稀土价格水平以及稀土发展的关键因素。要使得我国的稀土产业有较大的发展，避免不必要的稀土价格剧烈波动，必须在稀土技术水平上寻求突破。

1. 提高产业集中度是提高稀土技术水平的前提条件

要提高稀土产业集中度，首先，贯彻《国务院关于促进稀土行业持续健康发展的若干意见》的要求，切实加强稀土行业管理。我国应该争取在10年左右把稀土企业数量减少到3—5家，集中度达到80%以上。用1—2年时间，建立起规范有序的稀土资源开发、冶炼分离和市场流通秩序，基本形成以大型企业为主导的稀土行业格局。其次，严格行业准入管理，在技术、环境、资源方面对稀土行业市场准入门槛进行设定，严把准入关。再次，抓紧时间整合南北方稀土企业集团的组建工作，特别是南方稀土集团的组建工作。目前来看，北方稀土集团的组建工作进展较为顺利，但南方稀土集团组建的阻力还比较大。

2. 加大技术创新支持力度

技术创新是发展技术密集型产业的条件，并且具有正外部性。因此，需要国家对稀土创新有一定程度的支持。一是设立中国稀土产业创业基金，并在适当时期上市运营，以解决稀土产业资金不足的问题。目前，我国稀土产业创业基金和风险投资基金也已开始运作，但由于地方财力限制，对众多稀土企业的支持有限。二是加快稀土国债项目建设，加大对稀土开发应用的支持力度。加快稀土开发应用专项项目的启动工作，引导银行资金和其他社会资金向稀土开发应用项目投入。三是鼓励和支持有发展前景和能力的中小稀土企业到创业板市场进行融资，并在审批等相关环节给予一定支持。

3. 建立稀土技术创新体系

当前，我国正在进行协同创新体系建设，稀土行业应该抓住有利时机，进行产学研协作，争取申请国家协同创新系统的支持。首先，应由国家主导，组建由研究机构和知名高校所构成的技术研发中心，整合全国的技术力量，进而加快提升我国稀土产业技术力量；其次，坚持技术引进与自主

创新相结合，在引进、消化、吸收国外先进技术的同时，搞好自主创新，政府应加大对稀土应用技术自主创新的扶持力度，把一些重大技术攻关列入国家重点科研经费支持目录；再次，加快稀土人才培养计划，建议在一些国家重点高校，开设稀土及稀土应用材料专业，定向培养国家急需的稀土专业技术人才。

我国在稀土产业发展上具有重要的资源优势，如果能够集中多种资源进行稀土产业的重要技术开发，在技术水平能够有所突破的情况下，我国稀土产品的价格水平就会相应提高，我国稀土产业就能在国际上对稀土价格水平发挥较大的影响，在应对国际贸易摩擦时就能够处于更加有利的地位。

参考文献

[1]苏文清：《中国稀土产业经济分析与政策研究》，中国财政经济出版社，2009 年。
[2]刘刚：《中国大宗商品定价权缺失问题探析：以国际市场铁矿石与稀土定价为例》，《价格理论与实践》，2009 年第 8 期。
[3]袁溥、陈少克：《我国增强稀土定价话语权的对策研究》，《价格理论与实践》，2010 年第 11 期。
[4]中华人民共和国国务院新闻办公室：《中国的稀土状况与政策白皮书》，人民出版社，2011 年。
[5]王珺之：《中国稀土保卫战》，中国经济出版社，2011 年。

（作者：李　岭　北京企业低碳运营战略研究基地研究人员　讲师）

北京社会管理研究基地

（北京工业大学）

基地名称：北京社会管理研究基地
依托单位：北京工业大学
项目类别：北京市社会科学基金项目

北京市基层社会协同治理模式研究①
——以朝阳区麦子店街道“问政”实践为例

内容提要：从协同治理的理论视角出发，以北京市朝阳区麦子店街道的“问政”实践为例，探讨基层社会协同治理的机制、效果和影响因素。结果表明，在基层社会协同治理结构中，不同社会主体担当不同角色，在参与、决策、整合、监督等机制的作用下，协同治理的效果明显。国家的政策激励、共同利益和社会权力获得是不同社会主体协同行动的外部动力；制度本身的科学性、合理性与协同体内部的支持性领导是内部动力。

关键词：基层社会；协同治理；“问政”

单位制解体后，以街道和社区为主的基层社会是城市治理的基础，其运行状态如何直接关系到整个社会的和谐稳定。当前，以北京为代表的特大城市，已进入转型临界点，表现为社会矛盾凸显、利益冲突加剧、社会凝聚力下降、不稳定性增加等。整个社会系统从无序向有序转变，迫切需要基层社会治理模式的转型。

一、协同治理的原理及其主要内涵

协同治理理论源自20世纪70年代德国物理学家哈肯创立的协同学。协同学是研究在一个开放系统中，各子系统如何通过非线性互动，使远离平衡态的系统从无序走向有序。其原理是当远离非均衡的社会系统处于相变的临界点时，子系统之间的关联最弱，不能束缚子系统本身的自发、无规则运动，系统呈现无序状态。当控制变量不断变化达到阈值时，系统就会越过临界点，子系统之间的关联胜过彼此之间的独立运动，当彼此之间的复合互动达到一定程度时，就会产生协同效应，推动整个系统结构发生质变。序参量是促使社会系统从量变到质变的决定性因素。序参量指的是在诸种影响因素中起决定作用的变量，在不同系统中序参量的表现形式不同。

---

① 本文是“北京市基层社会协同治理模式研究”的阶段成果，项目编号：13JDSHB008。

哈肯认为在社会学和管理学中，为了描述宏观量，采用“测验”、调研或投票表决等方式来反映对某项“意见”的反对或赞同。此时，反对或赞同的人数就可作为序参量。

协同治理以“治理”作为核心要素，以“协同”作为治理的一种方式。对于协同治理的理解，国外有些学者偏重治理理论，认为“协同治理是一种治理权力的重新编排，即一个或更多的公共机构直接使非政府组织和个人参与制定决策。而这一编排是以达成共识为导向的正式制度，其目的是制定和贯彻公共政策以及管理公共项目或公共财产”①。有些学者偏向协同机制，认为“协同治理是参与主体利用各自不同的兴趣和优势，从不同视角审查问题，超越自身的局限性，从而有建设性的去探索解决问题的方案，实现共同目标的过程”②。也有学者综合了治理理论与协同学思想，认为协同治理是指政府、社会组织、企业、公民个人等子系统构成的整体开放的治理系统，借助各子系统间的相互协调与合作，③ 共同治理社会公共事务，以追求最大化的治理效能，最终达到最大限度地维护和增进公共利益。④

本文认为协同治理的内涵至少包括以下几点内容：(1)治理主体的多元性。即除了政府之外，还应该包括民间组织、企业、家庭、公民个人在内的所有社会组织和行为者。(2)治理权威的多样性。即协同治理的权威并非一定是政府，其他主体也都可以在社会公共事务治理中发挥和体现其权威性。(3)子系统的协作性或协同性。是指政府、社会组织、企业、公民个人等充分利用各自的资源、知识、技术等优势，通过协商对话、相互合作等方式建立伙伴关系来治理社会公共事务。(4)系统的动态性。治理系统需要各方主体遵循动态和权变原则，在不同时间、地点和行动领域产生不同的功能联系和相互依存关系，使系统在不断生成和转化的过程中达到更高级的平衡。(5)社会秩序的稳定性。即通过主体之间的调节和整合作用，在系统内不同的范围和层次上将无序转化为有序，并且提高自身的组织化和有序化程度，以确保系统稳定。⑤

---

① Chris Anse, Alison Gash . Collaborative Governance in Theory and Practice, Journal of Public Administration Research, 2007, pp. 543—571.

② 转引自：Agbodzakey, James. Collaborative Governance of HIV Health Services Planning Councils in Broward and Palm Beach Counties of South Florida. Public Organization Review, 2012(6), pp. 107—126.

③ 郑巧、消文涛：《协同治理：服务型政府的治道逻辑》，《中国行政管理》，2008 年第 7 期，第 49 页。

④ 何水：《协同治理及其在中国的实现——基于社会资本理论的分析》，《西南大学学报(社会科学版)》，2008 年第 3 期，第 103 页。

⑤ 郑恒峰：《协同治理视野下我国政府公共服务供给机制创新研究》，《理论研究》，2009 年第 4 期，第 26 页。

协同治理形式上是政府组织、社会组织、经济组织和公民群众在一定外部条件的作用下，通过协同发挥各自优势、达成合作、形成合力的过程。其实质是社会治理中公共权力的回归和基层民主的兴起。①

二、麦子店“问政”模式：基层社会协同治理的实践

(一)“问政”模式的主要内容

所谓“问政”，即“问政于民，与民共治”的简称。2010 年年底，北京市朝阳区麦子店街道结合政府办实事工作，拉开了“问政”的序幕，通过三年的探索和实践，建立了一整套“问政”的制度框架、组织体系、运行机制、监督体制，成为北京市基层社会治理的典型模式。“问政”模式可以用一句话进行概括：“一个中心、多个主体，两级平台、三个环节”。

“一个中心”指党的领导核心。在“问政”工作中，街道党工委是灵魂、是核心，在“问政”工作中起着引领作用，居于核心地位。不仅是“问政”制度的设计者，还是不同社会主体的利益协调者和“问政”效果评判者。“多个主体”是指在“问政”的过程中除了代表政府的街道办事处外，还有社区组织、辖区社会单位、社团组织、社区居民等共同参与社区治理，他们有合作也有分工，是一种平等协商的关系。

“两级平台”指街道和社区“问政”议事协商会。街道“问政”议事协商会是街道一级的“问政”机构，由居民常务代表、社区党代表、辖区人大代表、政协委员、社会单位代表、特邀代表构成。每年召开一届，由街道议事代表公共协商解决本街道重大公共事务。社区“问政”议事协商会是社区一级的“问政”平台，由本社区居民常务代表、本社区党代表、本选区的人大代表、本社区社会单位及物业代表、居住在本社区的政协委员、本社区社会组织代表构成。每年至少召开 4 次日常会议和 1 次年度会议。主要职责是收集民情、民意提出本社区年度事实工程议案，讨论社区公共事务、推选街道议事代表、监督事实工程的实施等。两级“问政”议事协商会是多元主体参与基层社会治理的平台和载体，通过这个平台的整合机制、操作机制、协商机制整合各方意见、形成共识，为协同共治提供了科学机制。

“三个环节”是指问需、问计和问责。根据流程整个“问政”工作分成三个阶段：问需是通过对全体居民家庭户、社会单位、社会组织、六小门店登门发放问需表等形式，征求广大居民的需求、意见和项目建议，在此基础上形成社区项目建议案；问计工作由街道“问政”议事协商会和社区“问政”议事协商会两个环节构成。通过“问政”议事协商会，议事代表就实施工

---

① 陆世宏：《协同治理与和谐社会的构建》，《广西民族大学学报(哲学社会科学版)》，2006 年第 6 期，第 112 页。

程项目和社区民政建设资金项目做出决议，并提出实施的建议。问责是通过项目公示、监督项目实施、对项目产生的效果进行评估等方式，对政府工作进行评议。

(二)各主体在“问政”中的角色与功能

1. 政府组织——多元协同的主导者

在麦子店协同治理模式中，政府起到了主导作用，主要表现在三个方面：一是平衡与其他治理主体之间的关系，并协同他们的行动；二是制定相关制度，并严格执行，监督其他主体并同时接受监督；三是为社区公共事务提供资金、技术、人员等保障。麦子店街道在“问政”工作领导小组之下设立“问政”办公室(简称“问政”办)，“问政”办代表政府协调社区组织、社会组织、驻地单位和居民代表参与各项“问政”活动。“问政”办不仅负责“问政”规则和制度的制定，还负责“问政”议事代表的选举、议事规则的培训、居民需求和建议的征集、“问政”议事协商会的筹办等事项，“问政”项目的实施也由“问政”办协调街道各职能部门完成。在“问政”的整个过程中，政府始终作为召集人、发动者和推动者的角色发挥作用。政府主导不是传统的“统治”或控制，而是通过让渡部分权力的方式实现与其他社会主体之间关系的重新调适，改变过去那种自上而下的直线式权力运行方式，形成一种多元互动的权力向度。

2. 社会组织——政府公共职能的协助者

在基层社会协同治理中，政府是公共事务的主要承担者，但政府并不是全能者，面对社会需求的日益多元化，政府很多时候不能做出及时的回应，导致社会不满增加。而社会组织大多扎根于基层，很多社会组织本身就是社区居民自发成立的。这些社会组织能够灵活地反映社会各层次、各方面的信息，能够较直接地表达广大民众的需求。同时，社会组织还能够承担政府部分公共职能，特别是在文艺建设、娱乐活动、志愿服务、知识讲座等“软性”项目上，社会组织具有先天的优势，政府通过购买服务等方式，让社会组织参与进来。与政府机构相比，社会组织不是自上而下的体系，其运作也不是按照行政指令，群众容易接受；与企业组织相比，它又具有非营利性。因此，社会组织在基层社会治理中，可以弥补政府公共职能的不足，是政府公共职能的重要协助者。

3. 社区自治组织——政府与居民关系的沟通者

在麦子店“问政”模式中，政府的决策是不同社会主体共同协商的结果，社区居委会由于其特殊的地位，成了政府与社区居民之间的桥梁和纽带。在问需阶段，社区居委会通过向社区居民、社会单位、社会组织等发放建议案表，召开各层面的座谈会和日常接待走访等渠道，向社区居民征集意见与建议，将征集到的建议经社区“问政”议事协商会讨论表决后，形成社区项目建议案，上报给街道“问政”办，社区居委会成了社区“问政”议事协商会的日常工作机构。建议案获批后，社区居委会还要组织社区内部的社会力量对项目的实施出谋划策，对项目实施的进展和效果向街道“问政”办进行反馈。在“问政”的各主体中，社区居委会代表全体社区居民的利益，通过“问政”使基层的民意能够通过正规的途径反映上去，居委会自治的功能得到发挥。同时它又与政府有着天然的联系，保持着密切的合作关系，减少了政府与居民之间的摩擦，缓和了社会矛盾。

4. 社会单位——社区治理的重要参与者

在麦子店“问政”实践中，物业公司、驻地单位、六小门店等也参与了“问政”的整个过程。在社区和街道的两级“问政”议事协商会中，都有社会单位的代表。在申报社区实事工程项目的过程中，社会单位从自身专业的角度出发，提出了合理化建议，例如社区道路改造、停车管理、公交路线的设置等。在项目评审中，麦子店街道为鼓励社会力量的参与，规定有资金支持的项目优先考虑，很多社区的社会单位对社区申报的项目给予了资金支持。项目申报成功后，一些社区社会单位还主动参与了项目的实施。这样，通过“问政”这个平台，把整个地区的社会资源整合了起来，促进了社会力量的成长，社会单位通过参与社区建设，增强了对社区的归属感。

5. 社区居民——社区治理的“本位”

在麦子店“问政”模式中，社区居民是社区治理的“主角”，整个“问政”活动都是围绕社区居民进行的，他们既是“问政”的出发点也是“问政”的落脚点。在“问政”的起始阶段，麦子店街道的本意是就政府未来的工作计划向居民征求建议，改变政府的执政方式，使政府的决策更贴近基层需要。2013 年，随着麦子店街道民政建设资金项目的出台，社区居民由原来的政策建议者变成了决策者。社区居民通过社区“问政”议事协商会，把自己的需求变成社区项目建议案上报到街道，由街道“问政”议事协商会投票决定哪个项目入选。街道办事处在“问政”中成了执行者与项目的实施者，政府实施的好坏，最后还要由街道“问政”议事代表和居民进行评议。在整个“问政”过程中，居民不仅是参与者，而且成了真正的“主人”。政府、社会组织、社区组织、社会单位等主体在协同治理的过程中，主要是围绕居民的需求展开的，居民满意成为协同效应的最终归宿。

(三)“问政”的效果——协同效应的产生

第一，解决了居民实际生活问题，改善了地区的整体生活环境。在社区治理中，“问政”形成了一种集合社会不同主体的力量，共同满足社区需求、解决社区问题的长效机制。问卷调查表明，通过“问政”，居民向社区议事代表所反映的需要解决的实际问题中，有 40.1%的被基本解决，15.6%的被完全解决，还有 31.1%的被部分解决，而基本没解决和根本没解决的分别占有7.3%和5.7%的比例。19.8%的调查对象认为，“问政”对社区环境的改善非常大；49.1%的调查对象认为，“问政”对社区环境的改善比较大。大部分社区居民对“问政”取得的实际效果给予了认可。①

第二，激发了社区和社会组织的活力，提升了地区民主自治水平。在协同治理中，如何调动居民和各社会主体的积极性，改变过去消极、被动和单打独斗、各自为政的局面是关键。问政主要通过两级议事平台，把社会力量在社区层面上整合了起来。调查表明，近年来，社区居民亲自参与“问政”活动的占40%左右，没有参加的居民中有78%的表示如果将来有机会愿意参加。55.4%的调查对象表示愿意和非常愿意被推荐为议事代表，愿意在社区治理中承担更多责任。

第三，促进了政府职能转变，增强了政府社会管理和服务的能力。协同治理是将“少数人决定公共事务”转变为“共同协商公共事务”，通过将其他主体纳入治理系统，彻底改变了传统的管控式的管理模式，政府的治理能力得到增强。调查表明，“问政”实施以来，大多数居民对政府职能的认识发生了重要转变，44.9%的居民认为政府与居民是一种平等协商的关系，40.4%的居民认为应该政府为主，居民为辅，只有5.7%的居民认为应该由政府完全做主。有57.4%的社区居民对街道工作人员工作非常满意和比较满意。

第四，产生了良好的社会效应，促进了地区和谐稳定发展。麦子店通过这种协同共治的实践模式，满足了各方的政治诉求和利益需要，缓解了内部矛盾，从而营造出了全体居民各尽其能、各得其所而又和谐相处的社会氛围。从调查数据的分析来看，69.7%的被调查居民认为“问政”对改善政府与居民的关系有帮助，近几年街道越级上访案件为零，整个地区保持了和谐稳定发展的态势。

三、麦子店“问政”效果的影响因素

(一)政策倡导

在我国当前的治理模式中，地方政府主动发起改革的动力是党和政府的政策激励。麦子店街道“问政”的政治基础是协商民主制度，协商民主是中国国家治理的重要特征，也是未来我国治理模式转型的主要方向。2006年，《中共中央关于加强人民政协工作的意见》强调要“把政治协商纳入决策程序，就国家和地方的重要问题在决策之前和决策执行过程中进行协商”。2012年10月，党的十八大明确提出“社会主义协商民主是我国人民民主的重要形式。要完善协商民主制度和工作机制，推进协商民主广泛、多层、

① 课题组按照麦子店常住人口数量，在6个社区进行入户抽样调查500份。

制度化发展。通过国家政权机关、政协组织、党派团体等渠道，就经济社会发展重大问题和涉及群众切身利益的实际问题广泛协商，广纳群言，广集民智，增进共识，增强合力……积极开展基层民主协商”。朝阳区为贯彻党的十八大精神，在全区范围内实施了“党政群共商共治工程”，在这个过程中麦子店街道的做法获得了朝阳区委、区政府的认可，并给予了大力支持。这是“问政”模式不断完善和持续推进的重要外部动力。

（二）参与诱因

在利益多元化的社会背景下，社区居民、社区自治组织、物业公司、驻地单位等能够积极参与街道开展的“问政”实践活动，其参与诱因包含两个方面：一是参与主体间利益的同构性。在“问政”中不同社会主体围绕本社区建设形成了一个利益共同体，他们通过“问政”这个平台表达自己的利益需求、对社区建设提出合理化建议，通过“问政”议事协商会进行决策，最终提升社区的整体环境和公共福祉，从而实现自己的利益目标。二是社会权力的获得。在传统的治理模式下，公共权力侵占了社会权力，各社会主体缺乏行动的空间。“问政”的实质是政府通过向社会让权和授权，来获取社会主体的支持。权力的获得是人的一种自然本性，是尊重、自尊、自由获得的基础。在“问政”中，当社区居民和社会主体意识到真正的权力回归而不流于形式时，其参与的积极性自然被调动起来。

（三）支持性领导

与西方治理模式不同，中国社会主体间的平等合作关系是在党的领导下建立起来的。在麦子店协同治理的格局中，街道党工委和各级党组织发挥了重要的统筹协调作用。主要表现在三个方面：一是引领和示范作用。街道党工委是“问政”工作的发动者、引导者，是思想上的指导者。党的领导保证了民主议事和协同治理朝着良性可控的方向发展。在各主体协商议事的过程中，各级党组织、党员发挥了重要的示范作用。在“问政”开始之初，社区“问政”议事协商会中，90％的议事代表都是党员。二是利益整合作用。党的宗旨决定了其代表全体人民的利益，当不同社会主体之间出现利益冲突时，党能够站在全局的立场上进行协调，保证整个协同体在目标上保持基本一致。三是关系协调作用。在“问政”中，党组织能够利用其强大的政治资源和群众基础，协调不同社会主体之间的关系，特别是政府与其他社会主体之间的关系，保持各主体之间的权力相对均衡。统筹协调社会各种力量，为“问政”目标的实现凝聚力量。

（四）制度设计

多元主体协同治理需要设定参与主体共同遵守的基本协议和规则，一方面需要具有合理性和强制性的一系列规则制度来稳定和维系治理系统中各子系统的协同运作；另一方面，多元主体协同治理社会公共事务，除政府外，其他主体需要行之有效的参与机制与渠道，才能确保众多利益相关者实质性的参与社会治理，良好的制度设计为权力与资源匮乏的参与者提供了畅通的参与渠道。麦子店街道为了使“问政”工作稳定有序，根据实际情况和“问政”工作积累的经验，逐步形成了“问政”工作完整的制度体系，主要包括：街道“问政”程序、街道和社区“问政”议事代表的推选制度、麦子店协商议事规则、社区民政建设资金项目申报管理和评选办法、社区民政建设资金项目协商会流程与规则等，保障了“问政”工作平稳高效地进行。

实现国家治理体系和治理能力的现代化是我国未来深化改革的总目标之一，构建现代国家治理体系的实质就是要实现国家与社会协同共治。在当前的环境下，特别要注重发挥各种社会主体参与国家治理的积极性，通过治理模式的变革，整合各种社会资源和力量，发挥他们的协同作用，促进社会系统的和谐有序运行。基层社会是国家发展与稳定的根基，麦子店“问政”模式为我国未来基层社会治理模式转型，提高国家对基层社会的治理能力提供了很好的借鉴。

（作者：唐　军　北京社会管理研究基地常务副主任　教授
刘金伟　北京社会管理研究基地研究人员　副教授）

基地名称：北京社会管理研究基地
依托单位：北京工业大学
项目类别：国家社科基金项目

城市化进程中农民工城市就业待遇与其行为失范的关系研究
——基于北京农民工调查的实证分析①

内容提要：就业待遇是农民工城市转移就业过程中最关注的问题，关系着农民工的切身利益，也影响农民工就业的稳定性和城市融合，并进一步影响城市化进程和城市的安全与稳定。在对农民工就业待遇问题长期关注和调研的基础上，本文利用北京外来农民工的调查数据，研究农民工就业待遇与其行为失范之间的关系。研究发现，农民工对就业待遇的不满直接影响到其行为的规范性，尤其是农民工在收入及收入保障、获得培训或受教育机会方面的待遇对农民工行为失范的影响最大。同时，农民工就业待遇诉求的变化，导致影响农民工行为失范的因素也随之改变。因此，需要正视当前农民工就业待遇的诉求，尽快改善与农民工行为失范关系密切的就业待遇需求，促进农民工行为的规范化和城市融合。

关键词：农民工；就业待遇；行为失范

一、引　言

目前，我国正处于快速城市化阶段，根据中国社会科学院发布的2012年《社会蓝皮书》，2011年中国历史上第一次城市人口超过乡村人口，城市化水平超过50%（国家统计局公布的数据称城镇人口占51.27%，为6.908亿）。农民工作为我国城市化的主要对象，其城市转移就业和城市融入的程度与速度直接影响我国城市化进程的推进，并与其是否能够在城市实现稳定就业、是否能够享受与城镇职工同等的就业待遇密切相关。然而，一直以来，我国农民工在城市就业中遭遇就业待遇不公的情况比较突出（纪韶，2011；莫荣，2011；张体魄，2010；等等），主要体现在就业机会、工资待

① 本文是“城市化进程中农民工就业歧视及其社会风险研究”的阶段成果，项目编号：12BJY042。

遇、社会保障(施伟陈，2010；曾亿武等，2012)，以及职业培训(吴丽萍，2011；樊欣欣，2013)、劳动时间(韩新宝、崔研，2009)等方面。近年来，在大力推进城市化的过程中，中央和地方政府都采取了一定措施提升农民工的就业待遇，促进他们在城市的稳定就业，农民工的就业待遇有所改善，但是整体待遇水平较低，尤其在社会保障、在职培训、职位晋升、工作与生活环境等方面与城镇职工相比差距较大。农民工遭遇不公平就业待遇一方面会频繁更换工作，以求寻找更好待遇的工作；另一方面，容易引发农民工的不满情绪，尤其是对于融入城市愿望较强的新生代农民工来说，不公平待遇会使他们产生城市失落感，在无法获得正当途径解决和释放情绪的情况下，容易导致分散性、个体性和自救式的行为失范或者群体性行为失范，这些都不利于农民工的城市融入，既阻碍了城市化的进程，还会危及城市的公共安全(袁方成等，2011；冯必扬，2004)。导致农民工行为失范甚至犯罪的原因有经济因素(王大中，2004；江立华，2002)、文化冲突和环境因素(黄淑瑶，2007；何宝平，2007；高云鹏，2007)。有些农民工的失范行为在某种程度上具有“自救”的性质(田魏玲、刁志成，2010)。总体上，在当前农民工利益表达机制不完善的情况下，就业机会少、工资收入低、工资拖欠、劳动和生活环境恶劣等就业待遇问题，是导致农民工行为失范的重要客观原因(任海玉，2007；李广科等，2010；王志红，2012)。

综观已有研究，学术界明确了农民工行为失范与其在就业中遭遇的不公平待遇有关，但缺乏对就业待遇对农民工行为失范影响的深入与定量分析，未能突出就业待遇中影响当前农民工行为失范的关键因素，而这些问题对于改善农民工就业待遇，管理和预防农民工行为失范，促进其城市融入是十分重要的。

本文利用调查搜集的北京市 1577 名外来农民工就业待遇满意度和行为失范方面的数据，运用相关分析法，通过计算农民工就业待遇满意度与其行为失范之间的相关系数，来判断就业待遇与农民工行为失范的关联性，并挖掘影响农民工行为失范的关键因素，揭示当前农民工在就业待遇诉求上的新变化和一般需求规律。

二、农民工就业待遇与其行为失范的相关分析

(一)变量的构建

农民工就业待遇满意度与行为失范之间的相关分析涉及两类变量：一是行为失范变量；二是就业待遇满意度变量。两类变量的设计和构建方案如下：

本文以行为失范量表来度量农民工行为失范的情况，构建农民工行为失范指数，形成相关分析中的行为失范变量；以就业满意度、收入及收入

保障满意度、获得机会满意度、生活环境满意度4个量表来度量北京外来农民工就业待遇满意度的情况，构建就业待遇满意度指数，每一个满意度量表形成一个就业待遇满意度变量。农民工就业待遇满意度与其行为失范关系的相关分析，即为行为失范变量分别与4个就业待遇满意度变量之间的相关分析。需要说明的是，每个量表都包含若干子项，并且将农民工对每一项描述按照1—5给予赋值，分别代表对特定表述的认同度，1代表很不同意，2代表不同意，3代表一般，4代表同意，5代表非常同意。

为了研究方便起见，将农民工在就业待遇满意度指标转化为百分制得分，使得满意度得分在0—100之间，得分越高表示农民工就业待遇的满意度越高。在指标得分转化时需注意正逆指标的区别，若调查项目的量表值越高，反映对该项目的满意度越高，则该指标为正指标，反之则为逆指标。将量表值转化为百分制得分的转换公示为：

正指标的满意度＝25×(量表值－1)

逆指标的满意度＝25×(5－量表值)

具体变量的确定是：首先，将行为失范量表中的所有项目分别与各就业待遇满意度量表中的项目进行相关性检验，根据相关系数的大小，从行为失范量表中选择比较显著的子项进行算术平均，得到行为失范变量。其次，采用上述同样的方法，确定4个就业待遇满意度变量，最终得到各个变量及其所包含的调查项目。具体见表1所示。

表1　相关分析变量的确定结果

变量	包含的子项	行为失范变量与就业待遇各项之间的相关系数
行为失范	1.“我喜欢有人闹事，如请愿、示威、游行等” 2.“我觉得有人破坏城市设施很正常，如破坏栏杆、井盖等” 3.“我想领头带着大家和老板对抗” 4.“我要是有钱，我一定会找欺负过我的人报复”	
就业满意度	1.“我喜欢我现在所从事的工作” 2.“我的工作环境舒适、安全，有利于产生绩效” 3.“在工作中我可以学到很多新的知识和技能” 4.“我完全可以胜任我的工作”	－0.219** －0.101** －0.098** －0.105**

续表

变量	包含的子项	行为失范变量与就业待遇各项之间的相关系数
收入及收入保障满意度	1.“我在北京挣的工资比在老家时更多”	−0.105**
	2.“我的工资按时足额发放”	−0.110**
	3.“我对我的打工收入感到满意”	−0.068**
	4.“与大多数在北京的人的收入相比，我觉得自己的收入是公平的”	−0.054**
	5.“社会保险对于我来讲用处不是很大”	−0.220**
	6.“我认为签订劳动合同是非常必要的”	−0.201**
	7.“如果我的工资被拖欠了，我常常不知道该找哪些部门寻求帮助”	−0.198**
	8.“对于我来讲，家乡的责任田比在城市上保险更让我觉得有保障”	−0.115**
获得机会满意度	1.“我有较多学习和培训的机会”	−0.087**
	2.“我与那些北京人的培训机会是均等的”	−0.065**
	3.“我觉得培训的费用太贵了，自己难以承担”	−0.074**
	4.“我来北京工作的一个原因就是孩子能有机会来北京学习”	−0.105**
	5.“我觉得我的孩子在北京就学收费合理”	−0.128**
	6.“我的孩子和北京的孩子在就学过程中是被同等对待的”	−0.114**
	7.“我认为外来务工子女在北京上学很容易”	−0.265**
生活环境满意度	1.“我觉得现在比家乡住起来要好”	−0.036**
	2.“我在居住方面花钱较少”	−0.090**
	3.“我对我现在的住宿条件比较满意”	−0.074**
	4.“社区干部比较关心我的生活”	−0.103**
	5.“我有兄弟或姐妹经常来往”	−0.020**
	6.“我在北京有一些朋友”	−0.059**
	7.“我对自己的娱乐休闲很满意”	−0.095**

注：**表示相关关系在1%的显著水平上显著。

(二)相关分析

根据确定的变量，分别计算农民工行为失范变量和4个就业待遇满意度变量之间的Person相关系数，以判断农民工就业待遇满意度与其行为失范之间的关系。

1. 行为失范变量与就业满意度变量之间的相关分析

利用前文定义的农民工行为失范变量和就业满意度变量，计算两者之间的相关系数，结果见表 2 所示。

表 2　行为失范变量与就业满意度变量的相关系数

	行为失范
就业满意度 Pearson Correlation	−0.127**
Sig. (2-tailed)	0.000
N	1577

注：** 表示相关关系在 1%的显著水平上显著。

从分析结果来看，行为失范与农民工就业满意度之间的相关系数为−0.127，且通过了统计检验，两者存在显著的负相关关系，即农民工对就业情况的满意度越低，其行为就越不规范。

2. 行为失范变量与收入及收入保障满意度变量之间的相关分析

利用前文定义的农民工行为失范变量和收入及收入保障满意度变量，计算两者之间的相关系数，结果见表 3 所示。

表 3　行为失范变量与收入及收入保障满意度变量的相关系数

	行为失范
收入及收入保障满意度 Pearson Correlation	−0.213**
Sig. (2-tailed)	0.000
N	1577

注：** 表示相关关系在 1%的显著水平上显著。

从分析结果来看，行为失范与农民工收入及收入保障满意度之间的相关系数为−0.213，且通过了统计检验，两者存在显著的负相关关系，即农民工对收入及收入保障的满意度越低，其行为就越不规范。

3. 行为失范变量与获得机会满意度变量之间的相关分析

利用前文定义的农民工行为失范变量和获得机会满意度变量，计算两者之间的相关系数，结果见表 4 所示。

表 4　行为失范变量与获得机会满意度变量的相关系数

	行为失范
获得机会满意度 Pearson Correlation	−0.179**
Sig. (2-tailed)	0.000
N	1577

注：** 表示相关关系在 1%的显著水平上显著。

从分析结果来看，行为失范与农民工获得机会满意度之间的相关系数为−0.179，且通过了统计检验，两者存在显著的负相关关系，即农民工对获得机会的满意度越低，其行为就越不规范。

4. 行为失范变量与生活环境满意度变量之间的相关分析

利用前文定义的农民工行为失范变量和生活环境满意度变量，计算两者之间的相关系数，结果见表 5 所示。

表 5　行为失范变量与生活环境满意度变量的相关系数

	行为失范
生活环境满意度 Pearson Correlation	−0.083**
Sig. (2-tailed)	0.000
N	1577

注：** 表示相关关系在 1%的显著水平上显著。

从分析结果来看，行为失范与农民工生活环境满意度之间的相关系数为−0.083，且通过了统计检验，两者存在显著的负相关关系，即农民工对生活环境的满意度越低，其行为就越不规范。但是，生活环境满意度相对于前面三种就业待遇满意度来说，其与农民工行为失范的关系较小。

三、研究结果

从相关分析结果来看，农民工的就业待遇与其行为失范之间有显著的相关性，农民工对就业待遇的满意度越低，其行为就越趋于不规范。其中，农民工的行为失范与就业待遇中“收入及收入保障”、“获得机会”两个方面待遇的关联度最高，与“就业满意度”、“生活环境满意度”两个方面待遇的关联度较低一些。分析结果反映出农民工在就业待遇方面关注的焦点主要集中在“收入及收入保障”、“获得机会”两个方面，农民工对这两方面待遇的不满，较易引发农民工的行为失范。

农民工行为失范与其就业待遇满意度各调查子项之间的相关性既反映出就业待遇中影响农民工行为的关键因素，也体现了农民工在就业待遇需求方面的新变化。具体来说：

1. 农民工就业的态度发生改变，越来越关注对其所从事工作的喜爱程度

在构成就业满意度变量的 4 个子项中（具体项目见表 1），“我喜欢我现在所从事的工作”一项，与行为失范变量的相关度最高，农民工对自己所从事工作的喜欢程度对其行为的影响最大。农民工对就业的认识逐渐改变，已经从担心是否可以找到工作，提升到了考虑自己是否喜欢这个工作的层次。这一变化，既反映了农民工就业地位的变化，也反映了农民工就业需

求的变化。

2. 农民工在权益保护方面有强烈的诉求

在构成收入及收入保障满意度变量的8个子项中(具体项目见表1),“社会保险对于我来讲用处不是很大”、“我认为签订劳动合同是非常必要的”、“如果我的工资被拖欠了,我常常不知道该找哪些部门寻求帮助”、“对于我来讲,家乡的责任田比在城市上保险更让我觉得有保障”4项,与行为失范变量的相关度较高,表明农民工对收入保障方面待遇的满意程度对其行为的影响最大,农民工在收入保障和权益保护方面有强烈诉求。与收入高低相比,目前农民工更关心在城市就业如何保障自己的权益。而现实为农民工提供收入和权益保障十分欠缺,被调查的农民工中有44%的人未签订劳动合同,大多数农民工未享受到四险的待遇,这对于稳定农民工就业和社会稳定是非常不利的。

3. 农民工更关注自己子女在京的平等受教育机会与待遇

在构成获得机会满意度变量的7个子项中(具体项目见表1),“我觉得我的孩子在北京就学收费合理”、“我的孩子和北京的孩子在就学过程中是被同等对待的”、“我认为外来务工子女在北京上学很容易”3项,与行为失范变量的相关度较高,表明农民工对子女受教育机会的满意程度对其行为的影响最大,农民工在获得机会方面更关注自己子女的受教育机会。在被调查的农民工中有近60%的人希望子女能够从小在城市获得良好的教育,但只有约30%的被调查农民工的子女是在京上学(小学或中学)。子女在京受教育的难易程度和公平性,直接影响着农民工在京就业的稳定性。而现实中,子女在京受教育方面遭受的不公平待遇更容易引发农民工对城市的不满意和抵触情绪。

4. 农民工越来越注重精神层面的感受,希望能够得到城市社会的关心和接纳

在构成生活环境满意度变量的7个子项中(具体项目见表1),“社区干部比较关心我的生活”与行为失范变量的相关度较高,表明农民工在生活环境方面更关注是否被关心。但是,在被调查的农民工中,70%的农民工表示社区干部不太关心他们的生活。这一分析结果反映出农民工越来越注重精神层面的感受,体现了农民工诉求的变化和需求层次的提升。

四、建 议

由上述分析可知,农民工的就业待遇与其行为失范密切相关,合理、适度提高农民工的就业待遇,对于降低农民工行为失范、提高农民工就业质量和就业稳定性,以及促进农民工的城市融合、推进城市化进程都具有重要的意义。为此,本文提出以下几个方面的建议:

1. 改善农民工的就业环境

由前文分析可知，农民工越来越看重所从事工作的质量，且目前农民工整体素质较之前有大幅提升，在城市化的背景下，为提高农民工的就业质量和就业稳定性，需要清除制度障碍，逐渐消除劳动力市场分割所导致的农民工城市就业的职业局限性，为农民工提供相对稳定的就业条件和就业环境，以及选择较好职业与职业发展的途径和通道，并在劳动力市场均衡的基础上实现农民工就业公平，尽可能将反对农民工就业歧视纳入法制化轨道，消除对农民进城务工的歧视性规定和体制性障碍，使他们和城市职工享有同等权利和义务。

2. 建立农民工权益保障机制

农民工实现城市稳定就业和城市融合是一个逐渐实现享受与城镇职工同等的权利的过程。鉴于收入及收入保障程度是影响各收入阶层农民工犯罪的共同原因，其对中、低收入阶层的农民工影响更大。因此，为了避免由于农民工在收入及收入保障方面的不满意而引发的犯罪，应该：(1)建立和完善农民工社会保障制度，防止他们在收入及收入保障受到威胁的时候，选择错误的方式来维护自己的权益。(2)要建立农民工权益保障机制，充分发挥劳动保障、司法、公安、工会组织、法律援助中心、民工救助中心的作用。(3)加强对用人单位劳动用工的指导和管理，完善以工时管理为基本内容的劳动标准体系，综合运用各种管理手段，及时了解劳动合同制度运行情况，加强对劳资纠纷的预警监测，使各类矛盾化解在萌芽状态，化解在基层。

3. 完善公共就业服务的平台

为了提高农民工的就业质量，并提高农民工的综合素质，以适应城市就业的需要，应完善公共就业服务平台，以提高农民工的综合素质，增强农民工在市场经济中的竞争能力。具体地：(1)应该加强农民工的教育培训水平，包括建立农民工的培训实践基地，建立农民工的技能凭证管理，建立企业与培训机构的良好对接机制，形成全方位、立体化的培训体系等。(2)建立健全农民工公共服务体系，包括：建立健全相关配套制度；提高农民工公平的就业服务水平，构筑政府和社会多方为农村劳动力提供就业信息、技术培训、咨询、中介和合法权益保护的服务网络；加强对非正规就业的管理，杜绝对农民工各种侵权事件的发生。

4. 营造平等对待农民工的社会环境

农民工融入城市的一个重要方面就是融入城市的社会生活，且由前文分析可知，农民工越来越重视自己被城市的接纳和认可，重视子女在城市受教育的平等机会与待遇。因此，在社会环境的营造方面，我们应关注农民工在城市是否得到了公平的对待，具体地：一方面，可以采取以农村合作经济组织为实施主体，为农民工在城市建立居住社区，并做好社区化管理和社区化服务；另一方面，为农民工子女提供平等的受教育环境，改善农民工子女的就学条件，坚决制止公立学校违背义务教育原则乱收费、排斥农民工子弟入学的情况，强化公办学校的接收农民工子女力度，同时也要对打工者子弟学校予以积极引导、承认和帮助。

参考文献

[1]冯必扬：《社会风险：视角、内涵与成因》，《天津社会科学》，2004年第2期。
[2]纪韶：《中国农民工就业状态的调研》，《经济理论与经济管理》，2011年第2期。
[3]李广科、李录堂：《基于利益表达的农民工行为失范的制度解释》，《电子科技大学学报(社科版)》，2010年第1期。
[4]莫荣：《从制度层面看我国就业工作挑战与机遇并存》，《职业技术教育》，2011年第18期。
[5]王大中：《流动人口犯罪问题透视》，《中国人民公安大学学报》，2004年第5期。
[6]袁方成、姚化伟：《政策推进、社会流动与利益分化——我国城市化进程中的社会风险及其特征》，《改革与发展》，2011年第4期。
[7]张体魄：《就业歧视与农民工社会保障》，《农村经济》，2010年第9期。
[8]王志红：《论城市化进程中新生代农民工犯罪预防——基于犯罪学视角》，《福建江夏学院学报》，2012年第3期。

（作者：冯 虹 北京社会管理研究基地负责人 教授、博导）

北京对外文化交流与世界文化研究基地

（北京外国语大学）

基地名称：北京对外文化交流与世界文化研究基地
依托单位：北京外国语大学
项目类别：北京市社会科学基金项目

对北京建设中国特色世界城市的文化思考①

内容提要： 在北京市第十一次党代会上，刘淇同志代表中共北京市第十届委员会向大会做了题为“全力推动首都科学发展　为建设中国特色世界城市而努力奋斗”的报告。目前，北京正在全力建设中国特色世界城市。北京建设世界城市，首先要发挥自身特色文化的优势，提高北京在全球文化中的影响力和吸引力，这是北京走向世界城市的必由之路。

关键词： 北京；文化；世界城市

在北京市第十一次党代会上，刘淇同志代表中共北京市第十届委员会向大会做了题为“全力推动首都科学发展　为建设中国特色世界城市而努力奋斗”的报告[1]。目前，北京正在全力建设中国特色世界城市。世界城市并不仅仅是以经济数据来衡量的，更重要的是其城市特色文化和城市特色精神。建设世界城市就是要表现出无与伦比的城市文化魅力，提炼出与众不同的文化价值，给人以独特的文化影响力、吸引力和强大的文化号召力。北京建设世界城市，首先要发挥自身特色文化的优势，提高北京在全球文化中的影响力和吸引力，这是北京走向世界城市的必由之路。

一、城市文化对北京建设中国特色世界城市的重大意义

文化是一个国家、民族、城市的血脉和灵魂。一个城市的文化能否体现城市的特色，彰显城市的魅力和吸引力，决定着世界城市建设的成功与否。北京从建设中国特色世界城市的战略高度出发，必须关注世界城市文化的发展方向，打造与中国文化相适应的世界城市文化。

(一)加强文化建设是培育世界城市向心力和凝聚力的需要

世界城市不仅表现在拥有金融中心、较多的跨国公司总部、超大的经济总量和大量的国际会议等“硬”指标，更在于自身对于当今世界政治、经

① 本文是“十六大以来北京市深化文化体制改革的历史经验与路径选择研究”项目的阶段成果，项目编号：12KDB021。

济、文化发展的指导、控制、辐射和影响意义等软实力方面。鲜明的城市文化是世界城市形成影响力和吸引力的基础，是世界城市在后工业时代文化影响力和吸引力的利器，是体现世界城市文化影响力和吸引力的核心。实际上，文化功能正在成为后现代社会城市发展的主要动力和城市功能的主要内容，这为后发国家城市建设提供了超越发展的可能性。北京作为中国的首都，是全国的政治中心、文化中心，在很大程度上代表和反映着中国的形象和城市发展水平。北京建设世界城市的着眼点应该是各领域、各层次、各方面的协同发展，重点是打造具有中国特色的世界城市文化，增强世界城市建设的向心力和凝聚力。

(二)加强文化建设是形成世界城市优良文化制度的需要

加强城市文化建设，有助于整合全体市民的价值理念，形成基本的社会规范和行为准则，是对当前多元化的社会意识和社会思潮进行正确引导与合理整合，正确处理主流意识形态一元化与社会意识多样化的关系，正确树立文化由人民群众创造并由人民群众共享的“民本主义”文化观的需要。加强城市文化建设，还能更好更及时地反映全体市民的所需所想，以不断创新的文化形式，满足广大人民群众的根本利益和根本愿望，一方面促成人民群众对主流意识形态的情感联系，强化他们的意识形态认同；另一方面创造“和而不同”多样共生的和谐文化，丰富人民群众的各个方面、各种层次的精神文化生活，营造健康向上、积极乐观的文化氛围，满足最广大人民群众的精神文化需求，从而实现世界城市的建设目的，使每个社会成员都能得到最大限度的发展[2]。

(三)加强文化建设是缩小世界城市发展差距的需要

经过改革开放 30 多年来的现代化建设，截至 2011 年年底，北京的综合经济实力显著提升，地区生产总值超过 1.6 万亿元，人均地区生产总值超过 1.2 万美元，地方财政收入达到 3006 亿元；第三产业比重达到 75.7%；自主创新能力大幅提高，万人发明专利达到 26.78 件，技术合同成交额 1890.3 亿元，占全国的 40%，培育了一批有一定国际影响力的创新型企业和创新成果；城市建设管理水平大幅提升，实现高速公路通车里程 912 公里，轨道交通运营里程 372 公里，城市运行的现代化水平有了很大提高；生态环境建设水平全面提升，全市林木绿化率达到 54%……[3]从总体上来看，无论是经济发展指标(如人均 GDP、第三产业比重、外贸依存度以及研发占 GDP 的比重等)、城市基础设施与生态环境指标(如轨道交通客运比重、航空港年旅客吞吐量、空气污染指数等)还是国际开放交流程度指标(如跨国公司总部数量、外国金融机构数量、国际会议次数等)、生活水平与社会发展指标等，北京与其他世界城市相比硬件差距正在变得越来越小。但是，在城市软件建设方面(主要体现在管理与服务、公民文明程度和文化特色等方面)，北京距离世界城市的差距还很大，尚需时日并做出艰苦努力。因此，积极借鉴吸收世界文明的优秀成果，努力挖掘自身文化资源，大力加强文化建设，形成独具特色的城市文化，是北京尽快缩小与其他世界城市发展差距的迫切需要。

二、北京建设中国特色世界城市的独特文化优势

北京曾是世界上最繁荣、最发达、最辉煌的城市，其代表的东方文化一直影响着世界文明的走向。可以说，北京蕴藏的中华民族文化底蕴最深厚，承载的中华民族文化内涵最厚重，折射的中华民族文化光辉最耀眼，弘扬的中华民族文化精神最大气，呈现的中华民族文化形式最丰富多样。北京的城市文化体现了中华民族的大文化观，是中华民族文化的根之所系、脉之所维，是中华民族的灵魂。文化是北京建设中国特色世界城市最重要的资源和优势。

(一)北京的历史传承为世界城市建设构筑深厚的文化底蕴

世界城市的基础和核心在文化，而北京最为独特的优势就是有着浓厚的历史文化传统。北京自 1153 年建为国都已有 800 多年的历史，如果以当时蓟作为城市的萌芽来说，北京建城已有近 3000 年历史。北京是中华民族文化信息储存、交融和对外传播最集中的地方，它的文化血脉源远流长，就像一条条涓涓的小溪从四面八方流向这里：《风》、《雅》、《颂》使古都儒雅飘逸，昆曲、京剧让古都余音绕梁，文房四宝让古都墨香四溢，评书、大鼓让古都神采飞扬，唐装华服让古都雍容大度，满汉全席让古都名震四方，十大名曲让古都韵味无穷，国宝国粹让古都气宇轩昂，《红楼梦》、《四库全书》让古都文苑生辉，儒家思想在这里得到升华，道家思想在这里得到释放，佛家思想在这里得到发扬。[4]北京是一个具有悠久历史传统和深厚文化底蕴的伟大城市，数千年历史风雨浸透了这个城市，并以无形的方式塑造着这个城市的文化品格，这种博大精深的文化气场和文化底蕴是北京建设中国特色世界城市最为宝贵的资源。

(二)北京的多元文化有助于形成和谐、充满活力的大都市品格

从历史上看，北京地处中原文化与北方少数民族文化的交汇点，中原文化的博大精深和宽厚的包容性，是任何一个民族都不能抗拒的；而游牧民族的粗犷豪放和质朴，也为兼收并蓄的汉族文化所赏识，因此，多民族文化的融合性在北京得到完美体现，这是中国其他任何一个城市都不具备的城市特质。[5]从现实来看，截至 2014 年年底，北京已有常住人口 2151.6 万多，其中常住外来人口 818.7 万。这些外来人口带来各自区域和民族的独特文化，在北京的经济文化交往中相互碰撞、相互补充，使得北京文化在充分吸收中国各民族文化、各区域文化的基础上，有一个新的升华。从世

界文化交流视野来看，北京也是世界文化传播的重要集聚地。北京成功地举办了亚运会、奥运会等国际盛会，为世界文化交流提供了重要的平台，北京还为国际知名的思想家、教育家、艺术家等提供了展示才华的场所。

（三）北京的文化精粹能够升华为世界城市建设的精神力量

自中华民族文明东移以来，特别是金代定都以来，北京在不同时期形成了独特的文化精粹，先后创造出多次文化高潮的局面，其中包括元代具有初步民主主义思想的市民文化高潮；明末清初具有初步资产阶级思想的启蒙文化高潮；以“民主”、“科学”为旗帜的“五四”新民主主义文化高潮；以“解放思想，实事求是”为旗帜的新时期社会主义文化高潮。进入 21 世纪以来，北京以申办、筹办和成功举办奥运会为契机，贯彻落实党的十七大关于“促进文化大发展大繁荣”的战略决策，大力加强文化建设，掀起以“科学发展，和谐建设”为旗帜的新一轮文化大发展大繁荣的社会主义文化新高潮。[6]不同时期的文化精粹不仅有助于北京创造新的文化辉煌，还能够升华为中国特色世界城市建设的精神力量，促进北京经济社会及北京市民的全面发展。

（四）北京众多的科研院所将为世界城市建设提供优质的人才支持

在发展中国家建设世界城市，我们必须走出一条创新之路，而这条创新之路的承担主体就是人才。只要有人才，只要有知识，北京就有了创建世界城市最大的资本。北京是我国教育、科技、人才资源最为密集的地区，89 所高等院校和三百余家国家骨干科研院所星罗棋布，86 所国家重点实验室和 32 所国家工程实验室荟萃京师，全国半数以上的两院院士在北京工作和生活，随着北京经济社会的进一步发展，北京人才的集聚效应将进一步增强，这自然会给北京构建世界城市增添无限的活力和人才保证。

三、北京建设中国特色世界城市的文化路径选择

北京建设世界城市不能照搬现有发达国家世界城市的模式，必须在充分研究和消化其基本经验和发展模式的基础上，吸收优秀成果，探索北京建设中国特色世界城市的独特发展道路。这就需要我们在认清现状、把握优势的基础上，不断加以实践推进，努力把我们的文化优势转化为世界城市的目标要求，创新文化发展的路径，以创新的精神促进北京实现新的飞跃。

（一）做好文化发展规划，有目标、有重点、有节奏地推进城市文化建设

文化规划的基本原则应为：优先发展、综合配套、以人为本、改革创新。优先发展意味着要超前谋划，具有战略前瞻的思维，在政策资金上优先考虑；综合配套意味着必须从构建世界城市的总体布局中来设计文化发展规划，不能单打独斗；以人为本意味着规划必须把人才主体放在核心地

位，把文化惠泽人、提升人的功能作为根本目标；改革创新意味着要在文化体制改革创新上有所作为，要构建面向市场、面向世界的富有活力的文化体制。[7]

(二)深入推进文化改革创新，提高首都文化的国际影响力

深化文化企事业单位改革，大力培育富有活力、实力和竞争力的市场主体。加强宏观管理，转变政府职能，综合运用行政、法律、经济、科技等多种手段，发挥文化产业政策、文化创新专项资金、产业投资基金和金融杠杆的作用，搭建文化创新服务平台。完善文化人才激励机制和扶持政策，建设首都文化人才高地。完善国有文化资产监督管理体制，盘活存量，扩大增量，推进文化资源的开发利用。积极培育各类文化产品市场和文化要素市场，加强文化市场监管。深入实施文化“走出去”工程，促进对外文化贸易和文化交流，不断提高首都文化的国际影响力。

(三)着重打造北京风格和古都特色，在城市文化的民族特点上下功夫

如果说在全球化的浪潮中，世界城市的经济、政治已高度同质化了，那么，唯有文化才能打造具有独特精神气质的世界城市。北京应该是有中国特色的世界城市，与东京、纽约不同，这种不同最明显的体现就是文化差异。北京这座千年古城，应该重点打造北京风格和古都特色，在城市文化的民族特点上下功夫，因为在文化上没有哪个城市有资格同它相比，没有哪个城市敢与它争锋，这是任何一个国际大都市所难以望其项背的。独特的文化影响力应该成为北京建设世界城市的核心和重点。

(四)着力打造文化精品，加强公共文化服务体系建设

充分发挥首都优势，着力打造首都文化品牌，重点办好北京国际电影节、中国(北京)国际文化创意产业博览会、北京国际设计周等品牌文化活动，办好各类传统节日文化活动和群众文化活动，进一步提升首都城市文化品位。加快推进国家国学中心、国家美术馆等标志性文化设施建设，坚持建、管、用并重，提高文化馆、博物馆、图书馆、档案馆、美术馆、青少年宫等的服务效能。大力实施文化惠民工程，加强公共文化体育设施建设，统筹利用中央和市属、国有和民营文化资源，充分发挥首都各种文化联盟的作用，推动公共文化服务均等化，更好地保障人民群众的基本文化权益。加强历史文化资源的保护、挖掘、传承和利用，充分展示古都文化的价值和内涵。

(五)大力发展文化创意产业，增强北京的城市核心竞争力

要通过大力发展文化创意产业，进一步推动北京产业结构调整，促进北京发展方式根本转变，以自主创新为龙头，增强北京的核心竞争力。推动文化与科技、金融、旅游、教育、体育等融合发展，培育提升文化消费业态。实施重大文化项目带动战略，提升文化创意产业功能区规模化、集约化、专业化水平，着力培育一批引领中国、影响世界的骨干文化企业和文化航母。加大对中央和地方文化资源的整合力度，鼓励以资本为纽带兼并重组、做大做强。运用国际国内两个市场、两种资源，吸引各类资本兴办文化企业、投资文化项目，形成以公有制为主体、多种所有制共同发展的文化创意产业格局。

参考文献

[1]刘淇：《全力推动首都科学发展 为建设中国特色世界城市而努力奋斗》，《北京日报》，2012 年 7 月 5 日。
[2]万安伦：《建设世界城市需提升文化软实力》，《前线》，2010 年第 8 期。
[3]刘淇：《全力推动首都科学发展 为建设中国特色世界城市而努力奋斗》，《北京日报》，2012 年 7 月 5 日。
[4]付宝华：《北京建设世界城市首先要构建北京城市的主题文化》，http：//www. city-suc. com/proshow. asp? big=17&id=3924。
[5]张景秋：《北京的文化包容性与世界城市建设》，《北京规划建设》，2010 年第 5 期。
[6]夏文斌：《文化软实力与北京构建世界城市的战略选择》，《新视野》，2010 年第 5 期。

（作者：管永前　北京对外文化交流与世界文化研究基地研究人员　副教授）

北京国际商贸中心研究基地

（北京财贸职业学院）

基地名称：北京国际商贸中心研究基地
依托单位：北京财贸职业学院
项目类别：北京市社会科学基金项目

流通软实力问题初探[①]

内容提要： 本文借助“软实力”理论，创新性地提出了“流通软实力”的概念，对流通软实力的吸引力、凝聚力、辐射力、服务力、公信力、自调节力、创新力和可持续发展力等多维表现进行了深刻阐述。笔者认为，流通软实力理论是一个知识熵很高的边缘性理论，主张用宽广的视界和科学的方法，从系统论、生态论、信息论、文化论等角度进行研究；同时，主张在研究重点上要紧密结合流通业发展现实，坚持问题导向。

关键词： 流通理论；软实力；流通软实力

一、问题的提出

近年来，伴随着我国流通业的蓬勃发展，流通产业基础设施和整体条件得到明显改善，在国民经济中的基础性与先导性地位与作用日益显现。但从总体上看，仍然存在产业规模大，流通效率低下，运行质量不高，整体实力和竞争力不强等问题。综合分析，其中有流通产业资源布局、科技和信息化投入等硬件建设方面的原因，更主要的在于市场环境、流通组织和流通主体的文化、品牌等软件方面建设滞后。

早在 2008 年，我在研究流通现代化评价体系时，提出从流通饱和度、成熟度、繁荣度三个维度来评价流通现代化的发展状况，意识到了流通现代化的实现不光有硬实力问题，也有软实力问题。像北京这样快速成长的大城市，与纽约、伦敦、巴黎、东京、新加坡、中国香港等国际商贸中心城市相比，流通饱和度指标并不低，硬件并不落后，而低的是流通成熟度与繁荣度指标，落后的是软件，也就是软实力差距比较大。[②]

2012 年 10 月，我明确提出了“流通软实力”的概念，并在我主持的“北

---

① 本文是“北京国际商贸中心流通软实力研究”项目的阶段成果，项目编号：13JDJGA062。

② 王成荣、赖阳、黄爱光等：《北京流通现代化：饱和度、成熟度、繁荣度》，中国经济出版社，2009 年，第 204—205 页。

京流通现代化科技创新平台”上列出了专题研究计划，推动召开了首次“流通软实力学术研讨会”，引发了与会者对这一问题的深度思考与广泛交流。专家们一致认为，借鉴约瑟夫·奈软实力的概念研究流通问题，提出流通软实力概念，这是一种理论上的创新。这个概念可以更好地解析流通实力的结构，厘清流通产业发展中硬件与软件的关系；着眼于现实，可以对我国流通发展中存在的问题做出清晰的判断，对加强我国流通软件建设，弥补短板，提高整体实力具有重要的实践价值。

二、流通软实力的内涵与构成

20世纪80年代，美国学者约瑟夫·奈提出了“软实力”(Soft Power)的概念。在他看来，软实力是相对于“硬实力”(Hard Power)而言的，两者相辅相成，但行为的性质和资源的实现程度不同，硬实力是有形的、与命令性或者支配性力量(Command Power)联系在一起；软实力是价值观念、生活方式和社会制度的吸引力和同化力，是通过精神和道德诉求，诱惑和说服别人接受某些行为准则、价值观念和制度安排形成的无形力量，资源倾向于与同化性或者吸纳性力量(Cooperative Power)联系在一起。约瑟夫·奈不仅从一个角度使我们清晰了解一个国家综合实力的构成及其作用方式，而且同时给我们提供了一个分析工具，这一工具，完全可以用在研究流通问题上，流通软实力可以成为一个具有独立内涵的流通学概念。

什么是流通软实力？在此很难下一个准确定义。一般来讲，流通软实力是针对流通硬实力而言的，流通硬实力表现为一种物质性的有形力量，流通软实力则表现为一种非物质性的无形力量。

流通软实力作为一种非物质的无形力量，包括流通产业的制度安排、法规、政策与机制、市场环境、信息、秩序、规则、产业结构、产业谱系、人员素质、企业管理水平、服务品质、信用、价值观念、道德、精神等要素，以及这些要素的结合与融合所形成的吸引力、凝聚力、辐射力、服务力、公信力、自调节力、创新力和可持续发展力等。流通软实力的形成，既受到产业内部各种有形与无形力量强弱及组合方式的影响，也受到其他产业发展及整个社会经济、政治、文化环境的影响，它是在内部自我组织进化并在与社会大环境相互影响中形成和发展的。

依据上述分析，我们可以把构成流通软实力的要素归结为四类：第一类是流通体制与政策要素；第二类是流通环境要素；第三类是流通主体要素；第四类是流通文化要素。这四类要素相互联系、相互制约，任何一类要素成为短板，都会影响整体流通软实力的形成与发展。在四类要素中，流通体制与政策要素主要影响着流通的活力；流通环境要素制约着流通的公平；流通主体要素决定着流通的质量；流通文化要素引导流通方向，提供流通价值准则与动力，增加流通附加值。如果这四类要素质量高并能协调发展，就能确保流通充满活力、体现公平、有较高的运行质量，且有鲜明的文化特色，流通软实力才能形成并不断得到提升。

流通软实力所具体体现出来的吸引力、凝聚力、辐射力、服务力、公信力、自调节力、创新力和可持续发展力等，从不同角度诠释了流通软实力的内涵和特质。

流通吸引力，主要是指吸引、整合各种外部流通资源，包括吸引、整合资本、人才、技术、品牌等资源的能力，包括吸纳厂商、消费者资源的能力。吸引力越强，优质资源集聚的速度越快，对增长流通规模、提升流通品质越有利。比如，流通吸引力比较强的城市，对国际著名零售商和品牌的吸引力就非常强，往往成为著名零售商和品牌代理商、总部以及各种商品品牌的云集之地和谋求发展的“价值高地”；对高端消费人群的吸纳力就非常强，其市场半径可以延伸至全国甚至全球其他国家。像巴黎、伦敦、香港，不仅对本国和本地区的消费者有强大吸引力，甚至对全球消费者，特别是全球高端消费者同样有强大吸引力。

流通凝聚力，主要是指流通产业内部各种要素围绕共同价值协同、协作的程度。凝聚力越强，流通资源利用越有效，流通模式越好，流通成本越低，流通效率与效益也就越高，流通产业的基础性、先导性作用就会发挥得更好。建设优秀的商业文化，建立有序竞争的规则，充分发挥行业协会的积极作用等，都是提高流通凝聚力不可或缺的。比如，中国明清时形成十大商帮，每个商帮都有自己的一套核心价值和帮规，不同的商帮靠这些核心价值和帮规把商人凝聚在一起，在经营上互相帮助，共同发展。北京3000多年的建城史和861年的建都史，孕育了个性鲜明的“京商”文化，形成诚、精、尊等文化精神以及儒气、和气、贵气等文化品格，这就是北京流通凝聚力的价值源泉。

流通辐射力，指一个区域、一个城市的流通模式，向其他地区、城市延伸、扩张、发展的能力，或对其他地区、城市流通的引领带动能力。辐射力越强，表明其对其他地区或城市流通的渗透与影响越大，对整个社会流通发展的贡献越大。就一个城市来讲，流通软实力强的城市，因其流通模式好，物流成本低、商业氛围好、流通资本和商业店铺扎堆效应明显，就会产生巨大的商业能量，使得周边城市无法与之抗衡。新兴古典城市化理论认为：集中交易可以改进交易效率，降低交易成本；市场会自发地形成最优的分层城市结构，大中小城市并存，有序分工。著名商业街、零售店品牌等都会对周边地区与城市产生巨大辐射力和影响作用。实际上，流通辐射力还反映在对时尚生活方式的领导力上。一个流通辐射力很强的城市，往往是时尚的风向标，靠著名品牌新款发布，新电影、新音乐的首映式或首发式等形式，在某种新生活方式流行方面起到引领潮流作用。

流通服务力，是指建立在一定硬件设施基础上的流通综合服务能力。如一个城市健全的服务体系和独特便捷的服务项目，一定是软件与硬件环境相得益彰的。一般来讲，在流通产业特别是零售业中，除了诸如导购服务、送货服务、定制服务、邮寄服务、退换服务、维修服务、信息服务、退税服务以及相应的金融、餐饮和娱乐服务等常规服务和配套服务外，还会有很多个性化服务。例如，巴黎推出兼具游购娱综合功能的 PARIS CITY PASSPORT(巴黎城市护照)，提供吃、住、行、游、购、娱全方位信息的 PARIS FOR YOU(您的巴黎)以及免费的巴黎交通图和旅游交通图等就是很有特色的服务。又如，国外客人在这里购物退税，全球回报集团(Global Refund)这一世界最大的购物退税(Tax free shopping)体系为你提供十分便捷的退税服务。

流通公信力，是流通产业使公众信任的力量，重点是质量、价格等方面的诚信度和公平度。流通软实力强，意味着流通诚信度和公平度就高。比如巴黎是精湛工艺的代名词，皮革加工、服装制作工艺精致绝伦，人们对它的质量不会有怀疑；人们在纽约、伦敦、东京、巴黎购物很少担心上当。北京有些产品如内联升千层底布鞋、同仁堂蜜丸等给人留下的质量印象就很好。流通公信力不是只对某些产品、店铺的信任，而是对整个地区、城市流通产业的信任。但如果因为某些街区、某些店铺、某些市场的某些蒙骗行为，使有此经历的人信任下降，也会影响整个地区或城市的整体流通公信力。

流通自调节力，是指流通系统由外因或内因造成不稳定时所表现出来的抵抗力和恢复力。抵抗和自我恢复，是生物界在长期进化过程中获得的自我防御机制之一，其目的是为了自我保护，延长自己的寿命。抵抗和自我恢复不能还原原始状态，其过程是不断演变进化的过程。流通是一个仿生态系统，具有稳定性与开放性。这一系统内在要素的突变，或外部因素给这一系统带来巨大冲击，都可能使它处于不稳定状态。比如，因重大技术变革、市场变化、宏观经济环境变化等都可能给流通系统带来直接影响，导致系统不稳定。流通自调节力，一方面表明它有抵御外部干扰的能力；另一方面，当干扰导致系统不正常时，它有自我净化、自我适应、自我改变、自我修复，最终实现自我调节的能力。软实力脆弱的流通生态系统自调节力就弱，而软实力强大的流通生态系统自调节力就强。

流通创新力，是指流通产业打破平衡，寻求自我变革与突破的能力。商无定势，水无常形，流通产业永远处于变化之中，所以变革与创新是流通产业的灵魂。流通创新，首先受到技术创新的影响，技术创新推动流通手段和流通技术的创新；其次是制造业、金融等相关产业创新，带动流通创新；最后就是社会文化与消费方式创新，也直接或间接推动了流通的创新。流通创新表现在流通理念、体制、组织、业态和流通方式、手段等各个方面。流通创新力强弱是流通软实力强弱的重要标志。

流通可持续发展力，是指流通产业着眼未来，谋求长期发展的能力。主要体现在流通主体在处理与自然的关系时，以强烈的社会责任感，保护环境，保护生态，减少能源消耗，追求天人合一，与自然和谐共生。例如推广绿色营销，减少环境污染，减少碳排放量。像沃尔玛、家乐福等著名流通企业近年来都在高举环保牌，节电节水，减少二氧化碳排量。流通主体在处理同其他产业的经济利益关系时，着眼于未来利益和战略价值。流通可持续发展力是先进流通文化的重要体现，是流通软实力的重要内涵。

三、流通软实力的研究方法

流通软实力的研究刚刚起步。我主张首先要把这一问题的性质搞清楚。

流通软实力具有无形性、潜在性，是一种隐性资源和潜在力量，在评价上很难找到直接的指标，更多靠主观评价和间接经济指标来说明。

流通软实力本质上就是一种流通核心竞争力。这种竞争力既取决于流通单个要素的实力，更取决于流通整体的实力。它不是简单的单个要素实力相加，而是单个要素商业功能的融合放大，流通软实力具有乘数效应。在这种不直观的超物质的竞争力中，靠长期积累形成的商誉、商德、品牌、商业氛围和企业家精神等无形要素具有特殊价值。如果说，流通核心竞争力是保持一个地区、一个城市长期竞争优势且不易被模仿的动力的话，其中商誉、商德、品牌、商业氛围和企业家精神等无形要素占有决定性地位。

流通软实力与流通硬实力是相互依存、相互促进、相互转化、和谐相处的关系。二者均以对方存在为自身存在的前提，流通硬实力是流通软实力的有形载体，流通软实力是流通硬实力的无形延伸和功能放大；双方各自的发展都受到对方的制约，因此流通硬实力的迅速提升一定带动流通软实力的加强，反过来流通软实力的提高也会促进流通硬实力的改善；双方在一定条件下可各自向另外一方转化，流通硬实力在一定条件下可转化为流通软实力，流通软实力在一定条件下也可转变为流通硬实力；双方处于永恒的变化之中，通过螺旋式的上升，实现动态的平衡，在平衡中追求和谐。如老字号的软实力是数百年积累的，目前多数老字号的软实力超越硬实力，但有限度，如硬实力长期滞后，软实力也会逐渐下降。所以，目前多数老字号都在谋求通过体制创新、技术创新和市场创新来提升硬实力，进而提高整体竞争力。

其次，研究流通软实力问题，要有宽广的视界和科学的方法。

流通软实力，从学科角度看是一个知识熵很高的边缘性理论。因此，我主张应从系统论、生态论、信息论、文化论四个角度来加强对流通软实力的研究。

一是系统论角度。系统论是研究系统的一般模式、结构和规律的科学。流通本身就是一个复杂的开放系统。系统具有整体性、目的性、层次性、相关性、动态性和环境的适应性。从系统论角度研究流通软实力，就要从系统的特点出发，基于一个有机整体，明确其目的，厘清内部层次，找准相关因素，动态地研究其变化规律，并从适应性角度研究其与大系统的关系。

二是生态论角度。生态学是研究动物与其有机及无机环境之间相互关系的科学，生态系统观点又把生物与环境的关系归纳为物质流动及能量交换的关系。如今生态论已经成为一种科学方法论，被广泛应用到经济、社会、文化等领域。从生态论角度看，流通是一个生态圈，是从事商业活动的各利益相关者共同构建的一个生态圈，各个角色在其中相互竞争与合作，创造价值，分享利益。从生态论角度研究流通软实力，就要探析流通系统内部各要素之间以及流通系统与环境之间物质流动的关系，特别是能量交换的情况，优化流通结构，降低内部消耗，积累更多能量，在与外部环境互动中获得更快的发展。

三是信息论角度。信息论是一门用数理统计方法研究信息的度量、传递和变换规律的科学。流通过程实际上就是商流、物流、信息流的集合与互动过程，信息流是实现商流与物流的必备条件。在信息时代，信息成为流通企业的第一资源；在互联网，特别是移动互联快速发展的今天，大数据是流通企业的核心竞争力。从信息论角度研究流通软实力，重点要分析信息技术对流通软实力内涵、本质和结构上的影响。

四是文化论角度。软实力的内核就是文化，研究流通软实力无疑必须具备文化论视角。从文化论视角研究流通软实力，要探析流通文化形成和传承演变的规律，阐明流通文化转化为流通软实力的机理，研究流通文化的载体与表现形式，研究提高流通文化附加值的路径与评价方法等。

最后，要结合流通业发展现实研究流通软实力。

党的十八届三中全会提出了市场在资源配置中发挥决定性作用的重要论断，为我们开展流通软实力研究提供了重要的理论指南。创造公平的市场环境，进一步完善流通政策、法规和流通秩序等，将是流通软实力研究的重要课题。

当前对流通软实力影响最大的就是波及全球的零售革命。对此，研究流通软实力的视野必须要放宽。在影响流通软实力的各种要素中，每种要素在不同时期不同条件下的作用力是不同的。流通体制、产业政策、市场秩序、商业道德、品牌力量等在不同时期不同条件下曾发挥过主导作用。

眼下，在由信息技术和网络技术直接触发的零售革命来临时，就要把流通软实力的研究重点放在信息技术和网络技术上，研究互联网，尤其是移动互联网对流通业的影响，研究大数据和云技术对流通业的影响，研究用信息技术和网络技术改造流通业、创新流通业、发展流通业，提高流通业在信息方面的软实力。

参考文献

[1][美]约瑟夫·奈著，马娟娟译：《软实力》，中信出版社，2013年。

[2]刘根荣：《流通产业竞争力理论体系研究》，《中国经济问题》，2007年第5期。

[3]王成荣：《基于世界城市目标的北京国际商贸中心城市建设研究》，《商业时代》，2010年第12期。

（作者：王成荣　北京国际商贸中心研究基地负责人　教授）

基地名称：北京国际商贸中心研究基地
依托单位：北京财贸职业学院
项目类别：北京市社会科学基金项目

云消费时代零售革命的新趋势[①]

内容提要：本文从云消费时代的特征入手，提出云消费时代商业零售将发生六大变化，认为消费将出现体验化、专属化、社群化、定位化四大变化，主张云消费时代零售革命中零售商的出路在于创新个性化商业，从经营商品转变为经营生活方式，变向消费者销售为构建消费者俱乐部，从整合供应链转变为整合需求链，善于云整合资源提升发展速度，从大企业化向轻量化转型。

关键词：云消费；零售革命；消费变化；零售发展

当今社会正在进入云消费时代，在这一新的时代，商业零售业正在经历一场新的革命。之所以称之为“革命”是因为商业零售业的变化不再是传统业态的此消彼长，而是整个产业的全面变革和洗牌重组。未来五年可能现有传统习惯的零售方式会彻底改变，而新的零售方式会以百倍千倍速度增长。任何轻视、低估这场革命力量，或没有跟上革命步伐的企业将面临被淘汰的危险。新生力量快速崛起，未来的零售业将是一个全新的产业格局。

回顾 2013 年中国零售业的发展，我们可以更加清晰地感受到，这场新的革命正在发生。根据艾瑞统计的数据，2013 年我国电子商务交易规模达 9.9 万亿元，其中网络购物的规模达 1.85 万亿元，增长了 42.0%。据测算，2013 年网购交易额占社会消费品零售总额的比重达到 7.8%，较上年提高了 1.6 个百分点。国家商务部监测的 3000 家重点零售企业中，网购销售增长达 31.9%，增速与传统零售业的百货店、超市和专业店相比，分别高出 21.6、23.6 和 24.4 个百分点。中国消费者越来越习惯于网上消费，根据普华永道 2013 年对 11 个国家 1.1 万名消费者的调查，中国消费者网上购物以 58%受访者每周至少一次的频率远远领先全球平均水平(29%)。

---

① 本文是“北京商业品牌发展研究”项目的阶段成果，项目编号：13JDJGB063。

一、云消费时代的三大特征

(一)消费“云内容”

消费突破传统店铺面积限制、陈列限制、存储限制，突破时间与空间的限制，突破商品有形与无形的界限，突破商品与服务的界限，消费者之所想，即是所供。

(二)消费“云终端”

消费者接触之一切平台都在成为提供消费的终端，包括实体商店、网上商店、交互电视、智能手机、电子阅读器……

(三)消费“云支付”

消费者可以采用一切既便捷又安全的支付手段完成交易。

二、云消费时代零售革命的六大变化

(一)商业贸易的时间和空间障碍将完全消失

“云消费”时代商业信息传递无障碍、物流网络全联通，制约消费的一系列障碍将逐渐消失，使消费突破时间、空间的障碍成为可能：商业资源转移、跨国销售将突破国境界限，“海外代购”和“网购中国”打破传统贸易格局。今后某个地区的社会消费品零售额与该地区消费力的相关性将让位于对全国乃至全球消费的“吸纳力”。在可预见的未来，一个个地域的消费孤岛将被打破，全国消费平台一体化格局将加快形成，全球消费一体化的进程已经开始。能否占据“云消费”的制高点，决定了未来小到一个城市，大到一个国家在世界消费体系中的生态地位。

(二)实体商业与网络商业界限逐渐消失

实体商业与网络商业的融合不仅仅是实体商业开设网店，而是两者从供应链到服务链的深度一体化。网络商业和实体店铺的深度融合，使过去的不可能成为可能。消费者有什么样的需求，就有什么样的发展机会和消费空间。不久的将来，通过网络和实体商业的结合，50平方米的社区便利店完全可以提供比家乐福、沃尔玛大卖场更低廉的价格、更丰富的商品、更全面的服务。

(三)产品开发者与销售者的距离逐步消失

云消费环境下，产品开发者和消费者的距离将消失，实现零通路的新型模式。产品开发者可以直接面对终端消费者，进一步缩短产品进入市场的渠道，渠道障碍濒于消失，而零售商也会基于对消费者的熟悉，将产业链向研发设计延伸，维系存在的价值。

(四)P2P(点对点)交易成为主流

借助网络平台，中小企业乃至个人，获得与大企业同等的交易机会，使原有产业链上大企业对大企业、大企业集聚小企业的经营模式变为小企业对其他企业、企业对消费者，甚至消费者对消费者的模式。不再存在消费者和销售者的界限，每一个消费者可以同时是销售者，参与到商品和服务的经营中来，甚至成为经营的主体。因此，个人贸易、个人购物和传统贸易、传统零售的界限将必然会被打破。

（五）消费挖掘纵深化

消费需求无止境，商业企业以超越消费者所想的创新创造需求、深化需求正成为成功的商业模式。如亚马逊从网上卖书到开发电子阅读器，再以电子阅读器为平台销售电子图书，乃至发展为蚕食传统出版市场的电子出版商。

（六）小微企业快速崛起

如前所述，云消费环境为中小企业，特别是为小微企业创造了无限的发展机会。开放的第三方平台使小微企业可以直接面向消费者，公正透明的口碑评价，使小微企业快速积攒商业信誉。使得小微企业得以快速崛起，今天不起眼的企业可能五年后会成为行业的巨头，商业零售业从过去大鱼吃小鱼，快鱼吃慢鱼，正在进入新鱼吃旧鱼的时代，谁创新谁就成功，谁因循守旧谁就可能会被时代淘汰。

三、“云消费”时代消费的变化

云消费时代，商品和服务获得的便捷性和低成本性不再是难题，因此，消费也随之发生变化。

（一）体验化

早在 1998 年美国俄亥俄州的战略地平线（Strategic Horizons LLP）顾问公司的共同创办人 B. 约瑟夫·派恩（B. Joseph Pine II）与詹姆斯·H. 吉尔摩（James H. Gilmore）就在美国《哈佛商业评论》发文指出：体验式经济（Experience Economy）时代已来临。进入“云消费”时代，消费的体验化趋势更加明显。所谓消费的体验化是指消费者更关注消费过程的满足，愿意通过参与互动，进入情景化的环境，感受独特的氛围，体验独特的文化，而不仅仅是获得直接的商品和服务。

（二）专属化

在过去，消费的个人专属化通常是高阶层人士享有的特权，需要很高的进入门槛。如价格不菲的高尔夫俱乐部会员资格、专属定制某种限量版奢侈品等。而商业智能和云数据的发展使个人化定制不再是少数人的特权，每个消费者都能在不额外付出成本的情况下，享受量身定制的、专属的商品和服务，享受消费的尊崇感、自豪感。

(三)社群化

云消费时代，每个人都处于一个又一个、一环套一环的信息辐射圈中，驴友圈、社区邻里圈、家长圈、同事圈、亲友圈、粉丝圈等，每个人都可能被他人影响，每个人又都可能影响他人，随着QQ、微博、微信等网络平台的扩散式传播，网络大V、意见领袖、明星、论坛达人、身边的时尚达人等都以他们的消费爱好、偏好，自然地带动消费，引领时尚。消费者在消费中更加看重社群认同，消费意见与消费结果通过意见领袖或“群”友推荐而通过QQ、微信等网络平台扩散式传播达成消费意向，引领消费潮流。近年来，越来越多的国外商家开始采用真人秀的形式，邀请意见领袖(也是典型消费者)代言产品，把一款鞋、一件衣服的设计到制作、试穿全过程网上直播，让消费者充满期待，体验化参与，使品牌植入人心。用当前流行的术语，网络大V、意见领袖、明星、论坛达人，乃至身边的时尚达人，都是创造消费、引领社群化消费的“自媒体”。

(四)定位化

定位化是指消费者通过智能终端定位消费目标，以参与互动、移动搜索等满足消费者随时随地消费需求，特别强调消费的专属性和移动性。大量精准的网络地图搜索服务的出现，为消费的定位化提供了基础。消费者已经能够很熟练地应用百度地图、搜狗地图、高德地图等地图搜索服务。消费应用覆盖的面逐步涵盖餐饮、电影院、KTV、商场、酒店、公交、加油站、超市、公园景点等多种生活服务门类，游客通过点击餐厅就能实现点餐、订座、结账、点评等。Travelzoo旅游族和CNNGo调查发现，中国内地年轻一代的海外旅行者75%表示愿意通过手机端了解甚至预订旅行产品，70%手机用户表示会在旅行中打开手机应用。更多旅游消费者把美食与手机关联，就地寻找一些特色、优惠等餐厅用餐。

四、面对“云消费”时代零售商的创新与探索

(一)网络零售高速增长中的创新与瓶颈

品牌商触网渐成规模。越来越多的品牌商开始尝试网络销售，根据艾瑞咨询的数据，2013年中国网络购物市场中B2C交易规模达6500亿元，增长68.4%；相比之下，一直为网购市场主力的C2C30.9%的增速则逊色很多。B2C中相当大的比例为品牌商的网络直销。在天猫平台上，杰克琼斯、七匹狼、骆驼等品牌商在销售排名榜上名列前茅，其中杰克琼斯在“双十一”一天的销售额就高达1.72亿。

直销、闪销酝酿渠道革命。通过网络直销免去传统商品从厂家到零售的批发、代理等中间环节，是重大的渠道革命，以小米手机为代表，佳域手机、北斗手机、努比亚手机等多家厂商跟进，以砍去中间环节节省的成

本低价闪销的探索取得成功，小米手机 10 万台数十秒抢购一空的奇迹不断被复制，2013 年小米手机共销售 1870 万台，销售额突破 300 亿元。

在高速增长的同时，应当走什么发展道路的问题也继续困扰着电商企业。面对淘宝、天猫的异军突起，是继续主业自营还是复制淘宝、天猫的平台服务？京东、凡客诚品、当当网等电商企业都进行了平台服务的探索，但效果各不相同。其中，京东的平台服务俨然初具规模，但当当网以平台销售为补充，继续坚持主业自营的核心。而年初转向平台模式的凡客诚品，连续 3 个季度亏损，又开始回归自有品牌的道路。

移动网购成为新的亮点。随着智能手机的普及和芯片性能的提升，越来越多的消费者利用碎片时间网购，2013 年支付宝的手机消费支付比上年增长了 13 倍。

(二)实体零售商探新求变

网络零售对实体零售商业绩的冲击愈发明显。2013 年大型实体零售商业绩普遍不尽理想，国家统计局公布的数据，2013 年 1—11 月，限额以上企业消费品零售额增长为 11.4%，而商务部监测的 3000 家重点零售企业销售额增长仅为 8.9%，增速明显低于平均水平。

2013 年上半年年报显示，一半超市的利润增幅出现下滑。其中永旺和卜蜂莲花分别亏损达 2634 万港元和人民币 4674 万元。华润万家、京客隆、宁波三江等企业利润增幅下滑，其中华润万家利润下滑幅度达 63.7%。仅具备生鲜供应链优势的永辉超市逆市增长，上半年利润增幅达 102.37%。外资零售企业也持续关闭在中国的门店。沃尔玛在一周内闭店 4 家，2014 年还将关店 25 家，而家电连锁企业国美、苏宁等关店现象更为严重。

部分零售商把兼并扩张和加快二三线城市发展作为应对之策。2013 年物美并购了卜蜂莲花 36 家门店，华润以占股 80%的投入与 Tesco 成立新公司，纳入了 Tesco 在华的 134 家门店。中国的商业地产投资存量已经超越日本，成为亚洲最大的市场。

然而，“云消费”时代仅仅扩张规模是没用的。一些著名的零售商已经开始探索商业模式的转型。苏宁电器转型为苏宁云商，而百货店的购物中心化、购物中心的生活方式中心化的探索加快，新世界百货等多家百货店开始大量引入餐饮、休闲、娱乐项目，而开业初期业绩不佳的金源燕莎购物中心、朝阳大悦城凭借生活方式中心化的转型而业绩大幅提高。

面对网商的竞争，越来越多的零售商看好社区商业的发展前景。安徽乐城超市在 2013 年 9 月开设了由低温菜市、超市、花市、美食城、娱乐街组成的涵盖诸多服务的千米社区店成为业内关注的焦点。

开设网店，尝试全渠道销售也成为传统零售商不得不进行的探索。2013 年，全国连锁百强企业纷纷探索电商模式，全国大中型连锁零售企业中涉足电商的已超过 80 家，其中 22 家为 2013 年首次进军线上销售。但不同企业探索的深度不尽相同。步步高和大润发不仅采用了专业的电商团队，投入也都以亿级计算。永辉超市也率先在福州开设实现移动终端线上订购、支付和超市门店线下提货的“永辉微店”，试运行成熟后将向全国推广。

与网商合作，发挥各自优势寻求共赢的探索也很多。上品折扣与支付宝合作，开通了实体店的二维码支付。2013 年 1 月，麦德龙联合淘宝开设了淘宝超市购便利，由麦德龙提供以快消品为主的商品，淘宝提供线上服务。

五、“云消费”时代零售商的出路

上述的探索有突破但仍然远远不够，零售商还必须进一步突破传统的思维教条，顺应零售革命的大势所趋，重构全新的盈利模式，实现以消费需求为核心的线上线下一体化的运营创新。

(一)创新个性化商业

传统商业经营，以连锁化、标准化、规范化为努力方向，“云消费”时代，独特性才是商业企业生存的根本。消费者要消费独到的、个性的商品，选择独到的、个性的商店消费。

(二)从经营商品转变为经营生活方式

传统商业零售业经营核心是商品，消费者为获得某种商品或服务进入商店，而在“云消费”时代，消费者走进商店，是为了体验其所认同或其所向往的生活方式，因此，商业经营不应再以业态、专业、品类划分，而要围绕一类消费人群的生活方式整合商品和服务，近年来兴起的生活方式中心正体现了这种经营思想的变革。

(三)变向消费者销售为构建消费者俱乐部

商家以顾客为中心开发产品，围绕顾客期待整合资源，与顾客一起创造和分享价值，营造全面体验是成功的关键。越来越多的商家把自身定位从商品的消费者调整为消费者俱乐部的一员。

(四)从整合供应链转变为整合需求链

传统商业以优化供应链为提升盈利能力的法宝，但在“云消费”时代，商业盈利的关键是围绕消费者需求提供商品和服务，所以研究消费者需求规律，发现需求、创造需求，并整合资源服务需求是核心，因此“云消费”时代需求链意识先于供应链意识。

(五)善于云整合资源提升发展速度

“云消费”时代，商品流通的增值空间被压缩，封闭化运行难以生存，而自由开放的市场和信息资源平台能够为越来越多的交易提供更加低廉的产品和优质服务，越来越多的零售商以跨行业、跨业态整合资源、整合信息、整合服务等的“云整合”提供商品和服务。

（六）从大企业化向轻量化转型

随着“云整合”的发展，庞大的组织架构、烦琐的运营流程都成为束缚企业发展的枷锁，越来越多的零售商开始抛弃传统大企业发展思维，充分借助社会分工，集中力量于核心价值，轻量化运行，实现小团队创造大业绩的奇迹。

参考文献

[1]赖阳：《流通体验论初探》，《北京财贸职业学院学报》，2010 年第 2 期。
[2]赖阳：《北京应占据“云消费”高点》，《北京商报》，2012 年 1 月 11 日。
[3]赖阳：《未来是“云消费”的时代》，《中国商报》，2012 年 1 月 13 日。
[4]赖阳：《“云消费”时代政府不应缺位》，《企业家日报》，2013 年 1 月 5 日。
[5]赖阳：《“云消费”革命的经营文化》，《商业文化》，2013 年第 5 期。
[6]赖阳、韩凝春：《论“云消费”时代的零售革命（上）》，《商业时代》，2014 年第 4 期。
[7]赖阳、韩凝春：《论“云消费”时代的零售革命（下）》，《商业时代》，2014 年第 5 期。
[8]赖阳：《“云消费”时代的机遇与挑战》，《北京商报》，2014 年 3 月 12 日。
[9]赖阳：《2013 年零售业“云消费”开启》，《中国物流与采购》，2014 年第 4 期。
[10]赖阳：《2014 年零售革命将持续深化》，《中国物流与采购》，2014 年第 4 期。

（作者：赖　阳　北京国际商贸中心研究基地研究人员　研究员）

京台文化交流研究中心

（北京联合大学）

基地名称：京台文化交流研究中心
依托单位：北京联合大学
项目类别：北京市社科基金项目

浅析京台现代服务业合作的基础和重点领域[①]

内容提要：两岸“三通”的实现，ECFA的签署和实施，为京台服务业合作提供了良好的大环境。京台产业结构趋同，服务业占GDP的比重均在70%以上，发展现代服务业已成为北京经济发展的战略重点之一。目前，北京现代服务业占服务业的比重已达70%。京台现代服务业合作具有资源要素、市场优势，在金融业、信息服务业、文化创意产业等领域合作前景广阔。

关键词：北京；台湾；现代服务业；合作

一、京台服务业发展现状比较

京台产业结构趋同，服务业是两地支柱性产业，发展各具优势，新一波台商服务业向大陆转移的过程，将为京台服务业的合作创造良好的条件与机遇，合作前景十分广阔。

(一)北京服务业的发展特点

由于从三次产业划分的角度来看，服务业与第三产业几乎相同，因此这里主要采用《北京统计年鉴》中北京市第三产业的相关数据来分析北京市服务业发展的特点。

表1　1978—2012年北京三大产业结构表　　(单位:%)

年份/产业	1978	1983	1988	1994	1995	1998	1999	2000	2001	2002
第一产业	5.2	7.0	9.0	5.9	4.9	3.2	2.9	2.5	2.2	1.9
第二产业	71.1	61.5	54.0	45.2	42.8	35.4	33.9	32.7	30.8	28.9
第三产业	23.7	31.5	37.0	48.9	52.3	61.4	63.2	64.8	67.0	69.2

① 本文是“京台现代服务业合作的政府与市场关系研究”项目的阶段成果，项目编号：13JDJGA016

续表

年份 产业	2003	2004	2005	2006	2007	2008	2009	2010	2011	2012
第一产业	1.8	1.6	1.4	1.1	1.1	1.1	1.0	0.9	0.8	0.8
第二产业	29.6	30.6	29.5	27.9	26.8	25.7	23.5	24.0	23.1	22.7
第三产业	68.6	67.8	69.1	71.0	72.1	73.2	75.5	75.1	76.1	76.5

数据来源：北京市统计局、国家统计局北京调查总队：《北京统计年鉴(2013)》，中国统计出版社，2013 年。

由表 1 可知，北京的第三产业发展迅速，第三产业的比重从 1978 年的 23.7%逐年上升到 1988 年的 37%；1994 年为 48.9%，首次超过第二产业所占的比重(45.2%)而位居首位；1995 年突破了 50%达到了 52.3%；2000 年上升到 64.8%(为第二产业所占比重的近 2 倍)；2006 年突破了 70%；2012 达到了 76.5%，服务业主导型的经济格局基本形成。这和台湾服务业在其 GDP 中所占比重相当。北京产业结构调整方向是走高端产业发展之路，大力发展总部经济，着重发展技术研发、核心制造、营销服务等产业环节，促进区域产业分工与结构升级。

表 2　2000 年以来北京服务业内部结构变化　　(单位:%)

年份 行业	2000	2002	2004	2006	2008	2010	2012
交通运输、仓储和邮政	10.8	9.4	8.7	7.8	6.0	6.7	6.0
批发与零售业	18.2	15.5	14.4	14.9	17.0	17.8	16.3
住宿和餐饮业	4.0	4.1	4.0	3.7	3.3	3.0	2.7
居民服务和其他服务业	1.8	1.8	1.9	1.5	0.9	0.9	0.9
公共管理与社会组织	4.8	4.3	4.9	4.9	4.4	4.4	4.1
金融业	20.8	18.8	17.4	16.8	18.1	17.6	18.6
信息传输、计算机服务和软件业	8.0	9.3	11.0	11.9	11.9	11.5	11.9
房地产业	7.0	10.0	10.7	11.3	10.1	9.5	9.1
租赁和商务服务业	5.8	7.2	6.8	7.7	9.1	9.0	9.8
科学研究、技术服务与地质勘查业	6.0	7.0	6.8	7.5	8.4	8.9	9.3
水利、环境和公共设施管理业	1.1	0.9	0.8	0.8	0.7	0.7	0.7
教育	5.0	5.4	6.5	5.5	4.8	4.9	5.0
卫生、社会保障和社会福利业	2.7	2.5	2.6	2.4	2.2	2.4	2.7
文化、体育和娱乐业	4.1	3.7	3.5	3.2	3.0	2.8	2.9

数据来源：根据《北京统计年鉴(2013)》相关数据计算所得。

按照《北京统计年鉴》的分类，现代服务业为信息传输、计算机服务和软件业，文化、体育和娱乐业，金融业，房地产业，租赁和商务服务业，科学研究、技术服务与地质勘查业，水利、环境和公共设施管理业，教育，卫生、社会保障和社会福利业九大类。[①] 由表 2 可知，北京 2000 年传统服务业占服务业的比重为 33.2%，现代服务业占服务业的比重为 66.8%。2012 年传统服务业占服务业的比重为 30.0%，现代服务业占服务业的比重达到 70.0%，较 2000 年上升 3.2%。

从北京现代服务业内部结构看，位居前五的行业分别是金融业（占 2012 年服务业的比重为 18.6%），信息传输、计算机服务和软件业（占 2012 年服务业的比重为 11.9%），租赁和商务服务业（占 2012 年服务业的比重为 9.8%），科学研究、技术服务与地质勘查业（占 2012 年服务业的比重为 9.3%）、房地产业（占 2012 年服务业的比重为 9.1%）。

（二）台湾服务业发展特点及对大陆投资区域分布情况

台湾服务业产值在经济中一直保持着较高的比例，在 20 世纪 80 年代中期以前，即在由工业经济向服务经济过渡以前，台湾服务业的比例常年保持在 47%左右的高比例。台湾服务业产值比例自 1988 年超过 50%以后，服务业即进入高速发展阶段，到 2005 年，服务业产值比例已达 71.3%。2008 年创历史新高，达 73.3%。然而，由于岛内市场狭小，台湾服务业的发展已近极限，同时由于岛内制造业大量向外转移，以转移到大陆的居多，近年台湾服务业占 GDP 比重呈下降趋势（详见表 3）。

表 3　1970—2010 年台湾三大产业结构表　　（单位：%）

年份 产业	1970	1980	1990	2000	2005	2006	2007	2008	2009	2010
第一产业	15.3	9.1	4.0	2.0	1.7	1.6	1.5	1.7	1.7	1.6
第二产业	36.0	43.5	38.4	29.1	27.1	26.8	27.5	25	28.9	31.5
第三产业	48.8	47.4	57.6	68.9	71.3	71.6	71.1	73.3	69.4	67.0

数据来源：台湾“行政院主计处”发布的数据。

表 4　20 世纪 80 年代以来台湾服务业内部结构变化　　（单位：%）

年份 产业	1980	1985	1990	1995	2000	2005	2011
批发及零售业	26.5	25.4	23.5	24.3	25.7	26.1	29.0
住宿及餐饮业	1.8	2.9	3.0	2.9	3.2	3.0	5.2

① 陈进等：《北京现代服务业研究》，对外经济贸易大学出版社，2009 年，第 2 页。

续表

年份 产业	1980	1985	1990	1995	2000	2005	2011
运输、仓储及通信业	12.3	13.1	11.1	10.3	9.8	9.7	20.9
金融及保险业	13.1	12.4	16.4	14.7	15.2	15.7	22.9
不动产及租赁业	13.5	13.4	14.1	16.8	14.6	13.5	4.9
专业、科学及技术服务业	1.8	2.1	2.3	2.8	3.6	3.5	4.8
教育服务业	1.2	1.5	1.5	1.9	2.6	2.7	0.8
医疗保健及社会福利服务业	1.6	2.1	3.0	3.7	4.2	4.5	6.5
文化、运动及休闲服务业	1.8	1.9	2.1	2.2	2.4	2.1	0.9
其他服务业	3.9	4.1	3.7	3.6	3.9	4.4	1.9
政府服务生产者	22.3	21.0	19.2	16.7	14.8	14.5	2.1

资料来源：根据台湾“行政院主计处”。历年各季“国内”生产毛额统计表(依行业分)公布的数据整理。

从表 4 可发现，20 世纪 80 年代以后，台湾服务业发展具有以下一些特点：一是批发及零售业，运输、仓储及通信业，金融及保险业，不动产及租赁业四大类服务行业属台湾服务业的支柱行业，四大服务业产值占服务业的比重超过 60%。二是四大支柱服务业地位逐渐发生变化，其中批发及零售业一直是产值最大的服务业，它在服务业中的比重基本保持稳定。80 年代初期，其他三类服务业的产值不相上下。但从 80 年代中期开始，金融及保险业，运输、仓储及通信业，不动产及租赁业开始快速发展。三是在此阶段，发展最快的服务业包括：为提高民众生活质量的医疗保健及社会服务业，为提高民众素质的教育服务业，以及生产服务业中知识密集度高的专业、科学及技术服务业(工商服务业)。四是公共服务业在服务业中所占比例偏高。

表 5　台商在大陆投资服务业中各个产业投资区域分布(1952—2010 年)

(单位：千美元)

省/市/自治区	批发及零售业	信息及通讯传播业	金融及保险业	运输及仓储业	艺术、娱乐及休闲业	专业、科学及技术服务	不动产业	住宿及餐饮业	其他服务业
北京	277.13	193.39	13.50	6.15	33.22	61.94	37.70	30.24	18.12
天津	64.12	7.94	9.77	25.82	2.06	1.61	50.68	50.88	12.61

续表

省/市/自治区	批发及零售业	信息及通讯传播业	金融及保险业	运输及仓储业	艺术、娱乐及休闲业	专业、科学及技术服务	不动产业	住宿及餐饮业	其他服务业
河北	9.01	95.00	—	645.00	445.00	1.75	2.00	220.00	3.13
山西	207.00	—	—	—	—	181.00	—	105.00	3.00
内蒙古	277.00	1.00	—	—	—	—	—	—	513.00
辽宁	91.61	9.12	280.00	9.16	7.18	1.91	—	2.48	46.17
吉林	3.08	—	—	—	1.20	50.00	100.00	210.00	—
黑龙江	8.89	—	—	—	457.00	—	—	800.00	—
上海	1211.58	412.98	711.96	284.56	79.82	449.94	786.98	156.32	114.42
江苏	860.70	396.66	341.21	112.30	43.86	102.17	238.21	55.35	133.62
浙江	118.80	39.83	1.36	15.88	16.91	23.30	70.53	36.18	25.64
安徽	173.38	4.30	200.00	150.00	2.20	300.00	—	9.77	1.80
福建	190.43	33.75	177.41	53.48	40.33	33.70	81.60	45.85	21.21
江西	13.53	850.00	—	890.00	698.00	968.00	5.73	1.36	—
山东	154.74	900.00	10.80	12.81	2.13	4.24	57.00	19.95	16.19
河南	20.11	3.62	—	80.00	648.00	1.05	19.50	6.78	431.00
湖北	43.67	43.54	271.00	3.00	15.49	1.26	3.06	2.56	276.00
湖南	6.59	600.00	—	1.10	3.07	1.24	3.59	8.59	8.49
广东	744.18	257.38	97.24	36.44	87.48	20.13	18.45	22.06	28.21
广西	6.27	1.00	—	—	98.65	20.00	1.06	1.45	1.57
海南	7.44	2.18	—	310.00	29.07	1.38	1.80	7.99	200.00
重庆	182.24	520.00	—	23.54	—	79.93	67.88	1.02	15.78
四川	146.39	24.44	650.00	5.88	830.00	32.55	11.00	3.05	11.57
贵州	2.21	1.00	360.00	—	—	102.00	—	2.30	—
云南	22.34	289.00	—	—	3.18	65.00	225.00	356.00	—
西藏	42.00	—	—	—	—	—	—	—	—
西北	16.75	17.29	100.00	—	2.93	772.00	250.00	1.57	3.85
合计	4901.20	4703.40	3224.30	2665.10	3547.00	3267.10	2031.80	2156.80	1885.40

数据来源：台湾"经济部投资审查委员会"核准对大陆投资分区分业统计表。

从投资地域看(由表5可知)，台商服务业投资的地域分布与制造业的地域分布呈现极强的相关性。台商服务业投资的地点主要集中在上海、江苏、广东、北京和福建五个省市。再从投资产业看，投资大陆的服务业主要包括批发及零售业，信息及通信传播业，金融及保险业，运输及仓储业，住宿及餐饮业，艺术、娱乐及休闲业等。台商服务业不同的细类产业的投资地点也有所不同，其中批发及零售业、信息及通信传播业、金融及保险业主要集中在上海、广东、江苏、北京等地；运输及仓储业投资地也主要集中在上海，其次是江苏和福建；艺术、娱乐及休闲业主要集中在上海、广东和广西；专业、科学及技术服务业集中在上海、江苏和北京；不动产和餐饮业集中在上海、江苏和福建。上海是台商服务业投资最集中的地方，几乎各个行业在上海的投资金额都是最高的，而且与其他省市相比差额还比较大。

二、京台现代服务业合作的基础

目前，京台服务业合作领域和合作规模虽然都还比较有限，但从北京与台湾产业结构来看，扩大京台服务业合作有其必然性，也有必要性，而且合作的条件已经成熟。

（一）两岸“三通”的实现，ECFA 的签署和实施

随着两岸经贸发展进入难得的历史机遇期，阻碍两岸服务业合作的政治障碍正在减弱，两岸“三通”全面实现以及两岸有关金融合作协商进程的加快，将促进两岸现代服务业合作的全面深化。ECFA 的签署更为深远地促进两岸服务业的全面合作，并成为带动两岸经济关系的主要动力。

（二）大力发展现代服务业已成为北京重要的产业政策

北京市国民经济和社会发展第十一个五年规划纲要就提出：加快发展现代服务业，不断优化首都金融发展环境，积极支持金融机构推进产品和服务创新，着力推动产权交易和风险资本市场发展。制定支持文化创意产业发展的地方法规和优惠政策，打破行业垄断，鼓励资源重组，强化资金扶持，重点发展六大文化创意产业。抓住奥运契机，打造世界一流旅游城市和国际会展之都。以“稳步发展、优化结构、稳定价格”为目标，引导房地产业健康发展。改造提升商业等传统服务业，加快物流业发展。积极发展各类社会中介服务。2012 年北京服务业占其 GDP 比重达到 76.5%。

（三）加强京台服务业合作是台湾服务业发展的需要

台湾经济的出路在很大程度上取决于服务业升级。自从 20 世纪 90 年代初以来，服务业成为推动台湾经济增长的主要引擎，2008 年，台湾服务业占 GDP 的比重达 73.3%，这个水平与先进国家和地区不相上下。但近几年，台湾服务业出现增长乏力的情况。在制造业大量外移的情况下，台湾经济要摆脱发展困境，推动服务业升级是比较有效的选择。

(四)京台两地服务业的互补性

台湾的现代服务业积累了丰富的经验和雄厚的资本，先进的管理模式和成熟的运作方式是其主要优势。另外，雄厚的人力资本储备也是台湾现代服务业多年积累的结果，台湾有着大量受过良好教育、熟悉国际市场运作方式、有着先进理念的高级人才以及与市场接轨的高等学府。

北京现代服务业发展需要各种人才。北京现在不缺一般技能的人员，但高素质、高技能、有创新力的人才以及从事国际经济和现代服务业贸易活动的人才却供给不足。京台两地服务业合作，发挥资源要素、市场优势，会取得双赢的局面。

三、京台现代服务业合作的重点领域

根据京台两地现代服务业的发展现状和特点，目前京台现代服务业合作的重点领域主要是金融业、信息服务业、文化创意产业。

(一)京台金融业合作

金融业是北京现代服务业中集中度高、辐射力强的第一支柱产业。现在北京金融业作为大陆的金融决策中心、金融信息中心和金融服务中心，已经逐步形成“一主一副三新四后台”的空间布局。在这里，“一主”是指西城区的金融街；“一副”是指朝阳区的商务中心区(CBD)；“三新”是指海淀区的中关村西区、原东城区东二环的商务区和丰台区的丽泽商务区，将分别规划为新兴科技金融功能区、新兴产业金融功能区和新兴金融功能区；“四后台”是指海淀区的稻香湖、朝阳区的金盏、通州区的商务区和西城区的德胜园区。① 北京金融业的总体布局，为北京金融业的进一步发展和将北京建设成国际金融中心城市，打下了坚实基础。也为京台金融业合作提供了诸多机会。

目前，台湾有38家银行，其分支机构为3413家，保险公司57家，以及327家农会信用社，台湾岛内的金融机构的相互竞争非常激烈。为了提供最佳的服务，必须增加更多的人力及提供更创新的金融产品以满足顾客的需求，台湾的金融业者已累积了一定的软势力②。过度竞争一直是台湾金融业最大的问题，即是过多的存款没有出口，无法贷放给在大陆经商的台商，以致利差低。随着台湾制造业的大量外移，尤其是将生产基地转移至大陆，岛内金融机构(主要是银行)的生产性或企业性金融业务发展受到很大限制，

---

① 朱晓晴、寇静：《北京现代服务业的现状与发展路径研究》，经济管理出版社，2011年，第103页。

② 曹小衡、李文桐：《台湾金融业发展现状及前景探讨》，《亚太经济》，2013年第3期，第128页。

各类金融企业希望能到大陆设点，服务台商。我们期待两岸共同努力，扩大两岸金融业的合作、京台金融业的合作，让台湾的银行业及保险业能找到资金的出口及增加保费收入。

（二）京台信息服务业合作

从北京信息企业的发展规模来看，多数还处于初步发展的阶段。从企业经营销售状况来看，处于稳步提升状态。从科研和产品研发情况来看，研发力度不是很强。由于资本技术等方面的制约因素，这些企业的产品研发还有待进一步开发。从企业人力资源状况来看，员工属于高学历层次，人员流动较频繁，相关的薪资待遇保持稳定，这对于企业的长远发展属难得优势。从企业自主创新和知识产权角度来看，自主创新能力不强。

台湾信息产业崛起于20世纪80年代，到90年代后开始步入高速增长时期，较强的国际经营能力和产品创新经验使台湾在世界信息硬件业中占有一席之地，信息产业是带动台湾经济发展的支柱产业，是世界上最大的电子信息及相关产品的代工基地，信息产业具有相当规模，上下游产业链趋于完善。信息硬件产业通过OEM和ODM等方式参与国际分工，获得了成本竞争优势，使其在世界资讯电子产业中占据重要位置。

京台信息产业合作要加强政府产业的政策性指导，政府产业政策的影响和示范作用日益凸显。同时政府应不断加强信息产业政策的法律化进展，促进产业健康和可持续发展。京台信息产业合作应该充分发挥各自优势，规避劣势。

（三）京台文化创意产业合作

北京市“十一五”规划中就已提出了北京市要走高端产业发展之路，并明确文化创意产业发展的重点。目前，北京市重点发展的八大文化创意产业领域是：文艺演出、出版发行和版权贸易、影视节目制作和交易、动漫和网络游戏研发制作、广告会展、古玩艺术品交易、设计创意、文化旅游。近年来，北京文化创意产业取得了长足发展，但也存在一些制约因素：大部分文化创意企业资本金规模小，面临较高的市场风险。文化创意产业人才总量不足。文化创意产业从业人员占就业总人口的比重，纽约为12%，东京则达15%，而北京不足5%[①]。文化创意产业人才结构性短缺，十分缺乏的两类人才是内容创意人才和擅长将创意作品产业化和市场化的经营管理人才和营销人才。文化创意产品外销市场不足。

京台两地文化创意产业的发展各有优势，进一步加强合作，优势互补，创造双赢的局面，北京可以充分利用台湾丰富的创意和人才，而台湾可以借助北京文化创意产业平台开拓更大的市场，获得充裕的传统资源将创意

① 陈进等：《北京现代服务业研究》，对外经济贸易大学出版社，2009年，第163页。

产业化、商品化。目前，北京的文化创意产业发展呈现出一种硬实力(经济基础、传统资源、内需市场)雄厚，软实力不足的局面。台湾是较早关注文化创意产业的地区之一。台湾文化创意的亮点在于民间自发形成、不断喷涌而出的各种创意事业，以及由此而形成的各种优势。[①] 台湾文化创意产业在很多行业领域中建立了在亚洲，乃至华人世界的影响力，如在流行音乐领域、在表演艺术领域、在影视制作领域等。但台湾市场小、规模小，无法靠内需市场形成产业，这一点已经严重制约了台湾许多文创行业的发展。

（作者：孙兆慧　京台文化交流研究中心研究人员　副教授
乔东亮　京台文化交流研究中心负责人　教授）

① 周呈奇、冯杨：《ECFA时期两岸文化创意产业合作研究》，《江南大学学报(人文社会科学版)》，2012年第4期，第94页。

基地名称：京台文化交流研究中心
依托单位：北京联合大学
项目类别：教育部人文社科规划项目

论“一中框架”的政治基础[①]

内容提要：民族共同体的形成，政治共同体的构建，法律共同体的实施，是国家成长的三个重要维度。“中华民族”是两岸的共同母体，两岸要逐步在一个有共同利益和责任的政治共同体的框架下谋求共同的政治行为。而且，中国的百年奋斗将帝制转变为现代民族国家，决定了现代中国必定是一个法律共同体，这个共同体的基本特征是关于中国与中国人的身份建构、政治结构安排、民族和文化宗教认同等一系列法权安排。

关键词：共同体；国家统一；两岸

台湾问题的实质是分裂国家的统一问题，两岸各有政治诉求。因两岸处在不同的政治秩序格局下，两岸问题日益国际化。解决台湾问题，首先要将台湾问题的国际化格局限定为民族主权国家国内问题；其次是构建两岸“一中框架”下主权实现形式，完善国家统一的历史基础，并创造有利的历史条件；最后是两岸实现共治，拥有唯一的法律人格和公民身份识别标志。“中国”不是想象的政治共同体，而是具有同一性的民族共同体、逐步完善的政治共同体，和拥有共同公民身份的法律共同体。一个国族只有在完成了从“民族共同体”向“法律共同体”的转变，才能说真正蜕变为现代国家。有学者因此指出近代中国的百年奋斗旨在“救国、建国”，即将传统帝制中国拨转为现代民族国家，决定了现代中国必定是一个法律共同体，表现为关于中国与中国人的身份建构、地缘政治、民族认同和文化单元的抽象一体性法权安排。[②]

一、强化中华民族国族意识

在学界，“两岸一中”的关键是建立起适合中华民族国情和史情的国家

---

① 本文是“台湾思想库在两岸关系中的角色研究：结构、机制与影响力互动的视角”的阶段成果，项目编号：13YJAGAT002。

② 许章润：《论现代民族国家是一个法律共同体》，《政法论坛》，2008 年第 3 期，第 314 页。

理论，以民族国家理论视角，建立起中华民族史观下的国家主权理论。日本学者指出主权理论对于欧洲以外的亚洲人来说，是一个令人困惑的事情。当按照欧洲人称之为"国际社会"的时候，我们必须遵循主权原则。主权原则应始终善于接受历史上的各种思想，理解主权概念被表达的背景。国际社会的绝大多数的实践家都不愿意否认主权是在一系列实践活动中被建构起来的法则这一事实。[①] 有鉴于此，中国国家统一的理论要借鉴古代中国朝贡体制。但是强调"礼仪"、"秩序"和"文化"的东方文明在强悍霸道的现实主义面前，显露出孱弱的一面。近现代国家理论伴随着民族国家和主权理论日臻完善，成为发展国际关系维护国际秩序的基本法则。

以"中华民族"进入政治识别系统当推辛亥革命。民族国家认同攸关政治道路之争，即"排满建国"还是"合满建国"的问题。不同立场的学者和政治人物各有其主张，而且截然对立。他们的主张，既反映了中国固有的"夷夏之辨"观念，又有西方近代民族主义因素的影响，呈现出中西交汇的特色。[②] 按照费孝通的理解，中华民族不是民族的叠加，而是多民族基础上更高层次的民族认同意识，即共休戚、共存亡、共荣辱、共命运的感情和道义，是民族的多元一体格局；汉族是多元一体格局从分散的多元结合成一体的过程中起凝聚作用的核心。凝聚的结果是把多元结合成一体，但这一体不是汉族而是中华民族，一个高层次认同的民族。高层次的认同并不一定取代或排斥低层次的认同。高层次的中华民族实质上是个既一体又多元的复合体，其间存在着相对立的内部矛盾，是差异的一致，通过消长变化以适应于多变不息的内外条件，而获得这共同体的生存和发展。[③] 费孝通先生认为，作为国家认同的中华民族相对于社会成员的民族认同而言，是高一个层次的民族认同意识。

共御外辱，争取独立是中华民族的现代性特征。正如孙中山将民族主义阐释为"一则中国民族自求解放；一则中国境内各民族一律平等"。前者的目的是"在使中国民族得自由独立于世界，免除帝国主义之侵略。承认中国以内各民族之自决权，于反对帝国主义及军阀之革命获得胜利以后，当组织自由统一的(各民族自由联合的)中华民国"。[④] 中华民族被赋予了更多的政治概念，凸显其民族主义的特征，究其因，是现代中国具体的历史语境决定了民族主义思潮自近代以来始终的强势地位，个人的生存和自由只

---

① ［日］篠田英朗著，戚渊译：《重新审视主权——从古典理论到全球时代》，商务印书馆，2004年，第111页。

② 李帆：《辛亥"夷夏之辨"和民族国家认同》，《明清论丛》(第十一辑)，紫禁城出版社，2011年，第75—79页。

③ 费孝通主编：《中华民族多元一体格局》(修订本)，中央民族大学出版社，2003年。

④ 《孙中山全集》第9卷，中华书局，1986年，第118—119页。

有在民族国家的生存和自由得到保障的前提下才有意义。

首先，发挥中华文化的社会整合与国家整合的功能，但也要同时认识到其作用的局限性。“要认识文化的功能，比较容易入手的方法是将文化看作某一群体生活的整合模式，或一个社会整合的程序。[①]”中华文化可以充分发挥两岸的社会整合作用，但也需注意民族、民族文化与国家认同并不能画等号，盖因历史上“中国人只有不移的文化认同，而鲜有明显的国家认同。此所以我们只能说中国传统社会只是一以文化为基底的天下性的结构，而不能说是以政治为基底的国家性的结构[②]”，中华民族生成的历史也表明族群的认同若不能同文化的认同相结合，则不可能形成稳固的民族共同体；文化的认同若和族群相撕裂，则可能刺激新的族群意识的产生，中国“贡一封”体系下如此，美国新民族的产生也是如此，越南、日本、朝鲜半岛从中华文化剥离出来产生新的族群认同也是如此。

其次，两岸在中华民族的族群意识上有认同的基础，但台湾本土形成的“台湾主体意识”正逐步侵蚀“文化一中”的基础。台湾很多思想库及其主要成员曾提出了一系列概念，如“台湾主体意识”、“台湾共识”等，这些概念实质上将中华民族的族群意识和台湾精神相割裂，解构中华民族固有的历史文化，从文化上缔造台湾的本土性。

2001 年，“财团法人台湾智库”成立时确立的基本宗旨就是“落实台湾精神与价值”，曾有智库学者撰文，认为“两岸已进入稳定的和平发展关系，融合过程中如何维持台湾的主体性，非常重要。在大陆‘大而不美’的经济体笼罩下，只有坚持主体性，台湾才有存在价值”[③]。民进党前主席蔡英文曾表示，“台湾主体意识已经成为这个社会的共识”，可以用包容性的本土观与主权联结，在包容性的本土观下，台湾是一个生命共同体，“这个生命共同体的主权是我们自己的”。[④]

即便如此，台湾民进党中执委洪智坤指出，2012 年提出的“台湾共识”无法对台湾社会交代，政治领导人物要有自己的主张，不能只提供一个框架；党内有人谈民族主义、血浓于水、要去祭祖，都不太赞成，“民族主义不是民进党战场”[⑤]。主张“台湾人不是中国人”，创造出“台湾民族”这一概念，把省籍间的差异夸大为“族群问题”，其根本目的在于获取政治利益[⑥]。

最后，文化与民族的认同若不与基本秩序的构建相结合，将中华民族

---

① 殷海光：《中国文化的展望》，台湾大学出版中心，2009 年，第 102 页。

② 金耀基：《中国的现代化转向》，牛津大学出版社，2013 年，第 37—38 页。

③ 《香港之死》，台湾《旺报》，2012 年 2 月 6 日。

④ 蔡英文：《以新本土观捍卫台湾》，台湾《中国时报》，2009 年 3 月 22 日。

⑤ 《环球时报》，2013 年 8 月 6 日。

⑥ 张麟征：《歧路上的台湾》，海峡学术出版社，2000 年，第 327 页。

族群的文化连接赋予现代意义，则不能形成现代的国家结构。中华民族不仅仅是一个族群概念，也是一个文化概念。两岸文化同属于中华文化的组成部分，台湾文化无论从根源、内涵，还是表现形式，都与中华文化一脉相承，是中华文化的重要组成部分，两岸拥有共同的传统价值观念、语言文字、民俗风情、民间信仰，成为两岸相互沟通的桥梁和相互联系的纽带。美国兰德公司2008年8月发表的一份报告认为，与美国相比，目前中国的综合实力落后美国40年；但中国大约到2028年便可以超过美国，因为这个国家“正在奇迹般地崛起”。当然，我们也不能被这种民族崛起的神话所蒙蔽，美国智库对中华民族的民族性认识也应有客观的审视，族群的形成、稳定和强大与民族文化的形成密不可分，且必须形成民族文化的“主体性”地位，方能如古代中国一样，在“贡—封”体系下，再生两岸中华民族文化的优越地位和世界意义。

有学者指出，“民族认同”具有层次性，包括三个层次：第一，“民族身份认同”，是民族成员和个体对自己族属的身份选择。第二，“民族共同体认同”，形成“同族”的集体观念。第三，“民族—国家认同”，民族与国家的系统性认同形成过程。形成民族—国家认同，则应形成社会的普遍认同，需要在现代政治、经济和文化几个方面的相互协调和有力支撑①。

两岸的民族认同和国家认同一定要同两岸的社会认同相联系，形成两岸共同的道德基础、历史文化价值、市场秩序。从价值维度看，国家结构体系面临的基本问题就是如何将当代人类的基本价值合理地安排进具有特定历史与文化的社会之中，引导人们的国家认同并协调整个社会的观念与行动。核心价值的缺乏、价值顺序的混乱以及结构安排的不合理往往是社会和政治危机的潜在根源。

二、建立一个利益休戚相关的两岸政治共同体，共谋国家统一

政治共同体形成的方式很多，包括战争、政治谈判、政治协商、政治协议等，也因此形成不同种类的政治共同体，如依附、附属、同盟、邦联等。建立两岸的政治共同体要解决三个方面的问题：增强政治互信、明晰政治定位、在政治共同体中谋求一致的利益和责任。

第一，进一步增进政治互信，明晰两岸政治定位。阻碍两岸交流扩大和两岸关系回暖的最重要因素就是两岸缺乏互信。在两岸关系和平发展时期“两岸一中框架”成为两岸谋求国家统一的政治基础，两岸更要在共同的

---

① 常宝：《当代中国社会认同与民族认同的重构》，《甘肃理论学刊》，2013年第1期，第16—20页。

政治行为中谋求一致的利益和责任。

第二，建立有效的党际沟通渠道。现代社会是政党政治，民主和法治成为世界、两岸的普遍政治认同。大陆是中国共产党领导的多党合作制，台湾是多党轮替制，在两个政治体制内都不排斥非执政党的参政、议政权。应适时建立两岸有效的党际沟通渠道，创设一个承认一中框架的政党联合体，并形成一个有效的组织联结，并通过适当方式在两岸参政、议政，为将来的民主联合政府创造现实的政党条件。

第三，构造两岸共同的政治空间，确立两岸共同的战略利益、共同的战略对手、共同的市场。维护共同的领土和主权是最大的战略利益，促进中华民族伟大的战略复兴是另外一个利益，促进两岸共同市场的形成无疑也是其中之意义。

第四，确立两岸共同的政治表征。国际范围内的政治表征可以有很多形式，如共同组成联合体参加运动会、共举一面旗帜；两岸四地共同议决国家范围内设计中华民族利益的经济文化科技环保教育等诸多事情，互设办事机构也是其中一环。

三、建立两岸法律体系的连接

借助现代政治文明的成果，构建宪法规范和宪法的核心价值是分裂国家解决民族和种族冲突比较切实可行的方法。

第一，两岸宪法的联结势在必行。国家统一是一个制度化过程。制度是社会生活的基础，作为对社会结构的观念反映和行动表达，制度对经济和社会发展具有重要的作用和影响。20 世纪 40 年代以后，制度焦点集中在广泛的制度结构上，宪法与政治系统、语言与立法系统以及亲属和宗教等，另一些理论家则集中分析共同意义与规范框架在与地方化的社会互动中如何出现的问题。“一中框架”必定是一个法律共同体，这个共同体的基本特征是关于中国与中国人的身份建构、政治结构安排，民族、文化、宗教认同等一系列法权安排。两岸的法律问题从宏观上是两岸的法律结构问题；从中观上是两岸区际法律冲突问题；微观上是两岸经贸交往中法律适用问题。因此，建立两岸法律共同体，可渐进地分为三个步骤：两岸各自以域内冲突法调整法律冲突；统一区际冲突法调整，两岸相互谅让，共同制定统一区际冲突法。

国际法原理认为，一个国家在国际上只有一个国家人格，只有一个主权，是由该国政府代表该国在国际上行使主权。当一国内部出现两个以上对立的政府时，国际社会只会选择其中一个政府作为该国的合法代表。这就是“一个中国”原则产生的法理基础。宪法是对主权、政府、领土和公民的确认，两岸宪法问题的核心是解决两个互不隶属政府的对立，实现两岸共治问题。

两岸法律体系中都主张公序良俗与公共秩序保留原则，成为对抗彼此判决与裁定执行的主要理由。在美国复合法域较少发生这种情况的原因是在相当大的程度上得益于美国联邦宪法对“联邦主义”的确立和“充分诚意和信任条款[①]”的存在。美国各州法院在法律适用和区际司法协助中均不排除适用公共秩序保留制度，只是在实践中较为少用。美国宪法的“充分诚意和信任条款”不仅是一项宪法原则，也是一项具有可操作性的规则，这一义务性条款的规定最大限度地推动了区际法律冲突的开展。中国可以在宪法层面尝试使用这一法律方法，将“充分诚意和信任条款”发展成为适用两岸法域的宪法原则。

第二，以大陆、台湾、香港、澳门为基础形成一个有效的道德性共识，形成一个集体身份。这个道德共识超越宪法、法律，超越国家、政治和政党。充分利用现代政治智慧，集体保障两岸四地公民权利和自由，借鉴欧洲统一的经验签订一个地区性人权公约，这个公约首先宣誓集体性认同的道德原则，即对中华民族、中华文化的认同；其次是宣誓个体的认同，即对个人公民权的认同和保障，成立两岸四地的人权委员会。建立统一的人权法院，将道德性原则逐步发展为政治实体和共同体。

第三，确认两岸共同的公民身份。公民权和财产权是法律体系中的核心法益。古罗马从一个小的城邦国家一跃成为一个世界性的帝国，就是赋予了罗马境内与境外居民两个重要的权利：公民权和财产权，凡是罗马境内认同罗马国家的一律具有平等的公民权和财产权。借鉴历史国家统一的经验，两岸双方应彼此认同双方的公民资格，取得法律赋予的权利和义务关系。考虑到台湾复杂的政治生态，大陆可以单方面认同 2300 万台湾同胞的公民身份，获得与大陆公民一样的公民权，前提是坚持国家统一、坚持一中框架、认同中华民族及其中华民族的历史文化。

第四，建立两岸理性的合作和竞争规范。有社会和政治意义的两岸关系是创设两岸适用的规范体系，包括合作规范也包括竞争规范。两岸已经签订了三十多个合作规范，但是竞争规范则没有提上日程。竞争规范有战争、谈判两种基本表现形式，两岸关系若能长久保持和平发展应建立两岸低限度的竞争规范。竞争规范的核心是合理划分主导权、利益分配，而经济与制度竞争力无疑是两岸关系未来发展的核心。

---

① 《美国联邦宪法》第四条第一款要求每个州对其他任何州的公共法令、记录和司法程序给予充分诚意与信任。“充分诚意与信任”条款的理论基础是：美国作为一个统一主权国家区际法律冲突的解决首先要服从国家的整体利益，维护联邦法律统一的政策利益高于各州自身的政策利益，宪法条款对各州自主适用法律的权力进行具有强制效力的限制。

四、当前两岸关系处于一个新的重要节点，维护“九二共识”、反对“台独”，在一个中国框架下两岸共谋国家统一是两岸关系发展的政治基础

“九二共识”的核心与共识是承认一个中国，努力谋求国家统一，既包括一中框架，也包括国家统一，两个方面不可分割。两岸关系的政治基础是维护“九二共识”、反对“台独”，在一个中国框架下两岸共谋国家统一。2014 年台湾的“九合一选举”使得台湾整体政治板块发生重大变化，2014 年台湾的地方选举后，涉台工作重要节点在于如何通过现代政治文明的话语和范畴，贯彻和落实习总书记提出的“建立两岸关系的制度框架”，在台湾广大民众中通过“心灵沟通”，建立“精神纽带”，确立两岸认知、两岸价值，实现两岸认同和两岸参与。

第一，两岸交流建立在两岸的政治基础之上。两岸交流与两岸和平发展是两岸关系的两个方面，大陆涉台政策不会助力台湾内部的差异和分歧。习近平总书记在习朱会上强调，要深化两岸利益融合，共创两岸互利双赢，增进两岸同胞福祉，是推动两岸关系和平发展的宗旨。

两岸交流是要“聚同化异”，在尊重差异的前提下，务实的促进两岸民间社会、公共制度、两岸智库的多层次交流，通过交流完善制度建设，树立理论自信，道路自信和制度自信，让民间社会、社团、社区参加到两岸交流中来。

第二，两岸的政治基础是两岸关系正常发展的保障。两岸和平发展既要强调和平也需强调发展。和平是化解敌对状态，增强彼此政治互信。两岸发展除了继续夯实“中华民族”、“两岸命运共同体”的政治宣示外，应逐步完善“民族中国”、“政治中国”、“法治中国”的“两岸关系制度化框架”。

两岸交流和两岸和平发展在“两岸关系制度化框架”下，大陆涉台政策不会助力台湾内部的差异和分歧，要“努力扩大两岸民众的受益面和获得感，尤其要为两岸基层民众、中小企业、农渔民合作发展、青年创业就业提供更多机会，让两岸同胞参与越多受益越多”。只有这样才能“不仅要求同存异，更应努力聚同化异，不断增进政治互信”。

五、结　论

民族共同体的形成，政治共同体的构建，法律共同体的实施，是国家成长的三个重要维度。依此认识，本文认为“中华民族”是两岸的共同母体，两岸要逐步在一个有共同利益和责任的政治共同体的框架下谋求国家统一的政治行为。而且，中国的百年奋斗将帝制转变为现代民族国家，决定了

现代中国必定是一个法律共同体，这个共同体的基本特征是关于中国与中国人的身份建构、政治结构安排、民族和文化宗教认同等一系列法权安排。

（作者：刘文忠　京台文化交流研究中心执行主任　教授）

北京青少年教育与发展研究基地

（北京青年政治学院）

基地名称：北京青少年教育与发展研究基地
依托单位：北京青年政治学院
项目类别：北京市社会科学基金项目

我国青年志愿服务的兴起与发展[①]

内容提要：中国青年志愿服务作为伴随改革开放出现的新生事物，是我国当代青年工作的主旋律，是青年工作创新与发展过程中的华彩乐章。改革开放以来，我国青年志愿服务事业不断借鉴与创新，初步形成了既体现马克思主义青年发展观和精神，又具有时代特征和中国特色社会主义青年志愿服务的实践体系，较好地为中国特色青年工作发展提供了理论指导与实践支持，为我国青年工作的理论宝库增添了新的财富。总结所取得的成就和经验，探讨所存在的不足与发展前景，有利于我们青年工作者与时俱进地认识和履行历史使命，思考中国青年志愿服务繁荣与发展的思路，对促进我国青年志愿服务的和谐发展，推动中国特色青年工作的开展具有重要的理论意义与现实意义。

关键词：改革开放；青年志愿服务；青年工作

一、历史回眸

我国青年志愿服务是伴随着改革开放和社会主义市场经济的发展应运而生的。中国大陆青年志愿服务的发源地是珠江三角洲地区，这一地区是中国改革开放的前沿，毗邻港澳，经济发展惊人，社会变革迅速，但在经济发展的同时社会问题和矛盾逐渐凸显，特别是弱势群体生活问题、外来务工人员生存和发展问题、青少年思想价值的转变等，引起社会的广泛关注，人们呼吁爱心、救助、奉献，于是一些充满热情和爱心的有识之士借鉴香港、澳门义工运作经验，在大陆正式注册成立了志愿服务组织。1990年，深圳成立了深圳市社会义务工作者联合会。

1993年3月，共青团中央总结了长期以来在青年群体中开展学习雷锋活动的基本经验，借鉴国外志愿者活动的有益成果，在全国青少年中发起了利用业余时间深入社区无偿地参与扶贫帮困、社会公益事业的青年志愿

① 本文是“中国志愿者组织与政府的合作关系”项目的阶段成果，项目编号：11SHA001。

服务行动。同年12月，在共青团十三届二中全会上，团中央向全社会发出了开展青年志愿服务行动的号召，并把它写进《在建设社会主义市场经济体制进程中我国青年工作战略发展规划》，决定把实施“跨世纪青年文明工程”与“跨世纪青年人才工程”作为新时期青年工作的重点。“中国青年志愿者行动”作为“跨世纪青年文明工程”的重要组成部分和先行启动项目，正式进入实施阶段。从青年志愿者组织的形式来看，中国青年志愿者行动是一种“自上而下发动并推广”的模式。不久，首批青年志愿者——全国铁路系统2万多名团员、青年组成的860个青年志愿者服务队，在京广线120个车站、33趟列车上向社会亮出了“中国青年志愿者”的旗帜，在社会上产生了良好的反响。

随着青年志愿服务行动的蓬勃开展，1994年12月5日，中国青年志愿者协会成立。它是由志愿从事社会公益和社会保障的各界青年组成的全国性的社会团体，接受共青团中央的指导。至此，标志着中国青年志愿服务行动进入了有组织、有系统、有规范的发展阶段。到2001年10月，形成了由全国协会、34个省级协会、三分之二以上的地(市)级协会及部分县级协会组成的青年志愿服务组织管理网络。中国青年志愿服务是一项与国际接轨与社会主义市场经济同向发展的崇高而伟大的事业，它致力于帮助有特殊困难的社会成员，推动社会保障体系的建立和完善；致力于消除贫困和落后，消灭公害和环境污染，普及科学文化知识，促进经济社会协调发展和全面进步；致力于建立互助友爱的人际关系和良好的社会公德，推动社会主义精神文明建设；立足于社会关注、党政关心、青年能为的社会公益事业，是动员和组织青年参加社会主义精神文明建设的有效载体，是新形势下青年工作服务社会的新探索。

在中国，青年志愿服务事业的组织者是各级青年志愿者协会。伴随着改革开放的深入和社会主义市场经济的发展，我国青年志愿服务从无到有、从小到大，在探索中求发展，在创新中求突破，在奉献中抓落实；青年志愿服务的领域不断扩大，青年志愿者队伍不断壮大，成为社会主义精神文明建设的重要力量。同时志愿服务的理念越来越为广大青年所接受和崇尚，成为青年所追求的社会时尚和青年文化，从而推动了志愿服务精神在全社会的普及与弘扬。这一时期，共青团中央、中国青年志愿者协会出台或实施了一系列鼓励和促进政策，极大地推动了我国青年志愿服务事业繁荣与发展。

二、主要成就

中国青年志愿服务在改革开放的中国大地上不断焕发出青春和生机，取得了举世公认的成就，其主要成就与成功举措牵动着所有关注中国青年工作发展的人们的视野。综观近些年来，我国青年志愿服务行动的主要成就和社会影响，主要集中体现在以下几个方面：

（一）青年志愿服务"一助一"长期结对服务计划

中国青年志愿协会的该项计划是使青年志愿者更深入地走入社区，关注弱势群体的志愿服务活动。所谓"一助一"长期结对服务计划，就是由一支青年志愿服务队或一名青年志愿者，为一个人或一个困难家庭提供定时、定内容的经常性服务。它以孤寡老人、残疾人、生活困难的离退休人员和下岗职工、特困学生、国家优抚对象等困难群众为主要服务对象，服务内容包括医疗保健、生活服务、家教服务、科技服务、助耕助收，通过团组织和青年志愿者组织牵线搭桥，在青年志愿者和服务对象之间建立起长期稳定的关系，为困难群众提供力所能及的服务和帮助，成为青年志愿者行动深入基层、深入人民群众的一项经常性、基础性工作。

（二）青年志愿者扶贫接力计划

这项计划是从1996年开始的在扶贫开发领域长期实施的一项重点志愿服务工作。它采取公开招募和定期轮换的方式，动员和组织广大青年志愿者，到贫困地区、偏远少数民族地区，开展为期半年至两年的教育、农业科技推广、医疗卫生、乡镇企业的发展等方面的志愿服务。服务期满后，由下一批志愿者接替其工作，从而形成青年志愿服务的接力机制。该计划实施以来，有力地推动了贫困地区、偏远少数民族地区经济和社会的发展，一大批青年志愿者带动了全社会参与扶贫开发计划的落实。

（三）大中专学生志愿者暑期文化科技卫生"三下乡"活动

这项活动由中宣部、教育部、团中央联合实施。自1994年以来，每年组织动员近百万名大中专学生志愿者深入农村基层和贫困地区，发挥自身的知识和智力优势，开展了内容丰富、形式多样的扫盲和文化、科技、卫生服务，推广农村实用技术，倡导健康文明的生活方式，促进农村的经济和社会的发展。为突出发挥高学历青年志愿者的知识技能优势，从2000年开始，在这项活动中增加了深化性的子项目：百支博士团"三下乡"志愿服务行动，产生了更加显著的社会效应、经济效应和人才效应。

（四）保护母亲河"中国青年志愿者绿色行动营计划"

这项工作以"劳动、交流、学习"为主题，通过组建绿色行动营、建设绿色行动基地，集中组织青年在重点区域开展植树造林、沙漠治理、水污染整治、清除白色垃圾等环保志愿服务活动。1999年6月，首期项目在河北丰宁营正式启动，不到半年时间就吸引了全国19个省、自治区、直辖市及英、法、德、日、土耳其等12个国家的1000多名志愿者积极参与，引导青年在环境保护事业中发挥出积极的作用，在全社会倡导资源节约、环境和谐的理念。

（五）成人预备期志愿服务

这是青年志愿者行动与18岁成人仪式教育活动有机结合的成功实践，它抓住了16—18岁中学生向成年公民成长这个关键时期，把成千上万的中学生动员起来，把对青少年进行公民意识教育和引导青少年履行公民义务统一起来，在成人预备期号召青少年积极参与每年不少于48小时的志愿服务，寓教育于服务之中，寓教育于奉献之中，取得了良好的社会效果。目前，成人预备期志愿服务已在全国普遍展开，成为新时期中学生社会实践教育的有效载体。

（六）在大型活动和急难险重任务中充分发挥青年志愿者的作用

我国青年志愿服务有一个最大特色——服务于国家的大型活动。国家的大型活动为青年志愿服务搭建了彰显风采的广阔舞台，为青年志愿服务事业创造了难得的发展机遇。近些年来，数百万青年志愿者为第四届世界妇女大会、第二届远南残疾人运动会、昆明世界园艺博览会、上海（财富）论坛年会、抗击“非典”战役、四川汶川抗震救灾、迎接和举办北京奥运会残奥会等国际国内重大活动与重大事件，提供了优质高效的志愿服务，发挥了突出的作用。组织青年志愿者为大型活动提供志愿服务已逐步成为当前我国青年工作通行的做法。值得一提的是，2008年北京奥运会期间，京城涌动青年志愿热潮。2010年上海世博会将青年志愿服务推向新的高潮。中国青年志愿者向世界展示了文明和进步的中国，成为一道最亮丽的风景线。

（七）围绕社会公益事业开展的特色志愿服务

如各地青年志愿者协会开展的为进城务工青年的志愿服务活动，“保护明天”青年志愿者开展的文化市场监督活动，各大专院校开展的大中专学生志愿者社区援助行动，企业开展的为下岗青工再就业服务，农村开展的青年志愿者“植绿护绿”活动，科技部开展的科技扶贫青年知识分子促进行动，以及北京的“为老科学家、老教育家、老干部献爱心”活动，广东的“绿色承诺，天天环保”活动，浙江的“天天青年志愿者”活动，山东的“双休日志愿者行动”等，都是从战线、地方和行业实际出发，选择党政关注、群众急需、青年能为的项目，持之以恒，创造性地开展的青年志愿服务行动。

（八）大学生志愿服务西部计划

这是由团中央、教育部、财政部、人事部于2003年6月正式启动的项目，号召广大高校毕业生到西部去、到祖国和人民最需要的地方去建功立业。这项计划通过引导大学生到西部去、到基层去、到祖国和人民最需要的地方去建功立业，促进西部贫困地区教育、卫生、农技、扶贫等社会公益事业的发展，拓展大学生就业、创业的渠道，努力培养造就一大批既有现代科学文化知识，又有基层工作经验和强烈社会责任感的优秀青年人才，为实现全面建设小康社会目标贡献智慧力量。

(九)中国青年志愿者海外服务计划

该计划是由中国青年志愿者协会、团中央于2002年年初正式实施的长期重点项目。主要是根据受助国的实际需要，由主办单位和受助国签订合作协议，通过公开招募、自愿报名、集中选拔的方式，在约定的时间派遣优秀的中国志愿者赴受助国开展中长期的志愿服务(一般为六个月)。迄今为止，已向老挝、缅甸、泰国、埃塞俄比亚等国派遣数百名中国青年志愿者，他们在中英文教学、计算机培训、医疗卫生、农业技术、抗灾抢险、企业管理、环境保护等方面开展志愿服务工作，他们在志愿服务过程中不断地磨合，积累丰富的经验，形成了较为完善的机制，成为中国青年志愿者国际行动的宝贵借鉴。这标志着我国青年志愿服务进一步走向世界，也预示着我国志愿服务事业有着更加广阔的发展前景。

三、存在不足与发展前景

总的来说，中国青年志愿服务兴起之后，就整体而言，始终坚持正确的指导思想和发展方向，在极短的时间内获得了勃勃生机，不仅丰富了中国特色的青年工作理论与实践，而且积极服务于改革开放和社会主义现代化建设的大局，发挥了独特的作用。但是，青年志愿服务的快速发展本身也形成了困境。目前，我国青年志愿服务存在着一些潜在的不足，今后需加强和改进的主要工作有：

(一)青年志愿服务活动的社会化

中国青年志愿服务是我国社会主义精神文明建设的重要力量，中国青年志愿者是我国社会主义精神文明建设的引领者，必将对全社会树立“奉献、友爱、互助、进步”的时代新风起积极的推动作用。但是，这还需要一定的时间，才会逐渐发展成为全体公民广泛参与、服务领域不断拓展的事业，志愿服务的社会化程度方能日益提高。过去，在传统思维的影响下，志愿服务也受到较多局限。一方面，政府支持的青年志愿组织、社区志愿组织从事较多的具有行政色彩的活动；另一方面，随着改革开放的不断深入，社会中的各种矛盾凸显，由民间发起的“草根”性质的志愿组织从事为弱势群体的利益抗争、争取权利的事务。而上述两者之间存在较大的空间，政府与社会之间存在沟通的真空。随着社会的发展与进步，为各种志愿组织提供了发展的机遇，鼓励志愿组织依据社会发展的需要和公众的利益诉求来创新活动方法和模式。因此，我国青年志愿服务的重要转型就是由单一服务功能变为提供公众参与、开拓多样服务的功能。其中，“公众参与”成为志愿服务的重要理念，不仅是参与服务弱势群体、参与文化交流沟通，而且参与社会发展事务、参与政府重大决策的制定过程、参与政治民主进程。

为此，我国政府部门和社会团体应克服两种倾向。其一，克服部门利益倾向。政府部门和社会团体应改革传统观念，克服“部门利益”、“团体利益”的影响，以公众利益作为发展志愿服务的基础，而不是借助青年志愿服务扩大部门或团体的利益。其二，克服“作为”倾向。政府或团体在推进青年志愿服务过程中，急于有所作为，违背了志愿服务的发展规律，混淆了“裁判员”和“运动员”的角色：既掌握政府资源资助志愿组织，又运用政府资源开展具体志愿活动。这样就将政府支持的社会化志愿服务演变成为政府部门控制的专门性志愿服务，影响了志愿事业的发展。

从世界各国经验看，“一种强势民主模式应该促进和造就强劲的公民资格和强有力的公民社会，它赋予公民更多、更好地参与自主管理的机会，可以促使政府组织从以自身为中心的决策项目安排转向寻求公民支持和授权公民管理的决策安排。同理，不断拓展的公民参与机会，能够保证政府的行动镶嵌于社会之中，而不是强加给社会和公民，这样就能更好地发挥和强化社会的作用”①。社会化的志愿服务，就是允许和鼓励社会各种因素参与志愿服务事业，包括政府机构参与、法人参与、社团参与、个人参与等，只有这样才能形成多样化的参与局面，才能为社会发展和公民生活提供全方位的服务。

(二)青年志愿服务资金的多元化

目前，国内大多数青年志愿组织都存在服务资金不足的问题。最主要原因是政府投入资金的不足和社会筹资的缺乏。从中国国情来看，解决青年志愿服务资金需求将依赖于多元化的融资渠道。

首先，政府的资助将由拨款性资助变为竞争性资助。针对某些垄断性志愿组织的专门拨款，将转变为各种志愿团体通过服务方案和服务项目的竞争获得资助，以增强政府使用税收资金的公信力。其次，企事业单位对于青年志愿组织、志愿服务的资助将获得越来越多的税收减免待遇。这些资金直接投入社会服务，比经过税收交纳、政府转移、机构支付的方式投入社会服务，成本明显降低，效益明显提高。最后，个人捐助志愿服务的资金比重将逐渐增大。由于人们收入增加、生活改善，对于资助社会公益事业和志愿服务活动的热情也不断提高。另外，吸收国外基金会、慈善机构等组织的资助或捐赠，已成为越来越多国内青年志愿组织的选择，从而拓展融资渠道，增添活力。

---

① ［美］克莱顿·托马斯著，孙柏瑛译：《公共决策中的公民参与：公共管理者的新技能与新策略》，中国人民大学出版社，2005 年，第 7 页。

(三)青年志愿服务活动的效益化

我国青年志愿服务的发展模式是典型的“自上而下”模式。这种模式有利于集中力量办大事，有利于在短期内建立起覆盖全国的青年志愿服务网络和载体。但在活动初期，社会上有对青年志愿活动存在一定“形式主义”的议论和批评。随着活动开展的不断深入，以前受行政力量左右的青年志愿组织会不断总结经验。通过借助政府力量受到了公众的重视，继而的工作重点必然是重视效益化。青年志愿服务活动的效益化趋势体现在两个方面：

一是志愿服务的具体深化。我国目前青年志愿服务行动存在大型活动式、临时式、短期性、非专业性等特点。但随着志愿服务的发展，青年志愿服务必然从活动式、临时性向长期化、专业化、多样化模式的方向发展。青年志愿者在公共管理、环保保护、卫生健康、维权服务、文化科技等领域提供的服务，可以很好地体现具体的社会效益。可从社会稳定和治理、社区发展与和谐等方面进行评估，科学测评其效益。

二是志愿文化的形成。志愿文化是人们超越世俗需求而提供社会公益服务，从而提升心灵、培养高尚道德的一种精神，它的价值很难用经济效益衡量。文化是凝聚一个国家和民族的灵魂，是维系社会发展的精神支柱和纽带。志愿文化在公民中的传播和推广，必然引导广大公民互相理解、互相体贴、互相帮助，共同创造社会生活，从而减少社会矛盾与冲突，具有不可低估的社会效益。未来的中国青年志愿服务，不仅将创造更多的国民生产总值，也必然成为文化建设的载体和力量，对于和谐社会的建设将起到巨大的推动作用。

(四)青年志愿服务项目的创新化

创新，是青年志愿服务事业不断发展的原动力。志愿事业的生命力在于服务项目不断创新和服务效益的不断提高。过去，青年志愿组织开展服务受到双重制约：一是客观限制——传统政府计划观念的限制。由于政府包揽众多的民生服务项目，青年志愿组织只能作为“政府不力”之处的补充，项目制约非常大。二是主观制约——青年志愿组织及人员的观念制约。由于志愿组织管理者及志愿者停留在孤老寡残服务、扶危济困服务、卫生清洁服务等传统服务项目上，局限了志愿服务的内容，降低了志愿服务的活力。

我国社会转型提供了青年志愿服务的发展空间，致使志愿服务项目创新拥有了主客观条件。然而，关键还是创新的精神要素。“信任、诚实、严肃以及信念，为创新行为提供了必要的勇气。尽管在有关创新的学术论著中很少提及勇气问题，而且即便可能、也确实很难对勇气实施量化分析，但是，勇气却是创新行为的核心。如果组织没有尝试的勇气，那么它就无法挑战主流思想。信任、诚实、严肃和信念或许是设计和运作一个创新组织所必需的核心价值观，但勇气却是创新事业的实质所在。”①中国社会的发展需要公民特别是青年志愿者大胆探索和创新。因此，在传统扶助弱势群体、参与公益服务的基础上，青年志愿者积极拓展多种服务领域，开展众多服务项目，包括社会公益服务、社会发展服务、弱势群体服务、扶贫开发服务、法律维权服务、公民教育服务、环境保护服务、社会调研服务，等等。尤其是随着社会的进步，具有专业优势的青年志愿社团将会层出不穷、各具特色，众多社团的特色服务终将形成互相补充、互相促进的良性发展状态，无疑有助于中国青年志愿服务项目的创新。

参考文献

[1]梁绿琦、余逸群主编：《志愿中国——中国青年志愿服务研究》，人民出版社，2006年。

[2]安国启主编：《志愿行动在中国——中国青年志愿者行动研究》，中央文献出版社，2002年。

[3]江汛清主编：《与世界同行——全球化下的志愿服务》，浙江人民出版社，2005年。

[4]贾西津：《第三次改革中国非营利部门战略研究》，清华大学出版社，2005年。

[5]丁元竹主编：《非政府公共部门与公共服务：中国非政府公共部门服务状况研究》，中国经济出版社，2006年。

[6]王名：《非营利组织管理概论》，中国人民大学出版社，2002年。

（作者：梁绿琦　北京青少年教育与发展研究基地首席专家　教授）

① ［美］莱特著，张秀琴译：《持续创新：打造自发创新的政府和非营利组织》，中国人民大学出版社，2004年，第127页。

首都教育经济研究基地

（北京师范大学）

基地名称：首都教育经济研究基地
依托单位：北京师范大学
项目类别：教育部人文社会科学研究项目

同胞性别结构、家庭内部资源分配与教育获得①

内容提要：本文在中国的父权制家庭文化背景下研究了同胞性别结构对家庭内部资源分配以及个人教育获得的影响。本文提出，受中国传统文化以及经济动机的影响，父母的儿子偏好导致家庭内部资源分配时偏向男孩，而抚养男孩和女孩的成本差异强化了这种家庭内部资源分配的不平等。基于全国代表性抽样数据的研究证实了本文的解释。研究发现，拥有兄弟不利于个人的教育获得，同胞中女孩比例越高则有利于个人的教育获得，这种影响存在着复杂的性别间的非对称性。尽管同胞性别结构效应在不同社会经济地位以及户籍拥有者之间并不具有一致的变化规律，但是其影响在不同出生队列之间却存在显著的差异。

关键词：同胞性别结构；教育获得；家庭内部资源分配；男孩偏好；性别不平等

一、引　言

新中国成立60多年来，教育性别差异不断缩小。已有研究大多从宏观的制度结构或公共政策角度来解释教育性别不平等的变化趋势。近年来的研究提出了一个新的解释视角，也即探讨宏观的政策和制度对微观的家庭决策行为以及教育获得的影响。资源稀释理论认为，在家庭资源约束下，随着同胞数量的增加，同胞之间对有限的家庭资源的竞争越发激烈，因此平均每个孩子分配到的资源将减少，从而不利于其教育获得(Blake，1981)。由于中国传统的男孩偏好，这种资源竞争对大家庭中的女孩尤其不利。计划生育政策缩小了家庭生育规模，缓解了家庭预算约束，从而改善了女孩的教育获得(Li et al.，2008；吴愈晓，2012；叶华、吴晓刚，2011)。

---

① 本文是“教育投资机会与教育成就的性别差异研究”项目的阶段成果，项目编号：11YJC880168，原文发表于《社会学研究》2013年第5期。

然而资源稀释理论并没有考察不同性别的孩子对家庭内部资源分配过程的影响。由于父母在不同性别孩子之间的支出偏好不同，并且不同性别孩子的抚养成本存在差异，因此同胞性别结构会影响同胞之间对家庭资源的竞争以及家庭内部资源分配模式。目前已有多个理论来解释同胞性别结构与教育获得之间的关系，但经验证据并不一致（Amin，2009；Butcher & Case，1994；Dayioglu et al.，2009；Hauser & Kuo，1998；Morduch，2000），特别是来自中国大陆地区的研究还很少。本文利用2008年中国综合社会调查数据（CGSS2008）研究了同胞性别结构与个人教育获得之间的关系，增进了我们对教育性别不平等的家庭内部成因的理解。

二、文献回顾

贝克尔和托姆斯（Becker & Tomes，1979）的“效率假说”认为，如果父母的目标是最大化子女的总收入，就会优先投资于边际回报率较高的孩子——比如男孩。因此同胞当中有兄弟不利于其他孩子的教育投资。

而贝尔曼等人（Behrman et al.，1982）的“补偿假说”认为，父母会给能力较低或者在劳动力市场上处于劣势地位的孩子投资更多的资源，以此补偿其禀赋上的劣势，从而实现子女间未来收入的平等。因此“补偿假说”预测，兄弟的存在将有利于个人的教育获得，而姐妹的存在将产生相反的影响。

预算约束理论认为，男孩或女孩的养育成本差异也会导致同胞性别结构影响家庭预算约束及教育获得（Parish & Willis，1993）。在一些文化当中，养女儿需要支付的嫁妆超过养儿子需要支付的彩礼，从而养女儿的成本更高（Strauss & Thomas，1995；1985）。因此在既定的家庭资源下，为了女儿将来的婚姻做准备，用于教育投资的资源就被挤占了。因此同胞中女孩的比例与个人的教育水平相关（李宏彬、张俊森，2008）。

三、中国的背景

（一）同胞性别结构与中国家庭内部资源分配

家庭内部资源分配是一个多步骤的过程。父母首先需要决定如何在自己和子女的消费之间进行分配。由于中国传统的以家族和血缘结成纽带的社会文化，父母倾向于在青壮年时期将很大一部分收入用于抚养子女，然后在老年获得子女的养老支持。

对于多子女家庭，父母还要进一步决定如何在不同的孩子之间进行资源分配。中国的男孩偏好导致父母在家庭资源的代际转移时会优先考虑男孩的需要，采取一种非对称的横向资源转移——牺牲女儿的利益来满足儿子的需求（Chu et al.，2007；Parish & Willis，1993），因此同胞中存在男孩将不利于个人的教育获得。

家庭内部资源分配的第三步要决定如何在孩子不同的支出项目中进行分配。在中国社会，子女的教育和婚姻是最重要的两项家庭储蓄动机，并构成了抚养子女的主要成本(Wei & Zhang，2011)。男孩偏好导致抚养男孩的教育成本更高。很多研究表明，娶媳妇的花销要高于嫁女儿的开支(Wei & Zhang，2011)。因此综合而言，抚养男孩的成本相对更高。换言之，同胞中女孩比例越高，将越会缓解父母为子女进行储蓄的负担，特别是为儿子的婚姻支付进行储蓄的压力。相应的，每一个孩子的教育支出将会增加。

(二)研究假说

假说1：同胞性别结构会影响个人的教育获得，并且这种影响存在性别间的差异。

表示“有兄弟”的虚拟变量和个人教育获得负相关，而女孩比例以及表示“有姐妹”的虚拟变量和个人教育获得正相关。此外，由于父母会尽可能优先满足男孩的投资需要，因此男孩的教育获得受同胞性别结构的影响较小。

假说2：同胞性别结构效应在不同家庭社会经济地位群体和户籍状态拥有者之间具有异质性影响。

当家庭的社会经济地位较高，或者拥有城镇户籍，父母的性别偏好会相对降低，养儿防老的需求较弱。从而同胞性别结构效应对拥有较高社会经济地位或城镇户籍的个人影响相对较弱。

假说3：同胞性别结构效应随着母亲在家中地位提高而减弱。

由于母亲更偏好于增加子女的人力资本支出，或者更偏好增加对女儿的支出(Alderman & King，1998)，因此同胞性别结构效应会随着母亲在家中的地位提高而减弱。

假说4：同胞性别结构对不同出生队列人群的影响是不同的，取决于特定历史时期的政策导向。

中国居民的教育获得受不同历史时期的意识形态和政策的影响很大(Deng & Treiman，1997)。在国家采取激进的“去分层化”为导向的教育政策时，个人教育获得与其家庭背景的关系减弱。因此同胞性别结构对教育获得的影响会减弱。这一点对于那些受教育年龄段处在“文化大革命”期间的个人而言尤其明显。但是当这种以公平为导向的政策结束时，教育获得对家庭背景的依赖又会以其既有的路径恢复(Deng & Treiman，1997)，这有可能会增强同胞性别结构效应。但是随着经济发展的进一步深入，同胞性别结构对教育获得的影响会减弱。

四、数据、变量与方法

(一)数据

本文数据来自 2008 年中国综合社会调查(Chinese General Social Survey, CGSS2008)。我们将样本限定在最高教育程度已经完成、至少有一个同胞、具备父母教育、职业等家庭背景信息的个人。本研究实际的有效样本量为 5271 人。

(二)变量

我们用被访者的受教育年限度量个人的教育获得情况。我们分别引入如下度量同胞性别结构的变量：表示被访者是否有兄弟的虚拟变量(有兄弟=1)，表示被访者是否有姐妹的虚拟变量(有姐妹=1)，同胞中女孩的比例(含本人)。

我们还控制了被访者的同胞数和排行，以及年龄、性别(女性=1)、民族(汉族=1)、上学时的户籍状态(被访者 7 岁或之前拥有城镇户口=1)、父母的教育水平(父亲和母亲当中较高的受教育年限)、被访者 14 岁时父亲职业的国际社会经济地位指数(ISEI 得分)以及 14 岁时父亲是否是中共党员(中共党员=1)等决定中国个人教育获得的因素。

(三)方法

我们利用 OLS 方法进行估计，数据按照抽样概率进行加权。由于我们使用的数据在每个初级抽样单位(PSU)存在聚类，因此对标准误进行了区/县层面的聚类调整。

五、结果及讨论

(一)养老预期与教育获得

在中国的家庭文化下，与父母同住的成年子女往往承担了主要的养老责任(Xie & Zhu, 2009)。我们预期，那些已婚且与父亲(或母亲)同住的子女，作为父母养老责任的主要承担者，在他们受教育期间受到了父母的格外关注和偏好，从而教育水平应该较高——对于女性尤其如此。我们发现，对于女性，与父母同住的平均受教育年限比不与父母同住的高出 1.04 年($p=0.0007$)。对于男性，前者比后者高出 0.29 年($p=0.0981$)。

当然另一种可能的原因是，具有较高教育水平的子女更有经济实力承担养老责任从而与父母共住(Xie & Zhu, 2009)。我们进一步发现，不论是否与父母同住，男女总体上的平均受教育年限差距为 1.41 年($p=0.0000$)。在那些不与父母同住的个体中，男女平均受教育年限差距为 1.44 年($p=0.0000$)。而在那些与父母同住的个体中，这一差距只有 0.69 年($p=0.0172$)。由此可见，与父母同住(也即承担了主要的养老责任)将会显著缩小男女教育差异，这有可能是因为父母对那些同样承担了养老责任的女儿给予了更多的教育投资。换言之，父母对女孩的教育投资在平均意义上少于其对男孩的投资，主要是因为男孩有更大的概率承担养老责任。一旦女孩也承担这一责任，那么父母对女孩的教育投资并不会必然偏少。

(二)同胞性别结构的总体影响以及在性别之间的异质性影响

总体而言，我们发现了显著的同胞性别结构效应。表1的模型1—3表明，有兄弟(不利的同胞性别结构)对男性没有影响，对女性却有显著的负效应，并且这种影响具有显著的性别间差异。有姐妹(有利的同胞性别结构)的影响尽管在男女之间显著不同，但对男女各自的影响均不显著。同胞中女孩比例越高(有利的同胞性别结构)对男女的教育获得越具有显著的正效应，但是这种影响并不存在显著的性别间差异。上述结果表明，有利的同胞性别结构对男女同样有利，但是不利的同胞性别结构却只影响女性而并不影响男性。假说1基本得到了证实：同胞性别结构会影响个人的教育获得，而效率假说和预算约束理论最符合这里的发现。

表1　同胞性别结构对男女受教育年限的异质性影响

自变量	(1)有兄弟	(2)有姐妹	(3)女孩比例
城镇户口	2.136*** (.230)	2.155*** (.235)	2.139*** (.229)
汉族	.917*** (.313)	.929*** (.312)	.934*** (.312)
年龄	−.059*** (.006)	−.059*** (.008)	−.058*** (.009)
女性	−.654* (.333)	−1.006*** (.255)	−1.908*** (.332)
父母教育水平	.236*** (.024)	.237*** (.025)	.237*** (.024)
父亲的ISEI得分	.009 (.006)	.010 (.006)	.009 (.006)
父亲ISEI得分缺失	−.975*** (.171)	−.981*** (.168)	−.979*** (.171)
父亲是中共党员	.489** (.214)	.466** (.216)	.497** (.215)
同胞数	−.180*** (.043)	−.205*** (.049)	−.217*** (.044)
出生顺序	.154*** (.040)	.153*** (.040)	.157*** (.040)
有兄弟	.020 (.201)		

续表

自变量	(1)有兄弟	(2)有姐妹	(3)女孩比例
有兄弟×女性	−1.043*** (.334)		
有姐妹		.441 (.268)	
有姐妹×女性		−.717** (.318)	
女孩比例			.972** (.436)
女孩比例×女性			.143 (.656)
常数项	8.777*** (.560)	8.487*** (.696)	8.509*** (.660)
R^2	.357	.355	.357
N	5271	5271	5271

注：数据按照抽样概率加权，括号内为聚类稳健的标准误，* $p < 0.1$，** $p < 0.05$，*** $p < 0.01$。

(三)按社会经济地位和户籍状态区分的同胞性别结构效应

表 2 模型 1—3 的结果表明，有姐妹的正效应随着父母教育水平的提高而减弱，有兄弟的负效应并不随着父母教育水平提高而发生显著的变化，而女孩比例的影响却随着父母教育水平提高而增强。表 2 模型 4—6 表明，三个变量的主效应和交互效应符号都相反，但是只有“有兄弟”的两种效应是显著的。表 2 模型 7—9 表明，同胞性别结构效应在城乡之间的差异并不具有一致或显著的规律。

综合这些结果，我们认为假说 2 只是部分得到了验证。这可能是因为同胞性别结构效应是家庭面临预算约束时的理性选择，尽管我们推测拥有更高教育程度、职业地位或城镇户籍的家庭应该具有更加平等的性别意识，但是这些变量都不是对家庭经济状况——或者说所面临的预算约束程度的直接度量。由于数据所限，我们无法利用被访者上学时的家庭收入对这一问题进行直接的验证。

(四)母亲在家中的相对地位是否影响同胞性别结构效应?

我们以母亲是否相对父亲拥有更高的教育水平或者更高的 ISEI 得分作为母亲在家中相对地位的一个代理指标。表 2 模型 10—12 的结果表明，同胞性别结构效应并不随着母亲相对地位的提高而显著的改变，因此假说 3 没有得到有效的验证。这可能是因为本文使用的相对地位变量没有准确反映

表 2　按社会经济地位、户籍状态以及母亲相对地位区分的同胞性别结构效应

自变量	(1) 有兄弟	(2) 有姐妹	(3) 女孩比例	(4) 有兄弟	(5) 有姐妹	(6) 女孩比例	(7) 有兄弟	(8) 有姐妹	(9) 女孩比例	(10) 有兄弟	(11) 有姐妹	(12) 女孩比例
城镇户口	2.145*** (.231)	2.137*** (.233)	2.142*** (.230)	2.134*** (.230)	2.146*** (.233)	2.126*** (.227)	1.806*** (.306)	2.074*** (.254)	1.556*** (.233)	2.130*** (.231)	2.151*** (.234)	2.132*** (.230)
汉族	.930*** (.313)	.941*** (.318)	.928*** (.310)	.934*** (.313)	.935*** (.314)	.936*** (.312)	.925*** (.314)	.639* (.344)	.641* (.342)	.928*** (.313)	.936*** (.314)	.934*** (.311)
年龄	-.060*** (.009)	-.058*** (.009)	-.059*** (.009)	-.059*** (.009)	-.060*** (.009)	-.058*** (.009)	-.059*** (.009)	-.064*** (.007)	-.064*** (.007)	-.059*** (.009)	-.060*** (.009)	-.058*** (.009)
女性	-1.571*** (.125)	-1.593*** (.126)	-1.838*** (.165)	-1.568*** (.124)	-1.591*** (.125)	-1.841*** (.165)	-1.566*** (.124)	-1.354*** (.107)	-1.535*** (.126)	-1.566*** (.124)	-1.591*** (.125)	-1.836*** (.165)
父母教育水平	.190*** (.040)	.316*** (.040)	.168*** (.036)	.237*** (.024)	.238*** (.025)	.237*** (.024)	.236*** (.024)	.238*** (.017)	.238*** (.017)	.235*** (.024)	.238*** (.025)	.234*** (.024)
父亲的 ISEI 得分	.010 (.006)	.010* (.006)	.009 (.006)	-.013 (.011)	.019* (.010)	.022* (.012)	.009 (.006)	.008* (.004)	.009* (.004)	.010 (.006)	.010 (.006)	.010 (.006)
父亲 ISEI 得分缺失	-.982*** (.170)	-.970*** (.167)	-.978*** (.171)	-.996*** (.167)	-.982*** (.169)	-1.000*** (.167)	-0.984*** (.168)	-.921*** (.132)	-.910*** (.134)	-.977*** (.170)	-.977*** (.170)	-.969*** (.170)
父亲是中共党员	.473** (.216)	.433** (.216)	.541** (.216)	.463** (.216)	.460** (.215)	.485** (.216)	.482** (.215)	.573*** (.154)	.591*** (.153)	.478** (.216)	.462** (.214)	.491** (.215)
同胞数	-.175*** (.043)	-.217*** (.050)	-.216*** (.043)	-.180*** (.043)	-.206*** (.048)	-.218*** (.043)	-.179*** (.043)	-.211*** (.046)	-.228*** (.044)	-.179*** (.043)	-.207*** (.048)	.217*** (.043)

续表

自变量	(1)有兄弟	(2)有姐妹	(3)女孩比例	(4)有兄弟	(5)有姐妹	(6)女孩比例	(7)有兄弟	(8)有姐妹	(9)女孩比例	(10)有兄弟	(11)有姐妹	(12)女孩比例
出生顺序	.155*** (.040)	.158*** (.040)	.156*** (.039)	.157*** (.040)	.154*** (.040)	.156*** (.040)	.156*** (.040)	.139*** (.033)	.141*** (.033)	.155*** (.040)	.154*** (.040)	.157*** (.040)
同胞性别结构	−.721*** (.260)	.559** (.244)	.332 (.384)	−1.632*** (.539)	.537 (.566)	2.296** (.900)	−.508* (.260)	−.057 (.174)	.382 (.273)	−.417** (.203)	.049 (.167)	.995*** (.331)
同胞性别结构×父母教育水平	.054 (.037)	−.096*** (.031)	.141*** (.054)									
同胞性别结构×父亲 ISEI				.027** (.012)	−.011 (.013)	−.028 (.020)						
同胞性别结构×城镇户口							.393 (.356)	−.106 (.233)	.888** (.364)			
同胞性别结构×母亲相对地位										.143 (.156)	−.042 (.207)	.399 (.306)
常数项	9.410*** (.589)	8.328*** (.696)	8.861*** (.643)	10.138*** (.716)	8.422*** (.703)	7.898*** (.703)	9.203*** (.567)	9.834*** (.554)	9.707*** (.569)	9.100*** (.572)	8.816*** (.640)	8.464*** (.637)
R^2	.356	.356	.358	.357	.354	.357	.355	.366	.368	.355	.354	.357
N	5271	5271	5271	5271	5271	5271	5271	5271	5271	5271	5271	5271

注：每个模型使用的同胞性别结构变量各不相同。数据按照抽样概率加权，括号内为聚类稳健的标准误，* $p < 0.1$，** $p < 0.05$，*** $p < 0.01$。

母亲在家中的讨价还价能力。

(五)同胞性别结构对不同出生队列教育获得的影响

新中国成立60多年来，在前半段“毛泽东时代”，国家政策总体上以去分层化的意识形态主导，特别是在“文化大革命”期间更是采取了激进的、旨在消除阶级、性别、城乡差异的教育政策(Tsang，2000)。在后半段的经济改革开放时代，国家政策更多地以追求效率为导向。1992年邓小平“南方讲话”标志着经济改革的进一步深化。

我们参考郝大海(2007)的方法，将样本人群分成五个出生队列：Cohort1(1946年之前出生)。按照7岁上小学计算，[①] 这批人最晚将在1965年考大学，所以不受“文化大革命”的影响。Cohort2(1947—1957年出生)，这批人在上小学或初中时遇上1958—1960年中国基础教育“大跃进”扩张政策(Tsang，2000)，此外这批人的高考入学年龄处于“文化大革命”期间，因此他们是受“大跃进”、“文化大革命”等去分层化政策影响最大的群体，教育获得在很大程度上不取决于家庭背景。Cohort3(1958—1965年出生)，该队列部分人群的小学和初中教育受到20世纪70年代农村地区基础教育普及政策的影响(李云森、齐豪，2011)，但是升大学的时间基本都在1977年恢复高考之后，所以受“文化大革命”的影响较小，其教育获得和家庭经济状况的关系也较小。Cohort4(1966—1972年出生)，这批人在初中之后的升学就不受“文化大革命”影响，并且处在强调效率的改革开放初期。Cohort5(1973年之后出生)，这批人最早在1980年升入小学，1986年升入初中，此时正面临《义务教育法》这一普及型教育政策的影响，接受大学教育的时间几乎也处于改革开放深化阶段之后(1992年)。

由于Cohort1中大部分人的受教育时间处在经济和教育极度欠发展的年代，教育的经济价值很低，资源稀释作用并不明显(Lu & Treiman，2008)，我们预期同胞性别结构效应对该队列的教育获得并无显著影响。Cohort2和Cohort3的教育经历处于“文化大革命”时期，我们预期同胞性别结构效应对这两个队列的影响最不明显，特别是处于“文化大革命”初期的Cohort2。Cohort4和Cohort5的教育经历主要处于以经济效率为政策导向的改革开放期间，因此同胞性别结构效应对这两个队列的影响较大。但Cohort5处于改革开放的深化阶段，并且又受《义务教育法》的影响，因此我们预期同胞性别结构效应对Cohort4的影响更明显。

---

① 在我们的样本中，小学开始年龄分布最多的是7岁(39.24%)，其次是8岁(29.17%)。

表 3　同胞性别结构对不同出生队列教育获得的影响

自变量	(1)有兄弟	(2)有姐妹	(3)女孩比例
城镇户口	2.143*** (.234)	2.151*** (.238)	2.155*** (.234)
汉族	.893*** (.306)	.885*** (.301)	.889*** (.308)
Cohort2	−.403 (.641)	.157 (.637)	.425 (.546)
Cohort3	1.378* (.791)	1.330 (.824)	.887 (.648)
Cohort4	1.570** (.641)	1.457** (.608)	.911** (.507)
Cohort5	2.018*** (.602)	2.741*** (.603)	1.461** (.646)
女性	−1.555*** (.125)	−1.587*** (.124)	−1.825*** (.160)
父母教育水平	.237*** (.024)	.238*** (.024)	.237*** (.023)
父亲的 ISEI 得分	.009 (.006)	.009 (.006)	.008 (.006)
父亲 ISEI 得分缺失	−.983*** (.166)	−.975*** (.167)	−.998*** (.168)
父亲是中共党员	.499** (.214)	.482** (.209)	.538** (.215)
同胞数	−.170*** (.044)	−.206*** (.050)	−.208*** (.044)
出生顺序	.140*** (.041)	.143*** (.041)	.136*** (.039)
同胞性别结构×Cohort1	−.342 (.596)	.605 (.593)	.749 (.806)
同胞性别结构×Cohort2	−.034 (.328)	.261 (.298)	−.413 (.472)
同胞性别结构×Cohort3	−.593 (.492)	.356 (.630)	1.264* (.745)
同胞性别结构×Cohort4	−.925** (.367)	.095 (.270)	.998** (.485)
同胞性别结构×Cohort5	−.321 (.322)	−.303 (.190)	1.814*** (.540)
常数项	5.532*** (.670)	4.841*** (.677)	5.193*** (.615)
R^2	.361	.360	.364
N	5271	5271	5271

注：(1)模型 1—3 的同胞性别结构变量分别为“有兄弟”、“有姐妹”、“女孩比例”。(2)数据按照抽样概率加权，括号内为聚类稳健的标准误，* $p<0.1$，** $p<0.05$，*** $p<0.01$。

表3表明，在受“文化大革命”影响最大的出生队列2中，同胞性别结构效应均不显著。对于出生队列4而言，“有兄弟”以及“女孩比例”的系数均具有符合预期的显著性和符号。随着改革的进一步深化以及《义务教育法》的出台，有兄弟不再对出生队列5产生负效应，但是女孩比例对该队列的正效应却变得更加明显。严格的统计检验进一步表明，这种影响在出生队列之间存在显著差异。综合这些结果，我们认为假说4得到了证实。

六、结　论

基于全国抽样调查数据，我们发现拥有兄弟不利于个人的教育获得，而同胞中女孩比例越高越有利于个人的教育获得。同胞性别结构对不同出生队列人群教育获得的影响存在显著差异。然而，同胞性别结构效应在不同社会经济地位和户籍状态的个人之间并没有表现出一致且稳健的变化规律。母亲在家庭中相对地位提高对家庭内部资源分配的影响也并不显著。

本文的贡献主要体现在以下三点。首先，我们对这一主题提供了更新的来自中国大陆地区的经验证据。其次，本文进一步从微观家庭背景与宏观历史时期互动的角度考察了同胞性别结构效应，拓展了已有文献的研究范围，对深入理解家庭内部资源分配以及教育性别不平等做出了有益的探索。

最后，本文的结果引出另一个值得探讨的问题：和同胞性别结构相关的家庭内部资源分配模式受性别文化影响大还是受家庭经济状况影响更大？长期以来，家庭内部资源分配的“男孩偏向”被归因于传统文化下的性别刻板印象甚至性别歧视。但我们认为，这种分配方式在本质上是父母面临预算约束时做出的理性选择，比如父母的养老预期。

基于本文的发现，我们认为同胞性别结构效应是一种预算约束环境下的结果(Chu et al.，2007)，这为减少教育性别差异的公共政策提供了空间。比如增加公共教育支出、提供良好的社会保障等缓解家庭预算约束的政策都可以有效地缩小源自家庭内部的性别不平等。由于我们的研究结果和已有的几项研究发现并不完全相同，因此对这一主题还需要进一步的深入研究。

参考文献

[1]郝大海：《中国城市教育分层研究(1949—2003)》，《中国社会科学》，2007年第6期。

[2]李宏彬、张俊森：《中国人力资本投资与回报》，北京大学出版社，2008年。

[3]李云森、齐豪：《中国农村教育的代际因果关系——基于1970年代农村基础教育普及政策的研究》，《世界经济文汇》，2011年第4期。

[4]吴愈晓：《中国城乡居民教育获得的性别差异研究》，《社会》，2012年第4期。

[5]叶华、吴晓刚：《生育率下降与中国男女教育的平等化趋势》，《社会学研究》，2011年第5期。

[6]Alderman, H., & E. M. King 1998, Gender Differences in Parental Investment in Education, *Structural Change and Economic Dynamics* 9.

[7]Amin, V. 2009, Sibling Sex Composition and Educational Outcomes: A Review of Theory and Evidence for the UK, *Labour* 23.

[8]Becker, G. S. & N. Tomes 1979, An Equilibrium Theory of the Distribution of Income and Intergenerational Mobility, *Journal of Political Economy* 87.

[9]Behrman, J. R., R. A. Pollak & P. Taubman 1982, Parental Preferences and Provision for Progeny, *Journal of Political Economy* 90.

[10]Blake, J. 1981, Family Size and the Quality of Children, *Demography* 18.

[11]Butcher, K. F. & A. Case 1994, The Effect of Sibling Sex Composition on Women's Education and Earnings, *Quarterly Journal of Economics* 109.

[12]Chu, C. Y. Cyrus, Yu Xie & Ruoh-rong Yu 2007, Effects of Sibship Structure Revisited: Evidence from Intrafamily Resource Transfer in Taiwan, *Sociology of Education* 80.

[13]Dayioglu, M., M. G. Kirdar & A. Tansel 2009, Impact of Sibship Size, Birth Order and Sex Composition on School Enrolment in Urban Turkey, *Oxford Bulletin of Economics and Statistics* 71.

[14]Deng, Z. & D. J. Treiman 1997, The impact of the Cultural Revolution on trends in educational attainment in the People's Republic of China, *American Journal of Sociology* 103.

[15]Hauser, R. M. & H.-H. D. Kuo 1998, Does the Gender Composition of Sibship Affect Women's Educational Attainment? *Journal of Human Resources* 33.

[16]Li, Hongbin, Jusen Zhang & Yi Zhu 2008, The Quantity-quality Trade-off of Children in a Developing Country: Identification Using Chinese Twins, *Demography* 45.

[17]Lu, Y. & D. J. Treiman 2008, The Effect of Sibship Size on Educational Attainment in China: Period Variations, *American Sociological Review* 73.

[18]Morduch, J. 2000, Sibling Rivalry in Africa, *American Economic Review* 90.

[19]Parish, W. L. & R. J. Willis 1993, Daughters, Education, and Family Budgets Taiwan Experiences, *Journal of Human Resources* 28.

[20]Strauss, J. & D. Thomas 1995, Human Resources: Empirical Modeling of Household and Family Decisions, In Behrman J. & T. N. Srinivasan (Eds.), *Handbook of Development Economics Vol. IIIA*. North Holland, Amsterdam: Elsevier Science.

[21]Tsang, Mun C. 2000, Education and National Development in China since 1949: Oscillating Policies and Enduring Delemmas, *China Review* 2000.

[22]Wei, Shang-jin & Xiaobo Zhang 2011, The Competitive Saving Motive: Evidence from Rising Sex Ratios and Savings Rates in China, *Journal of Political Economy* 119.

[23]Xie, Yu & Haiyan Zhu 2009, Do Sons or Daughters Give More Money to Parents in Urban China?, *Journal of Marriage and Family* 71.

（作者：郑　磊　首都教育经济研究基地研究人员　讲师）

基地名称：首都教育经济研究基地
依托单位：北京师范大学
项目类别：研究基地自设项目

我国各省份教育发展水平比较分析

内容提要：在参考国内外相关研究的基础上，结合我国教育发展现状，构建了由3个二级指标和18个三级指标构成的教育发展指数。根据该指数对我国内地31个省份2009年的教育发展总体水平及教育机会水平、教育投入水平、教育公平水平进行了统计测算和比较分析。测算结果显示，教育发展总体水平和教育机会水平较高的省份其经济发展水平也较高；而教育投入水平东部经济发达省份较高，西部经济欠发达省份比中部经济较发达省份高；教育公平水平与经济发展水平没有密切关系。

关键词：教育发展指数；教育发展水平；教育机会水平；教育投入水平；教育公平水平

教育发展包括数量、质量、结构和公平等方面。我国教育自新中国成立以来特别是改革开放以来有了巨大发展。义务教育已经基本普及，2011年高中阶段毛入学率达到84.0%，高等教育毛入学率达到26.9%。从入学率指标看，我国教育已经达到世界中等水平。但是，我国是一个经济社会发展极不平衡的国家，地区之间教育机会、教育质量和教育公平水平差异很大。为了缩小地区之间教育发展的巨大差异，推进教育均衡发展，需要构建科学的教育发展指数，以全面、客观地描述地区教育发展水平和差异，为制定和执行缩小地区差异的公共教育政策提供充分、准确的信息。本文尝试构建了我国的教育发展指数，并依据此指数比较分析了2009年我国内地31个省、自治区和直辖市（以下统称省份）的教育发展水平及其影响因素。

一、教育发展指数的设计

（一）国外教育发展指数及特点

教育发展指数（Education Development Index，EDI）是由多个单项教育指标构成的综合指数，用于反映和评价一个国家或地区教育发展的水平。国际上教育发展指数还很少，目前比较有影响的只有两个，一个是联合国开发计划署（UNDP）的人类发展指数（Human Development Index，HDI）中的教育指数(UNDP，2013)，另一个是联合国教科文组织(UNESCO)的教育发展指数(UNESCO，2009)。在地区教育发展水平差异很大的教育大国印度，政府和世界银行的专家开发了两个教育发展指数，用于反映和评价印度各个地区的教育发展水平。UNESCO的教育发展指数主要用于监测各个国家和地区落实1990年《世界全民教育宣言》提出、2000年世界教育论坛《达喀尔行动纲领》重申的全民教育目标的进展情况。为了监测教育目标的进展，UNESCO设计了由4个指标构成的教育发展指数。构成教育发展指数的4个指标是：(1)初等教育净入学率；(2)成人识字率；(3)小学5年级保留率；(4)教育性别平等指数。在构造指数时，赋予上述每一个指标的权重相等，都为四分之一。因此，教育发展指数＝1/4(初等教育净入学率＋成人识字率＋小学5年级保留率＋教育性别平等指数)。指数的数值越大表示教育发展水平越高。公式中的教育性别平等指数本身是一个综合指数，由小学毛入学率性别比、中学毛入学率性别比和成人识字率性别比3个指标构成，每个指标的权重为三分之一，即教育性别平等指数＝1/3(小学女性毛入学率/小学男性毛入学率＋中学女性毛入学率/中学男性毛入学率＋女性成人识字率/男性成人识字率)。

UNESCO的教育发展指数的设计给了我们一些重要启示。设计指数首先要明确指数的用途，应围绕用途来选择指标。UNESCO的教育发展指数的目的很明确，就是用于监测教育目标的实现程度，以此选择能反映这些目标的相关指标。综合指数的构建常常会受到数据可得性的限制。在数据不可得时，或者牺牲指数的反映能力，如放弃反映学前教育和成人教育目标的实现；或者使用不很理想的替代指标，如用小学5年级学生的保留率反映教育质量。

(二)我国教育发展指数的构建

我国学者对教育发展指标的研究不是很多，相关的研究主要集中在教育发展的含义或内容、国际教育指标的介绍、教育发展指标的设计，以及由其设计的教育发展指标计算出的地区教育发展水平的比较等方面(谈松华、袁本涛，2001；楚江亭，2002)。提升教育机会、教育质量和教育公平水平，取得社会公众满意的教育成果，是教育发展的主要目标。衡量教育发展总体水平的指标应该包含这4个方面的内容。但是，目前我国的教育统计基础还比较薄弱，缺乏教育质量评价统计数据，人口在城乡间和区域间大规模流动导致各省份的人口受教育程度相当程度上脱离了当地教育发展实际。限于现有的统计数据，我们在国内外学者指标设计和研究成果的基础上，构建了由教育机会指标、教育投入指标和教育公平指标构成的教育发展指数，其中的教育投入指标作为教育质量的替代指标。教育机会指数、教育投入指数和教育公平指数分别由相应的三级指标构成，具体内容如下：

1. 教育机会指数

由于现有的统计数据只能得到毛入学率指标，因此，我们将学前教育毛入学率、义务教育毛入学率、高中阶段教育毛入学率和高等教育毛入学率作为构成教育机会指数的 4 个三级指标。

2. 教育投入指数

教育投入的数量和质量是影响教育产出质量的重要条件，由于我国没有教育质量的统计指标和数据，我们用教育投入指标来替代教育质量指标，在指标选取上尽量选择与质量关系密切的投入指标。生均教育事业费是反映教育运行经费水平的指标，对教育质量有重要影响。教师质量对学生成绩有重要影响是公认的事实，而教师的受教育程度是教师质量的重要指标。基于这些考虑，我们用各级教育的生均事业费和教师学历水平，作为教育投入指标，来间接反映教育质量。构成教育投入指数的三级指标具体为：小学生均事业费，初中生均事业费，高中生均事业费，大学生均事业费；小学教师专科及专科以上学历教师比例，初中教师本科及本科以上学历教师比例，高中教师本科及本科以上学历教师比例，大学教师博士学历教师比例。

3. 教育公平指数

在现有政府公开的统计资料中，没有反映阶层、学校和高校学生性别之间教育公平的指标，所以我们采用城乡公平和地区公平指标作为教育公平的三级指标。小学、初中生均事业费和教师学历的城乡差异，在一定程度上可以反映教育的城乡公平水平。在一个省份内县际小学和初中生均事业费的差异能在一定程度上反映该省份教育资源分布的公平情况，可用各省份县际小学生均事业费基尼系数和初中生均事业费基尼系数作为省份内区域教育公平的指标。这样，在现有统计数据条件下构建的教育公平的三级指标是：小学生均事业费城乡差异，初中生均事业费城乡差异，小学专任教师学历城乡差异，初中专任教师学历城乡差异，省份内县际小学生均事业费基尼指数，省份内县际初中生均事业费基尼指数。

我们构建的地区教育发展指数由上述 3 个二级指标和 18 个三级指标构成。由于没有将教育发展成果纳入指数中，也就没有考虑过去的教育成就。不过，教育机会指数既反映了目前教育发展的数量水平，也与过去的教育数量水平相关，可以通过适当增大教育机会的权重，来降低取消教育发展成果指标的影响。基于这些考虑和专家意见，我们对构成教育发展指数的 3 个二级指标赋权为：教育机会占 40%，教育投入占 30%，教育公平占 30%。对于 3 个二级指标下的各个三级指标的权重，我们认为它们在各个二级指标内同等重要，应该赋予相同的权重。3 个二级指标下的三级指标权重具体为：教育机会有 4 个三级指标，每个指标的权重为四分之一；教育投入有8个三级指标，每个指标的权重为八分之一；教育公平有6个三级指标，其中4个反映的是城乡公平，两个反映的是地区公平，反映城乡公平的每个指标的权重为八分之一，反映地区公平的每个指标的权重为四分之一，即教育公平指标中城乡公平和地区公平各占一半的解释力。

经过上述赋权后，在现有教育统计数据条件下各省份的教育发展指数可以按照下面公式计算出来：

教育机会指数＝1/4(学前教育毛入学率指数＋义务教育毛入学率指数＋高中阶段教育毛入学率指数＋高等教育毛入学率指数)

教育投入指数＝1/8(小学生均事业费指数＋初中生均事业费指数＋高中生均事业费指数＋大学生均事业费指数＋小学师资指数＋初中师资指数＋高中师资指数＋大学师资指数)

教育公平指数＝1/8(小学专任教师学历城乡差异指数＋初中专任教师学历城乡差异指数＋小学生均事业费城乡差异指数＋初中生均事业费城乡差异指数)＋1/4(县际小学生均事业费基尼指数＋县际初中生均事业费基尼指数)

教育发展指数＝40％×教育机会指数＋30％×教育投入指数＋30％×教育公平指数

为了易于理解并进行省份间比较，我们将教育发展指数设计成一个0—1的数值，数值越大表示发展程度越高。为使指数值在0—1之间，我们需要对各个二级指标下的三级指标的数值进行标准化处理，然后按上述公式进行计算。除了基尼指数之外，某一省份某一个三级指标的标准化值＝该省份实际值/最优值。由于基尼系数数值越大代表越不公平，为了保持和其他指标解释力方向的一致性，在对基尼系数进行标准化处理时，我们用最优值/实际值的方法，分别得到县际小学生均事业费基尼指数和县际初中生均事业费基尼指数作为省份公平的指标。其中，最优值是教育机会、教育投入和教育公平3个二级指标下各个三级指标在现阶段的目标值。

二、各省份教育发展总体水平的比较

根据上述指标，我们使用截止到2013年5月政府已公布的统计数据，计算了2009年我国内地31个省份的教育发展指数(见图1)，用于反映各个省份教育发展的总体水平①。

① 本文所使用数据均来自政府部门公开出版的《中国统计年鉴》、《中国教育事业统计年鉴》、《中国教育经费统计年鉴》，以及人口普查和1％抽样调查数据。

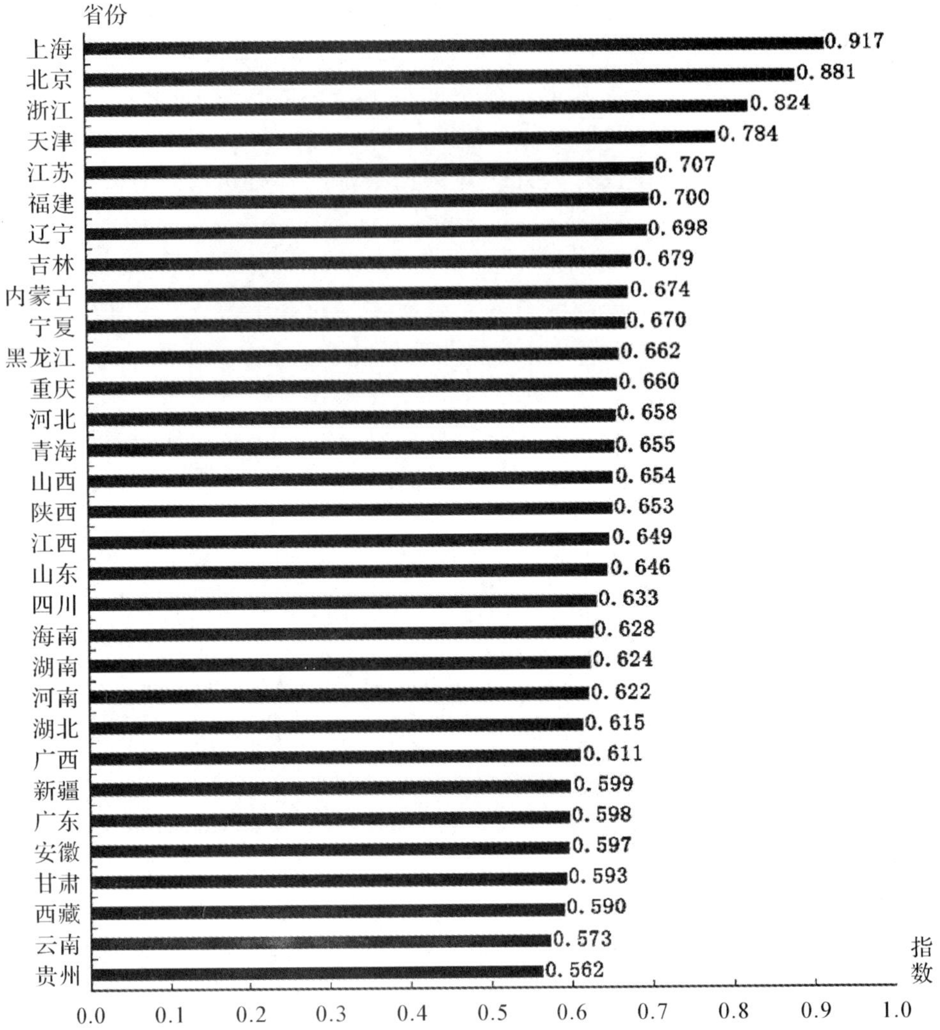

图 1　2009 年我国内地各省份教育发展指数

从图 1 可以看出，2009 年教育发展水平较高的是上海、北京、浙江等经济发达省份，较低的是贵州、云南、西藏等经济欠发达省份。可见，总体上教育发展水平与经济发展水平有着密切的关系。但是，经济发达的广东，由于教育公平水平在全国倒数第一，教育投入水平也比较低，教育发展水平排在倒数第 6 名，远远低于其经济发展水平，说明经济发展并不必然带来教育的相应发展。

教育发展指数由教育机会指数、教育投入指数和教育公平指数构成。根据教育发展指数排名与教育机会指数排名、教育投入指数排名及教育公平指数排名的关系，31 个省份大致可以分为以下两大类。

第一类为均衡发展型。这一类型的特点是教育发展指数各方面没有明显的“短板”。属于这一类型的省份共12个：上海、北京、浙江、黑龙江、陕西、四川、海南、广西、新疆、安徽、甘肃、贵州。均衡发展型又可以进一步分为三类：高水平均衡、中等水平均衡和低水平均衡。其中，上海、北京、浙江属于高水平均衡；黑龙江、陕西、四川、海南、广西属于中等水平均衡；新疆、安徽、甘肃、贵州则属于低水平均衡。

第二类为非均衡发展型。这一类型的特点是教育发展指数与其二级指标的排名有较大差异，教育机会、教育投入、教育公平三个方面非均衡发展。属于这一类型的省份共有19个：天津、江苏、福建、辽宁、吉林、内蒙古、宁夏、重庆、河北、青海、山西、江西、山东、湖南、河南、湖北、广东、西藏、云南。这一类型又可细分为三类：教育机会相对薄弱型、教育投入相对薄弱型及教育公平相对薄弱型。属于教育机会相对薄弱型的省份有吉林、内蒙古、宁夏、青海、西藏、云南；属于教育投入相对薄弱型的省份有河北、山西、江西、湖南、河南；属于教育公平相对薄弱型的省份有广东、天津、江苏、福建、辽宁、重庆、山东、湖北。

三、各省份教育机会水平的比较

教育机会水平由教育机会指数的大小决定。如前所述，我们设计的教育机会指数由学前教育毛入学率、义务教育毛入学率、高中阶段教育毛入学率和高等教育毛入学率4个指标构成，且权重相等。

根据前述计算公式，我们计算了2009年各省份教育机会指数如图2所示。

从图2可看到，教育机会水平排在前10位的省份是浙江、上海、北京、天津、辽宁、江苏、福建、重庆、山东、广东，除了重庆外都属于东部经济发达省份；教育机会水平排在后10位的省份是西藏、云南、贵州、青海、安徽、新疆、海南、甘肃、广西、湖南，其中有7个属于西部经济欠发达省份。

总体而言，一个省份的教育机会水平与经济发展水平有非常密切的关系，经济越发达，教育机会水平越高。需要说明的是，北京这个公认为教育最发达的地方，教育机会水平还低于浙江、上海，其主要原因是常住人口中非户籍幼儿的学前教育毛入学率远低于浙江、上海，拉低了教育机会指数。教育机会水平既反映了地方政府是否积极主动提高各级教育的水平，也反映了地方政府是否促进了不同层次教育的协调发展水平。

四、各省份教育投入水平的比较

因为缺少教育质量数据，我们只好用教育投入指标来替代教育质量指标，因而在构建教育投入指数时，尽量选择与质量关系密切的指标。国内

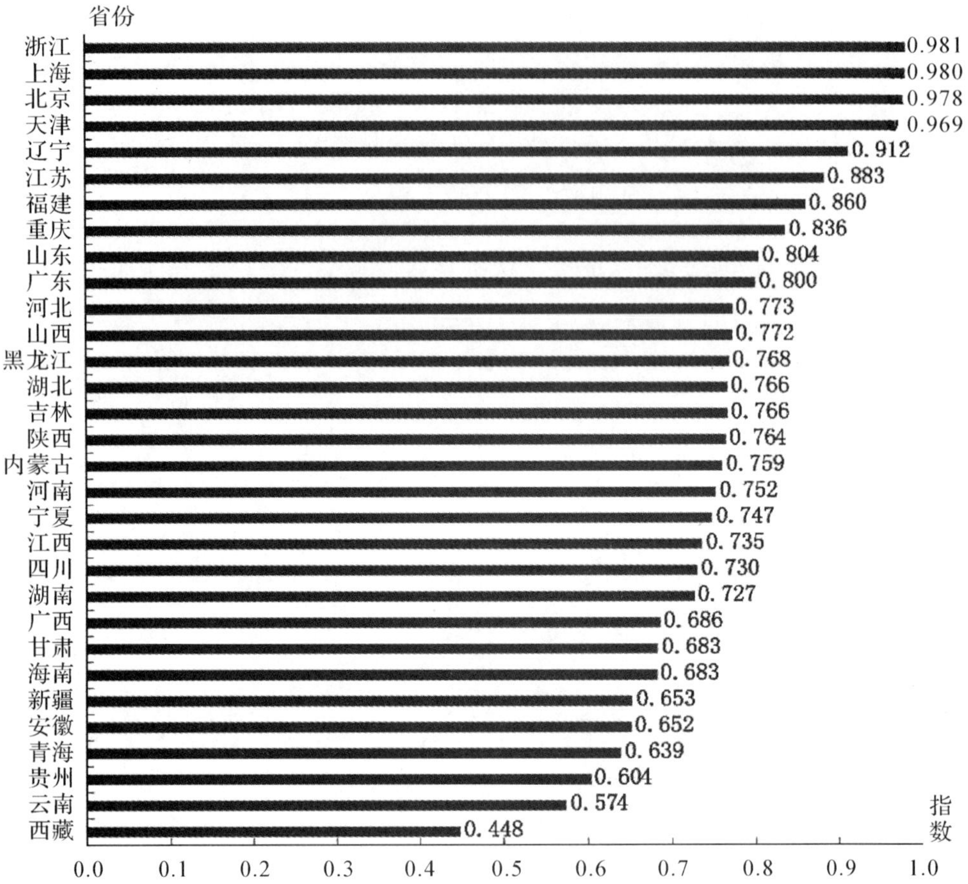

图 2　2009 年我国内地各省份教育机会指数及排名

外研究表明，教育经费水平、师资水平对教育质量有重要影响，因此，我们用各级教育的生均事业费、教师学历水平作为教育投入指标来间接反映教育质量。

根据前述教育投入指数的计算方法，我们计算了 31 个省份 2009 年的教育投入指数如图 3 所示。

从图 3 可见，东部经济发达省份教育投入水平较高，西部经济欠发达省份教育投入水平比中部经济较发达省份高。东部经济发达省份教育投入与经济发展水平关系比较密切，中西部省份教育投入与经济发展水平的关系不是很密切。造成上述现象的主要原因是西部省份获得了中央政府更多的财政转移支付经费，教育投入水平高于其经济发展水平。另一个引人注目的现象是北京、上海的教育投入水平远远高于其他经济发达的省份，但经济发达的广东，教育投入水平还不如吉林、内蒙古等经济发展水平较低的省份。

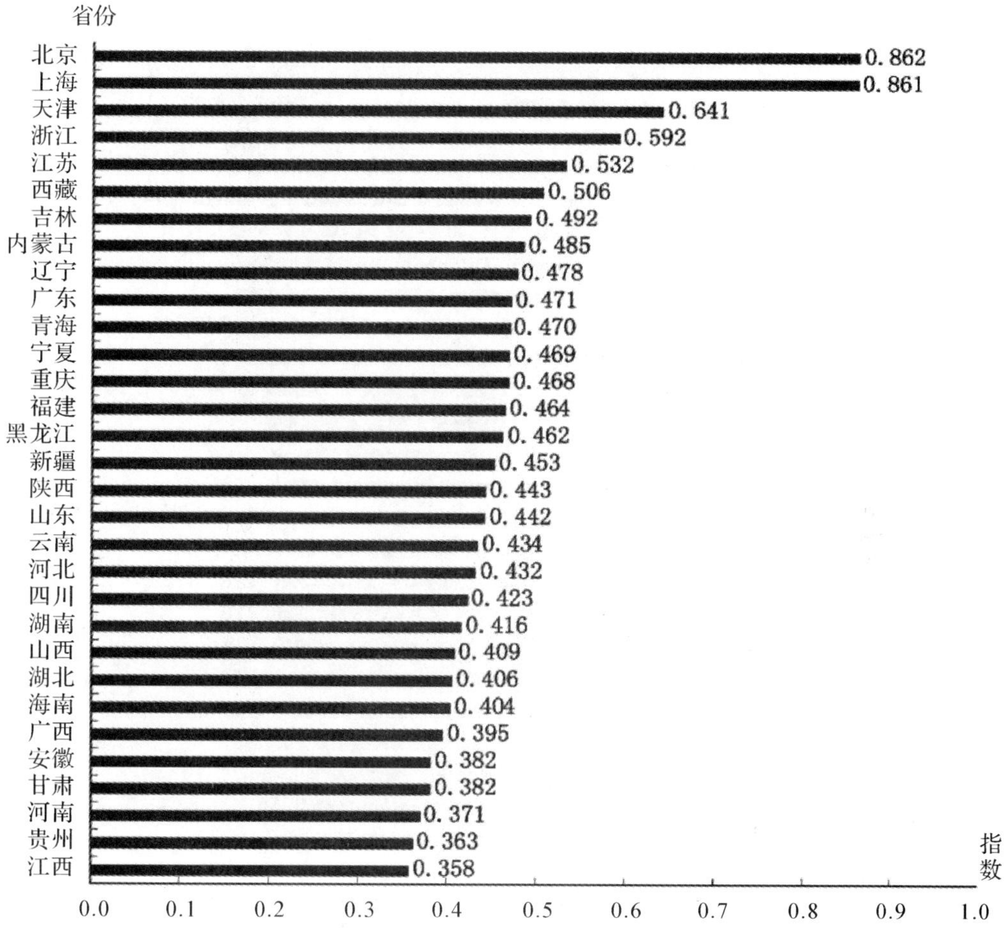

图 3　2009 年我国内地各省份教育投入指数及排名

五、各省份教育公平水平的比较

教育公平的理想状态是一个孩子的教育机会和教育质量不受其出生地、家庭、性别和受教育学校的影响。相应地，教育公平主要体现为地区公平、城乡公平、阶层公平、性别公平、校际公平五个方面。在我国现有的统计资料中，没有反映阶层之间、学校之间、性别之间教育公平的指标，所以我们只能构建包含城乡公平和省份内县际公平指标的教育公平指数，其计算公式在本文第一部分已做介绍。

根据前述公式，我们计算了 2009 年我国内地 31 个省份的教育公平指数排名，结果如图 4 所示。

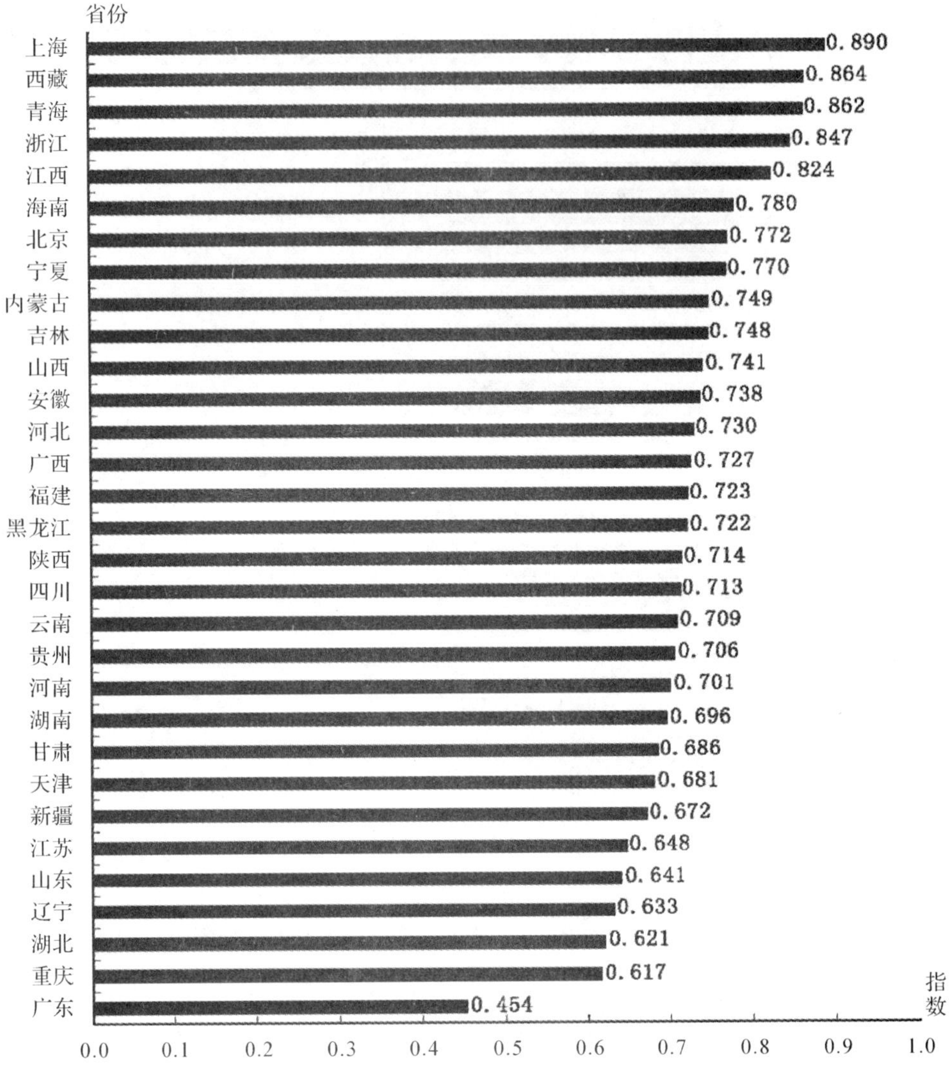

图 4　2009 年我国内地各省份教育公平指数及排名

从图 4 可以看出，教育公平水平与经济发展水平没有密切的关系，教育公平水平高的有经济发达的上海和浙江，也有经济欠发达的西藏和青海；教育公平水平低的有经济欠发达的甘肃和新疆，也有经济发达的广东、江苏和山东。广东作为经济发达省份，其教育公平水平全国最低，而且远远低于倒数第 2 名的重庆。显然，教育公平水平不在于经济发展水平，而在于合理的教育政策和政策的执行力度。

应该指出的是，这里的教育公平只计量了城乡公平和县际公平，没有反映校际公平、阶层公平和性别公平。如果有校际公平、阶层公平和性别公平的数据，像北京这样校际和阶层差异明显的地方，教育公平的排名将会下降。

参考文献

[1]United Nations Development Programme. Human Development Index (IHDI). http：//hdr. undp. org/en/statistics/ihdi/.

[2]UNESCO. Global Education Digest 2009：Comparing Education Statistics across the World. http：//www. uis. unesco. org/Library/Documents/ged09-en. pdf.

[3]谈松华、袁本涛：《教育现代化衡量指标问题的探讨》，《清华大学教育研究》，2001 年第 1 期。

[4]楚江亭：《关于构建我国教育发展指标体系的思考》，《中国教育学刊》，2002 年第 2 期。

（作者：王善迈　首都教育经济研究基地首席专家　教授、博导
袁连生　首都教育经济研究基地负责人　教授、博导
田志磊　首都教育经济研究基地研究人员　博士研究生
张　雪　首都教育经济研究基地　博士研究生）

首都城市环境建设研究基地

（北京城市学院）

基地名称：首都城市环境建设研究基地
依托单位：北京城市学院
项目类别：北京市社会科学基金项目

首都生态环境建设水平评价研究①

内容提要：生态环境建设指标不仅包括生态环境指标，也包含城市生态建设的投入和管理指标，它更多展示一个城市在生态环境建设上的投入力度和管理水平。本文首先构建了北京市生态环境建设水平评价指标体系，然后构建了基于 Nash 均衡的主客观组合赋权的方法，其中主观赋权方法采用层次分析法，客观赋权方法采用熵权法。这种赋权方法既吸收了两类方法的科学性，又避免了两类方法的不足；既尊重了专家的主观意愿，又充分利用了客观数据，使整个赋权过程更加全面与协调。最后，本文对北京市生态环境建设近十年的数据进行实证研究，研究表明京津冀城市群的生态合作对于进一步提升北京市的生态水平至关重要。

关键词：生态环境建设指标体系；Nash 均衡；综合评价；熵权法；层次分析法

一、引　言

城市的生态环境既是社会经济发展的重要支撑要素，又可能成为其发展的限制因素。改善城市环境，构建生态城市已经成为城市可持续发展的重要途径。1898 年，霍华德(Edward Howard)发表《明天，一条通向真正改革的和平之路》，奠定了以“田园城市理论”为核心的现代生态城市的理论和实践基础[1]之后，很多学者对城市的生态环境问题进行了研究[2]。

在城市生态环境评价方面，许多研究者从不同角度或各自的研究领域分别提出与生态城市这一发展理念相关的评价评价指标体系。1987 年，Richard Register 提出生命、美丽、公平是生态城市准则，提出建立生态城市十项原则。文献[3]从社会、经济、资源与环境、人口四个方面构建了生态城市指标体系。文献[4]以河南省的生态文明建设为研究对象，设计了围绕社会进步、经济发展，以及生态环境保护方面的评价指标。文献[5]等从社会、经济、自然三个子系统的状态、动态和实力三方面构建了扬州市生态城市

① 本文是“首都城市环境建设评价与指数研究”项目的阶段成果，项目编号：13JDCSD012。

评价指标体系。文献[6]设计了社会主义生态文明评价指标，指标包含经济发展效率、区域节能降耗、生态产业聚集、金融生态环境、科技教育水平等方面。文献[7]从生态文化、绿色政治制度、经济发展模式、社会和谐与资源节约、环境友好 5 个方面 34 个评价指标评价生态环境。文献[8]从生态系统结构、功能、协调度三个方面构建了生态城市的评价指标体系。文献[9]等从可持续发展的角度，分经济可持续、社会可持续、生态可持续三个方面建立了评价指标体系。国内也有一些城市给出了自己的生态城市指标体系[10]。此外，一些学者近些年也针对城市群的生态评价指标进行了大量的研究工作[11-14]。

关于生态环境指标体系权重的确定方法国内外有几十种。这些方法大致可分为两大类：一是主观赋权法，二是客观赋权法[14-16]。主观赋权评估法采取定性的方法，由专家根据经验进行主观判断而得到权数，然后再对指标进行综合评估。如层次分析法、专家调查法(Delphi 法)、模糊分析法、环比评分法、二项系数法、序关系分析法、最小平方法等方法。客观赋权评估法则根据历史数据研究指标之间的相关关系，或指标与评估结果的关系来进行综合评估。主要有最大熵技术法、主成分分析法、多目标规划法、拉开档次法、变异系数法、均方差法、最大离差法、简单关联函数法、TOPSIS-LINMAP 循环定权法等。最大熵权技术法使用得较多，其所使用的数据是决策矩阵，所确定的属性权重反映了属性值的离散程度[17]。

综上所述，目前关于城市生态环境的评价指标体系较多，但是关于生态环境建设的评价指标较少。生态环境建设指标更多的展示一个城市在生态建设上的努力，它不仅仅包括生态环境指标，也要包含城市生态建设的投入和管理指标。因此，本文依据北京市的生态环境建设情况，构建了北京市生态环境建设评价指标体系。

此外，现有的评价体系往往相对庞大，指标数量众多，如何确定指标的权重是一个关键的问题。不同的权重分配会导致不同的评价结果，目前学界对于这方面的研究不多。因此，本文构建了一种基于 Nash 均衡的主客观组合赋权的方法，组合使用主客观两类赋权方法。这既吸收两类方法的科学性的方面，又避免了两类方法的不足，既充分尊重了专家的主观意愿，又充分利用了客观数据，使整个赋权过程更加全面与协调。通过对北京市生态环境建设水平的评价，本文设计的指标体系和权重确定方法可以客观地反映城市生态环境建设水平。在对北京市生态环境建设水平近 10 年的数据实证研究基础上，本文认为加强京津冀城市群的生态合作有助于更有效地改善北京市的生态环境水平。

二、构建首都生态环境建设水平评价指标体系

一些生态保护政策和治理方法在提高城市生态水平上具有滞后性，所以生态环境建设指标不同于单纯的生态环境指标，生态建设指标不仅包括生态环境指标，也要包含城市生态建设的投入和管理指标。依据《北京市国民经济和社会发展第十二个五年规划纲要》、《“十二五”时期首都城乡环境建设规划纲要》，北京市生态环境建设主要从以下 4 个方面着力：(1)依托生态屏障建设；(2)逐步完善全市公园体系；(3)持续推进大气环境治理；(4)山区水源地建设，构筑“生态修复、生态治理、生态保护”三道防线，建设生态清洁小流域；平原水源地，加大污染源治理力度。

因此，根据《2011 年首都城市环境精细化管理美化市容工作方案》、《首都城市环境建设考核评价方法(试行)》等指导类文件和关标准，我们将首都城市生态环境建设指标体系，构造成一个层次分析的结构模型。具体而言，生态城市建设水平评价指标体系的层次结构由目标层、一级指标层(A)、二级指标层(B)和二级指标评判内容层(C)四个层次组成。其中，目标层代表生态环境建设的整体水平，是其他指标层以及评价内容建设水平的综合反映。一级指标层(A)由政策指标(A1)、经济指标(A2)、资源利用指标(A3)和环境指标(A4) 4 个子系统组成；二级指标层(B)由环保生态制度(B1)、生态效率(B2)、绿色 GDP(B3)、资源利用水平(B4)、空气质量(B5)、用水质量(B6)、噪声水平(B7)、绿化指标(B8)和废物转化指标(B9)9 个方面组成；二级指标评判内容层(C)代表评价和考核各分目标状况的具体因子，反映领域层指数的要求，包括 27 个具体指标，详见表 1。

表 1 首都生态环境建设评价指标体系及基于 Nash 均衡主客观组合赋权法的权重

目标层	一级指标	权重	二级指标	权重	二级指标评判内容	权重
首都生态环境建设评价指标	政策指标 A1	0.1892	环保生态制度 B1	1	生态环境保护规划 C1	0.3042
					生态环境法律法规 C2	0.5307
					万人环保案件立案率 C3	0.1651
	经济指标 A2	0.2347	生态效率 B2	0.6744	万元 GDP 能耗 C4	0.6701
					万元 GDP 水耗 C5	0.3299
			绿色 GDP B3	0.3256	环保投资占 GDP 比重 C6	0.6888
					第三产业占 GDP 比重 C7	0.3112

续表

目标层	一级指标	权重	二级指标	权重	二级指标评判内容	权重
首都生态环境建设评价指标	资源利用指标 A3	0.2774	资源利用水平 B4	1	建成区人口密度 C8	0.2012
					人均年生活用水量 C9	0.2585
					人均年生活用电量 C10	0.2726
					清洁能源使用率 C11	0.2677
	环境指标 A4	0.2987	空气质量 B5	0.2133	全年优良天数比例(%)C12	0.4981
					二氧化硫排放强度 C13	0.2332
					二氧化氮浓度排放强度 C14	0.1898
					可吸入颗粒物浓度 C15	0.0789
			用水质量 B6	0.1881	集中式饮用水源地水质达标率(%)C16	0.6944
					城市水环境功能区水质达标率(%)C17	0.3056
			噪声水平 B7	0.1607	区域环境噪声平均值(db) C18	0.3125
					噪声达标区覆盖率(%)C19	0.6875
			绿化指标 B8	0.2059	建成区城市绿化覆盖率 C20	0.4012
					城市人均绿地面积(m^2/人) C21	0.3585
					林荫路推广率(%) C22	0.1726
					公园绿地养护达标率 C23	0.0677
			废物转化指标 B9	0.2320	生活垃圾无害化处理率(%)C24	0.2879
					工业固体废物综合利用率 C25	0.2966
					危险废物处置率(%) C26	0.2689
					污水集中处理率 C27	0.1466

对于研究中的定性指标，我们在量化赋值过程中按百分制得到单指标得分。具体赋值方式通过制定问卷调查表，采用打分调查法获取单指标的量化值。对于定量指标，我们采取以下方法：(1)比例或者比率指标，可依据评分最高值，按照百分制分成若干个等级，得到单指标得分。(2)比率指标，可利用评分最高值，与相应的百分比比率相乘得到单指标得分。(3)参考国际和国家相关指标得分。如原有评价标准、人居环境奖参考指标体系等。

本文研究采用 2004—2013 年度北京市数据，对与每一年度、每一指标做如下的归一化处理：年度指标得分＝100×[年度指标值－指标最劣值]/[指标最优值－指标最劣值]。因此年度综合指标得分在0—100之间。

三、基于Nash均衡的主客观组合赋权的方法

基于Nash均衡的主客观组合赋权的方法的主要思想认为，主观赋权法和客观赋权法两种方法的评价结果是相互独立的，两种评价方法的评价结果可以出现冲突，运用Nash均衡的理论，实现两种评价方法在冲突中的一致性关系，使其最终实现均衡的状态，通过这种方法的处理，使原本存在一定冲突的两种方法最终走向协调一致，实现均衡。模型如下：

设有L种赋权方法对指标进行赋权，L种方法得到L种权重，从而得到一个权重的向量集，如下式：

$$U_k = (U_1, U_2, U_3 \cdots U_L), k = 1, 2, \cdots, L \tag{1}$$

U_k是相互独立的赋权方法得到的权重值，通过U_k，构建一个基本权向量U，基本权向量代表任意线性组合的U_k。

$$U = \sum_{k=1}^{L} \alpha_k U_k^T, \alpha_k > 0 \tag{2}$$

由于α_k为任意线性组合，所以U就表示L种赋权方法的任意组合结果，下面的问题就是如何寻找U中最优的组合结果。

此刻引入Nash均衡的理论，可以将上述问题理解为一个多人优化问题，主要的方法就是在不同的赋权法之间寻找一种妥协与均衡，也就是最小化各种可能的U与U_k^T之间的偏差，所以寻找U中最优的组合结果的过程就变成了不断优化α_k的过程，优化目标为U与U_k^T之间的偏差最小。由此得到下式：

$$Min \left\| \sum_{j=1}^{L} \alpha_j \cdot gU_j^T - U_i^T \right\|_2 i = 1, 2, L \tag{3}$$

由矩阵的微分形式，通过求导和归一化得到，综合权重计算如下式：

$$U^* = \sum_{k=1}^{L} \alpha_k^* U_k^T \tag{4}$$

结合首都生态环境建设的特点，本文基于Nash均衡的主客观组合赋权综合评价模型的主客观赋权模型分别选择了有代表性的层次分析法模型和熵权法模型。评价的结果计算为了简便，选择线性加权综合评价模型。

层次分析法(AHP法)是最具代表性的主观赋权方法，它是对定性事件做定量分析的一种简便方法，也是人们对主观判断做客观描述的一种有效方法。AHP法一般计算过程有以下几步：(1)建立递阶层次结构；(2)构造两两比较判断矩阵；(3)判断矩阵一致性检验；(4)权重确定或层次排序。

熵权法是一种常用的客观赋权法。熵权法的核心理论是在指标数据矩

阵中，某项指标值的差异程度越小，信息熵越大，则该指标的权重越小；反之，某项指标值差异程度越大，信息熵越小，则该指标的权重越大。熵权法从指标数据的内在离散规律出发，偏重于对数据客观规律的揭示。

根据上述理论建模，邀请相关领域的专家对北京市 2004—2013 年间的生态环境中的定性指标数据进行评价赋值，同时收集相应的定量指标数据。经过模型计算，获得指标权重分配结果如表 1 所示。

四、综合评价与分析

综合评价结果根据综合指标得分按照表 2 进行生态环境建设水平的评价。

表 2　评价结果等级设定

评价等级	得分范围
优秀	85—100
良好	70—85
一般	60—70
较差	<60

综合指数评价结果分析：通过综合评价，得出 2004—2013 年北京市生态环境建设综合指数分别为 72.9、73.1、79.5、85.4、82.1、78.3、78.4、79.1、80.7、81.8（见图 1）。为了便于分析，我们将生态环境建设水平评价得分同北京市生态环境指数相对比（2006 年开始，北京市环保局依据国家技术规范开展生态质量评价，逐年发布北京市生态环境指数），具体见图 1。

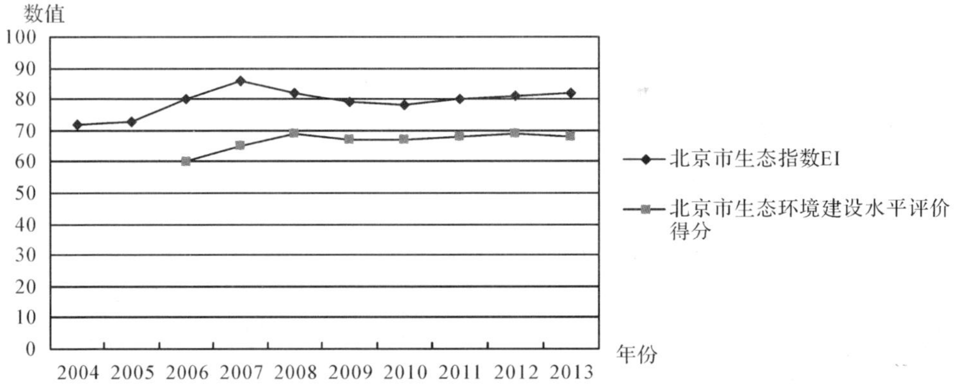

图 1　北京市生态环境建设水平评价值和生态指数

由图 1 可知，从 2004 年开始北京市生态环境城市建设水平至少处于良好水平；2007 年奥运会前一年，一度达到优秀水平。随着奥运的结束，生态环境建设水平在一段时间内有所下降。近年来随着国家对环保的重视，北京市政府对于环保的投资连年增长，2009 年为 317 亿，2010 年 374 亿，2011 年 409 亿，相对 2008 年奥运期间平均年投入 250 左右的水平高出很多，生态环境建设水平再一次稳步上升。

由图 1 可见北京市生态环境建设的得分在 2007 年奥运之前就达到优秀水平，相比 2008 年北京市生态指数峰值提前一年，这不仅充分说明生态投入的效果具有一定的滞后性，也说明本文生态环境建设指标体系可以很好地反映北京市的生态环境建设水平。由图 1 还可以看到，奥运之前北京市生态环境建设指标得分同北京市生态环境指数之间呈正相关的关系，这与奥运期间周边省市支援奥运、限制有污染的企业生产有关。

由图 1 可知，奥运之后北京市生态环境建设指标得分同北京市生态环境指数之间呈较弱的负相关的关系。虽然北京市近年来生态环境投入较多，生态环境建设指标得分稳步提高，但是北京市 2009—2013 年期间全市生态环境质量指数基本在 66 左右(65.9—67.1)，生态环境质量持续为良好水平，变化不大。尽管北京市在生态环保建设方面投入很多，但收效不大，这与北京市周边城市生态环境的恶化有很大关系。2011 年以后，周边省份的大气污染日益加剧，这使得北京市空气质量有所下降，持续高发雾霾天气，生态环境恶化。而这种情况单靠北京市的生态建设是无法改变的，所以近些年来北京市生态环境建设指标得分同北京市生态环境指数之间呈较弱的负相关的关系。这说明，加强同北京周边河北、天津等省市的生态建设合作，从源头治理大气污染、水污染，利用城市群的功能分配解决北京市的大城市病，有助于改善北京市的生态环境，因此京津冀城市群的生态合作对于进一步提升北京市的生态水平至关重要。

五、结　论

本文构建了北京市生态环境建设水平评价指标体系，并构建了基于 Nash 均衡的主客观组合赋权的方法，其中主观赋权方法采用层次分析法，客观赋权方法采用熵权法。生态环境建设水平评价指标不仅包括生态环境指标，也包含城市生态建设的投入和管理指标，它更多的展示一个城市在生态建设上的投入和管理水平，因此相对北京市生态指数可以提前反映城市生态建设水平。通过对比 2006 年之后生态环境建设水平评价得分同北京市生态环境指数，我们发现，在奥运之前，北京市生态环境建设指标得分同北京市生态环境指数之间呈正相关的关系，这与奥运期间周边省市支援奥运、限制污染企业的生产有关。奥运之后，因为周边省份的大气污染密严重影响了北京大气质量，北京市生态环境建设水平指标得分同北京市生态环境指数之间呈较弱的负相关的关系。因此加强同北京周边河北、天津等城市的生态建设合作非常关键，京、津、冀城市群的生态合作对于进一步提升北京市的生态水平至关重要。

参考文献

[1][英]埃比尼泽·霍华德著，金经元译：《明日的田园城市》，商务印书馆，2000年。

[2]温典运、栾胜基：《基于整合环境评价方法的城市环境展望研究》，《生态经济》，2013年第1期。

[3]盛学良、彭补拙等：《生态城市建设的基本思路及其指标体系的评价标准》，《环境导报》，2001年第1期。

[4]蒋小平：《河南将生态文明评价指标体系的构建研究》，《河南农业大学学报》，2008年第1期。

[5]吴琼、王如松等：《生态城市指标体系与评价方法》，《生态学报》，2005年第8期。

[6]宋马林、杨杰等：《社会主义生态文明建设评价指标体系：一个基于AHP的构建脚本》，《深圳职业技术学院学报》，2008年第4期。

[7]杜宁：《生态文明建设评价指标体系研究》，北京林业大学硕士学位论文，2009年。

[8]宋永昌、戚仁海等：《生态城市的指标体系与评价方法》，《城市环境与城市生态》，1999年第5期。

[9]刘则渊、姜照华：《现代生态城市建设标准与评价指标体系探讨》，《科学学与科学技术管理》，2001年第4期。

[10]杨蕾：《生态城市建设作用机理与模拟仿真研究——以哈尔滨市为例》，东北林业大学博士论文2013年。

[11]李笑诺、施晓清等：《烟台生态城市建设指标体系构建与评价》，《生态科学》，2012年第2期。

[12]钟荣丙、匡跃辉：《长株潭生态城市群评价指标体系和模型研究》，《工业技术经济》，2010年第11期。

[13]肖亚丽、蒋大和：《长三角城市群生态城市建设定量评价》，《长江流域资源与环境》，2007年第5期。

[14]朱玉林、李明杰、刘旖：《基于灰色关联度的城市生态文明程度综合评价——以长株潭城市群为例》，《中南林业科技大学学报(社会科学版)》，2010年第5期。

[15]方创琳、蔺雪芹：《武汉城市群空间扩展的生态状况诊断》，《长江流域资源与环境》，2010年第10期。

[16]陈兴鹏、张伟伟等：《基于集对分析的城市生态系统健康评价——以兰州为例》，《生态科学》，2011年第2期。

[17]张鹄志、马传明、王江思：《基于层次分析——熵权法的中原城市群生态环境评价》，《安全与环境工程》，2014年第1期。

（作者：刘承水　首都城市环境建设研究基地执行主任　教授
王　强　首都城市环境建设研究基地研究人员　讲师
胡勇慧　首都城市环境建设研究基地研究人员　讲师）

北京现代产业新区发展研究基地

（北京石油化工学院）

基地名称：北京现代产业新区发展研究基地
依托单位：北京石油化工学院
项目类别：北京市社会科学基金项目

北京智慧城市发展指数(SCDI 指数)统计评价研究①

内容提要：“智慧城市”是当代城市发展的新模式，也是城市信息化发展的高级阶段。“智慧北京”既是北京市政府提出的《智慧北京行动纲要》目标，又是北京市“十二五”规划目标，是北京建设世界城市的核心之举。本研究从理论与实践两个方面开展北京“智慧城市”发展状况评价研究工作，构建了智慧城市发展指数(SCDI 指数)，并实际采集数据实现了对“智慧城市”发展水平的量化评估，同时实现了对北京市“智慧城市”建设进程的纵向动态跟踪监测和所属 16 个区县之间的横向差异比较，为市政府制定“智慧城市”发展战略以及“智慧城市”建设在重点地区、重点领域、重点工作上的推进提供量化支持依据。

关键词：智慧城市；发展指数；统计评价

“智慧城市”是当代城市发展的新模式，也是城市信息化发展的高级阶段。北京市政府于 2012 年 3 月发布了《智慧北京行动纲要》(以下简称《行动纲要》)，明确提出了“十二五”时期“智慧北京”的发展目标：通过实施智慧北京建设的八大行动计划，形成信息化与城市经济社会各方面的深度融合，信息化整体发展达到世界一流水平，实现从“数字北京”向“智慧北京”全面跃升。在《行动纲要》的落实中，北京现代产业新区发展研究基地受北京市经济与信息化委员会和北京市哲学社会科学规划办公室特别委托，研究建立和发布了智慧城市发展指数(SCDI)，对北京智慧城市建设和发展的进程进行综合评价和监测。

一、SCDI 指数统计评价指标体系

SCDI 指数是依据统计指数理论构建的测度城市经济社会全面应用现代信息技术、由数字化向智慧化提升水平的综合评价指标。该指数可以用来

① 本文是“北京智慧城市发展水平评价研究”项目的阶段成果，项目编号：13JGA107。

综合测算和评价城市智慧化发展水平，分析智慧城市建设进程中的效果及问题，为政府制定智慧城市发展战略、经济社会发展规划及相关政策提供量化的支持依据。

根据智慧城市的特征，遵循指标体系的构建原则，课题组分析研究了国内外相关评价指标体系，深入实际进行多次调研，广泛征求专家意见，并在北京市东城区做了试点研究，最终从环境支撑、基础设施、智能应用、发展效果四个维度，构建了由 4 个二级指标和 19 个三级指标组成的 SCDI 指数评价指标体系。

表 1　SCDI 指数统计评价指标体系

一级指标	二级指标	序号	分序	三级指标
SCDI 总指数	环境支撑分类指数	1	1	研发经费占地区生产总值比重
		2	2	人均产值
		3	3	受过高等教育人口比重
	基础设施分类指数	4	1	政府信息化投资占财政支出比重
		5	2	每百户智能终端拥有量
		6	3	户均网络带宽
		7	4	公共无线局域网络覆盖面积(WLAN)
	智能应用分类指数	8	1	互联网购买商品或服务占家庭消费支出比重
		9	2	企业网站建站率
		10	3	电子商务销售额占商品销售总额比重
		11	4	公共管理信息共享率
		12	5	政民网络互动效率
		13	6	智慧社区建成率
	发展效果分类指数	14	1	人均收入
		15	2	人均信息消费额
		16	3	产业优化系数
		17	4	城市智能运行管理效率
		18	5	居民安全感满意度
		19	6	居民生活便利满意度

二、北京SCDI指数(2013)测评

本项目是一个贯穿整个“十二五”时期的五年连续性评价，逐年进行。到2014年1月，SCDI(2013)评价工作已经完成，测评结果如下：

(一)北京SCDI(2013)[①]总指数为0.450

进入“十二五”时期以来，北京SCDI总指数逐年提高。SCDI(2013)总指数达到了0.4502，两年累计提升了15.4个点。但按照2015年北京SCDI总指数目标值来测算，“十二五”后期还需要提升20个点，平均每年需提升6.6个点，建设智慧北京的任务仍十分艰巨。

表2　北京SCDI(2013)总指数及分类指数比较表

指　　数	2013	2012	2011	2013提升的点数	
				与2012相比	与2011相比
SCDI的总指数	0.450	0.388	0.296	6.2	15.4
环境支撑分类指数	0.352	0.329	0.308	2.3	4.4
基础设施分类指数	0.628	0.497	0.391	13.1	23.7
智能应用分类指数	0.454	0.310	0.276	14.4	17.8
发展效果分类指数	0.433	0.431	0.246	0.2	18.7

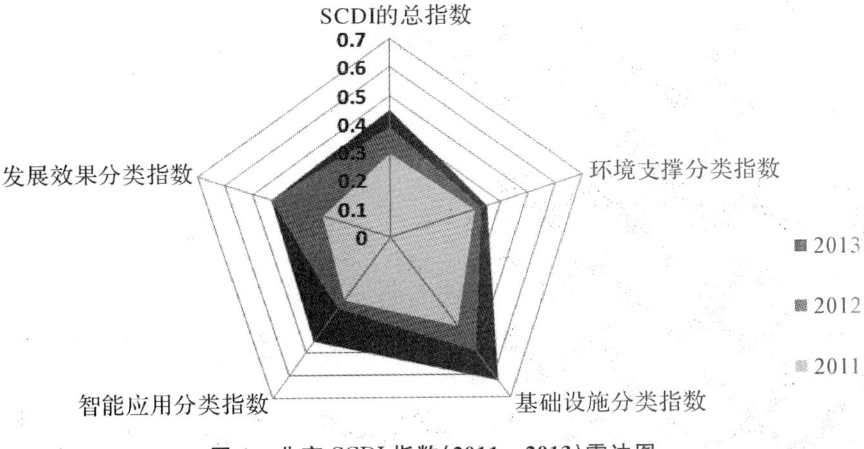

图1　北京SCDI指数(2011—2013)雷达图

(二)硬件条件改善较快，但软环境发展滞后

北京SCDI总指数的四个分类指数——环境支撑分类指数、基础设施分类指数、智能应用分类指数和发展效果分类指数从不同的角度反映了智慧北京的发展水平及其变化幅度。

① SCDI(2013)依据2012年统计数据计算，其余两年类同。

基础设施分类指数是反映建设智慧北京所需要的信息化投入与终端应用等硬件条件的基础性综合指标。该指数在四个分类指数中水平最高、增幅最大，反映了“十二五”前期信息化基础设施保持了较快的建设速度。

智能应用分类指数是反映居民、企业、政府对新型信息技术智能化应用与城市智能化运营能力的重要应用性指标。该指数在四个分类指数中水平和增幅排位均居第 2 位，尤其是水平排位从上年的第 4 位跃升到第 2 位，反映了北京市在推进现代信息技术的智能化应用方面有了较大进展。

发展效果分类指数是反映城市智慧化发展的社会经济效益、居民对智慧城市发展的认可程度的目标性综合指标。该指数虽然累计增加幅度较高，但水平排位从上年的第 2 位下降到第 3 位，北京市在提升智慧城市发展效果方面尚须采取有效措施，加大推进力度。

环境支撑分类指数是反映建设智慧北京所需要的科技投入、经济发展水平、高素质人才等一系列相关支撑条件的综合指标。该指数在四个分类指数中居于末位，不仅指数水平大大低于其他三个分类指数，增幅也较小，这反映了智慧北京的软环境建设滞后，这方面是智慧北京建设的薄弱环节。

（三）发展水平继续提升，但增幅减缓

北京 SCDI(2013)总指数比上年提升了 6.2 个点，与 SCDI(2012)比上年提升 9.2 个点相比，增幅减缓了 3 个点。影响总指数提升的主要因素是发展效果与环境支撑两个分类指数提升幅度较小，如果发展效果分类指数能按近两年的平均增幅提升 9.4 个点，就能使总指数增加 2.8 个点。

1. 智能应用分类指数比上年提升 14.4 个点，为分类指数中最快

从构成该分类指数的基础指标来看，目前大部分指标水平还较低。其中，全市互联网购买商品或服务占消费性支出比重为 0.72%，企业网站建站率为 34.5%，电子商务销售额占营业收入比重为 8.79%，智慧社区建成率为 18.13%。表明进入“十二五”以来，尽管该分类指数提升很快，但由于北京市智能应用尚在起步阶段，因此还需要进一步加大推进现代信息技术在居民、社区、企业、政府部门智能应用的力度。

2. 基础设施分类指数比上年提升了 13.1 个点，在四个分类指数中提升幅度较大

从构成该分类指数的基础指标来看，均呈现出增加趋势。全市平均每百户拥有可接入互联网的计算机、移动电话和电视机等智能终端数量从 2011 年的 223 增加到 2012 年的 257；全市光纤网络家庭住户覆盖率从 2011 年的 58.15%提升到 2012 年的 75.35%；全市无线通信网络覆盖率 2012 年达到 97.92%。表明北京市在智慧城市的基础设施建设方面保持了持续发展的态势。

3. 环境支撑分类指数比上年提升了 2.3 个点，在四个分类指数中提升幅度较小

从构成该分类指数的基础指标来看，需要特别关注的是研发经费投入占比指标。2012 年北京市全社会的研发经费投入占比为 5.95%，而企业研发经费投入占比仅为 2.36%，表明企业尚未发挥出智慧创新的主体作用。

4. 发展效果分类指数比上年仅提升了 0.2 个点，在四个分类指数中提升幅度最小

从构成该分类指数的基础指标来看，人均收入和产业结构优化均表现出良好的发展态势，但是在提升城乡居民看病就医、交通出行、学习与教育便利度方面还存在一定的差距。

(四)北京 16 个区县智慧城市发展水平划分为四种类型

依据北京市各区县 SCDI(2013)总指数的测评结果，16 个区县分为四种类型。

表 3　北京 SCDI(2013)总指数按四种地区分类

	总指数		环境支撑指数		基础设施指数		智能应用指数		发展效果指数	
	2012	2011	2012	2011	2012	2011	2012	2011	2012	2011
全市平均	0.450	0.388	0.352	0.329	0.628	0.497	0.454	0.310	0.433	0.431
第一类型地区	0.515	0.450	0.447	0.413	0.683	0.575	0.525	0.356	0.486	0.486
第二类型地区	0.437	0.374	0.360	0.324	0.590	0.467	0.476	0.326	0.384	0.393
第三类型地区	0.378	0.320	0.230	0.225	0.661	0.522	0.336	0.253	0.355	0.350
第四类型地区	0.337	0.267	0.120	0.144	0.619	0.537	0.315	0.181	0.355	0.348

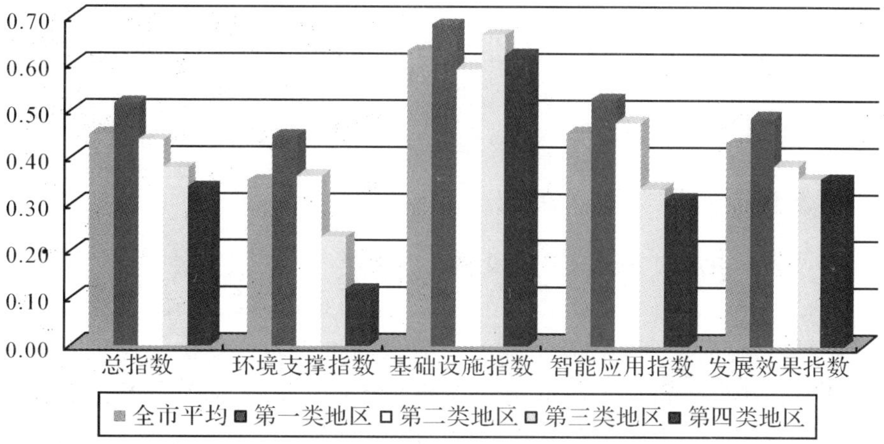

图 2　北京 SCDI(2013)四种类型地区的总指数与分类指数

(五)各区县智慧城市建设水平发展不平衡，但区县间发展水平差距缩小

北京市所属 16 个区县中 SCDI(2013)总指数超过 0.5 的有三个，其中排在第一位的地区总指数为 0.542，最低的地区总指数仅为 0.331；区县间 SCDI 总指数水平差异度为 100∶61。

从北京各区县 SCDI 总指数变化情况来看，16 个区县的 SCDI 总指数均表现出不同程度的提升，其中提升幅度较大的比上年提升了 8.9 个点；提升幅度较小的同期仅提升了 1.8 个点。

1. 总指数水平差距有所降低

对 16 个区县 SCDI(2013)总指数变化情况进行分析的结果表明，区县间智慧化发展的总体水平差距有所降低。其中，区县间总指数的区域变异系数从上年的 0.16 降至 0.15；区域差由上年的 42 降至 39。

2. 分类指数水平差距有三个呈缩小趋势，智能应用指数差距有所加大

对 16 个区县 SCDI(2013)分类指数变化情况进行分析的结果表明，环境支撑、基础设施与发展效果分类指数的水平差距均呈缩小趋势，智能应用分类指数的水平差距略有扩大。

从环境支撑分类指数的变化情况来看，SCDI(2013)环境支撑分类指数区县间的变化差距与上年相比有所缩小，区域变异系数从上年的 0.44 降至 0.40；区域差由上年的 80 降至 78。

从基础设施分类指数的变化情况来看，SCDI(2013)基础设施分类指数区县间的变化差距与上年相比有较大幅度缩小，区域变异系数从上年的 0.21 降至 0.13；区域差由上年的 53 降至 35。

从发展效果分类指数的变化情况来看，SCDI(2013)发展效果分类指数区县间的变化差距略小于上年，区域变异系数从上年的 0.16 降至 0.15；区域差由上年的 39 降至 36。

从智能应用分类指数的变化情况来看，SCDI(2013)智能应用分类指数 16 个区县均有不同程度的提升，但区县间水平差异有所扩大，区域变异系数从上年的 0.24 升至 0.25，区域差由上年的 59 升至 61。

三、主要问题与对策建议

(一)进一步加快智慧北京建设的发展进程

“十二五”以来，智慧北京建设工作在稳步推进，但完成《智慧北京行动纲要》发展目标的任务仍然十分艰巨。要以城市规划科学化、公共服务均等化、社会管理精细化、基础设施智能化和产业发展现代化为主要内容，在“十二五”后期进一步加快智慧北京建设的发展进程。

(二)努力实现政府部门间的协同整合和信息共享

智慧城市建设是一项复杂的系统工程，不仅需要互联网、物联网、云

计算等现代信息技术的推广应用，还需要在地区和部门间实现信息资源联合共建、广泛共享。但是目前，评价指标体系中公共管理信息共享率指标数据仍是空白，反映出政府部门的协同整合和信息共享仍然存在障碍。因此，在智慧北京建设过程中，要通过健全政府部门信息资源共享的体制机制来解决这一问题。

(三)提升居民家庭实际拥有的网络带宽

宽带是新时期我国经济社会发展的战略性公共基础设施，也是制约互联网使用效果的重要因素。“宽带中国”战略及实施方案中提出到 2015 年，城市和农村家庭宽带接入能力基本达到 20Mbps 和 4Mbps，部分发达城市达到 100Mbps；到 2020 年，城市和农村家庭宽带接入能力基本达到 50Mbps 和 12Mbps，50%的城市家庭用户达到 100Mbps，发达城市部分家庭用户可达 1Gbps。目前，尽管北京市的光纤入户率已达到 75.35%，但居民家庭实际拥有的网络带宽还远未达到发展目标。本项目问卷调查结果显示，调查样本家庭的实际网络带宽在 2Mbps 及以下的占 21.1%，3—10Mbps 的占 32.6%，11—20Mbps 的占 9.1%，21—50Mbps 的占 2.2%，51Mbps 及以上的仅占 1%。因此，要在智慧北京建设的战略部署中，通过光网城市建设工程，着力提升居民家庭实际拥有的网络带宽。

(四)进一步增强智慧创新能力

本项目评价结果显示，环境支撑分类指数水平在四项分类指数中水平最低，而且区县间的差距较大。其中影响该分类指数最主要的指标是研发经费占地区生产总值比重，这是一项反映智慧创新能力和发展潜力的重要指标。该指标北京市地区间差异很大，最高的地区该指标已经达到 9.0%，而最低的仅为 0.52%，相差 17 倍多。从研发经费投入主体来看，2012 年北京市全社会的研发经费投入比重为 5.95%，而企业研发经费投入比重仅为 2.36%，表明企业尚未发挥出智慧创新的主体作用。因此，需要把发挥企业主体作用、增强智慧创新能力作为智慧城市建设的重要任务，进行长远统筹规划，重点落实。

(五)在“便民”、“利民”和“惠民”等方面应有所突破

本项目问卷调查结果显示，SCDI(2013)在医疗、交通、教育三大民生问题上，居民对智慧化带来生活便利的满意度并没有得到改善，满意度综合得分仅有 67.6 分。智慧城市建设的重要目的是通过现代信息技术手段提高百姓生活的便利度和满意度。因此，需要着力落实物联网、大数据、云计算、下一代互联网等现代信息技术在解决民生热点问题中的应用，在医疗、交通、教育等方面有所突破，让百姓尽快感知和体会到智慧城市带来的“便民”、“利民”和“惠民”效应。

（六）加强现代信息技术知识普及与应用能力培训

现代信息技术需要人将其应用于社会工作与生活中，因此需要全社会的广泛知晓和参与。但是，本项目的问卷调查结果反映出，还有相当一部分城市居民，尤其是农村居民、老年群体等对基础信息知识和技术尚不甚了解，不具备现代信息产品和技术的应用能力。其中有19.8%的受访者表示家里有宽带但不知道带宽，有超过10%的受访者对信息技术给生活带来的便利与否不清楚，有超过60%的受访者对城市网格化管理不知晓等，反映出至今现代信息知识和应用能力的社会普及方面尚存在盲点，这无疑将影响智慧化服务与管理的社会普惠性。因此，在智慧北京建设进程中，需要构建起覆盖全社会的现代信息技术知识普及体系，加强应用能力培训，扫除盲点，切实提高社会公众的智能应用能力，使之享受到智慧北京建设的成果。

（七）尽快完善相关统计制度

统计数据是科学决策的量化依据。目前，由于有关信息化的统计制度还不完善，给政府管理和科学评价工作带来一定困难。现存的主要问题：一是官方统计指标数量有限，不能满足分析的需要；二是部门指标年度间统计数据口径不一致；三是非官方数据随意性大，缺乏科学性等。因此，随着智慧城市建设的进一步深入，需要尽快建立和完善城市智能运行、居民数字生活、企业网络运营、政府智慧化管理等方面的统计制度，为智慧北京建设奠定科学管理的数据基础。

（作者：刘卫国　北京现代产业新区发展研究基地副主任　副教授
陈彦玲　北京现代产业新区发展研究基地首席专家　教授
杨京英　北京现代产业新区发展研究基地研究人员　高级统计师
侯小维　北京现代产业新区发展研究基地研究人员　高级统计师
李　扬　北京现代产业新区发展研究基地研究人员　讲师）

北京健康城市建设研究中心

（北京健康城市建设促进会）

基地名称：北京健康城市建设研究中心
依托单位：北京健康城市建设促进会
项目类别：北京市社会科学基金项目

北京市以森林休养促进公众健康对策研究[①]

内容提要：开发森林的休养功能来增加国民的绿色福祉，是国际林业发展的新趋势。不仅有利于森林的保护，还能增强市民身体健康水平，增加新的就业岗位。韩国、日本、美国等国家，建设了众多的森林休养基地，并从法律、政策、资金上保障森林休养工作的持续开展。北京城市存在人口高度密集、环境污染严重、生物多样性缺失等问题，加强森林休养工作十分必要。建议如下：一是加强宣传推广，提高森林休养意识；二是加大政策扶持力度，加快建设步伐；三是制定规划，发展不同类型的森林休养基地；四是开展试点示范，出台森林休养技术标准；五是完善管理和运行机制，提高服务效率；六是培养从业队伍，增强社区服务能力；七是深化国际合作，实现共同发展。

关键词：森林休养；公众健康；对策研究

森林休养是指通过利用森林中的特殊环境，使人的身心得到康复、人的情操得到培养、人对森林的认知得到提高的一种休闲方式。休养设施主要有森林疗养院、青少年身心健康康复所、森林浴场、露营地、小木屋、林间步道等。休养活动主要有林中疗养、林间散步、野营、冥想、瑜伽、自然观察、手工制作、民俗农事体验等。森林应用于增进公众健康和防治城市生活习惯病，是国际上林业发展的新趋势。不仅有利于森林资源的保护，发展山村经济，还能促进人体健康，提高公众生活品质。

北京已成为2000万人口的大都市，正在努力建设世界城市。然而，由于北京城市人口高度集中，在城市人工生态系统存在着环境污染严重、生物多样性欠缺、与自然环境割裂等诸多问题，再加上生活成本高、负担重、工作繁忙，给长期生活在城市市民带来紧张、压抑、烦躁等不健康症状，导致高血压、高血脂、糖尿病、肥胖症患者比例不断增高。北京市有必要充分利用广阔的森林绿地资源，建立森林休养基地，发展森林休养产业，

---

① 本文是“北京森林休养发展对策研究”项目的最终成果摘要，项目编号：13JDCSA017

以提高公众健康水平，培育绿色产业，促进兴绿富民。

一、森林休养的国内外发展现状

(一)森林休养的国外发展现状

国际上对森林休养的研究与发展始于 20 世纪 60 年代，经过半个世纪的探索与发展，森林休养的内涵被逐渐地丰富和扩展，渐渐形成了集森林旅游观光、休闲游憩、科普教育、医疗保健为一体的综合体系。

韩国于 1982 年提出建设自然休养林，2005 年制定了《森林文化休养法》，并成立了国立自然休养林管理所。2008 年把森林休养列为全体国民的福祉。当前，韩国已经营建了 158 处自然休养林、173 处森林浴场，修建了 4 处森林疗养基地和 1148 公里林道，并形成了森林讲解员和理疗师培训体系。日本建立森林疗法基地的规划始于 2005 年，其主要目的是利用森林来促进国民健康。2005—2008 年，35 处场所被批准为森林疗法基地。森林休养产业发达，每年都有近 8 亿人次进行森林浴。美国作为森林休养开发最早的国家之一。据统计，美国人均收入的 1/8 用于了森林休养，年接待游客 20 多亿人次。同时，美国联邦教育部还于 2011 年 5 月启动了“绿丝带学校计划”(Green Ribbon Schools)，主要针对中小学生开展森林环境教育，进一步丰富了本国森林休养活动的内涵。德国则形成了以环境教育和森林医疗为亮点的森林休养发展路径。该国的森林康复养生已有二百多年的历史，其医院建在环境优美的森林中，病人不仅每天可享受植物芬多精、高浓度负氧离子的“洗礼”，而且还会获得具有资质的医护人员以森林为依托的针对性理疗。森林休养还是治疗青少年网瘾的有效廉价方法。在德国，森林理疗师让具有网瘾的青少年去附近的森林野营，让他们在森林里学会原始人的生存技能，如钻木取火、自己动手洗衣做饭、亲手做哨子等。通过帮助孩子们远离“旧环境”，引导他们改变自己的生活。

(二)森林休养的国内发展现状与问题分析

目前，国内的森林休养无论在理论研究还是生产实践方面都尚处于起步阶段。就理论研究而言，目前的内容还主要集中在森林旅游休憩功能、规划等方面，而在森林教育、医疗保健及文化产业方面尚未形成较为完整的理论体系。

与国外相比，我国的森林休养理论研究方面还存在下列不足：(1)缺乏森林休养领域多学科综合研究课题和研究团队；(2)缺乏休养林经营管理法律法规；(3)缺乏森林休养与身心健康机理研究；(4)缺乏休养林结构与功能关系研究；(5)研究对象集中在森林公园和保护区，对需求量大的城郊森林休养进行研究的还很少；(6)对居民的森林休养需求研究不够；(7)对不同的森林环境所适宜开展的森林休养产品类型研究很少；(8)对各种森林休养活动造成的环境影响研究不够。

在生产实践方面的不足表现在：(1)从政府和行业发展来看，主要关注森林公园和自然保护区的发展，关注点还主要停留在森林旅游资源开发上；(2)森林休养发展缺乏政策保障和必要的资金支持；(3)森林休养产品的开发还很缺乏，对城市居民没有足够的吸引力；(4)管理和利益分配未充分保障当地社区居民和林场工人的经济利益，调动其开发的积极性；(5)森林休养与森林资源保护的协同推进问题也还没有深入的思考；(6)部分森林休养拟开发区交通条件和区内服务设施还不能令人满意；(7)休养林经营管理技术落后；(8)相关专业人才匮乏。

二、森林休养与公众健康的关系

从人类进化的整个历程来看，人类在森林中生活了约300万年以上，相当于99.99%的时间生活在森林中，相对而言在城市中生活的时间极其短暂。因此，森林环境促进了人类的进化过程，人类对森林有着天然的亲近感。

(一)人对森林环境的感受

与市区相比森林的空气和水更清洁，在森林漫步时，适宜的温度、湿度及光照，鸟语花香、微风拂面，会让人感觉心旷神怡。树叶可清洁空气，吸附和吸收废气或其他污染物，并释放新鲜的氧气。森林空气感觉清新的另一个原因是植物释放到空气中的挥发性物质即植物杀菌素的作用。

人们可以通过5个感官享受森林环境：森林的清香(闻)、绿色植物的色彩(看)、潺潺的溪流和鸟的歌唱(听)、森林饮食(尝)、触摸树木(摸)等。

森林环境为什么会对人体产生放松作用？原因如下：一是由于树叶对阳光的过滤作用，森林中的光照很少造成眩光和眼睛不适。二是森林中气温舒适，许多人愿在夏季到森林中避暑。三是森林中相对湿度、平均辐射热和风速较低，树叶和土壤蒸发的水分能产生治疗作用。四是森林中的噪音低于城市环境。森林中的自然声音(如蝉鸣、流水等)能给人以美的感觉，而城市中汽车等人工声音会让人感觉嘈杂或不舒服。

(二)森林环境对人类健康的作用

森林在促进公众健康方面的功能已得到日本、韩国、德国等医学界的关注，一些医学界科学家与林业专家合作，研究森林医疗和保健的功能，并以大量案例证实。例如日本医科大学的李卿博士、千叶大学的宫崎良文博士、森林综合研究所的香川隆英博士等研究人员，以东京工作繁忙的白领和高血压、忧郁症、糖尿病等患者为研究对象，通过他们在森林中散步、休息，发现他们血液中的NK细胞(免疫细胞)活性明显增加，对高血压、忧郁症、糖尿病等症状具有显著的预防和减缓作用，而城市环境对这些症状减缓不明显。德国森林理疗师让有网瘾的青少年在森林中参加森林休养活动来摆脱网瘾对青少年的危害，收到了很好的效果。

三、在北京发展森林休养的意义

森林休养对北京而言还是新事物，发展也处在刚刚起步阶段。从首都经济社会和园林绿化发展的阶段来看，具备发展森林休养的条件。加快森林休养发展步伐对推动绿色发展，增加就业岗位，提升市民身体健康水平具有重要意义。

(一)有利于推动生态文明建设，提升首都形象

北京市“十二五”规划将人文北京、科技北京、绿色北京和建设中国特色世界城市作为发展目标，努力建设首善之区和宜居城市。北京作为国际化大都市，在机场、交通、通信等基础设施方面与世界城市已相差不大，但空气污染、保护环境、绿色发展方面还很薄弱，大力发展森林休养，能让人们认识到保护环境、珍爱森林的重要性，提高文明素养，展示北京市民的良好风貌，促进生态文明建设。

(二)有利于提高市民健康水平，减少医疗支出

据北京市卫生局发布，2012 年北京市卫生总费用为 1190.01 亿元，比上年增长 19.73%，增长速度远高于 GDP 的增长速度。2012 年北京市人均卫生总费用 5750.79 元，在全国也处于领先水平。表明北京市民健康问题突出，对医疗设施需求很大。北京市居民看病难和看病贵是多年来政府部门一直难以解决的问题，随着北京市老龄化越来越严重，看病求医的需求还将增长。因此，通过大力发展森林休养产业，提高市民身体健康水平，不仅有利于降低市民的医药支出，减轻市民负担，还有利于缓解全市医疗机构不足，增加市民绿色福祉。

(三)有利于应对人口老龄化，为解决养老设施不足提供了新途径

据北京市老龄办统计，2011 年年底，北京有老龄人口 247.9 万人，占总人口的 19.4%。预计，2030 年老龄人口将超过 500 万，约占总人口的 30%。北京养老服务机构仅有 380 家，养老总床位约 61800 张，平均每 100 位老人拥有 2.48 张床位，养老机构和设施严重不足。在城区用地紧张的情况下，在山林中建养老设施是有效的解决办法。通过在森林中建无障碍休养设施，让老人(包括残疾老人)远离城市的烦躁，很方便地到森林中休养，通过呼吸森林中的新鲜空气和欣赏森林美景，不仅有利于身体健康，还能减少城市中快节奏的生活带来的焦虑。

(四)有利于森林资源保护，提高森林价值

当前，北京市林地面积 104 万公顷，占国土面积的 63%，森林覆盖率达到 38.6%。由于中幼龄林偏多，评价森林质量的指标之一平均每公顷林

木蓄积仅 27.88 立方米，是全国平均水平的 40.1%，世界平均水平的 28.6%。以上数据表明，北京市森林面积大，但质量较低。由于森林生长周期长，要想从木材中获得经济效益，需要等上百年的时间。充分发挥森林的休闲、疗养、体验、教育等社会服务功能，有利于在保护森林的同时，提高森林的综合价值。

(五)有利于增加山村居民收入，减少城乡差距

北京的森林主要是生态林，主要功能是涵养水源、防风固沙，经济效益很小，因此，村民很难直接从生态林中获得收益。据统计，北京现有 10 个区县 120 余万村民生活在山区，共有 4.3 万名村民成为生态林管护员，每月补偿 400 元。但生态林补偿的费用受益人群少、补偿标准低，难以达到富裕山区、减少城乡差距的目的。2012 年，北京市城镇居民人均收入 36469 元，农民人均收入 16476 元，农民收入只是城镇居民收入的 45.18%。城镇居民有能力也愿意到郊区森林休闲、疗养，但郊区的森林休养设施难以满足市民的需要。

(六)有利于调整产业结构，增加新的就业岗位

社会经济的快速发展往往是新需求带动新产业的发展。在城区就业人群过多造成交通拥堵、污染严重的情况下，在广袤的郊区森林大力发展森林休养产业，有利于疏散中心城区人口，促进产业结构调整。森林休养属于低碳产业，也符合绿色北京的发展要求。据韩国专家估算，按照北京社会经济发展需求和森林资源条件，北京至少需要建成 80 个自然休养林才能满足需求，能带来至少 1 万个森林理疗师和森林讲解员就业岗位，还能带动周边农户就业。

四、促进北京森林休养发展的对策、建议

为了加快北京森林休养的发展步伐，建议如下：

(一)加强宣传推广，提高森林休养意识

森林休养是国际林业发展的新趋势，有利于充分利用森林的服务功能，从而保护森林资源，实现绿色发展。目前在国内尚未普及，无论是政府、社会服务机构，还是普通百姓，都了解较少。因此，应加强宣传推广工作，引导政府部门和社会服务机构更新理念，了解森林休养对提升国民素质、培育绿色产业等方面所具有的重要作用，关注和支持森林休养工作；引导社会公众了解森林休养对促进身心健康的重要作用，积极参与森林休养活动。

(二)加大政策扶持力度，加快建设步伐

根据首都特点，应建立一套支持保障到位、运行机制灵活的政策体系。一是将森林休养纳入政府公共服务范畴，作为生态文明建设的重要内容。

学习韩国、日本的经验，通过政策扶持森林休养产业发展。二是加大资金支持，推动基础设施建设。将森林休养场所周边道路、水电和通讯等基础设施建设纳入当地经济社会发展规划。三要制定优惠政策，引导社会参与。通过贴息贷款、税收优惠、项目融资等政策手段，鼓励外商、私人企业和相关产业部门参与森林休养场所建设和经营。四要支持研发，推动科技成果转化。充分发挥北京人才、技术优势，支持森林休养的理论与技术研究。

（三）制定规划，发展不同类型的森林休养基地

国际上，韩国、日本等国在全国范围内的森林休养基地建设上都有整体的规划与布局，并制定了阶段性的发展目标，值得北京市学习借鉴。目前，北京市已建有 24 个森林公园、71 个郊野公园、20 个自然保护区。这些地方为广大市民郊游提供了不少便利，应该根据这些公园、保护区的位置，合理布局北京市森林休养基地，确定近期和远期的建设目标。

（四）开展试点示范，出台森林休养技术标准

森林休养在国际上有许多国家的先进经验值得学习和借鉴，例如韩国、日本、美国、德国等都在该领域有良好的发展。特别是韩国，不仅森林休养基地多，而且有一大批技术成熟、经验丰富的设计师。积极与这些国家合作，有利于减少失误，提高设计的科学性。目前，国内森林休养建设人才缺乏，因此，需要在借鉴国外森林休养基地建设的经验前提下，选择 1—2 个区域进行试点示范。通过试点示范，总结归纳基础建设、软件支持等方面的标准，确保森林休养基地建设的质量和水平。

（五）完善管理和运行机制，提高服务效率

基于森林休养具有的资源性、公益性、服务性、产业化特点，应建立一套政府主导、市场运作、社会参与的综合管理与运行机制。一方面，建立森林休养管理机构，指导森林休养基地的建设与管理。要坚持统一规划、统一管理，充分发挥政府的主导作用。另一方面，要充分发挥市场作用，支持森林休养产业化发展。进一步解放思想，坚持“谁投资、谁开发、谁受益”的原则，尊重市场主体的经营决策，保障投资主体的经营收益，鼓励和支持有条件的经营主体发挥经营管理优势和品牌优势，形成规模竞争优势。

（六）培养从业队伍，增强社区服务能力

发展森林休养，除了要具备良好的森林资源作为本底外，更重要的是休养活动的设计和其中所蕴含的文化、教育、医疗等功能的挖掘。因此，要培养一支技术过硬的从业队伍。例如：森林理疗师要十分清楚不同林分的疗养功能，为体验者提供咨询服务。森林讲解员要了解森林休养基地的地质地貌、植被类型、物种分布、水域和人文景观，设计游客喜爱的体验活动。

（七）深化国际合作，实现共同发展

森林休养在国际上有许多国家的先进经验值得学习和借鉴，北京市应加大与国际社会的交流与合作，实现互通有无、共同发展的良好局面。特别是要强化引进来、走出去的人才交流与培养策略，以人为本，推进技术与理念的引进消化和吸收。另外，应充分发挥好北京的国际展示与交流平台的区位优势，以高质量、高标准、高内涵及特色突出的森林休养产品来吸引国际旅游市场的旅游者，使北京的森林休养对国外旅游者产生越来越大的吸引力。

参考文献

[1]李卿主编，王小平等译：《森林医学》，科学出版社，2013年。
[2]杨家琦、杜丙文：《健康休养地的森林环境开发》，《林业勘查设计》，2003年第1期。
[3]南海龙、王小平等：《日本森林疗法及启示》，《世界林业研究》，2013年3月。
[4]冯嗣兴、刘泽东等：《森林疗养功能的探讨》，《中国林业》，2011年第1期。
[5]邹大林：《森林体验教育亟待重视——韩国自然休养林发展的经营与启示》，《绿化与生活》，2011年第11期。
[6]叶晔、李智勇：《森林休闲发展现状及趋势》，《世界林业研究》，2008年第4期。

（作者：周彩贤　北京健康城市建设研究中心研究人员　高级工程师
马　红　北京健康城市建设研究中心研究人员　高级工程师
邹大林　北京健康城市建设研究中心研究人员　工程师）

基地名称：北京健康城市建设研究中心
依托单位：北京健康城市建设促进会
项目类别：研究基地自设项目

关于进一步推动北京健康城市建设的建议

内容提要： 本文梳理了北京市健康城市建设的历程，分析了当前开展健康城市建设的重要性和紧迫性，总结了北京市健康城市建设模式的四个特点和已完成的工作，提出了进一步推动健康城市建设的对策建议。其中，总结形成的北京市健康城市建设的特点对于推广健康城市建设的“北京模式”具有重要意义，在总结北京市健康城市建设已完成工作基础上提出的对策建议对北京市进一步推动健康城市建设也有重要的参考价值。

关键词： 健康城市建设

北京的健康城市建设是在市委、市政府的领导下，在中国医药卫生事业发展基金会理事长王彦峰教授的倡导和支持下，逐步开展起来的。在申办奥运会期间，北京即提出要将筹办奥运会与推动人民群众健康相结合，并提出了被国际奥委会认可的“奥运健康遗产”概念。市政府于 2007 年启动了“健康奥运、健康北京——全民健康活动”，2009 年制定并发布了《健康北京人——全民健康促进十年行动规划》，2011 年 1 月将建设健康城市纳入了北京的“十二五”规划，2011 年 6 月出台了《健康北京“十二五”发展建设规划》，2012 年市委在第十一次党代会报告中又提出了积极推动北京健康城市建设。可以说，北京的健康城市建设已全面开展，而且步步深入。正如世界卫生组织驻华代表处健康城市项目官员裴雷博士所说的，为北京的健康城市建设所取得的成绩而感到骄傲。

一、建设健康城市是城市发展的内在要求

建设健康城市是世界卫生组织于 20 世纪 80 年代提出的一项全球性战略。其实质是从城市的规划、建设、运行到管理全面贯彻“以人的健康为中心”原则，把城市建设成健康环境、健康社会、健康产业和健康人群的有机整体。我们认为，建设健康城市，它不是居民个人的事，也不只是卫生部门的事，而是包括城市规划、建设、运行到管理等各个部门的共同职责。它要求在应对人的健康问题上，要从被动和末端处理转向以预防为主的源

头治理，从单纯依靠医疗技术转向运用经济、社会、环境等综合手段，从依靠单一的卫生部门力量转向依靠城市的规划、建设、管理等方方面面的力量，从政府的独自治理转向社会的共同参与。

目前，北京的人均 GDP 已超过了 13000 美元，这大致是西方发达国家建设健康城市的起点。借鉴国外城市发展规律，北京将建设健康城市纳入城市发展战略是适宜的。初期的建设成果已经显现并得到广大市民的支持，目前需要进一步推动此项工作的发展。

二、北京开展健康城市建设的特点

北京开展健康城市主要表现出四个特点：

第一个特点是，北京创造了健康城市建设的合作创新机制。逐步形成了以政府为主导、社会组织推动、广大群众参与、媒体舆论宣传的运作机制，形成了各级政府、社会组织、企业、社区以及公民个人等多种主体共同组成的健康城市参与体系。

第二个特点是，形成了市委、市政府各部委办局及 16 个区县共同参与的多部门协调合作机制。

第三个特点是，形成了从城市规划、建设、运行到管理各个环节，从人的身体健康、心理健康到城市的自然环境和社会环境各个方面在内的全面建设健康城市模式。

第四个特点是，形成了以研究促实践，以实践带研究的互相促进经验，用更宽广的国际化视野保持北京健康城市建设的研究工作始终走在世界的前列。

三、北京建设健康城市所做的主要工作

近年来，中国医药卫生事业发展基金会、北京市健康促进工作委员会、首都社会经济发展研究所、北京健康城市建设促进会、北京民力健康传播中心，构建了一个战略合作平台，共同围绕着北京的健康城市建设，重点开展了以下四个方面的工作：

（一）建立了健康城市建设的工作机构，形成了多部门合作的机制

北京市在市级层面成立了市领导为主任的多部门参加的北京市健康促进工作委员会，并成立了专门的工作办公室，形成了政府主导、多部门合作的工作机制，为推进各项工作奠定了领导基础。

（二）开展了健康城市建设的决策应用研究，为市领导决策提供“智库”服务

近几年来，先后出版了《北京健康城市建设研究》、《中国健康城市建设研究》、《中国健康城市实践之路》、《2012 北京健康城市建设研究报告》4 部

著作，报市委、市政府领导和相关中央单位参考，并被国家图书馆和首都图书馆收藏。同时，《中国健康城市建设研究》、《北京健康城市建设研究》两本书正按照世界卫生组织驻华代表处的安排，由人民出版社译成英文，出版后将由世界卫生组织驻华代表处向全球发送。从 2010 年起，北京每年还以市政府名义对外发布北京人群健康状况报告，用大量数据为市政府决策提供支撑。此外，还开展了 20 多项课题的研究，有 10 项课题获得市委、市政府领导批示。其中，由中国医药卫生事业发展基金会理事长王彦峰、北京健康教育协会会长金大鹏和首都社会经济发展研究所所长王鸿春共同向时任中共中央政治局委员、北京市委书记刘淇提交的《继承奥运健康遗产 努力把北京建设成健康城市》报告，直接促成了将建设健康城市写入全市的党代会报告及"十二五"规划。北京市哲学社会科学规划重点项目"治理 PM2.5 国际经验及对我市的启示"调研课题也先后获得中共中央政治局委员、北京市委书记郭金龙和中共北京市委副书记、市长王安顺的批示。

(三)开展了健康城市建设促进活动，动员城乡居民参与健康城市建设

截至目前，北京市已开展了大量健康城市建设促进活动，包括"健康奥运、健康北京——全民健康系列活动"、"健康北京人——全民健康促进十年行动规划"系列活动、"健康城市、绿色出行"世界无车日主题活动、"健康城市 美丽北京——百家社区行系列活动"、"北京市社区健康风采大赛"、"北京健康之星评选"活动、"阳光长城慢病防控计划"、全民健身推广行动等，并举办了"健康城市建设工作经验交流会"、"北京·东京健康城市国际论坛"、"文化推动北京健康城市建设论坛"、"中英健康城市建设与社会创新研讨会"等论坛。同时，还创办了《北京健康城市》这一内部刊物。

(四)广泛开展了健康城市建设的宣传

目前，北京市已经形成了由北京电视台、北京广播电台、北京晚报各自主办的《健康北京》专栏和在社区层面开展的《健康大讲堂》等一系列健康宣传品牌节目，并通过制定《健康北京人指引》、编写"健康大百科"丛书、向市民赠送《首都市民健康膳食指导》，发放限量油壶、限量盐勺等形式，不断向全市城乡居民传播健康知识，在市民中掀起学习健康知识，管住嘴、迈开腿的健康促进热潮。

四、关于进一步推动北京健康城市建设的建议

(一)进一步加强《健康北京"十二五"发展建设规划》实施和指标落实

目前，建设健康城市已得到市委、市政府的高度重视，并于 2011 年正式发布了《健康北京"十二五"发展建设规划》。为进一步推动健康城市建设，北京应把建设健康城市定位在促进我市转变发展方式、实现科学发展的战略新高度，通过落实健康城市战略，破解北京在既有发展模式下存在的人

口膨胀、环境污染、食品安全、交通拥堵、住房紧张、能源短缺等城市发展中的问题，解决好"人的健康"这个重大的民生工程。这就需要相关政府部门高度重视《健康北京"十二五"发展建设规划》的落实，并制定具体的实施方案和年度工作计划，将各项指标逐年、逐阶段进行任务分解，确保规划各项指标和任务的按时完成。

（二）进一步完善健康城市工作机制，在市级层面建立高层组织协调机构

健康城市建设是今后城市发展的方向，国务院在批准的《卫生事业发展"十二五"规划》中也提出了开展健康城市建设的要求。我市全面建设健康城市的进程刚刚起步，健康城市的标准、指标体系，规划的落实、考核、评估机制正处于建立和调整过程中，建立一个强有力的组织和协调机构至关重要。从目前情况看，爱国卫生运动委员会和健康促进工作委员会作为开展健康城市建设的组织协调部门，均挂靠在市卫生局，由于在开展工作时要面对各区县及各同级的委办局，组织协调力度仍显不足。建议应参考"双健活动"时高层领导协调小组的机制，在市级层面成立北京市健康城市建设领导小组，对上接受全国爱卫会的业务指导，对下组织协调各区县、委办局开展工作，对外与世界卫生组织接轨，领导小组下设办公室。领导小组由市委、市政府主要领导任组长，由主管副市长兼任办公室主任。

另外，目前我市健康城市建设工作由市爱国卫生运动委员会办公室和市健康促进工作委员会办公室来组织开展，在市级层面已经实行了一个机构，两块牌子，工作机制比较顺畅。但在区级层面，爱国卫生运动委员会办公室有的设在区市政管委，有的设在区卫生局，随着健康城市建设的不断深入，进一步整合势在必行，从机构上保证健康城市建设工作的顺利开展需要进一步研究统筹，建议按照全国、市级的工作机构，统一到卫生系统。

（三）充分发挥社会组织和新闻媒体的推动作用，加强健康城市理论实践研究和国内外合作

世界卫生组织认为，社会组织是推动健康城市建设的重要力量。国外很多地区的健康城市建设是由社会组织推动开展的。鉴于此，北京市应继续鼓励发挥社会组织在健康城市建设中的作用，推动形成政府主导、社会组织推动、广大群众参与、媒体舆论宣传的运作机制，建立各级政府、社会组织、企业、社区以及公民个人等多种主体共同组成的健康城市参与体系。特别是针对健康城市建设实践当中的一些重点、难点问题，应鼓励各类组织开展研究，为市委、市政府决策提供参考。如在健康城市标准体系，健康城市建设的实施路径和机制，与健康城市建设密切相关的规划、环境、交通、人口、教育、社会保障、城市安全等部门的健康城市工作机制，慢病防控等方面，可进一步深入研究。借鉴发达国家和地区媒体在健康促进中发挥社会责任的成功经验，建议由市委宣传部牵头，市属新闻媒体应拿出更多的版面、时段，免费刊登、播出健康科普知识和公益性广告，从而提高城乡居民的健康素养。

（四）整合区县实践和成功经验，加大支持和推广力度，积极转化和创新工作机制

我市东城区于1994年就被世界卫生组织确定为健康城市建设试点地区。随后，西城区也被世界卫生组织列为试点地区。经过多年探索，我市相关区县在实践当中形成了很多好的经验和做法。北京市应对这些区县取得的经验进行系统地总结和整合，将一些具有适用性的成熟经验上升为全市的健康城市建设工作方案，向全市推广。同时，建议应加大政策支持力度，促使相关区县进一步探索和完善相关经验。比较好的经验如：东城区的网格化管理模式及相关建设评价指标体系经验、西城区全面推进建设健康城市的三年行动计划及相关建设评价指标体系经验，各区县在“双健活动”中发挥巨大作用的“媒体协调机制”的经验等。这些经验在北京健康城市建设进入全新发展阶段的条件下，可加以完善或继续沿用。

（作者：王鸿春　北京健康城市建设研究中心负责人　研究员
鹿春江　北京健康城市建设研究中心研究人员　副研究员
张晓冰　北京健康城市建设研究中心研究人员　副研究员
刘泽军　北京健康城市建设研究中心研究人员　教授）

北京戏曲文化传承与发展研究基地

（中国戏曲学院）

基地名称：北京戏曲文化传承与发展研究基地
依托单位：中国戏曲学院
项目类别：北京市社会科学基金项目

新世纪的北京戏剧[①]

内容提要：本文通过回望21世纪最初十年的北京戏剧发展历程，力图从不同角度分析北京戏曲发展的成就、不足以及诸多可能性与不确定性，从整体上分析北京戏剧发展的总体趋势。

关键词：新世纪；北京戏剧；北京戏剧演出市场；剧场布局优化

21世纪最初的十来年，是北京戏剧事业风生水起、快速发展的十年。2012年，北京市文艺演出总数达到21000场，观众达到1100万人次，票房超过15亿元；其中，戏剧的演出及票房收入，是其中最主要的部分。然而，这十年北京的戏剧发展，这十年北京的戏剧创作与演出，也给我们提出很多值得思考的问题。回望新世纪最初这十多年里北京戏剧的发展历程，我们可以看到北京戏剧的成就，同时还可以发现许多不足。从不同角度出发，对新世纪北京戏剧的评价，可能会产生很大的分歧；展望未来，北京戏剧的发展存在着诸多可能性，其中也包含了许多不确定性。但是在整体上看，北京戏剧发展呈现出的良好趋势非常之明显，新世纪的北京戏剧，丰富多彩，前途光明。

一

从20年代80年代中期开始，中国的戏剧演出市场就普遍陷入困境，尤其是在城市地区的剧场演出，普遍进入前所未有的冰河期。有统计显示，全国艺术表演团体在80年代开始进入下降通道，2000年跌入谷底，仅为40万场。然而，进入新世纪后，戏剧发展的态势总算出现转机。2005年恢复到47万场，2006年恢复到49万场，2008年为90.5万场，2009年则升至120万场。通过这些数字我们可以看到，进入21世纪之后，戏剧行业面临的情况比起前十多年已经有明显的好转，虽然还不能说在根本上摆脱了危机，但大气候已经回暖。

---

① 本文是“二十一世纪初北京戏剧发展研究”项目的阶段成果，项目编号：07AaWY034。

新世纪以来，北京市属各剧团的演出场次呈现出明显的复苏迹象，其速度超过了其他省市。1964 年、1980 年和 1985 年，北京国有剧团每年平均演出场次都位于全国各省市排名的第 5 位，1990 年甚至滑落到第 11 位；然而，2005 年和 2006 年，北京国有剧团年均演出场次在全国的排位均上升为第 1 位，2009 年略有下降，仍保持在第 3 位。

此类现状还可从剧团演出场次看出端倪。1985 年，北京市各剧团平均演出了 282 场，1990 年是 182 场，1995 年是 200 场，2000 年是 299 场。而 2005 年迅速上升到 400 场，其后略有下降，但是依然远远高出全国的平均数。

北京戏剧演出市场的状况，还可以通过剧团演出收入的变化得到说明。1978 年，全国文化部门所属剧团的演出收入总数只有 1.1 亿元，1985 年是 1.3 亿元；2009 年提高到 14 亿多元，和 1978 年相比增长了 13 倍，和 1985 年相比也增长了 11 倍。我们且以它为背景，比较北京的情况：北京市文化部门所属剧团的收入总数，1978 年是 70 万元，1985 年是 231 万元；2009 年提高到 6615 万元，和 1978 年相比增长了 94.5 倍，和 1985 年相比增长了 28.6 倍。如果从增长倍数看，北京各剧团的演出收入要远远超过全国的平均数。这从另一个角度支持印证了上述北京剧团年均演出场次在全国各省市的排位迅速上升的趋势。

北京戏剧演出市场的发展，不仅体现在北京市文化部门所属的剧团演出收入的提高过程中，同时还体现为央属剧团的演出收入的迅速提高。1978 年，央属剧团收入是 56 万元，1985 年为 204 万元。1995 年是 1394 万元，2000 年是 2630 万元，2002 年增长到 4028 万元，2005 年以后一直保持在 1 亿元以上；北京市的剧团相较于央属的剧团，并没有优势，不过市属剧团演出收入增长的幅度与速度明显高于全国平均水平，却是毫无争议的事实。

二

中国戏剧在当代历史发展进程中，经历了一个大量戏剧表演团体被国有化的历史时期，其结果就是出现了大量国有剧团。它们长期以特殊的“事业”身份存在，享受政府的津贴，同时在创作与演出等多方面，接受政府主管部门的领导，尤其是由政府主管部门决定与任命剧团的管理者。从 20 世纪 80 年代起，政府就一直在试图启动文艺院团体制改革，但是改革的愿望与实际效果之间落差极大。尽管北京市的国有剧团转企改制工作已经基本完成，但是多数情况下，剧团运行机制没有变，它与政府的隶属关系没有变，拨款模式没有变，剧团与政府仍然保留着千丝万缕的关联。

政府与剧团之间的密切关系，主要表现为政府是剧团实际的主管者和真正意义上的决策者，尤其是政府不同程度地介入剧团的事务，包括创作与演出过程中完全归属于艺术范畴的事务。但政府并不是无条件地获得这一权力的，从20世纪50年代起，尤其是80年代以来，政府对剧团直接和间接的经费支持力度越来越大，而且，对于多数剧团而言，政府的资助早就成为其经费最主要的来源。因此，我们既要从演出市场这个角度探讨、分析与研究新世纪以来的北京戏剧发展，同时还必须看到另一个重要方面，那就是政府所扮演的角色。

进入新世纪以后，国家对国有剧团的演出补贴的绝对值迅速增长。以北京为例，1980年北京市文化部门所属国有剧团平均每场演出补贴为662元，1995年这个数字提高到5087元；2000年继续提高到11864元；2005年达到了27779元，2009年更达到不可思议的71013元。但这个数字还不是最高的，如果以大北京的视野看，央属剧团所获得的政府补贴更为惊人。所有央属剧团1980年平均每场演出获得的政府补贴为1521元，1995年这个数字提高了近20倍，达到29592元；2000年继续提高到62652元；2005年达到了95112元，2009年终于达到202145元。它至少从一个侧面说明各级政府对戏剧的资金支持，实在是一个相当惊人的额度，而且这样的补贴仍在增长的过程中。

新世纪以来，国家各级政府对戏剧事业的投入幅度有较快且较大的增长，但剧团的自给率不仅没有因为演出市场状况的好转而提高，反而出现了继续下降的趋势。如果从政府的统计报表上看，剧团的自给率20世纪八九十年代保持在40%左右，进入新世纪以后已经普遍降到30%以内。1978年，政府对全国所有国有剧团的补贴总额是2亿元，相对应的剧团演出总收入是1亿。2000年，政府对剧团的补贴总额增加到17亿，2009年更达到63亿；而同期剧团的演出收入，2000年增加到5亿，2009年增加到14亿。表面上看，演出收入确实在不断提高，但是关键在收入与投入的比例却在下降，也就是说，国家投入和演出收入之间更显失调。

我们可以从两个方面解读这些数据。一方面，财政的高额补贴说明北京市政府对戏剧事业的高度重视；但是另一方面也必须看到，政府长期的持续不断的高额补贴，对剧团开拓演出市场的刺激作用并不明显，换言之，财政如此长期地给予剧团高额补贴，早就已经不能用通过短暂的“输血”、最终帮助剧团实现“造血”功能的理由加以解释。在高额补贴的背景下，我们不必去探讨何以北京的各剧团没有能够借助政府之力迅速提升其艺术创作与演出的能力，扩大演出市场中的份额，赢回市场以及观众的信任，令人惊异的反倒是在高额补贴的同时，北京的剧团仍然可以保持创作与演出的动力，并且创造出逐渐进步的业绩。但无可否认的是，无论是央属的还是北京市属的剧团，政府的投入回报率都惊人的低下，遗憾的是在这一轮文艺院团体制改革的过程中，并没有将提升政府投入的效益当作重点，留下的伤痕和后遗症，可能会需要很多年时间，才有愈合的一丝希望。

三

北京戏剧演出市场的活跃程度，远远超越其他地区。

作为文化中心，出现在北京戏剧演出市场上的并不只是北京市属或者央属的剧团，还包括来自其他省市的进京演出。2012 年的 21000 场演出中，有超过一半是非国有剧团的演出。因此，北京的戏剧演出市场比起其他省市的演出有更激烈的竞争，但也有更多非市场化的行为，更多赠票和更多媒体公关，更多对市场秩序的破坏。多数外地进京剧团的演出费用完全由地方政府资助；而各地方政府之所以愿意经常资助本地剧团与剧种进京演出，从根本上看，政治功能的考量远远超过文化的和商业的追求。大量各地方剧种的进京演出，丰富了北京的演出市场，也丰富了北京市民的文化娱乐生活，但是也有其弊病，那就是这类演出的赠票往往占据了票房的绝大部分，诸多非市场化的运营，扭曲了北京的演出市场。

如果除去各地方剧团的进京演出，集中讨论北京在地剧团与剧种的情况，那么我们必须承认，从整体上看，进入新世纪以来，北京的戏剧在全国确实处于毋庸置疑的领先地位。

北京戏剧相对其他省市而言，至少体现了三大优势。

首先，北京有全国最优秀的戏剧艺术表演团体。

北京的戏剧表演团体众多，多数都代表了国家水平，尤其是拥有北京人民艺术剧院、北京京剧院和国家京剧院、国家话剧院，无疑是北京的骄傲。话剧和京剧是中国当代文化领域最具影响力的两大剧种，而这两大剧种最优秀的剧团都在北京。这样的结果当然不全是偶然形成的，也绝不是自由选择的结果，在一定意义上它是文化资源向行政资源集中的区域流动趋向的必然产物。

如果从分剧种看，北京的话剧创作、演出的情况，遥遥领先于全国其他地区和城市。20 世纪 90 年代戏剧陷入整体上的萎缩状况，北京也不例外。在这个最困难的时期，北京人民艺术剧院仍是且几乎是唯一的能够保证相对正常的演出票房收入的话剧团；在话剧市场逐渐复苏的过程中，它更是复苏的领先者。同时北京还有由文化部直属的原实验话剧团和青年话剧院合并而成的国家话剧院，受惠于戏剧气候的回暖，它们的创作演出也渐入正轨。促使北京话剧市场复苏与发育的还有大量民营话剧表演团体，北京是中国少见地出现了大量民营话剧团的城市，它们成功地在北京的话剧市场中，为当代城市戏剧的市场化运营提供了诸多成功的范本。北京的京剧发展也明显优于其他城市。拥有北京京剧院和国家京剧院这两大国家重点京剧院团的北京，无论是在国内的市场演出还是国外演出上，都明显处于同类院团的前列。进入新世纪以后，更在逐渐恢复的过程中。尽管我们不能说中国最优秀的剧团和演员都集中在北京，但是，至少可以说，北京的戏剧表演团体是中国当代戏剧水平的代表。而戏剧的发展与演出市场的发育，始终需要优秀的表演艺术人才支撑，在这一点上，北京无疑有着得天独厚的基础。

其次，北京有全国最好的剧场设施。

新世纪以来，北京的剧院设施建设进展明显，尤其是国家大剧院的落成开业，更具标志性意义。北京原有长安大戏院、首都剧院、保利剧院、政协礼堂等多家条件优越的大型剧场，近年里又有多家新建或重新装修过的剧场投入运营。相较于各地近年里多有新建成的大型演艺场所，北京最值得骄傲的不是设施的先进与豪华，而是各剧院的利用情况远远超前于全国的平均水平。以国家大剧院为代表，短短几年来，它所拥有的3个大中型剧场和1个小型剧场，几乎一直都处于满负荷运转的状况，这是对在此之前有关该剧院的造型与运营前景的悲观估计最好的回应。进入新世纪以来，北京的剧场设施经历了一个迅速的发展过程，这个良好的发展势头仍在持续，而众多的、大小不一、设备条件有别的剧院的建成和运营，对戏剧演出和发展的作用，自不待言。

最后，北京有多元化的政治与艺术环境。

北京戏剧既有和全国各省市戏剧共通之处，同时也有其特殊性，这种特殊性，并不是或主要不是由于地域或文化的习性造成的，而是源于它特殊的政治身份。北京既是中央政府所在地，又是直辖市，央属与市属双轨制甚至是多轨制的管治，为这里的戏剧活动者们创造了较大的自由空间。恰恰由于北京不只有市属的多家剧团，还有央属以及军队、武警、铁路等多部门的剧团，它们较少受到主管部门追求政绩的动机的指使，因而在艺术创作与演出上有更多自主支配权。不仅剧团如此，剧场也是如此。因此，戏剧演出团体以及普通的戏剧参与、爱好者，无须受到当地政府部门刚性的完全管治。这是北京有发育较好的、相对更为活跃的民间戏剧演出市场的主要原因之一。

北京上述三个优越条件，共同保证了北京戏剧相对全国其他省市的优势。而戏剧相对意义上的繁荣，也增强了政府部门提振这一行业的信心。有一流的戏剧演出团体，有运营良好的剧院设施，还有相对而言更显多元化的戏剧环境，这三者共同保证了北京戏剧的繁荣景象。

在北京新世纪的戏剧发展过程中，最值得称道的就是民营剧团的出现与发展。这些团体和机构有的经过正式申报，有较正规和较固定的组织形态，甚至有自己固定的演出场所，经过合法的审批手续，但是也有不少采取更为灵活和机动的措施，包括一些较临时性的方法开展创作和演出活动。北京的民间剧团以话剧为主，致力于开发京城白领阶层这一特殊市场，因而比其他地区的民营戏曲团体有更好的经济效益。

20 世纪 90 年代以来，北京陆续兴办了大学生戏剧节和青年戏剧节，吸引了全国各地的青年戏剧爱好者，逐渐形成了一个爱好戏剧的、集创作者与观众为一身的青年群体，它们成为北京话剧演出团体与市场的重要基石。在此基础上，进入新世纪以后，北京的民营话剧演出一发而不可收，北京的民营话剧表演团体早就成为一道特殊且亮丽的风景线。民营话剧演出市场的发展，甚至引致各区政府纷纷将关注的目光转向它们，不惜以政府之力，给予税收等方面的优惠，为的就是吸引剧团前往这些区域的剧场演出。尽管有论者指出，民营话剧演出团体虽然众多，但是风格比较单一，主要偏重于搞笑的路子，严肃且更多追求艺术品位的演出并不多见，但是无论如何，越来越多人愿意参与戏剧创作演出，愿意成为戏剧的观众，有众多的演出，都使得北京戏剧发展有更强的后劲，同时它也是戏剧健康发展的前提。

四

北京的戏剧发展，也还有极大的提升空间。

北京新世纪戏剧发展迅速，部分得益于演出场所的急剧增加。新世纪以来，北京市各类演出场所迅速增加，演出市场日益繁荣，在全国范围内具有明显的引领与示范作用，成就突出。但是，因为历史的原因，各类剧场多集中在商业发达的核心城区，且分布极不均匀。部分人口密度很高的新建小区，如望京、天通苑、回龙观、亦庄等，居民均已经达到数十万，却没有一个长期正常经营的演出场所，成为北京这个现代大都市内环核心城区的“文化沙漠带”。

大型剧场过分集中在城市中心区，周边区县以及市区内的各新建居民集中区域剧场严重短缺，导致市内大多数居民的生活区和剧场空间距离过远，成为妨碍北京市文艺演出行业继续提升质量、开拓市场空间、最终阻碍文化产业发展的原因之一。

因此，北京市剧场布局的优化仍有较大改进空间。应努力改变除中心城区外剧场设施十分短缺的现象，大力发掘存量资源，通过新建和改建等灵活多样的方式增加剧场数量，增加经营性演出场所；优先考虑尚无固定剧场的区域，在短期内解决望京、天通苑、回龙观、亦庄等区域演出场所缺失的状况。剧场数量可按照每十万人口一座的比例安排，新建剧场应以中小型为主；要鼓励在新建大型商厦的设计，将剧场纳入其中。剧场的经营应遵循市场规律，但是在剧场运营之初，政府应采取适当措施，给予特殊的政策扶持。

在城市副中心建设过程中，如果能够考虑将剧场设施纳入规划，落到实处，会有意外的效果。针对北京市目前已经拥有较多家大型演出场所的现状，更为稀缺的是中小型的文化设施，这样的遍布全市各区域的演出场所，才符合方便居民参与文化活动、繁荣戏剧市场这一导向。这一目标的实现，需要政策转向、新的政策措施，应该像重视教育、卫生设施的配套一样，重视新建小区内的剧场布局。如果北京市政府能够出台相关政策，通过改建与新建等多种方式，让现有的各小区可以按每十万居民至少有一家剧场的标准，拥有在地的演出场所；同时更将这一标准扩展到各类新建小区的建设规范中，使文化设施配套列入建设规划。北京仍然在继续朝着更均衡的方向发展，在“城南行动计划”和城市副中心建设计划中，都应充分考虑剧场的发展与布局。

建设更多剧场，优化剧场分布格局，让民众更普遍地享受改革开放的成果，并且实现保障基层民众的文化权益，改善居民生活质量，提高居民文化活动的参与度，提高居民文化素质，刺激文化消费，促进文化产业化发展等重要作用。因此，它对北京市的文化建设与发展有重要意义，是推进文化惠民工程的有效途径，也是北京戏剧持续发展的必要的保证。①

（作者：傅　谨　北京戏曲文化传承与发展研究基地首席专家　教授）

① 本文所引用历年戏剧表演团体演出情况及国家财政拨款等数据，均引自文化部财务司（原名称计划财务司）统计年鉴。其中包括文化部计划财务司编著：《中国文化文物统计年鉴（1999）》，北京图书馆出版社，1999年；文化部财务司编著：《中国文化文物统计年鉴（2010）》，国家图书馆出版社，2010年。